JN437054

영업관리론

판로개척과 점유율 향상전략

이상윤 저

도서출판 두남

머리말

졸저 『영업관리론』 출간을 허락해 주신 전능하신 성 삼위일체 하나님께 영광을 올리며 감사드린다.

우리나라에는 그간 여러 가지 이유가 있겠지만 각 기업의 가장 많은 분들이 종사하는 직무군이 영업인데도 불구하고 각급 대학·대학원에서 영업 관련 교과목을 개설해 전문적인 교수가 제대로 이루어지지 못하고 있는 실정이다.

이에 본 저자는 미국 캐럴라인대 경영대학 학장으로 임용되자마자 교과목 개편을 하게 되었고 경영학과에 영업관련 교과목을 다수 개설하여 강의해오고 있다. 그러나 그간에 발간된 영업관련 서적들을 보면 국내외 저자의 기법 위주의 간단한 내용의 실무서나 외국 매뉴얼을 번역한 것밖에 없어 대학이나 대학원, 일반 유통이나 영업관련 기업, 실무자를 위한 체계적인 종합서의 발간 필요성이 증대되었다.

본서의 부주제인 판로 개척과 점유율 향상 전략 전반에 대하여 다루어진 것이 아니라 영업의 일부 분야를 부분적으로 다룸으로써 총론적인 접근성이 부족하여 강의하면서 항상 미흡함을 느껴왔었다.

이러한 필요에 따라 이번에 영업관리의 광의적인 학문적 접근을 위하여 이론과 실무분야 등을 통합하고 총 3부 12장으로 나누어 시스템적 접근을 시도해 보고자 학계와 업계의 교육현장에서 20여년간 강의한 내용을 새롭게 편집하여 대학 교재와 관련 업계 실무자들의 교육 및 업무 지침서로 적합하게 본서를 발간하게 되었다. 그간 수많은 크고 작은 기업이 특허 출원한 제품, 기술 등이 사업화되어 시장 진입에 성공하는 비율이 낮은 것은 이른바 죽음의 계곡을 넘지 못하였기 때문이다.

따라서 본서의 큰 목표는 이러한 진입장벽인 죽음의 계곡을 쉽게 넘고 격변하는 4차산업혁명시대에 적절히 대응하기 위한 제조·유통업의 판로 개척방안을 제시하고 성공할 수 있는 영업법칙 연구와 경쟁위치에 따른 시장점유율

No.1 달성방안을 수립하고 유통점(대리점)활성화를 위한 맞춤형 제안 영업능력을 함양하는 데 있다.

본서의 주요 독자는 산업재, 소비재, 기술재, 서비스재 영업, 유통, 영업/판매(기획), 마케팅 부문 관리자 및 실무자로서 구체적으로 첫째, 영업활성화 컨설팅기법을 활용하여 솔루션 영업을 해야 하는 슈퍼바이저 및 영업사원, 둘째, 산업재, 소비재, 기술재, 서비스재 등의 현장 유통망(대리점, 유통점, 총판, 특약점, 가맹점 등) 관련 분야의 영업사원, 셋째, 유통망 관리영업 사원을 교육 또는 관리하는 영업 관리자 및 임원, 넷째, 수불관리 채권회수의 단순 반복적 영업 수준의 영업사원으로 체계적이고 문제해결적인 유통망 관리 영업을 배우려는 분, 다섯째, 타 업무직에서 영업직으로 전환하여 영업을 제대로 배우려는 분이다.

본 저자의 발간과 관련 나름대로 영업관리 전반을 다룸으로써 유통 및 경영 관련 학과의 기본서가 되고자 하였으나 막상 출간하고 보니 처음 의욕과는 달리 여러 가지 미흡한 부분이 있으리라 생각된다. 이 점에 대해서는 앞으로 독자들의 많은 질책과 조언을 통해 꾸준히 보완하여 나감으로써 명실상부하게 이 책자가 우리나라 영업교육의 기본서로 자리매김할 수 있도록 할 것임을 약속드린다.

이 책자가 발간되기까지 여러 가지 어려운 출판 환경 속에서 신경을 써준 도서출판 두남 전두표 사장님과 언제나 학회에 도움을 주시고 위험이 따르는 새로운 영역의 도서출간에 적극적으로 길을 열어주시는 이승구 상무님, 남풍우 상임이사님, 편집부 박소희 과장님, 임직원 여러분에게 지면을 통해 감사의 뜻을 전하고자 한다. 학문의 길에서 같이 학회를 통하여 든든한 버팀목이 되어주신 (사)한국유통과학회 윤명길 회장님과 선후배 교수님, 동아시아경상학회 회원 교수님, 한국세일즈협회 회원 여러분께 늘 고마움과 존경의 마음을 드린다. 아무쪼록 본서가 우리나라 영업 및 유통학의 학문적 발전에 조그마한 보탬이 된다면 저에게는 더 없는 보람이 되겠다.

2017 정유년 새해 첫 달에

해항 이상윤 씀

차 례

PART 03 _ 영업성과평가 (CHECK) — 309

[표목차]

[그림목차]

PART 01

영업전략전술기획 (PLAN)

Chapter 01

영업환경 대응전략

제1절 유통패러다임 변화

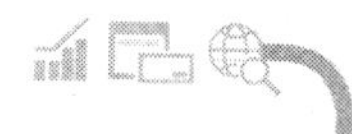

1. 초가격파괴 시대 도래

지금 제조업, 도매업, 소매업 등 유통 전체가 '대변혁'의 소용돌이 속에 휘말리고 있다는 시대인식은 비록 유통업 관계자뿐만 아니라 일상생활을 영위하고 있는 '생활자'들도 함께 느끼고 있을 줄 안다. 따라서 앞으로 유통의 변화 동향에 관한 관심은 너나할 것 없이 깊어지고 있는 것이다. 하지만 아무리 큰 시대변혁의 소용돌이 속으로 휘말려 든 기업일지라도 긴 세월 동안에 뿌리 내려온 기존 사고방식과 사상을 근본적으로 부정하기에는 적잖은 어려움이 따르게 마련이다. 비록 그것에 기업 생존이 걸려 있다고 해도 하루아침에 이를 부정할 수는 없는 것이다. 새로운 시대에 적응하면서 살아남을 방책을 모색하고 그것을 기업철학이나 경영방침으로 채택하여 한발 한발 순서를 밟으면서 개혁을 실천해 나가기 위해서는 대단한 결단과 용기 그리고 노력이 필요하다. 이의 실천에는 당연히 '강력한 리더십'과 '고객제일주의 신념과 철학'이 경영자에게 요구되는 것은 더 말할 나위가 없다. 또 한 가지 중요한 것은 시대적 변화에 적응하기 위해서는 기존 사고방식 및 방법 등이 어떤 경우 거의 무용지물이 되기 때문에 'unlearning = 배운 것을 까먹는 일'도 서슴없이 해내야 한다. 동시에 일단 발을 개혁의 길로 내밀었으면 한결같은 자세로 오로지 개혁을 향해 전진하는 '집념으로 밀고 가는 자세'가 필요할 것이다.

그러나 '말하기는 쉬워도 행동하기는 쉽지 않다.' 역사가 그것을 증명해 주고 있다. 하지만 같은 잘못을 되풀이하는 것이 또 인간인지도 모른다. 인간이란 누구나 성공체험에서 쉽게 벗어날 수 없기 때문이다. '시대변혁에의 적응'—그것을 위해 어떻게 하면 좋을 것인가. 첫째로, 기업은 시대변혁의 소용돌이 속에 있다는 것을 먼저 정확히 인식하고 이 시대변화에 적응하지 못하면 살아남지 못한다는 '위기의식'을 사원 한 사람 한 사람에게 깊이 뿌리내리게 하는 방책도 강구해야 한다. 둘째로, 기업은 종래의 사고방식이나 방법으로는 새로운 시대의 변혁에 적응할 수 없다는 기본인식을 가지지 않으면 안 된다. 시대는 지금 '생산자의 시대'에서 '생활자의 시대'로 변해가고 있다고들 한다. '생활자'를 축으로 하는 유통은 제조업을 포함해서 '대변혁'의 시점에 와 있다. 제조업, 도매업, 소매업이 새로운 유통체계와 구조를 추구하면서 변화하고 있는 것이다.

1) '가격파괴' 진행

지금 일어나고 있는 새로운 변화란 무엇인가. 우선 첫째로 꼽히는 것은 가격파괴의 진행이다. 가격파괴는 드디어 새로운 단계로 접어들었다. 유통역사 속에 비친 변혁 중에서 유통혁명의 최대 목표는 언제나 '가격을 끌어 내린다'는 것이었다. 실제로 여기에 앞장서서 도전해온 것은 유통업, 그 중에서도 슈퍼마켓의 창업자였고 할인점의 창업자였다. 가격파괴란 말을 지금은 흔하게 듣고 볼 수 있게 되었지만, 지난 40년의 체인점 역사를 뒤돌아볼 때 이 말은 기성질서를 파괴하는 이단자로 취급되던 시대도 있었다. 1971년 닉슨 쇼크에서 발단된 물가앙등과 그 뒤를 이은 1973년의 제4차 중동전쟁 때문에 생긴 오일쇼크에 따른 가격폭등에 대해 일본의 다이에는 생활필수품 가격을 1년간 동결하는 등의 '물가앙등 저지운동'을 전개했었다. 대부분의 공공요금이 인상되고 원자재 값의 앙등을 이유로 많은 제조업이 가격인상을 단행하는 와중에서 전개된 물가앙등 저지 노력은 지극히 이질적인 것이었고 일개 기업의 인기 전술 정도로 치부되는 측면도 있었다고 여겨진다. 또한 가격파괴는 그것을 추진하려는 '소매업'과 그것을 저지하려는 '제조업, 도매업' 간의 대립의 역사이기도 했다. 그것은 제조업이 개발한 상품(제품)에 막대한 광고 선전비를 투입해서 마케팅비용을 높인 다음, 소매업자로 하여금 제조업이 정한 희망소매가격대로 영업을 강요하는 기존의 유통구조에 대한 말단 소매업자의 도전이었을 뿐만 아니라, '사농공상(士農工商)' '생산제일주의' '철은 국가다'라는 말처럼 오랫동안 유통보다는 생산을 중요시해 온 경제발전 역사와 구조에 대한 아래로부터의 도전이었다고도 할 수 있다.

2) 초가격 파괴

그러나 시대는 크게 변했다. '초가격파괴의 시대'에 접어든 것이다. 가격파괴 문제는 첫째로 지금까지 국내에서 주제가 돼온 제조업 대 소매업 간의 유통 메커니즘에서 생기던 가격결정권 분쟁을 부정하고, 시야를 보다 글로벌하게 돌려 내외 가격차의 시정이라는 새로운 주제를 앞세우는 데 있다. 즉 유럽이나 미국에 비해 항상 높기만 하는 한국 물가부터 시정하자는, 다시 말해서 가격파괴를 국경 너머로 확대하는 새 시대를 맞고 있는 것이다. 앞으로 규제완화와 시장개방의 진전에 따라 오랫동안 보호 그늘에 있던 업계는 자유경쟁을 하지 않을 수 없고 한국 물가는 인하되어 갈 것이다. 그리고 원고(원高)를 배경으로 한 국제적 상품(제품)조달 네트워크화가 진전되고 보다 싼 가격의 상품(제품)이 글로벌하게 제공됨에 따라 앞으로 더욱더 내외 가격과의 시정도 진전되어 갈 것이라고 생각된다. 둘째로 이제 가격파괴는 유통업에만 국한된 것이 아니라는 사실이다. 가격파괴는 슈퍼마켓이나 할인점뿐만 아니라 외식 체인점과 패스트푸드, 레스토랑 등 저가격업태, 또 여행 패키지 요금, 호텔 숙박 요금, 사설 학원 수강료, 저가격 승용차 개발 등 예를 들면 끝이 없다. 가격 재조정 문제는 앞으로도 계속 여러 업종과 업태, 즉 소매업은 물론 철강, 화학 등과 같은 소재산업에도 확산되어 가격파괴의 영역을 넓히고 있다. 다시 말해서 산업을 초월하는 가격파괴와 더 나아가서 소비자도 함께 동참하는 '전 산업 총 프라이스 포인트의 재조정'이 실현되고 있다. 셋째는 제조업, 도매업, 소매업 등 유통의 각 단계를 초월한 가격파괴 시대가 이미 시작되었다는 사실이다. 가격결정권을 놓고 소매업과 제조업이 서로 '대립하던 시대'는 끝났으며, '협조의 시대'가 도래한 것이다. 다시 말하자면 제조업이나 도매업, 소매업이 기업 단독으로 비용을 절감하는 일에는 한계가 있다는 것이다. 따라서 제조업, 도매업, 소매업이 한데 뭉쳐서 마치 한 기업체(=버철 컴퍼니)인 양 서로 협력해서 각 기업이 각자 기업단위별로 행해오던 중복작업과 같은 낭비를 피하려는 움직임이 일어 났다는 것이다. 생산에서 판매까지 총비용을 어떻게 해서든 끌어

내려 저가격 상품(제품)을 제공하고자 하는 연구는 시작되었다. 소매업이나 제조업이 단독으로 시도하는 합리화에는 한계가 있기 때문이다. 따라서 '제조・배송・판매 동맹'을 통해 합리적인 새 머천다이징 기법을 도출하고 이것을 토대로 저가격 상품(제품)과 소비자 욕구를 충족시킬 신상품(제품)을 개발하지 않으면 안 된다. 이렇게 함으로써 길고 긴 불황을 극복하고 초가격파괴의 새 시대에서 기업이 살아남을 수 있는 길이 모색 될 것이다(〈표 1-1〉).

〈표 1-1〉 초가격파괴 시대

'가격파괴 시대' — 가격결정권(슈퍼마켓 등 창업자)

'초가격파괴 시대' — 내외 가격차 시정과 규제 완화

국가를 초월해서 ⇩	산업을 초월해서 ⇩	유통단계를 초월해서 ⇩
저가격 조달 국제 네트워크화	전 산업 총프라이스 포인트 재조정	'제조・배송・판매 동맹'을 통해서

2. 소비자 저가격 지향

새로 일고 있는 제2의 변화는 거품경기 붕괴로 새삼 눈을 뜨게 된 소비자의 합리적 라이프스타일 정착이다. 그러나 일부 기업은 아직도 거품경기시대의 활발하던 소비자 구매행동과 같은 소비태도 부활이 불황 해소와 함께 재현될 것으로 기대하고 있다. 하지만 과연 그럴까. 값싸면서도 질 좋은 상품(제품)을 단 한번이라도 구매해 본 소비자라면 결코 그런 소비태도로 다시 돌아갈 확률은 매우 적을 것이다. 흔히 '브랜드 신화 붕괴'라는 말을 하고 있는데 정확히 말하자면 '브랜드 상품(제품) 가격에 대한 신뢰감 붕괴'라고 고쳐 말해야 한다. '브랜드 신화 붕괴'란 다름 아닌 가격에 대한 불신감 폭발이기 때문이다. 지금도 유명 브랜드 상품(제품) 할인점은 소비자들로 들끓고 있다. 즉 브랜드 상품(제품) 품질에 대한 신뢰감은 아직 죽지 않고 있는 것이다. 해외 유명 브랜드 상품(제품) 수입회사는 희망소매가격을 재조정해서 가격을 싸게 하고 있는데 이것을 많은 소비자들에게는 적정한 가격이라고 생각하고 있어서인지 상당히 잘 팔리고 있다. 대불황이라고들 하지만 세상은 여전히 '물건이 남아도는 시대'임에 틀림없다. 따라서 소비자의 생활 향상 지향에는 아무 변화가 없다. "좋은 상품(제품)을 싼 값에 합리적으로 구입하고 싶다"라고 하는 견실한 소비행동을 지닌 소비자일수록 풍부한 상품(제품) 정보를 모으고 있다. "비싼 상품(제품)은 사고 싶지 않다"라고 말하는 소비자일수록 동시에 또 "값싼 상품(제품)도 가능하면 사고 싶지 않다"라고 말하고 있다.

거품경기 이전에 많았던 '사람이 좋고 비싼 가격에도 혹하는 타입의 소비자'는 이제 자취를 감추었다. 그 대신 '합리적이면서 가격을 꼬치꼬치 따지는 타입의 소비자'가 날로 늘어나고 있는 실정이다. 다시 말해서 '사람이 좋고 비싼 가격에도 혹하는 타입의 소비자는 이제 영영 다시 나타나지 않을 것이다'라고 하는 시대적응 의식을 기업은 앞으로도 적극 키워 나가야 한다. 대형 체인점, 할인점, 백화점 등이 적극적으로 개발하고 있는 것이 Private Brand 상품(제품)(자체개발 브랜드 상품. 이하 PB상품)이다. PB상품은 30여 년 남짓한 체인점의 역사를 통해 볼 때 대단히 중요한 전략 전술 상품이었다. 즉 제조업과의 '가격결정권' 싸움에 나섰던 체인점이 가격파괴용으로 자체 개발한 상품 중의 하나가 PB상품이었는데 많은 시행착오가 뒤따랐던 것도 사실이다. PB상품은 개발품목이 급격히 증가하던 시기도 있었고 급감하는 시기도 있었다. 그러나 PB상품이 개발되는 시기는 물가가 치솟을 가능성이 높은 시점이었으며 개발품목 수가 급증하던 시기는 불황 때문에 소비자의 구매행동이 매우 엄격해지던 시점에서 많았다. 그러나 문제는 그 후에 생겼다. 개발품목 수를 덮어놓고 늘린 결과 팔리지 않는 PB상품이 재고로 많이 쌓이게 되었고 그럴 때면 어쩔 수 없이 개발을 중지할 수밖에 없었다. 말하자면 이런 시행착오를 되풀이 해온 것이다. 이처럼 잘 팔리는 PB상품 개발은 확실히 어려운 일이다. 물론 너무 싼 가격에만 치중한 나머지 '싸구려' 상품이란 인상이 강조되어 소비자의 자존심을 건드려 판매가 전혀 안 되는 문제점도 있었다. 그러나 PB상품의 개발자이기도 한 소매업에서 번번이 생긴 실패 원인 중에는 한국인 소비층에 뿌리 깊게 자리 잡고 있는 '좋은 상품(제품)은 비싸고 싼 것은 비지떡'이라고 하는 다시 말해서 PB상품은 브랜드 상품(제품)에 비해 싼 만큼 좋지 않을 것이라고 하는 인식이 컸기 때문이었다. 두터운 브랜드 벽을 깨지 못한 것이다. 또 한 가지는 자신도 잘 살고 있다고 자부하는 소비자 생활수준 향상에 PB상품이 충분히 호응할 만한 상품(제품)개발에 실패한 것이 그 원인이었다. 우선 값을 싸게 하자니 소비자에게 불필요하다고 생각되는 기능을 빠트리게 되고, 소비빈도가 높은 상품(제품)에 대해서는 증량규격(增量規格)을 적용하는 등 나름대로 노력을 쏟아 보았지만 체인점 측의 자체적인 미숙함과 맞물려 재고로 쌓이는 PB상품이 문자 그대로 '상품개발을 위한 수업료'가 되면서 체인점 수익에 출혈을 가중시킨 경우도 있었다. 그러나 지속되고 있는 불황 때문에 생긴 소비자 의식 변화와 소매업 측의 '싸구려는 비지떡'이라는 PB상품의 과거 이미지 불식 노력에 힘입어 PB상품이 어엿한 하나의 브랜드 상품(제품)으로서 인식을 받기 시작한 것은 최근의 일이라고 보인다. 그렇다면 '팔리는 PB상품' '소비자로부터 인정받는 PB상품'의 조건은 어떤 것일까. 그것은 '좋은 품질의 상품(제품)을 일반상품(제품) 가격의 4할 내지 5할 정도의 가격으로 설정해서 판매한다'는 것임을 밝혀두고 싶다. 이처럼 기존 가격의 4~5할 정도 싼 가격 설정은 기존의 내셔널 브랜드 상품(제조업 상품, 이하 NB상품) 고객을 PB상품 구매고객으로 탈바꿈시킬 뿐 아니라 아직까지 PB상품을 써보지 않던 고객까지도 PB상품을 구입하게 함으로써 새로운 PB상품 시장의 형성까지도 기대할 수 있게 된다.

3. 가격파괴 본질

일본에서 1994년 2월, 마루 베니(丸紅)와 다이에가 식품과 의료품 등을 개발, 수입하는 것을 주축으로 하는 광범위한 업무제휴에 합의했다. 다이에는 '공장 없는 제조업'으로서 저가격 상품(제품)을 '세계의 베스트 소스' 입장에서 개발하고 마루베니는 이를 위해 외국에서 자재조달과 생산기지 확보, 물류체제 정비 등을 통해 종합적인 지원을 아끼지 않는다는 것이 합의 내용이다. 마루베니는 브라질 커피, 미국 알래스카 주에서 수산가공, 호주에서 축산 등 외국에 다수 생산거점을 확보하고 있다. 다이에의 '판매력'과 마루 베니의 '국제적 소싱 네트워크'가 제휴해서 '제조・배송・판매 동맹'이 구축된 것이다. 또 이에 앞선 1월에는 아지노모토와 다이에가 식품분야에서 포괄적인 제휴관계를 맺는 데 합의했다. 양사는 공동으로 식품을 개발하고 개발한 식품은 세계 29개소에 있는 아지노모토의 합의와 마찬가지로 국제적 생산기지와 그 네트워크를 통한 저가격 상품(제품) 개발의 강한 의지라고 할 수 있다. 이토요카도는 1993년 12월부터 세계 최대의 소매업인 월마트 상품(제품)의 실험판매를 시작하고 나아가서 포괄적인 업무제휴도 체결했다. 그

제휴의 대원칙은 ① 이토요카도는 지속적으로 월마트 상품(제품)을 구입하고 ② 이토요카도의 경영노하우를 제공한다는 것이다. 이토요카도는 이 제휴를 통해 상품(제품)조달력을 국제적으로 보강하였다. 이처럼 일본의 2대 소매업이 앞서거니 뒤서거니 하면서 국제무대를 바탕으로 상품(제품)조달력을 보강하는 신전략을 전개하기 시작한 것은 가격파괴의 단계가 엔고(円高)를 배경으로 '세계 수준의 상품(제품)조달과 상품(제품)개발 네트워크로 변신하는 통합 시스템을 필요로 하는 단계'로 돌입했음을 알려준다.

1) 가격파괴 = 사회적 사명, 철학, 이념

가격파괴란 단순히 상품(제품)이나 서비스를 3할, 4할 싼 가격으로 파는 것을 말하지 않는다. 그것은 지금까지 소비자에게는 지극히 불합리하고 낭비가 많다고 여겨진 생산성이 낮은 상품(제품) 공급구조를 가진 유통방식을 부정하고 재검토하는 것이다. 동시에 소비자에게는 보다 합리적이고도 낭비가 없이 생산성 높은 생산, 가공, 유통, 판매방식으로 재창조하는 일인 것이다. 그 결과 물건과 서비스 가격을 낮춰 가려고 하는 시도이다. 그것이 바로 가격파괴의 본질인 것이다. 불황 때문에 소비자 저물가 지향이 생겼고 따라서 '초염가 붐'이 일어났다며 매스컴이 '초염가 판매점'을 주목하고 있지만 문제는 가격파괴를 일시적인 패션 감각으로 파악해서는 안 된다는 것이다. 가격파괴는 기업의 사회적 사명과 기업 철학, 이념 등 차원에서 영속적인 것으로 파악하지 않으면 안 된다. 가격파괴를 지향하는 기업은 그 실현을 위해 사내외에 뿌리 내리고 있는 기존 개념과 기존 방식, 기존 체제부터 부정해야 한다. 이를 위해서 새로운 방식 탐구에 도전해야 하는데 구 질서에 대한 회의와 현존하는 구 질서 잔재에 대한 부정, 그리고 그로 인해서 발생하고 있는 낭비 요소를 제거해야 한다. 따라서 가격파괴를 지향하는 기업으로서는 이 도전이 일시적인 붐이나 패션이 될 수 없으며 그것은 기업 사운을 건 '영속적 도전 목표'일 수밖에 없다.

2) 가격파괴 = 기존 방식 변혁

과거 가격파괴 역사에 있어서 그 리더는 일본 경우 다이에와 같은 체인점 내지 할인점 창업자였다고 할 수 있다. 그들이 1955년 전반기에 미국의 이른바 셀프 서비스 슈퍼마켓의 합리적 영업방법을 채택했었다. 그 후 그들은 체인점 시스템을 살려 상품(제품)구입을 본부가 일괄 구매함으로써 구매비용 인하를 도모했다. 또 영업은 각 산하 지점이 책임지도록 매입과 판매의 분권화를 기하고 조직 간소화를 도모함과 동시에 표준화된 점포운영을 통해 체인 운영비용 인하도 실천했다. 이와 같은 합리성은 상품(제품) 저렴화와 대중들의 지지를 유도할 수 있었는데 그것이 이들을 크게 성장시켜 주었던 것이다. 물론 그 배경에는 고도성장이라는 순풍도 있었지만 대중의 일상생활 향상에 필요한 상품(제품)에 적정 가격을 매기는 방식이 주효해서 대량 판매가 가능했던 것이다. 점포수가 늘어남에 따라 유력 제조업과 도매상에 대한 발언권도 서서히 증대했고 PB상품도 개발할 수 있게 되었다. 그리고 보다 더 염가상품(제품)을 확보할 목적으로 홍콩, 필리핀, 한국, 대만 등에 구매처를 설치하여 개발수입에도 손을 댔다. 개발수입 상품의 대표적인 것은 이를테면 뱀장어였다. 당시 뱀장어는 여름철의 '토용지절'(土用之節 : 7월 20일경)에 먹는 고급식품이었다. 이 시기가 되면 뱀장어 값은 폭등한다. 뱀장어의 수요가 토용지절에 집중되기 때문이다. 그렇다면 구태여 토용지절에만 뱀장어를 먹을 것이 아니라 연중 어느 때고 뱀장어를 맛있게 먹을 수는 없을까 하는 연구가 시작되었다. 뱀장어는 원래 수온이 섭씨 18도 이하가 되면 먹이도 먹지 않고 뻘 속으로 기어 들어가 동면하는 버릇이 있다. 그렇다면 수온이 연중 18도 이상인 곳이 어디일까 하고 찾아보았더니 대만, 필리핀, 태국 등이 손꼽혔다. 하지만 일본인이 좋아하는 같은 종류의 뱀장어는 대만에서만 살고 있어 생산이 시작되었다. 또 날것으로 냉동한 것은 껍질이 딱딱해져 먹을 수 없으니 현지에서 일단 찐 다음 살짝 구운 것을 냉동시켜 수입한 다음 최종적으로 일본에서 일본인 취향대로 다시 굽는 방법을 택했다. 지금은 대만 뱀장어가 매우 대중적이어서 누구든 먹고 싶으면 싼 값으로 구입할 수 있다. 그러나 이렇게 되기까지는 많은 노력이 필요했다.

수요의 평준화에서부터 구매와 개발지를 세계로 넓힌 것과 생산에서 최종 판매까지 저렴한 가격이 되도록 함으로써 '값비싼 뱀장어'는 '대중적인 가격의 뱀장어'가 되었던 것이다. '대중적인 가격'이란 소비자가 구매할 때 대금 지출을 고통스럽게 여기지 않고 부담 없이 구매할 수 있는 가격을 말한다. 가격파괴란 이처럼 기존의 방식을 변혁하지 않고는 얻을 수 없는 것이다.

4. 유통 구조적 변화와 유통혁명

새로 일고 있는 세 번째 변화는 '유통의 구조적 변화'이다. 불황 때문에 생겨난 소비자 저가격 지향은 붐을 이루다시피 급증한 '초염가 판매점'을 비롯해서 할인점 매출증가와 슈퍼마켓, PB상품 매출 증가 현상을 초래하였다. 또 NB상품 할인판매가 일상화됨에 따라 제조업이 설정해서 제시하는 '제조업 희망소매가격'이란 것이 송두리째 의미를 잃었다. 즉 제조업의 희망가격을 말단 소매점이 전혀 지키지 않음으로써 제조업의 희망가격과 실제 판매가격이 크게 달라졌다. 제조업 측의 "제조업이 결정한 희망가격을 그대로 유지해 나가겠다"고 하는 생각과 소매업 측의 "판매가격은 소비자와 가장 근거리에 있는 소매점이 결정해야 한다"고 하는 생각과의 대립은 일본에서 1967년 다이에가 마쓰시타 전기(松不電器)의 가전 상품(제품)을 싸게 판매한 것 때문에 마쓰시타 전기가 다이에 앞으로 상품(제품) 출하를 중지했던 일에서부터 시작되었다. 그 후부터 다이에와 마쓰시타 전기 사이에는 25년간에 걸쳐 정식거래가 중단되고 있었다. 그러나 가전상품(제품)업계가 겪고 있는 장기간 불황 때문에 마쓰시타전기 측은 판로확대에 나서지 않을 수 없게 되었고 다이에 또한 가전 상품(제품) 구색 맞추기와 수지 개선을 위해 마쓰시타 전기 상품(제품)이 필요하게 되었는데 때마침 마쓰시타의 거래선이었던 쥬지쓰야가 다이에와 합병하게 됨으로써 오랜 양사 간의 단절이 풀어졌다. 제조업에 의한 매매기준 가격제는 오랫동안 한국의 상관행으로서 상거래의 표준기능 역할을 해왔다고 할 수 있다. 이를테면 제조업의 희망소매가격을 100으로 했을 경우 제조업이 도매점에 주는 판매가격은 60이고 도매점이 소매점에 주는 판매가격은 70이라는 식으로 '매매기준 가격'이 설정돼 왔던 것이다. 이와 같은 '매매기준 가격'은 거래량과는 상관없이 동일한 경우가 많기 때문에 도매상과 소매상의 영업의욕을 돋구기 위해서도 일정기간 안에 거래량이 기준을 초과하게 되면 장려금을 주는 리베이트 제도와 표리(表裏) 일체의 관계로서 유연하게 운용되어 왔다. 그러나 불황에 따라 소비자 저가격 지향이 높아지자 대형 체인점이나 할인점을 중심으로 제조업의 희망소매가격을 대폭 인하한 가격으로 상품(제품)을 판매하는 사례가 급증하게 되었다. 통상적인 납품가격보다 낮은 가격으로 거래가 성행하게 된 것이다. 따라서 제조업으로서는 그러한 납품가격의 차액을 조정하는 기능을 해 주던 리베이트 제도가 차츰 큰 부담거리가 되기에 이르렀다. 오랜 상관행이 깨지고 있는 것이다. 뿐만 아니라 희망소매가격이 존재함으로써 그것을 기준으로 가격 인하하는 판매 경쟁이 치열하게 전개되고 그렇게 인하한 가격만큼의 손실분을 제조업이 떠맡아야 하는 경우가 많아지게 되어 결과적으로 수익이 악화되는 제조업도 생겨났다. 특히 경영규모가 큰 도매업이나 소매업은 자연히 구매력이 커질 수밖에 없는데 이럴수록 '매매기준 가격제'는 한낱 형식으로만 존재할 뿐 전혀 본래 기능을 다해내지 못하고 있으며 또 리베이트도 받는 쪽으로선 기득권화되어 있다는 지적도 있다. 이상과 같은 흐름은 제조업에 의해 희망소매가격이 설정되던 이른바 '제조업 매매기준 가격제'에서 '오픈 가격제'로 이행하지 않을 수 없는 상황을 만들어내고 있는 것이다(〈표 1-2〉). 오픈 가격제로의 이행은 제조업이 오랜 세월 동안 휘둘러오던 '제조업에 의한 최종 말단 소매점의 판매가격 결정'이라고 하는 제조업 매매기준 가격제 붕괴는 제조업으로 하여금 복잡한 리베이트 관리에서 벗어나게 해 주었으며 따라서 제조업은 오로지 양질의 신상품(제품) 개발에만 전념할 수 있는 새로운 마케팅 전략을 재구축하는 절호의 기회를 맞았다고도 할 수 있다. 리베이트제 간소화, 리베이트제 폐지 그리고 오픈 가격제 도입은 일부 한정된 기업에서만 채택되고 있었을 뿐이었다. 그러나 거래구조 단순화를 지향하는 개혁 바람은 시대적 요구에서 생긴 것이다. 따라서 이 흐름으로 새로운 오픈 가격제의 정착을 가져오게 되었다.

〈표 1-2〉 '제조업 매매기준 가격제'와 '오픈 가격제' 기본적 흐름

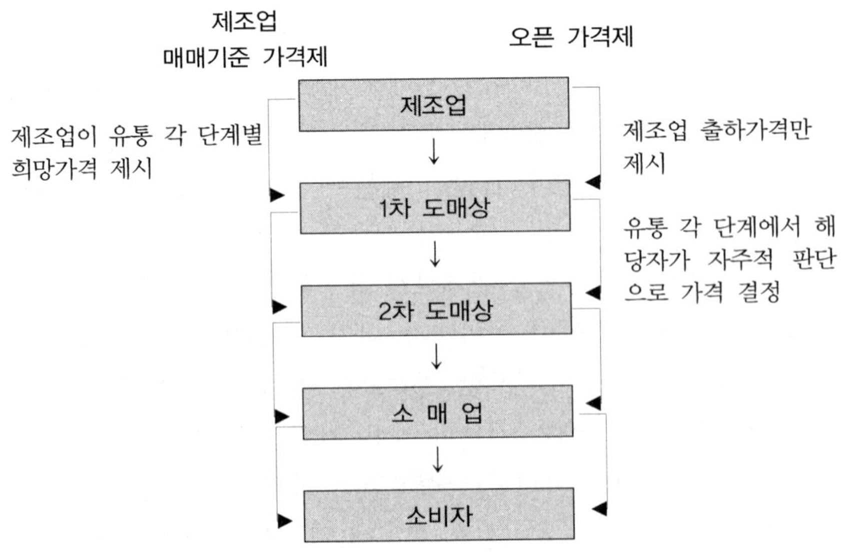

제2절 상호제휴시대 대응전략

1. 새 파트너십 시대 개막

일본에서는 이토요카도의 스즈키 사장이 이토요카도와 세븐일레븐 조직개편에 착수하면서 바이어부터 감원했는데 그때 그는 제조업 영업부나 도매업 영업인이나 상대하면서 상담만 하는 것이 바이어 본래의 기능인양 착각해서는 안 된다고 말했다고 한다. 그 뜻은 "제조업 영업부나 도매업 영업인 상대로 수집한 정보는 바이어가 꼭 필요로 하는 정보가 못 되며 효과도 없다. 왜냐하면 그들은 그럴만한 정보를 갖고 있지 않기 때문이다. 참으로 바이어에게 필요한 정보는 그들보다 더 높은 곳, 즉 원류(源流)에 있다. 따라서 바이어는 원류를 찾아 더 거슬러 올라가야만 한다"는 것이었으리라고 짐작된다. 그의 말은 전적으로 옳은 말이다. 물론 그날그날의 영업은 바이어와 제조업, 그리고 도매업 영업인들의 몫임에는 틀림이 없다. 그러나 소매업 발주정도(發注精度)가 높아지고, POS 정보활용이 본격화해서 진열정도(陣烈精度)가 높아지면 그때는 이미 소매업이 필요로 하는 정보나 제조업이나 도매업 영업인 수준의 정보는 별것이 못 되고 만다. 그렇게 되면 소매업이 파악하고 있는 현장정보(인기상품 요인과 사양상품 요인)는 제조업이나 도매업이 갖고 있는 원천적 정보(기술정보, 설비정보 등)와 제휴할 수밖에 없다.

2. 제조 · 배송 · 판매 동맹 본질

대형 소매업과 대형 NB제조업과의 공동제휴는 유통의 과거사에서도 몇 건이 확인된다. 그 중 일본의 경우가 대표적인데 1975년에 있었던 다이에와 시세이도(資生堂), 그리고 가네보의 3개 기업이 제휴해서 화장품의 프라이베이트 브랜드를 만든 예가 그 유형이다.

1) 유통산업 리엔지니어링

소매업과 제조업, 도매업간에 맺어지는 제휴의 결정적인 요소는 소매업이 축적하고 있는 판매력과 정보력일 것이다. 이것은 비록 대형 소매업에 한해서 가능한 일이라고는 생각되지 않는다. 소매업의 판매력도 어느 정도 필요한 것이다. 그러나 제휴의 결정적 요소는 정보력에 있는 것이다. 대형 소매업이 아니더라도 취급상품(제품)이 높은 전문성이 요구되는 소매업일 경우 그 정보 질을 더욱 심도 있게 높임으로써 생활자 욕구를 더 많이 발굴할 수 있을 것이다. 동시에 많은 제조업들도 그런 정보 입수를 기대하고 있는 것이다. 불경기가 길어질수록 생활자의 가격에 대한 요구는 첨예하게 변하고 있다. 물류비용이 주는 압박과 할인점 출현 등으로 유통환경은 큰 변화 조짐을 보여 왔다. 이런 환경일수록 기업들은 경비 삭감과 이익 확보에 주력하지 않을 수 없는데 개개 기업이 독자적으로 이것을 실현시키는 데에는 한계가 따르게 마련이다. 그래서 제조업과 도매업, 소매업들은 지금까지 고수해온 낡은 틀을 깨고 서로 공동보조를 취함으로써 경비 삭감과 이익확보의 길을 터 보려고 노력하였다. 이것이 '제조・배송・판매 동맹'이 원하는 또 다른 한 가지 초점인 것이다. 소매업과 제조업, 도매업간에 모색되고 있는 제휴 본질은 '생활자 입장에서 파악되는 정보 통합'이라고 해도 무방할 것이다. 그런 '정보'를 토대로 생산과 가공, 물류, 판매 등 유통 각 단계에서 발생하는 불필요한 낭비를 총체적으로 덜고 새로운 '비용', 새로운 '가격', 새로운 '선도(鮮度)', 새로운 '품질', 새로운 '기능'을 재창출해서 소비자에게 제공하는 것이 '제조・배송・판매 동맹'의 기본 목적인 것이다. 그리하여 그것을 실현하기 위해서 제조업, 도매업, 소매업이 새로운 역할과 책임분담 구도 재정립에 나섰는데, 이것이 유통에 있어서의 '리엔지니어링'이며 '거래하던 시대'에서 '제휴의 시대'로의 전환 요점이 되는 것이다.

2) 버철 컴퍼니

미국에서 대형 화학제조업인 플럭터 & 갬블(P&G)과 세계 최대 소매업인 월마트가 1987년부터 전략적 동맹관계를 맺고 있었다. 월마트가 POS데이터를 온라인으로 P&G에 넘겨주고 P&G는 개별 상품(제품)별로 월마트 산하의 전 점포에 대한 재고관리를 실시해서 품절이 일어나지 않도록 월마트 각 점의 물류센터(DC :

Distribution Center)를 통해서 납품을 하는 '제조업 자동공급방식'을 실시하고 있었다. 이 '제조업 자동공급방식'은 기왕에 소매업인 월마트와 제조업인 P&G가 일찍부터 개별 회사단위로 써오던 방법이었다.

〈표 1-3〉 버철 컴퍼니

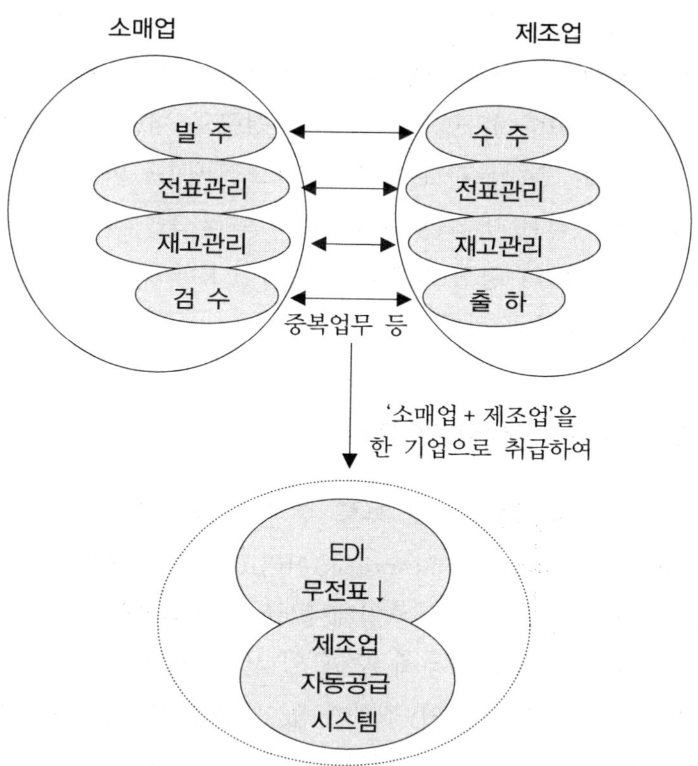

그것을 마치 단일회사처럼 통합해서(버철 컴퍼니) 회사 단위별로 해오던 중복업무를 없애고, 보다 싼 상품(제품)을 적기에 제공할 수 있게 하고 고객 욕구에 적합한 신상품(제품)개발에 필요한 새로운 분업 존재를 모색하는 데 초회사적(超會社的)으로 임한다는 것을 뜻한다(〈표 1-3〉). 다시 말하자면 지금까지 월마트가 자사 책임 하에서 행해오던 발주, 재고관리 작업을 P&G에 맡김으로써 발주와 재고관리뿐만 아닌 구매와 검품작업까지도 P&G에게 넘겼다는 것이다. 한편 P&G는 또 월마트의 POS정보를 온라인으로 입수하게 됨으로써 P&G상품이 월마트 상점에서 어떻게 돌아가고 있는가를 한눈으로 알 수 있을 뿐 아니라 품절을 방지할

수 있는 정보도 즉석에서 입수할 수 있게 되어 최소한의 유통재고 운용으로 공급이 가능하게 되었다. 또 P&G 상품(제품) 생산계획과 재고계획, 원료수배 등 상품(제품)화를 위한 모든 흐름이 보다 더 계획적, 효율적으로 개선되었다고 한다. 월마트와 P&G 간의 회계처리에 있어서도 종전까지만 해도 어마어마한 비용이 지출되고 있었는데 그것은 발주전표, 회계전표의 발행과 검인, 회부, 보관, 검색 등에 소요되는 양 기업의 전표비용과 사무비용이었다. 그러나 초기업적 정보 공유화를 가능하게 하는 '데이터 교환 시스템'(EDI : Electronic Data Interchange)에 의해서 앞서 말한 바와 같은 어마어마한 사무작업을 청구와 지불만으로 축소시켜 간소화할 수 있었다고 한다. 월마트는 P&G와의 '제조 · 배송 · 판매 동맹' 후 기타 제조업과 납품업자에게도 같은 방법을 넓힘으로써 여러 회사와 이런 구조를 도입하고 있다. 또 P&G와 월마트의 경쟁 상대인 할인점인 K마트, 타깃과도 똑같은 '제조 · 배송 · 판매 동맹'을 체결해 왔다.

3) 효율적 소비자 대응(ECR)

이와 같은 '수주 생산형'이라고도 부를 수 있는 유통의 '제조 · 배송 · 판매 동맹' 구조는 ECR(Efficient Consumer Response)이라고 이름 붙여져 미국 식품 및 일용품 업계에 큰 반향을 일으켰다. 의류업계에서는 ECR과 거의 같은 뜻의 QRS(Quick Response System)라는 말을 사용해 오고 있다. 미국의 ECR이 직면한 문제 중에 상품(제품) 비용이 높아지는 요인 조사가 있다. 이것을 위해 ECR은 소매업, 도매업, 제조업을 초월한 원인 규명 노력과 요인 제거 노력을 전개하고 있었는데 그 실례를 하나 들어보면 다음과 같은 것이다. 독푸드의 상품(제품) 비용이 높아지는 요인을 조사했더니 '포장지 파손에 의한 반품'이 그 원인이었다고 한다. 따라서 제조업은 포장지 파손을 막기 위해 포장지를 개량했고 납품업자 배송 방법도 함께 개선했다. 이에 따라서 반품이 줄었고 납품업자와 소매업의 비용도 절감되었다고 한다. 미국업계에 의하면 제조업이 개발한 상품(제품)의 약 85%가 시장에서 고배를 마신다고 한다. 물론 그렇게 되는 데에는 그럴 만한 이유가 있게 마련이다. 이를테면 개발 때문에 드는 비용도 클 것이고 마케팅 비용도 적잖을 것이다. 그것들이 모두 상품(제품)의 가격형성에 반영될 것은 뻔한 사실이다. 다시 말해서 '추정 생산형' 마케팅 결과인 것이다. '제조 · 배송 · 판매 동맹'은 이와 같은 제조업

상품(제품)개발 자세, 마케팅 수법에 변혁을 촉진하고 있으며 POS데이터에 의한 유효한 생활자 정보, 더 자세한 생활자 정보가 제조업에게 제공되는 '수주 생산형' 구조를 확립시켜 제조업의 신상품(제품)개발의 성공률을 높이는 데 큰 도움이 될 것이다. 그리하여 신상품(제품)의 개발비용, 마케팅 비용을 억제할 수 있게 되면 판매가격도 덩달아 낮게 설정될 것이라고 기대하는 것이다.

4) 자스코와 가오(花王)

일본에서는 자스코와 가오가 1994년 2월 '제조업 자동공급방식'을 채택하였다. 자스코가 가오 상품(제품) POS데이터를 온라인으로 제공하게 되면 가오는 제공받은 개별 상품(제품)별 재고정보를 기초로 매출량을 예측할 수 있게 된다. 따라서 가오는 계획 생산이 가능해져 자스코 산하 각 점포에 상품(제품)을 가오 배송센터를 통해 자동 공급하는 시스템을 도입했다는 것이다. 자스코와 가오는 일찍이 1993년 10월부터 EDI를 도입하고 있었다. 이로 인해 발주 접수, 납품, 대금결제 등의 사무 간소화와 함께 가오 상품(제품)의 납입시에 의무화되던 검품제도를 폐지할 수 있었다. 구입전표가 폐지됨으로써 전표에 대한 검인, 회부, 보관, 검색 등의 업무비용이 필요 없게 되었고, 가오 상품(제품) 검품에 따라 붙던 내용검품 제도가 폐지되는 대신 개수 확인만 남게 됨으로써 검품 작업요원을 대폭 감축할 수 있었다. 이 자스코와 가오의 경우도 월마트와 P&G의 '제조·배송·판매 동맹'에서 본 것과 같이 자스코 산하 각 점포 가오 상품(제품) 재고수량이 어느 일정선에 이르게 되면 자동적으로 '제조업 자동공급 시스템'을 채택하고 있었던 것이다.

3. 가격결정권과 사양결정권

'제조·배송·판매 동맹' 사례를 정리해 보면

(1) 상품(제품)개발이 주축인 '머천다이징' 혁신

- 일본 세븐일레븐 '갓구운 빵' '아이스크림' '샌드위치' 등과 같은 '상품(제품) 선도, 품질, 기능 등 혁신' 연구
- 일본 다이에, 이토요카도 국제적 상품(제품)조달 네트워크화를 통한 '가격

혁신' 연구

(2) EDI, 발주 시스템 등 '수주 생산형으로의 전환을 위한 구조혁신'

- 월마트와 P&G, 자스코와 가오(花王)의 실례 두 가지로 크게 정리된다. 그 밖에도 (1)을 통해 개발한 상품(제품)을 동시에 (2)의 수주 생산형 구조로 전환시키는 조치도 있었다.

1) 제조업 자동공급 시스템

여기에서 주목할 핵심은 다음 두 가지이다. 첫째는 월마트와 P&G, 자스코와 가오(花王)의 실례에서 본 것과 같이 'EDI 도입을 통해서 제조업 자동공급 시스템을 채택'하는 것이다. 이것은 소매업의 POS데이터가 제조업과 온라인으로 연계되는 것을 말한다. 이 조치는 소매업이 POS데이터를 제조업에게 넘겨줘야 하는데 이 일은 쉬운 일이 아니어서 대단한 결단이 따르지 않고서는 불가능할 것이다.

소매측은 POS데이터를 넘겨줌으로써 제조업 자동공급에 의존할 수밖에 없다. 동시에 제조업은 소매 각 점포 재고를 관리함과 동시에 품절이 생기지 않도록 상품(제품)을 공급할 의무를 지게 된다. 이로써 소매측은 제조업에게 발송하던 상품(제품)발주와 재고관리 비용을 면제받게 된다. 이것은 어떻게 보면 소매업이 제조업에게 '영업장소를 빌려주는 것'과 같은 것이 된다. 일본에서는 백화점이 제조업이나 도매업에게 '영업장소를 빌려 주는 머천다이징'을 해온 것에 대한 재검토를 벌이고 있었다. 과연 'POS데이터를 넘겨주고 영업장소까지 빌려주는 것과 별다를 바 없는 이 머천다이징'이 이념적으로나 실무적으로 잘 실행될 것이며 또 실제적으로 효과를 나타낼 것인지에 대해서는 의문의 여지가 많았다. 일본에 비해서 소매업간 경쟁이 한층 치열하고 가격 경쟁도 더 치열하다고 하는 미국에서는 POS데이터를 제조업에게 넘겨주지 않으면서 제조업이 인기 상품(제품)을 얼마만큼 품절 없이 지속적으로 공급해 주는가에 대해서 더 많은 관심이 집중되고 있었다고 한다. 따라서 월마트는 납품업자에게 영업장소를 적극적으로 빌려 주는 것을 미끼로 합리성을 추구하고 있었다고 보인다(월마트는 무료로 POS데이터를 제조업에게 제공하고 그 대가로 제조업에 대해서 병참적인 개선을 요구하고 있다). 이 '제조업에 의한 자동공급 시스템'과 닮은 말로서 일본 소매업 일부에서 실시하고 있는 '자동발주'라고 하는 발주 시스템이 있다. 이 시스템은 발주에 때 맞추어서 개별 상품(제품) 재고기준을 계산하게 되면 매출예측에 근거해서 정해 놓은 논리가 작용해서 발주량이 저절로 결정되는 것인데 그것을 온라인을 통해서 납품업자에게 알리면 자동적으로 발주가 성립되는 방법이다. POS데이터를 제조업이나 납품업자에게 넘겨주지 않는 점에서 보면 '제조업의 자동공급 시스템'과는 크게 다른 듯도 하지만 어떤 논리에 의거한 자동발주라는 점에서는 '제조업의 자동공급 시스템'과 흡사한 데가 있다. 그러나 이 '자동발주 시스템'은 그렇게 순탄치만은 않았다고 한다. 그 이유는 발주 관계 인건비 등 비용은 절감되지만 품절이 생기기도 하고 어떤 상품(제품)은 재고 과잉이 되기 때문에 발주정도(發注精度)라는 면에서는 문제점이 많았다고 한다. 판매방법상 문제(가격, 진열대 수, 진열상 위치 등)뿐만 아니라 기온, 경쟁점포 상황 등 외적 요인에 의해서도 매출량이 크게 달라지기 때문이다. 또 POS데이터 정도(精度)에 문제가 생겨도 발주가 중단되어 품절이 생기기도 했다. 이 가운데서도 가장 큰 문제점은 상품(제품)을 판매하는 점포 의지와 의도가 발주라고 하는 중요한 행위에 적절하게 반영되지 않는다고 하는 점이다. '자동발주 시스템'이든 '제조업 자동공급 시스템'이든 간에 유통 톱니

〈표 1-4〉 '제조업 자동공급 시스템'과 '자동발주 시스템'

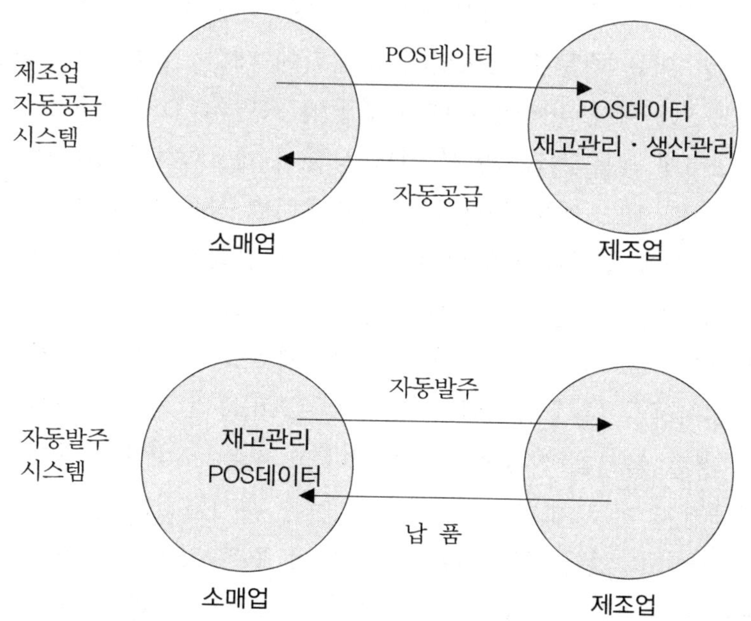

바퀴를 작동시키는 데 요체가 되는 '발주정도'(發注精度)가 높지 않으면 이 톱니바퀴는 회전되지 않는다. 동시에 '발주정도'(發注精度)에 못지않게 '진열정도'(陳列精度)도 높지 않으면 유통 수레바퀴는 회전하지 않을 것이다(〈표 1-4〉).

2) 신상품 개발 일대 전환기

두 번째로 주목해야 할 점은 일본 세븐일레븐에서 볼 수 있었던 소매측에서 전개하는 머천다이징 혁신이다. 앞서 말한 대로 미국에서는 제조업이 개발한 신상품(제품)의 85%가 판매에 실패하고 있다고 한다. 그 신상품(제품)의 약 8할은 기존 상품(제품) 연장선상에 있는 상품(제품)으로서 패키지를 바꾼 것, 크기를 바꿔서 상품(제품) 단위 수를 늘린 것 등으로 제조업은 어떻게 해서든 소매상 진열장을 자사 상품(제품)으로 채우는 일에만 혈안이 되다시피 해오고 있다. 일본에서는 미국만큼 신상품(제품)의 실패율이 높은 것은 아니지만 생활자의 상품(제품) 선정안이 날로 높아짐에 따라서 생활 욕구에 맞는 신상품(제품)개발이 더욱 힘들어지고 있었다. 어떤 제조업이 신상품(제품)을 개발하면 경쟁 관계에 있는 상대 제조업이 재빠르게 비슷한 상품(제품)을 개발하는 등 '동질화 경쟁'에서 못 벗어나고 있는 것이 현실이다. 소매업은 소매업대로 상품(제품) 재고수량 감축을 통해서 회전율을 높이는 데 주력하고 있어서 자연히 상품(제품)품목 수 감축을 실행에 옮기고 있다. 이런 이유 때문에 제조업의 소매점에 대한 진열 공간 쟁탈전은 날로 치열해져 왔다. 일본이나 한국이나 매년 연말이 되면 '○○년도 히트 상품 순위'가 발표되었다. 그런데 해를 거듭하면서 히트 상품이 왜소화하고 있다는 소리가 들리는데 유감스럽게도 이 소리는 사실인 것 같다. 히트 상품이 왜소화하고 있다는 소리에 따라 그 요인을 생각해 보았더니 ① 생활이 질적으로 향상됨에 따라서 개개인에 알맞은 라이프 스타일이 정립됨과 동시에 상품(제품)구입 선택 태도가 정착되는 단계에 있다. ② 기술개발이 발전되면서 제조업 기술개발 여지가 생활과 밀착한 소비재 분야에서 특히 감소되고 있다. ③ 소비자의 가격에 대한 의식이 높아짐에 따라서 "좋은 물건을 싼값에 구입하겠다"고 하는 소비자 욕구에 부응할 만한 신상품(제품)개발이 별로 없다. 오히려 제조업은 부가가치를 높여서 단가를 비싸게 할 궁리만 더하고 있다. 그렇기는 하지만 이 모든 것은 근본적으로 소비자 의식변화 결과임을 부인할 수 없다. 즉 소비자가 스스로 생활 질 높이기에 노력한 결과 고급품 지향, 브랜드 지향에 빠졌고 그러다가 맞이한 불경기 때문에 호된 경험을 강요당했고 그것이 이번에는 중저가 지향을 불러들여서 '합리적인 풍요로운 생활'이라고 말할 수 있는 새로운 라이프 스타일을 모색하게 되었던 것이다. 일본 세븐일레븐이 샌드위치 머천다이징 혁신을 위해서 우선 착안한 것은 샌드위치 사이에 끼울 부재료 선도를 유지하는 것이었다. 이것을 위해서 냉장유통을 생각해냈고 냉장유통을 실현하기 위해서는 저온에서도 맛이 변하지 않는 빵이 필요했다. 그렇게 되자 야마자기 제빵회사와 기술제휴를 맺어 그 문제를 해결했다. 이것이 진정한 뜻에서의 머천다이징의 혁신이다. 동시에 '제조・배송・판매 동맹'의 참뜻인 것이다.

3) 사양결정권

기존 상품(제품)사양을 변경시킬 만한 힘을 편의점이 갖기 시작하였었다. 그때는 이미 '가격결정권'을 놓고 시비하던 시대는 아니다. 아직도 일부 업계는 대 제조업이 과점 상태에서 도매업 계열화에 있는 영세한 소매업을 통제하면서 옛날 그대로의 유통구조를 유지하고 있지만 대세는 "가격결정권은 소매업으로 넘어갔다"는 쪽으로 기울어졌다. 그리하여 사양결정권을 놓고, 제조업이냐 소매업이냐, 아니면 새로운 기능을 함양한 도매업이냐의 시대로 들어서게 되었다. 소매업은 POS데이터를 통해 가설 → 실험 → 검증 작업을 되풀이해서 지속적으로 '인기 상품(제품)'을 선정, 축적하고 있었다. 이런 가운데서 소매업은 또 기존 상품(제품) 사양변경을 제조업에게 요구하는 구도 구축을 도모하고 있었는데 소매업 가운데서도 정보관리가 가장 으뜸인 편의점이 그 첫 포문을 열었다. 정보화가 수준에 달한 소매업은 '제조・배송・판매 동맹'을 빌려 사양결정권까지 손에 쥐게 되었다. 그것은 편의점간에서 생기고 있는 경쟁이 가격경쟁이 아니고 상품의(제품) 구색갖추기를 앞세운 이질화 경쟁 양상임에서도 알 수 있었다. NB상품만 판매하는 상점은 타점과의 차별화를 앞세울 수 없었다. 차별화할 수 있는 길은 상품(제품) 그 자체의 이질화에 있었다. 그런 개별 상품(제품)에 한해서 판매력에 자신이 있기 때문에 타점보다 나은 상품(제품)개발에 더욱 열을 쏟게 되었다. 브랜드는 가능한 대로 NB브랜드로 하되 상품(제품) 사양에 관한 개념은 편의점이 지정해서 신상품(제품)을 개발하는 구조가 '제조・배송・판매 동맹'을 축으로 많이 생겼었다. 이와 같은 '사양결정권 쟁탈' 움직임은 과거 할인점을 중심으로 벌어졌던 '가격결정권 쟁탈' 움직임과 비교해볼 때 업태에 따라 그 특징이 달라졌다는 것을 알 수 있다. 할인 업태는 '가격에 의한 이질화'가 경쟁 전략 최중요 과제였는데 편의점은 가격보다 오히려 '상품(제품) 그 자체에 의한 이질화'를 가장 중요한 과제로 삼고 있었기 때문이다(〈표 1-5〉).

〈표 1-5〉 가격결정권과 사양결정권

소비자
가격차 이질화 →
상품(제품) 자체 이질화 →
소매업 할인업태 등
편의점 등
가격변경 욕구 → '가격결정권' →
사양변경 욕구 → '사양결정권' →
제조업

4. 정보발신으로서의 머천다이징

'머천다이징'의 뜻에 관한 설명은 앞서 말한 대로이지만 또 한 가지 중요한 핵심이 남아 있다. 그것은 소매업이 생활자로부터 수신한 정보를 도매업과 제조업에게 전달해서 되 얻게 되는 결과에 관한 정보, 이를테면 신상품(제품)이라든가 개선을 통한 재개발품에 대해서 "소비자로부터 이런저런 의견이 있었는데, 그에 따라서 이런저런 부분이 개선된 것이 이 상품(제품)이다"와 같은 '되 얻는 정보'를 생활자에게 전달하는 것도 중요한 것이다(〈표 1-6〉).

〈표 1-6〉 정보 수신과 발신

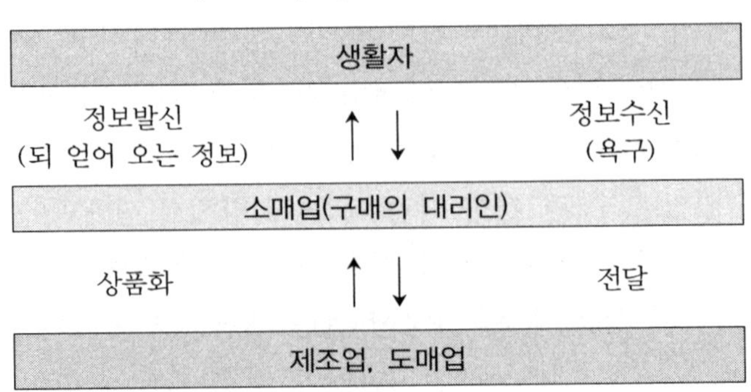

1) 생활자 정보 정확한 수신과 발신

소매업은 정보를 발신하는 기능을 갖는다고 하지만 '생활자를 위한 구매 대리인'이다. 따라서 정보를 발신하는 것보다는 수신해야 하는 것이다. 소매업은 확실히 수신하지 않으면 안 된다. 그것도 신속, 정확하게 수신해야 한다. 그러나 발신해서는 안 된다는 것은 아니다. 소매업은 정확히 수신도 해야 하지만 발신도 해야 하는 것이다. 그러나 유감스럽게도 소매업 매장은 "팔기만 하면 된다"에 그친 듯한 느낌을 준다. 그 중에서도 특히 가격파괴를 자행하고 있는 기업일수록 "팔기만 하면 된다"의 매장에 집착하고 있는 듯하다. 다시 말해서 그들은 가격 일변도의 정보 발신에만 치우치고 있지 않나 하는 생각이 든다. 가격은 가격표를 보면 절로 알게 되어 있다. 그러나 할인점을 지향하는 기업은 이상하게도 가격을 강조한다. 마치 그것만이 자랑인 듯한 태도이다. 가격파괴를 지향하는 기업은 '생활자를 위해서'라는 명분을 내걸고 열심히 가격인하를 위해서 노력하고 있다. 그런데 아쉬운 것은 그들의 그와 같은 피땀 어린 가격인하를 위한 노력 결과로 얻어진 상품(제품)에 관한 정보는 쏙 빼놓은 채 오직 가격만 표시해 놓고 있는 것이 이들 기업의 매장이다. 다시 말해서 생활자에게 가장 요긴한 상품(제품)에 관한 정보발신이 많이 없다는 것이다. "이 상품(제품)은 이러이러한 기능과 함께 이러이러한 품질이다. 이 상품(제품)은 이러이러한 용도로도 사용할 수 있고 이러이러한 방법으로 보존할 수 있다"라는 등 정보가 결여되어 있는 것이다. 이런 정보가 빠져 있는 상품(제품)은 가격만 표시되어 있어서 소비자가 이미 알고 있는 NB상품을 빼놓고는 그저 그런 값싼 물건 정도로 치부될 수밖에 없다. 그뿐만이 아니다. 너무 가격을 강조하고 있어서 '싸구려'로 오해 받는다. 다시 말해서 가격인하를 위해서 피땀 나게 노력한 흔적은 생활자에게 제대로 전달되지 않고 있다. 또 '싸구려 물건'이라는 느낌을 주는 상품(제품)이 매장 전면에 나와 있으면 어쩐지 그 점포 전체가 싸구려 상품(제품)만 취급하고 있는 듯해서 '싸구려 점포'라는 인상을 받게 된다. 일단 소비자에게 '싸구려 점포'라는 이미지를 심게 되면 '싸구려'를 찾는 손님들만 찾아오게 된다. 동시에 질 좋은 상품(제품)을 찾는 손님은 발길을 돌리게 되어 이 점포 매출은 떨어지게 된다. 그렇게 되면 매출부진을 개선할 목적으로 한 단계 높은 질 좋은 상품(제품)을 구색에 맞춰 구입하게 되는데 이미 점포 이미지는 '싸구려 취급점'으로 굳어진 다음이어서 고객들의 질도 '싸구려'만 찾는 고객

뿐으로 애써 구입한 질 좋은 상품(제품)은 거들떠보지 않는다. 하는 수 없어진 점포는 다시 원점으로 돌아가서 옛 싸구려 상품(제품)을 재차 구입해서 구색을 갖춰 놓지만 그때는 이미 '싸구려'를 찾던 고객마저 발길을 돌린 뒤가 되고 만다. 이렇게 해서 악순환이 찾아오는 것이다.

2) 소비자 설득방법

오래 전의 일이지만 '감성소비'(感性消費)라는 말이 있었다. 이 시대는 좋아서라거나 싫어서라는 이유로 상품(제품)을 구입하고 배척하는 소비자는 없다. 또 브랜드의 이미지만으로 상품(제품)을 구입하지 않는다. 이 시대 사람들은 상품(제품) 기능을 따지면서 상품(제품)을 구입하고 있는 것이다. 소비자를 어떻게 설득하며, 상품(제품) 특징을 어떻게 간단하게 설명할 수 있는가에 따라서 히트상품이 생기고 안 생기는 세상이다. 다시 말해서 '생산자 시대'는 가고 '생활자 시대'로 바뀐 것이다. 따라서 소매업 매장도 소비자를 설득하는 매장으로 바뀌어야만 한다. 가격표만 덜렁 붙은 매장은 별로 설득력이 없다. '마케팅'이라고 하는 제조업이 주도하고 있는 공급구조 속에서 '분배자' 기능만 보유했던 소매업은 새롭게 진화해야 한다. '가격이 싼 상품(제품)'일수록 왜 가격이 싸며 그 기능에는 어떤 특징이 있는가 등을 '매장'에서 간단명료하게 설득할 수 있어야 한다. '분배자'가 아닌 '구매 대리인'으로 바뀐 소매업 기능은 그만큼 생활자를 위해서 중요한 것이 되었다. 또 소비자가 알고자 하는 정보는 상품(제품)이 지닌 '품질'과 '기능'에만 있는 것이 아니다. 어떤 '사용 방법'이 효과적이고 어떤 때에 사용하면 '편리'하고 어떤 장소에서 사용하면 '값어치'가 더 높아지며 어떤 '보존 방법'이면 더 오래 두고 쓸 수 있는지 등 생활하는 가운데서의 TPO(Time, Place, Occasion)적 적응에 필요한 정보 제공이 필요한 것이다. 소비자가 상품(제품)을 실제로 구입할 때 필요한 정보는 무엇일까 이런 가정 하에서의 회답을 스스로 조사해 볼 필요가 있다. 또 매장에 온 손님이 가장 많이 하는 질문에 대해서는 적어도 POP(Professor Of Professors) 수준의 대답은 할 수 있어야 한다. 그와 같은 정보발신이 '머천다이징'의 중요한 기능인 것이다.

5. 유통혁명 5대 신조류

1) 물류합리화

생산부문에서의 비용절감이 한계에 도달함에 따라 물류비용절감이 경영의 중요한 과제로 대두되어 컴퓨터 네트워크로 상품(제품)이동 시스템을 구축하는 것을 기본 개념으로 한 전략적 물류시스템(로지스틱)이 필요하게 되었다. 이는 물류센터 통합화, 정보기술 도입, 다른 기업과의 물류업무 제휴 등 다양한 방법으로 응용되며 물류비 절감에 적용되고 있다.

2) PB상품

소매업자가 제조회사와 직거래를 통해 조달한 상품(제품)에 자신의 상표를 부착해 영업하는 상품(제품)으로 미국 월마트가 급성장할 수 있었던 배경이다. 생산설비 없이 하청을 주는 형태이므로 중간 이윤이나 연구개발비, 광고 선전비, 물류비 등을 대폭 절감할 수 있어 판매 가격도 크게 낮출 수 있다. PB상품 확산은 제조회사 고유상표(NB : National Brand) 위축을 의미하지만 제조업체 2~3순위 기업에게는 위험부담 없이 매출을 오히려 확대할 수 있는 좋은 기회가 된다.

3) 오픈가격

글로벌 마케팅 시대 도래에 따라 가격결정권이 생산자에서 유통업자나 소비자 손으로 넘겨지고 이러한 변화를 잘 반영한 것이 오픈가격 등장과 확산이다. 오픈가격은 제조회사가 출하가격만을 표시하고 그 이후 가격은 비용이나 이윤 폭을 고려하여 유통업자가 결정하는 것을 말한다. 유통단계별 이익을 미리 배정하여 책정한 희망소비자 가격에 반해 오픈가격 하에서는 제조업자나 유통업자가 자구 노력을 통해 이익을 확보해야 하므로 유통업계 재편성이 일어난다. 즉 경쟁업체에 비해 저렴한 가격을 제공하면서도 이익을 확보하는 로 코스트(Low Cost)경영 방식을 갖춘 유통업자만이 생존경쟁에서 승리할 수 있다.

4) 가상현실 상점가

PC통신 네트워크를 이용한 가상현실에서도 쇼핑을 할 수 있고 디지털 안경을 쓰고 가상 현실 속에 들어 가면 실제 물건을 보는 것과 똑같은 효과를 느낄 수 있으며 물건 감촉을 느끼고 꽃 향기나 음식 맛도 가상현실 속에서 체험할 수 있게 된다. 가상현실 상점가는 점포 설비가 필요 없고 판촉 경비도 절약할 수 있어 상품(제품) 가격인하 효과를 볼 수 있다.

5) CALS : 통합 물류 · 생산시스템

미국 국방부가 1980년대 중반 컴퓨터를 이용해 물자 구매 및 병참 지원을 목적으로 〈컴퓨터 이용 무기획득 및 군수지원〉(Computer aided acquisition and logistic support)이라는 개념으로 만든 것이 CALS 기원이다. CALS는 컴퓨터 네트워크를 통하여 상품(제품) 개발에서 부품조달, 기타 결제에 이르기까지 모든 기업 활동을 전자 데이터를 주고 받으려는 구상으로서 이 방식을 이용하면 설계, 부품 조달에서 물류, 상품(제품) 유지보수에 이르기까지 가장 적합한 협력자를 전 세계 어디서나 찾아내는 것이 가능해진다.

제3절 유목민에게 배우는 영업전략

1. 왜 유목민인가?

세계는 새로운 문명 전환기를 맞이하고 있다. 인류가 석기문명에서 청동기문명으로 다시 철기문명으로 바뀌면서 그전과는 상상할 수 없는 새로운 삶을 누리게 되었듯이 오늘날 일어나고 있는 제4차 산업혁명의 전 지구적 격변의 대 폭풍은 인류 삶을 전혀 새로운 세상으로 옮겨 놓는 거대한 지각변동을 의미한다. 국내외의 수많은 학자들은 이 격동의 전환기 때마다 다양한 개념으로 설명해왔다. 앨빈

토플러는 〈제3의 물결〉, 피터 드러커는 〈글로벌 경제〉, 래스터 서로우는 〈지식의 지배〉, 사무엘 헌팅턴은 〈문명의 충돌〉이라는 말로 이 거대한 변화의 윤곽을 그려보려고 애썼다. 이들 설명에 따르면 변화의 키워드는 디지털 또는 인터넷, 벤처, 글로벌, 탈냉전 등이다. 그러나 이 모든 설명들이란 따지고 보면 결국 부분적 설명에 그치는 것이다. 미래학자들이 제시하는 그림들 속의 숨은 그림, 우리가 지금 정신없이 흘러가고 있는 변화의 핵심은 정착문명의 긴 지배가 마감되고 유목이동 문명시대가 시작되었다는 것이다. 제4차 산업혁명이라는 새로운 패러다임의 전환기에 발맞춰 새로운 영업전략을 수립해야 한다면 이 영업전략의 핵심은 '유목이동 마인드'의 형성이어야 한다. 이는 또한 '정착적 수직사고'에서 '유목적 수평사고'로의 혁명을 이룩해야 한다는 뜻이다. 유목민이란 누구인가? 유목민이란 영토가 아니라 사상을 중심으로 모이는 사람들이며 끊임없이 이동하는 사람들이다. 그들은 여행, 경계, 오아시스의 위치를 아는 것 등을 최고 가치로 여겨 왔다. 떠돌아다니는 삶을 위해 소지품을 간소화시키고 정보 수집에 능란하며 속도를 중시하는가 하면 서로 접속하고 소통하는 공동체를 만들어내는 것이 그들 문명 형태였다. 반면 우리는 근 1만 년 동안 정착 사회에서 살았다. 뿌리, 땅, 집 등의 소유가 최고 가치였던 시대를 살아온 것이다. 정착문명은 농업혁명과 산업혁명을 거치면서 야만이라 불렸던 유목문명과는 비교도 되지 않을 성장을 이룩했다. 20세기 후반을 정점으로 인류는 역사 이래 최대 물질적 풍요를 가져왔다. 과대한 생산과 과대한 소비 시스템이 완성된 것이다. 하지만 소유와 집착, 땅과 뿌리라는 근거지 의식과 습성들이 불편한 점으로 작용하면서 새로운 '이동형(型) 문명'이 도래하기 시작했다. 마치 동물을 끼고 살던 옛 유목민 마인드 같은 수평적이고 열린 사고(思考)들이 '질서화'되는 것이다. 역사의 아이러니인가? 야만인이던 유목민에게서 달아나고 달아난 끝에 인류는 다시 첨단 문명의 표상으로 유목민을 거론한다. 특히 서구 문명이 21세기를 '유목적인 것'으로 천착하는 데 앞장 선다. 프랑스 석학 자크 아탈리는 '부유한 사람들은 즐기기 위해 여행할 것이고 가난한 사람들은 살아남기 위해 이동해야 하므로 결국은 누구나 유목민이 될 수밖에 없을 것'이라고 말한다. 질 들뢰즈도, 기 소르망도 비슷한 주장을 폈다. 이미 휴대폰, 노트북 컴퓨터, 인터넷 등이 사이버 세계의 기마 궁사(말을 타고 활을 쏘던 병사)들을 양산하고 있다. 말(馬) 대신 인터넷을 올라탄 차이가 있을 뿐이다. 이제, 유목 이동적인 관점이란 모든 인간의 잠재적인 자세이며 인간 존재의 기본적인 범주들

가운데 하나라고 말해야 할 상황에 이른 것이다. 인간의 육신은 더 이상 커뮤니케이션을 위해 공간의 숙명 앞에서 막막한 거리감과 싸우지 않는다. 이것을 누가 새로운 유목민의 시대라고 말하지 않을 것인가?

2. 유목민 칭기즈칸 성공비결

"성을 쌓고 사는 자는 반드시 망할 것이며 끊임없이 이동하는 자만이 살아남을 것이다."

몽골 수도 울란바토르 근교에 있는 돌궐제국 명장 톤유쿠크 비문에 새겨진 유훈(遺訓)이다. 닫힌 사회는 망하고 열린 사회만이 영원하리라 뜻이다. 유목이동마인드의 핵심을 담고 있는 이 말은 글로벌 인터넷티카 시대인 오늘날 경영자와 영업인에게 있어서 영원한 교훈이 될 것이다. 그러한 '유목이동 마인드'가 무엇인지를 가장 극명하게 들어 내준 사람은 13세기 몽골의 칭기즈칸이다. 800년 전 칭기즈칸은 고려에서부터 헝가리까지, 시베리아에서 베트남까지 무려 777만 평방킬로미터에 이르는 거대한 유라시아 대륙의 대통합을 이루었다. 세계적인 정복자로 불리는 나폴레옹, 히틀러, 알렉산더가 차지한 면적을 합친 것보다 더 넓다. 당시 몽골 유목민 인구는 1백만~2백만 명에 불과했다. 칭기즈칸은 이 소수의 몽골인들과 함께 유라시아의 1억~2억 인구를 불과 30여년 만에 통일해 냈다. 몽골 세계제국은 짧은 시간에 탄생됐지만 무려 150여년이나 지속되었다. 그 비결이 무엇일까? 여기서 칭기즈칸의 진면목을 찾을 수 있다. 그는 과연 어떤 비결, 어떤 영업전략을 가졌기에 '피눈물' 나는 몽골 척박한 환경에서 유라시아 대륙에 걸친 광대한 영토를 정복하여 자유무역지대를 만들 수 있었던 것일까? 더 나아가 인터넷이 발생하기 8세기 전에 이미 전 세계적인 콤비네이션을 구축할 수 있었던 것일까? 칭기즈칸의 성공비결 첫 번째는 꿈이다. 그는 큰 꿈을 가졌고 또 그 꿈을 동지들과 공유했다. 꿈을 공유하면 구성원 모두가 주인이 된다. 그러면 모두가 창의적 인간이 될 수 있다. 한 사람의 꿈은 꿈이지만 만인이 꿈을 꾸면 현실이 된다. 몽골인들은 이점을 심장으로 알았던 사람들이다. 칭기즈칸 군대는 상명하복식 조직의 폐쇄성과 경직성, 수동성과는 거리가 멀었다. 거기에는 학연이나 혈연, 지역 차별과 같은 정착문명 특유의 칸막이 의식이 없었다. 누구든지 노력한 만큼 그리고 공헌한 만큼 반드시 그 대가가 지불되도록 했다. 간단히 말해 철저한 성과급제 조직이었던 것이다. 구성원들은 조직에 대해 신뢰감과 자부심을 가졌으며 조직을 위해 열성을 다할 수 있었다. 칭기즈칸은 정복전쟁에 앞서 개인약탈 금지라는 혁명적 조치를 취한다. 당시에는 전쟁에서 승리하면 피정복지에 먼저 도착한 순서대로 여자와 가축 등을 약탈했다. 칭기즈칸의 조치는 이런 선착순 약탈을 금지하고 정확한 분배 시스템을 갖추는 것이었으며 구성원들에게 '일한 만큼 성과를 얻는다'는 믿음을 강화시켰다. 이것은 경영 측면에서 스톡옵션제를 연상시킨다. 몽골군 장수 중 한 사람인 모칼리는 제국 통일 이후 황하 이북의 중국 땅을 다스리는 엄청난 스톡옵션을 받게 된다. 지금도 몽골에는 음지에서 일하는 사람들에 대한 배려 전통이 남아 있다. 나담축제의 말 경주에서 승리를 하면 기수와 함께 말 조련사에게도 똑같은 포상이 주어진다. 말에게도 그와 같은 영광이 돌아가는데 이는 유목민들의 공정한 분배 시스템을 보여주는 것이다. 몽골 유목민들이 성공한 두 번째 비결은 속도를 종교로 여겼다는 점이다. 남에게 사랑을 베풀어서 내 영혼이 편안해지고 사후에까지 안식을 취하는 것이 일반적인 종교이다. 유목민들에게는 기동성이야말로 종교 이상의 가치였고 속도를 저해하는 모든 행위를 악으로 규정했다. 정착해서 사는 사람은 그 땅에서 자라는 식물이나 곡식이 최고 가치이다. 그들에게 속도는 큰 의미가 없다. 하지만 유목민들에게는 살아남기 위해 속도가 최선 가치가 된다. 소수가 다수를 공격해서 이길 수 있는 방법은 속도를 따라잡는 것 밖에 다른 길이 없다. $E=MC^2$이라는 물리학 공식에 대입시켜보면 간단히 알 수 있다. 에너지(전투력 혹은 기업경쟁력)는 질량(병력 혹은 투입된 예산 규모)에 비례하지만 속도(기동성 혹은 내부 역동성)에는 제곱 비례한다. 소수였던 그들은 속도전을 통해 다수를 공격하는 원정 전쟁에서 승리할 수 있었다. 오늘날 국가 경쟁력도 국토 넓이나 국민 수에 달려있는 것이 아니라 그 속에서 움직이는 사람들의 역동적인 속도에 의해 좌우된다. 이것은 영업전략 측면에서 기업의 경영운영 속도와 관련된다. 생각 속도는 물론이고 회의와 결의 속도, 정보교류 속도, 구매절차 속도, 판매절차와 서비스절차 속도, 상품(제품)생산 속도 등 기업 활동 과정에서 지체되고 속도를 가로막는 모든 요소를 찾아내어서 없애거나 단축시켜야 한다. 결재 라인을 간소화시켜 업무 기획과 처리 속도를 높이는 방식, 복잡한 의사결정 구조를 단순화하는 방법은 필수적이다. 필요 이상으로 큰 사장실, 한 문장으로 해결되는 것을 몇 장씩 작성해 올리는 보고서, 서서 하거나 이메일로 할 수 있는 회의를 언제나 한 자리에 모여서만 가능하다고 생각하는 발상 등은 기업의 기동성을 떨어뜨리는 악성 종양들이다. 세 번째 성공비결은 정보전에 있다. 대평원에서 사는 유목민들에게 주변을 살피는 것은 생존과 직결된다. 당연히 그들에게는 정보가 중요했고 그것은 전쟁을 기획하고 수행할 때 효과적으로 이용되었다. 또한 수집된 정보를 통해 심리전까지 이용할 수 있었다. 정보를 제공하는 사람에 대한 정착민과 유목민의 차이는 우리 역사에서도 찾을 수 있다. 바로 보부상들이다. 외지 소식을 전달해주던 보부상들 우리 사회는 천시했고 홀대했다. 결국 그들은 일제 강점기에 황국협회로 변질되었고 적의 첩자가 되었다. 정보에 대한 이런 차이는 개미와 거미를 통해 극명하게 대비된다. 정착사회는 근면 성실하고 협동심이 강한 개미적 인간형을 선호한다. 그러나 거대한 조직으로 구성된 개미 사회는 단 15%만 일을 하고 나머지 85%는 대열을 따라만 다니거나 남들이 일하는 것을 지켜보기만 한다. 반면 거미는 공중에 커다란 네트워크망을 걸어 두고 스스로 사냥하고 스스로 생존한다. 위성 안테나 같은 거미줄은 거미가 가진 정보화 마인드 총체이다. 유목민들 정보화 마인드도 어쩌면 생존 가치였을 것이다. 오늘날 기업이 성공하기 위한 핵심 조건 또한 정보마인드라고 할 것이다. 지식 경영과 정보화로 무장하지 않는 기업이 지난 세기와 같이 건재하리라 믿는 사람은 아무도 없다. 네 번째 비결은 테크노 헤게모니이다. 중세 유럽 기사들은 철갑통 갑옷을 입고 긴 창을 들고 돌진하며 전쟁을 했다. 옷 무게와 불편함 때문에 병사는 말 위에서 스스로 움직이지도 못한다. 반면 유목민들은 말 안장 아래에 등자(발 받침대)를 만들어 달았다. 이 발 받침대 덕택에 마상 쇼를 연상시키듯 말을 잘 부릴 수 있었고 전후좌우로 몸을 돌려 활을 쏠 수 있었다. 유목민들이 개발한 전투 무기는 등자뿐이 아니다. 기록에 의하면 콰레즘 제국을 점령한 후 6만 명에 이르는 기술자를 포로로 잡아갔다고 한다. 그들은 수도 카라코롬에서 연구를 했는데 요즘 우리로 치자면 대덕연구단지에 해당될 것이다. 기술자를 존중하지 않는 사회는 미래가 없다. 오늘날 벤처기업들은 테크노 헤게모니의 단면을 보여주고 있다. 현대 기업문화에서 기술을 가지느냐 못 가지느냐는 기업 운명과 직결된다. 특히 독자적인 원천기술 개발은 기업 사활이 걸린 문제이다. 다섯 번째는 레고(Lego)식 사고이다. 레고는 신기한 장난감이다. 자동차가 되었다가 다시 조립하면 집이 되기도 한다. 한마디로 규정할 수 없는 레고 블록의 정체성, 순간적 필요에 따라 전체가 살아있는 생물처럼 변화하는 가변성, 이런 특성들이 레고 블록을 최고 장난감으로 만들었다. 레고의 핵심은 호환성이다. 호환성이 없으면 레고 블록으로 집은 만들 수는 있지만 자동차는 만들 수 없다. 이제 한 가지 일만 잘하면 되는 세상은 지나갔다. 운동선수도 멀티 플레이어, 연예인도 만능 엔터테이너여야 살아 남는다. 호환성을 갖추지 못한 사람들은 점점 낙오의 운명으로 다가가게 될 것이다. 세상은 기본적으로 다기능공 시대가 되었다. 과거에는 '한 우물만 파라'는 격언이 유용했지만 유목이동문명시대에는 어떤 일이든 다 모두 잘해야 살아남을 수 있다. 이것이 호환성이다. 이러한 호환성을 위해서는 다양한 인재에 대한 정보를 가져야 한다. 이는 '인재 풀'의 원형이 되는데 칭기즈칸의 인재 풀 형성은 전쟁에서 이긴 뒤 그 포로들을 자기 군사로 충원시키는 방식으로 이루어졌다. 칭기즈칸은 피아의 개념이 아니라 실용성 측면에서 인재를 충원하였던 것이다. 유목민들의 아웃소싱 정신은 포로를 아군으로 만드는 데서 그치지 않는다. 그들은 동물까지 동지로 여겼다. 전쟁에서 말까지 동지가 된다면 그 전쟁은 이미 이긴 것이나 다름없다. 여성에 대한 사회적 인식도 정착민 세계와는 커다란 차이를 보인다. 유목민에게는 남존여비란 말이 없다. 여성은 남성 파트너이자 동지이며 따라서 상하 관계가 아니라 역할 분담 관계만 있을 뿐이다. 이들이 바로 여성 유목민, 우마드(Womad, Woman+Nomad)들이다. 젊고 살아있는 조직을 만들고 싶으면 조직 호환성을 높여야 한다. 자유자재로 변화하는 레고처럼 유연한 사고만이 호환성과 표준화를 이룰 수 있다. 경영 측면에서 보면 이것은 철저한 아웃소싱(outsourcing)이다. 호환성을 갖추어 주변 업무를 아웃소싱 한다면 지금처럼 경제 상황이 불투명하고 투자 리스크가 커가는 기업 현실에서 새로운 돌파구가 될 수 있다. 총력전과 프로페셔널화도 중요한 승리 비결이었다. 칭기즈칸의 장수 중에 제베와 수베에테이가 있는데 이들은 도주한 콰레즘의 왕을 추격하기 위해 지구의 1/4인 1만Km 쫓아간다. 저승사자 군단이라 불리던 몽골군 진가는 그들 스스로 최고 프로였다는 것이고 총력전을 펼친 데 있다. 요즘 기업들에서 자주 보이는 팀제 또한 사원 각자를 프로페셔널로 만드는 방법이다. 팀제는 부서 체계보다 개인 능력을 최대화 할 수 있는 제도이고 개인 총력전을 불러 올 수 있다. 기업이 프로페셔널화를 위해 얼마만큼 변화하느냐에 따라 그 기업 성공과 실패가 결정될 것이다. 이상이 유목민 칭기즈칸이 성공할 수 있었던 비결이다. 하지만 이 모든 비결보다 더 중요한 이유, 마지막 성공 비결은 유목민 인간관계이다. 몽골 유목민들은 척박한 자연 환경을 이기기 위해서 사람과 사람 사이의 믿음과 결속력을 중요시했다. 그렇게 맺은 관계를 그들은 '안다'와 '너커르'라고 하는데 너커르는 우리말로 평생 동지, 안다는 평생 친구라는 뜻이다. 동지란 태어난 곳은 달라도 죽는 곳은 같은 사람들이다. 칭기즈칸은 특히 동지들이 많았다. 오갈 데 없는 사람, 어려운 사람, 꿈은 갖고 있지만 뜻을 펴지 못하는 사람들이 차별 없는 칭기즈칸에게 와 동지가 되었고 그들이 제국건설의 주역이었다. 눈앞의 이익에 매이지 않는 유목민들의 인간관계를 단적으로 보여주는 사건이 있다. 칭기즈칸과 마지막까지 몽골고원 통일을 놓고 다투었던 장군 중에 자모카라는 인물이 있다. 자모카는 칭기즈칸의 안다였으며 당시 고원의 강력한 실력자였다. 칭기스칸군에게 쫓기던 자모카 부하들이 자모카를 잡아다 칭기즈칸 앞에 끌고 왔다. 우리 생각에는 자신의 적을 잡아왔으니 칭찬해 줄 텐데 칭기즈칸은 반대였다. 그는 리더를 배신하는 자들을 용서할 수가 없다면서 그 자리에서 참수를 한다. 이 일화는 우리 사회에서 종종 문제가 되기도 하는 산업 스파이를 생각할 때 매우 의미심장하게 읽힌다. 배신은 결국 인간 신뢰의 문제이다. 이를 경영자의 입장에서 보면 투명한 경영구조를 갖추는 것이 필수적임을 말한다. 공정한 인사와 분배 구조, 윤리 경영을 다시 되새겨야 한다. 인사 공정성이 무너진 조직은 미래가 없다는 것이 너무나 자명한 일이다.

3. 유목제국에서 배우는 기업의 영업전략

칭기즈칸과 그의 동지들이 만든 제국은 인류 최초의 '해가 지지 않는 나라'였다. 몽골제국은 어찌 보면 너무나 상식적이기까지 하다. 인종·언어·종교·문화의 차이에 아무런 구애를 받지 않았던 사회, 정권과의 연고가 아닌 실력으로 등용이 되는 능력주의·실력주의의 인물 선발이 당연시 된 사회, 농민과 서민 등 일반 대중에게 출세와 성공의 기회가 열려 있는 사회였다. 그런 의미에서 칭기즈칸의 제국 경영술은 오늘날 기업인들에게 전쟁에서의 승리 비결만큼이나 중요한 단서를 제공한다. 칭기즈칸의 첫 번째 영업전략은 법치주의였다. 유목민 특성이 반중앙집중적인 것은 사실이지만 그들이 리더 권위를 부정하는 것은 아니었다. 오히려 중요한 것은 칭기즈칸이 제왕이 아닌 리더였다는 사실이며 리더의 의지대로가 아닌 정확한 법치주의를 실현했다는 사실이다. 칭기즈칸은 특히 인치가 아닌 법치의 원리를 〈대자사크(현재 알려진 몽골 최고(最古)의 성문법전)〉라는 법으로 명문화한다. 법치 경영은 기업 측면에서 윤리 경영과 맞닿아 있다. 어느 사회나 기업이든 법에 따른 통치와 경영은 핵심적인 사안이다. 이는 미래 경영에서 더욱 중요하게 제기될 문제이기도 하다. 또한 법치 경영은 합의제 사회를 구현하는 길이다. 몽골 제국은 국가 중대사를 정할 때는 칸의 독단이 아닌 합의와 절차에 따라 결정했다. 그 회의는 코릴타라는 것으로 일종의 제국의회이다. 우리 역사에 등장하는 신라 화백제도, 고구려 합좌제, 백제 정사암 등과 유사한 것인데 코릴타에서 통과가 되어야만 정책이 수행되었다. 국가의 중요한 정책, 특히 지도자를 뽑는 것과 전쟁 결정들은 몇 달이고 모여서 회의를 한다. 지도자라고 해서 함부로 지명하거나 박수부대로 해서 되는 것이 아니라 그 성원체나 조직원들 모두가 자신에게 미래를 가져다 줄 사람이냐, 지도자로서 능력이 있는 사람이냐를 설득해서 동의할 때까지 기다렸다 선출된다는 것이다. 이는 유목사회가 절차나 성원체들의 의견을 존중하는 사회였음을 알 수 있다. 몽골 제국은 시스템화를 이룩하고 있었다. 칭기즈칸은 사회 행정 조직을 천호제(千戶制)로 바꾼다. 당시까지는 씨족단위로 사회가 편제되어 있었는데 봉건 씨족사회여서 김씨는 김씨끼리 이씨는 이씨끼리 살던 사회를 10진법에 따라 새로운 편제로 바꾸게 된다. 씨족과 관계없이 가까운 열 가구가 모여 살고 다시 100가구, 1,000 가구, 10,000 가구가 모여 살도록 하여 지연과 혈연, 학연을 따지지 말고 살도록 했으며 조직 리더는 그들 스스로 뽑도록 정해두었다. 그리고 그 리더가 부족하면 해고를 하도록 했다. 이 천호장들이 사회의 기둥이 되는데 이중에는 노예 출신에서 천호장까지 올라간 사람도 있다. 모두가 능력을 발휘하는 사회가 되었다는 것이다. 특히 이점은 오늘의 기업인에게도 그대로 적용될 수 있을 것이다. 예컨대 불과 얼마 전까지만 해도 수천억엔 대의 적자를 면치 못하던 일본 어느 유명 기업은 새로운 개혁을 추진한 결과 다시 수천억엔 대의 흑자경영으로 돌아섰는데 그 개혁 가운데 하나가 바로 여러 단계의 직위를 2단계로 단순화시켜 능력과 성취에 따라 빠르게 승진할 수 있도록 한 것이 크게 주효했다고 한다. 이것이 13세기의 방식으로 구현된 것이 곧 천호제이다. 이러한 시스템화는 인력 풀을 갖추게 함과 동시에 기업 재투자에 대해서도 제시하는 바가 있다. 칭기즈칸은 제도 정비에 착수한 후에 케식텐을 만들었다. 천호제가 하드웨어의 개혁이라면 케식텐은 소프트웨어의 개혁이었다. 나라의 미래는 소년에게 달려있다는 생각으로 엘리트들을 모아 사회 각 분야에 걸친 전문

교육을 시켰고 교육도 성과급제로 하여 차등적인 분위기에서 교육을 받게 하여 경쟁력을 키워 나가게 하였다. 교육 대상은 주로 칭기즈칸의 사위들, 능력 있는 십호장・백호장・천호장, 그리고 정복지 유력자들의 아들로 구성됐다. 조직 내에서는 구성원마다 최고 지휘관에서 의사・취사병에 이르기까지 다양한 역할을 담당했으나 전장에 파견되면 모두 지휘관이 되었다. 세 번째 영업전략은 역참제를 통한 세계 제국의 구현이다. 칭기즈칸은 정보마인드에 입각, 반중앙집중적 경영체제를 만든다. 이것이 '13세기의 인터넷'이라는 '역참제'이다. 20세기의 정보전달 방식의 대표격인 전화는 정보 전달이 중앙에 집중되어 대단히 부하가 편중되고 이 중심이 파괴되면 정보의 흐름이 막히고 만다. 이에 반해 역참제는 인터넷과 같은 '패킷 단위'의 전달방식으로 정보는 지름길을 통해 끊임없이 전속력으로 달릴 수 있다. 20세기의 중앙 집중적 기업경영에서라면 모든 사내 정보가 중앙의 최고 경영자에게만 집중, 처리되므로 능동적이지 못하고 경직된다. 반면에 역참제 같은 방식의 기업 경영에서는 기업 내부의 정보가 다양한 전달 루트로 전달되고 어느 지점에서나 다른 방향의 수신자를 지정, 문제를 역동적으로 풀어 나갈 수 있다. 한마디로, 모든 구성원이 스스로 정보의 중간 전달자이자 동시에 정보 생산자이면서 또한 정보 이용자가 된다는 것이다. 정보의 생산・전달・수용에서의 칸막이가 무너지는 체제인 것이다. 역참제를 통해 세계는 실핏줄처럼 연결될 수 있었다. 그 속으로 상인과 외교관, 여행가들이 오갔다. 정보가 오갔고 물류가 오고 갔다. 또한 그 속으로 돈이 흘러 다녔다. 칭기즈칸이 정복한 지역과 나라는 인종도 다르고 종교도 다르며 언어, 문화, 생활 모든 것이 각양각색이었다. 이들 피정복 국가들을 하나로 통합하는 것은 여간 어려운 일이 아니었다. 이를 해결하기 위해 몽골제국은 단일 지폐를 유통시켰다. 유럽보다 무려 4백년이나 앞서 만든 지폐였다. 단일지폐경제권의 위력은 대단했다. 돈만 있으면 언제 어디서나 어떤 물건이든 살 수 있고, 또 팔 수 있었다. 원나라의 지폐는 오늘날의 '달러'처럼 세계의 기축통화(基軸通貨)였던 것이다. 칭기즈칸의 제국경영에서 특히 빛나는 대목은 당시 몽골제국이 혼혈 잡종 사회, 완벽하게 열린 사회였다는 점이다. 열린 마음은 이질적인 사람이나 사회를 수용하는 태도이다. 칭기즈칸은 이슬람교도, 그리스도교도, 불교도 등 수많은 이질적 민족과 종교, 서로 다른 언어와 문화의 사람들을 하나의 '팍스 몽골리카' 내부로 수용하면서 아무도 차별하지 않았다. 또한 유라시아 대륙 전체에 걸쳐 일종의 연방 국가를 구성했다. 각 나라들은 자치권을 갖고 움직였지만 각 국에는 관리가 파견되어 관리하고 조정했다. 다양성의 수용과 통제의 균형. 이것이 '개방성'으로 표현되는 칭기즈칸의 수용정책이다. 그는 자신의 생명을 위험에 빠뜨린 적의 장군을 수용하여 동지로 삼거나 전사한 적장의 딸을 며느리로 삼았고 적장의 아들을 자신의 아들로 삼아 자신의 보호 아래 두기도 했다. 심지어는 적에게 빼앗겨 적장의 아들을 임신한 자신의 아내와 그 아들을 거리낌 없이 받아들이기도 하였다. 또한 칭기즈칸과 몽골인들은 대체로 샤머니즘계였으나 칭기즈칸의 며느리는 기독교계였다. 마치 지금의 미국을 연상케 하는 이 혼혈성 사회가 바로 유목 문명의 특성이었다. 13세기 초원의 유목세계에서는 생존을 향한 끊임없는 '적과의 동침'이 비일비재하고 끊임없이 변화하는 현실상황에 대응하기 위해 부족들 간에 벌이는 합종연횡이 숨 막힐 정도로 빈번하였다. 그래서 패배한 적에 대해서도 용서하고 수용하며 화해하는 것이 필요하였다. 이런 데에서는 '영원한 적'이란 존재하지 않는다. 그리하여 '나는 오로지 나일뿐 다른 무엇일 수 없다'는 생각 즉, 자기의 고정된 정체성을 고집하지 않는다. 요즘은 이것을 칸막이 가로지르기(cross-over)라고 부른다. 마지막으로 몽골제국은 오늘의 기업들에게 계승과 재창조의 모범을 보여준다. 바다를 경영한 유목민 쿠빌라이칸이다. 쿠빌라이는 칭기즈칸의 손자이자 원제국을 창업한 사람이다. 사람들은 쿠빌라이를 유목을 정착화시킨 인물, 심지어 배신자라 말하기도 한다. 하지만 그는 칭기즈칸보다 더 뛰어난 유목이동 마인드의 소유자라고 여겨진다. 칭기즈칸이 유목이동 마인드의 종합적 구현자라면 쿠빌라이는 이를 한단계 업그레이드 시킨 인물이다. 그래서 그는 제2의 창업자나 관리자가 아니라 새로운 유목 모델의 창업자로 평가받을 만하다. 쿠빌라이에 이르러 유목이동 마인드는 명실상부하게 전 세계적 구현을 이룩한다. 그는 세계 정치 행정의 중심지인 북경을 건설(사실은 재건, 북경 바로 옆에 신도시를 개발)하고, 지금의 경제특구라 할 수 있는 항주와 천진을 개척한다. 이 행정 수도와 자유무역지대에는 전 세계인, 마르코 폴로 등으로 우리는 알고 있는 사람들이 운집하게 된다. 또한 당시까지는 전혀 눈을 돌리지 못했던 동남아, 일본에 대한 원정 전쟁을 함으로써 유목제국을 지도 끝까지 넓혀 놓는다. 쿠빌라이는 '세계화 시대의 경영자'였다. 원나라는 '세계화 시대의 중심 국가 체제'를 이룩했다. 오늘날의 경영과 경제, 소위 말하는 세계화 시대의 기업 경영에서 가장 중요한 모티브들은 이 쿠빌라이에게서 배울 수 있다. 세계화 시대의 경영을 위해서는 본사와 현지 지사, 모든 기업 간부와 말단 사원까지를 모두 통괄할 수 있는 일사불란한 체계와 시스템이 필요한 것이다. 팽창주의나 전투주의, 교조주의보다는 현실화되고 세련된 실용주의가 필요한 때인 것이다. 지금 세계 시장을 봐도 그렇다. 세계화의 화두는 이미 구체화와 실제화라는 것으로 옮겨졌다. 또한 그는 가장 유목적인 경영을 수행했다. 북경으로의 천도를 유목의 정착화로 파악하는 것은 잘못된 것이다. 그는 경영 시대를 준비한 것이다. 그의 유목성을 가장 잘 드러내는 것은 역시 '현지에 법인을 세우는 것이 아닌 본사를 현지에 옮겼다'는 점에서 극치를 이룬다. 세계를 정복하기 위해서는 뉴욕 맨해튼에 본사가 있는 것이 가장 바람직한 것과 같다. 쿠빌라이가 가진 계승자로서의 덕목과 새로운 창조성, 안주하지 않는 정신은 후계자가 갖추어야 하는 최고의 덕목일 것이다. 기업도 항상 새로운 창업 정신을 가질 때에만 그 운명을 지속할 수 있음은 당연한 이치이다. 이상이 칭기즈칸과 몽골유목민들이 8세기의 시간을 훌쩍 건너뛰어 우리에게 시사하는 유목 이동 마인드의 핵심이다. 손정의가 그랬고 빌 게이츠가 그랬듯이 유목이동 마인드를 새로운 영업전략으로 가진 기업만이 살아남을 수 있다.

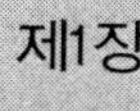

제1장

연습(토론)문제

01. 초가격파괴 본질에 대해 논하시오.

02. 유통 구조적 변화와 유통혁명 5대 신조류에 대해 논하시오.

03. 제조 · 배송 · 판매 동맹 본질에 대해 논하시오.

04. 정보발신으로서의 머천다이징에 대해 논하시오.

05. 유목제국에서 배우는 기업의 영업전략에 대해 논하시오.

Chapter 02

유통영업경로

제1절 유통경로 본질과 유용성

1. 유통경로 본질

1) 유통경로 의의

유통이란 상품(제품)과 소비자의 만남이다. 이 만남을 통해 서로가 보다 가치 있게 생각하는 것들을 획득하는 교환을 만들어내는 것이 유통 기능이다. 마케팅 활동 중에는 특정 상품(제품)이나 서비스가 소비 또는 사용될 수 있도록 하는 상호의존적인 조직이나 개인이 필요하다. 즉, "상품(제품)과 서비스가 생산자로부터 소비자 및 최종 사용자에게 이전되는 과정에서 참여하는 모든 개인 및 조직(회사)"을 유통경로라고 한다. 또한 유통경로를 구성하는 도매업 혹은 소매업체를 유통경로 구성원이라 한다. 맥카시(E.J. McCarthy)는 유통경로를 마케팅 믹스의 한 부분으로 하고 중간상인, 보관, 수송, 서비스 및 시장노출을 포함하여 중요한 연구대상으로 삼았다. 한편 하워드(J.A Howard)는 4P's중에서 상품(제품), 가격 그리고 촉진 영역과 다르게 통제하기 가장 어려운 영역으로 유통경로를 들고 있다. 이러한 통제상의 어려움으로 인해 이 분야는 4가지 마케팅 요소 중에서 가장 비용절감 가능성이 높고 전략적으로 중요해서 이에 대한 통제 능력이 기업 경쟁력이 될 수 있다.

2) 유통경로 가치

유통은 독립된 경제 주체들을 상호 연결시켜 경제 시스템을 만드는 외적 기능이라는 점에서 내적 기능인 생산과는 성격이 다르다. 이 기능은 제조업체나 소비자가 직접 수행할 수도 있고 독립된 유통조직에 의존할 수도 있다. 어떤 방식을 택하느냐 하는 것은 자신의 목표를 달성하는데 어느 쪽이 더 적합한가의 문제이다. 유통기능을 생산자나 소비자가 직접 수행한다고 해서 유통비용이 반드시 감소되는 것은 아니다. 더욱이 유통환경이 날로 복잡해지고 있는 오늘날과 같은 상황에서는 생산자와 소비자의 직접적인 만남은 오히려 비경제적이고 때로는 불가능하기도 하다. 유통조직은 만남과 교환 기능을 통해서 생산과 소비를 연결하고 자원의 배분을 조율함으로서 경제 시스템의 효율성을 높여준다. 수많은 생산자들과 소비자들 사이에 개입하여 거래 수를 줄여 줄 뿐만 아니라 거래를 촉진시켜 거래비용 절감에 기여하고 나아가 만남의 촉진을 통하여 거래를 늘려 소비와 생산 활동을 왕성하게 함으로써 경제를 활성화시키는 막중한 역할을 수행한다.

2. 유통경로 전략적 중요성

유통경로는 상품(제품)이나 서비스를 생산자로부터 최종 소비자에게 전달함으로써 마케팅 전략에서 매우 중요한 역할을 수행하고 있다. 유통경로는 다른 마케팅 요소와는 다르게 한 번 설정되면 쉽게 변화시킬 수 없다는 점과 각 국가나 각 지역의 특성에 따라 독특한 특성이 존재한다는 점에서 매우 중요하다.

1) 유통경로 비탄력성

마케팅 믹스 중에서 유통경로는 탄력성이 가장 낮다. 이는 유통경로를 전환하기가 용이하지 않다는 의미이다. 이를테면 기업 광고촉진의 설계와 실행에 있어 잘못된 경우에는 쉽게 조정하여 소비자에게 노출시킬 수 있으며 신상품(제품)의 소비자 반응이 미온적인 경우나 기업 가격책정이 소비자의 반응에 따라 쉽게 수정할 수 있지만 유통경로의 변화는 상대적으로 어렵다.

2) 유통경로 국가별 특수성

유통경로는 한 국가의 사회·문화적인 특성에 따라 독특한 형태를 나타낸다. 예를 들면 미국 시장과 다르게 일본 시장이나 우리나라의 경우에는 유통경로가 매우 복잡하며 고유의 특성이 있다. 이를테면 우리나라의 경우에는 도매상 발달이 저조하여 도매 기능이 활성화 되지 못했다. 이는 국토 면적에 기인한 원인도 있지만 도매상 활동에 대한 제도적인 장치가 미흡했기 때문이기도 하다. 한편 미국의 경우에 국토가 넓어 도매 기능이 활성화 되고 이에 대한 규제가 명확하게 설정되어 있어 도매 기능이 활성화 되어 있다. 따라서 도매의 주요 기능이라 할 수 있는 물류 기능이 상대적으로 발달할 수 있는 여건이 마련된 것이다.

3. 유통경로 유용성과 기능

1) 중간상 필요성과 창출 효용

유통경로는 상품(제품)과 소유권, 마케팅 정보, 대금과 소비자 정보가 신속하게 교환되도록 촉진하는 기능을 수행한다. 이러한 유통경로가 필요한 이유는 크게 세 가지로 설명할 수 있다. 첫째는 총거래수 최소의 원리(pricciple of minimum total transaction)에 관한 근거다. 이는 승의 원리를 합의 원리로 하여 전체 수가 줄어들기 때문이다. 즉 모든 공급자와 수요자가 거래를 함에 있어 중간상이 배제되어 있는 경우에 이들의 전체 거래가 이루어지기 위해서는 [총거래수 = 공급자수×수요자수]가 되지만 중간에 거래를 중개하는 중간상이 하나 존재한다면 [거래수 = 공급자수+수요자수]로 줄어들게 된다는 것이다. 둘째는 분업의 원리(principle of division of labor)에 따른 것이다. 즉 각 기능을 담당하는 조직 혹은 개인이 상품(제품)이나 서비스의 이전과 관련해 각각의 기능을 분담하여 그 전문성을 확보 할 수 있다는 점이다. 이를테면 수급조절, 보관, 위험부담, 정보수집 등의 기능을 분업화함으로서 전문성과 비용절감이 가능해진다는 것이다. 셋째는 집중준비의 원리(principle of massed reserve)이다. 이는 불확실성의 원리(principle of pooling uncertainty)라고도 하는데 마케팅경로상에 도매상이나 소매상을 개입시킴으로써 그렇지 않은 경우보다 제조기업이나 서비스업체가 자신의 재고나 보유의 총량을 감소시키는 것이다. 다시 말하면 도매상이 없는 경우 소매상이 평균적인 보유량 이상의 재고를 보유해야만 하는 것을 자신의 보유량을 다른 경로구성원이 보유함으로 인해 영업에 대한 준비가 가능해지며 이로 인해서 불확실성이 분산된다는 효과를 얻을 수 있다는 것이다. 이 같은 중간상이 창출하는 효용은 크게 네 가지로 설명할 수 있다. 첫째는 형태효용이다. 형태효용이란 상품(제품)과 서비스를 고객에게 좀 더 매력 있게 보이기 위해서 그 형태 및 모양을 변형시키는 모든 활동을 말한다. 둘째는 시간효용(time utility)이다. 시간효용은 소비자가 원하는 시간에 언제든지 상품(제품)을 구매할 수 있는 편의를 제공하는 것을 말한다. 셋째는 장소효용(place utility)이다. 이는 소비자가 어디에서나 원하는 장소에서 상품(제품)이나 서비스를 구입할 수 있게 해주는 것이다. 마지막으로 소유효용(procession utility)다. 소유효용이란 소비자로 하여금 상품(제품)과 서비스를 소유할 수 있도록 도와주는 중간상의 여러 활동을 가리킨다.

2) 유통경로 구성원 기능

경로구성원은 상품(제품)을 생산자로부터 소비자에 이전시키는 과정에서 여러 가지 기능을 수행한다. 크게 거래기능과 물적유통기능, 정보수집기능 그리고 촉진기능으로 구분하여 설명할 수 있다. 첫째, 거래기능에는 구매기능과 판매기능이 있다. 구매기능이란 재판매를 위해 여러 공급자로부터 상품(제품)을 구입하여 재판매 혹은 재생산을 위해 상품(제품)을 구입하는 기능을 말한다. 한편 판매기능이란 잠재고객에 대한 영업활동 거래 성립, 계약조건 확정 등의 기능을 말하며 실질적인 경로구성원 기능이다. 생산자와 소비자는 교환을 통해서 상호만족을 증가시킬 수 있지만 욕구가 다르기 때문에 교환 자체가 원활하지 못한 경우가 많다. 예를 들면 생산자는 대량생산을 원하고 소비자들은 필요한 만큼의 소량구매를 원한다. 또 소비자들은 구매에 소요되는 노력과 비용을 줄이기 위하여 상품(제품)구색을 원하지만 생산자는 전문화와 대량생산을 통하여 생산원가를 낮추고자 한다. 이 불일치를 유통경로 구성원이 해소한다. 둘째는 물적 유통기능이다. 여기에는 상품(제품)의 보관 및 재고유지기능과 운송기능, 구색 기능이 있다. 상품(제품)의 보관이나 재고를 유지하는 기능은 경로구성원으로서 생산자의 상품(제품)이전과정에서 물류기능의 중요 역할을 의미한다. 또한 상품(제품)의 수송기능이란 공급자 지역에서 소비자 지역으로 이동을 의미하는 것이다. 여기에 구색기능이란 생산자의 제한된 품목으로부터 다양한 거래처를 통해 공급라인을 가지고 여러 가지 상품(제품)을 보유하는 것을 말한다. 이는 제조업체를 대신하여 수요가 있는 장소에 상품(제품)을 운송하고 보관하는 기능을 담당함으로서 제조업체를 생산에 전념할 수 있게 하며 이를 통해 시간효용과 장소효용을 창조한다. 셋째, 정보수집기능이란 경로구성원에 의한 시장정보 교류기능이다. 유통조직은 속성상 생산자와 소비자들 사이에 위치하기 때문에 지속적으로 이들과 접촉하고 있다. 이는 소비자들의 욕구와 취향이 어떻게 분포되고 변화되고 있는가를 가장 신속하고 정확하게 파악할 수 있으며 동시에 누가 이러한 요구들에 부응하는 재화나 서비스를 공급할 수 있는지를 가장 잘 알 수 있다. 이러한 정보를 바탕으로 생산과 소비를 효과적으로 연결하여 자원배분을 조절하는 기능을 할 수 있다. 넷째는 촉진기능이다. 여기에는 상품(제품)분류, 금융기능, 판매촉진기능, 리스크부담 등 기능이 있다. 유통업체는 상품(제품)에 대한 소유권을 제조업체로부터 획득하여 원하는 소비자들에게 재판매하거나 만남을 주선함으로서 양자 간의 직접 거래를 촉진시키는 기능을 수행한다. 즉 소유권을 획득하고 재 이전시키는 방법을 통해서 공급과 수요의 시간적, 공간적 차이를 극복하여 소유권 이전을 용이하게 하는 것이다.

4. 유통경로 유형과 경로수

유통경로 유형에는 크게 소비재 유통경로와 산업재 유통경로로 구분할 수 있다. 일반적으로 경로구성원은 도매상과 소매상을 들 수 있다. 소비재 경로의 경우 크게 4가지 형태의 경로를 들 수 있다. 첫째 [경로1]의 경우는 생산자로부터 소비자에게로의 직접유통경로로 화장품, 우편판매 등이 여기에 해당된다. [경로2]의 경우는 생산자가 소매상을 거쳐 소비자에게로 전달되는 경로로 식품, 의류, 자동차, 가솔린 및 가전 상품(제품)의 경우를 생각할 수 있다. [경로3]의 경우는 생산자 → 도매상 → 소매상을 거쳐 소비자에게 상품이나 서비스가 전달되는 경로이다. 일반적으로 대부분의 소비재의 경우가 여기에 해당된다. [경로4]의 경우에는 제조업자 → 도매상 → 벤더 → 소매상을 거쳐 소비자에게 전달되는 경로이다. 소비재와는 다르게 산업용품의 경우도 크게 4가지 경로를 생각할 수 있다. [경로1]의 경

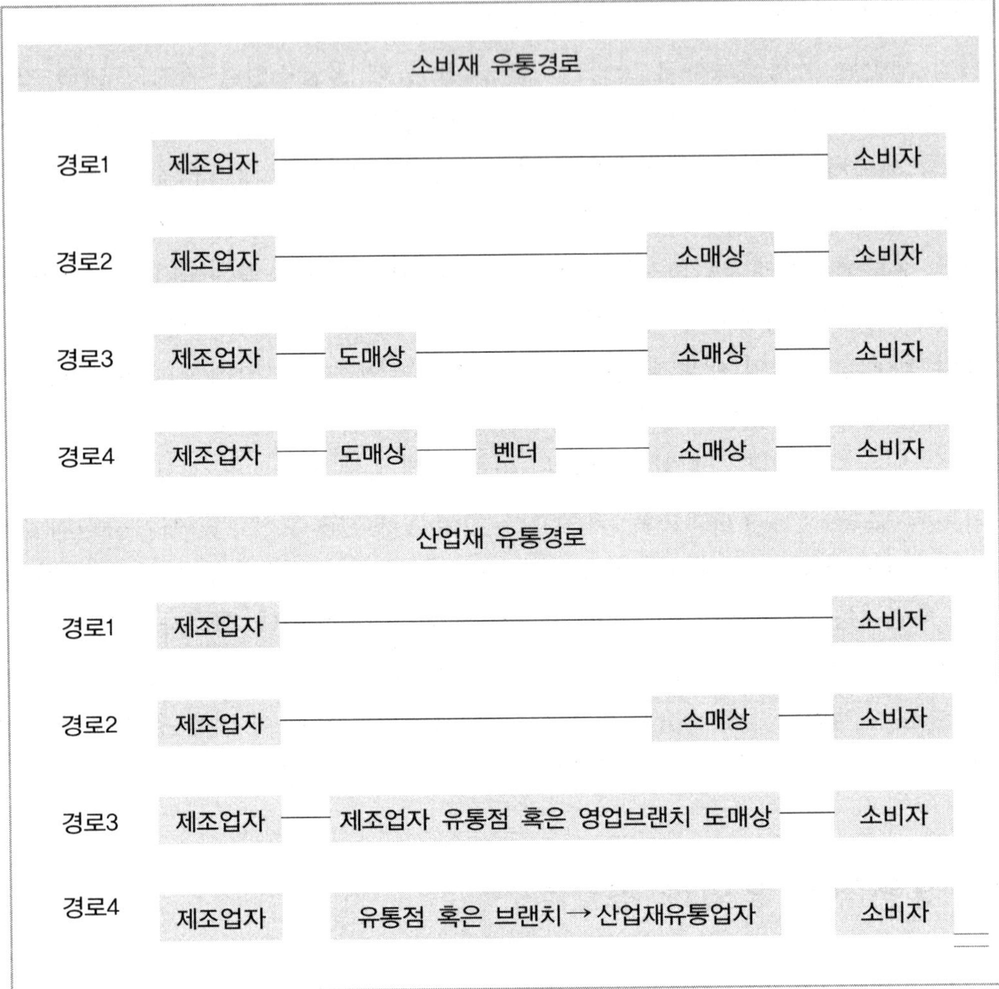

[그림 2-1] 소비재 유통경로와 산업재 유통경로

우는 제조메이커와 산업재 소비자와의 직접경로를 의미하며 [경로2]는 하나의 경로 구성원이 내재되는 경우이다. 대부분의 산업재 유통경로가 여기에 해당된다. [경로3]은 [경로2]와 커다란 차이가 없으나 경로구성원의 성격이 제조기업의 통제하에 있느냐 혹은 그렇지 않느냐에 따른 차이가 있을 뿐이다. 마지막으로 [경로4]는 경로를 복수로 이용하는 경우로 상품(제품)이나 기업에 따라서 여러 가지 경로를 동시에 이용하는 경우라고 할 수 있다. 대표적으로 우리나라의 경우 제약유통경로를 들 수 있다. 대부분의 제약업체는 약업도매상을 거쳐 약국에 약품을 공급한다. 동시에 도매상을 거치지 않고 병원 및 약국 등과 직거래하는 이원화된 유통구조를 지니고 있다. 여기에 유통점이외 또 다른 경로구성원이 더 참여하는 경우가 있어 약업 유통의 비효율이 있지만 의약분업 실시 이후 커다란 변화가 일어났다.

제2절 유통경로 설계와 관리

상품(제품)이나 서비스를 적시에 적량으로 또한 적합한 방법으로 소비자 요구에 따라 만나게 하기 위해서 유통경로를 고객 지향적으로 설계해야 한다.

1. 유통경로 설계 기본원리

유통경로 배열에 있어서 가장 기본이 되는 것은 경로구성원을 직접 구축하느냐? (make)아니면 구축된 경로구성원을 이용하느냐?(buy)하는 것이다. 즉 경로구성원을 직접 만들어 통제하는 경우를 경로구성원의 통합 혹은 내부화(make : integration : insourcing)라 하며 외부조직이나 개인을 이용하는 경우를 구매 혹은 아웃소싱(buy : outsourcing)이라 한다. 경로를 만들든지 아니면 구매하든지 간에 경로를 배열함에 있어 분명히 지켜야 하는 원칙이 있다. 하나는 경로배열에 있어 기구들의 제거 또는 대체는 가능하나 이들 기능은 제거할 수 없다는 것이다. 기구가 제거되는 경우 이들 기능은 경로상 전방 또는 후방 기구로 이전된다. 또 하나의 사실은 소비자도 경로구성원이라는 점이다. 이렇게 소비자를 경로구성원으로 인식함으로서 새로운 형태 소매상이 출현하게 된다.

2. 유통경로 설계과정

일반적으로 유통경로 설계는 다음과 같은 과정을 거치게 된다. 먼저 목표시장 고객에게 어느 정도 서비스를 제공할 것인가를 파악하는 것이다. 다음으로 유통경로 목표를 결정하고 마지막으로 유통경로 전략을 결정하는 것이다.

Make or Buy = Integration or Outsourcing

[그림 2-2] 유통경로배열 기본원리

1) 고객서비스 기대수준 분석

유통경로를 설계함에 있어 가장 먼저 해야할 것이 소비자가 어떤 수준의 서비스를 제공받기 원하는가를 분석하는 것이다. 여기에는 소비자 대기시간과 취급상품(제품)의 다양성, 입지 편리성, 최소 구매단위 등 요소를 생각해야 한다. 왜냐하면 이들 서비스 기대수준이 증가할수록 경로비용이 증가하기 때문이다. 첫째는 대기시간이다. 고객은 상품(제품)이나 서비스를 주문하고 그것을 제공받기까지 기다리는 시간이 가능하면 짧기를 바란다. 대기시간이 짧을수록 서비스 수준은 높아진다. 둘째는 취급상품(제품)의 다양성이다. 고객은 한 점포에서 모든 것을 구매하기 원한다. 따라서 점포내 다양한 상품(제품)이 구비되기를 원한다. 또한 이러한 상품(제품) 구색은 고객을 유인하는 수단이기도 하다. 따라서 상품(제품) 구색이 다양할수록 비용이 증가하므로 경로비용과 상품(제품)구색 간에는 분석이 요구된다. 이렇게 한 점포에서 소비자가 다양한 상품(제품)을 구매할 수 있는 상품(제품) 다양성이 높으면 높을수록 서비스 수준은 높아진다. 셋째는 입지 편리성이다. 상품(제품)이나 서비스를 고객이 원하는 곳에서 만나게 해주어야 하는 것이 경로설계의 목표 중에 하나다. 소비자와 쉽게 만나게 해주기 위해서는 점포 수가 많고 지역적으로 고루 분포되어야 한다. 이렇게 되면 고객이 점포를 방문하는데 소요되는 시간이나 금전적인 비용이 절약된다. 따라서 입지가 편리하면 할수록 서비스 수준이 높아지게 된다. 넷째는 최소 구매단위다. 상품(제품) 최소 구매단위는 소비자가 구매 시 원하는 단위이다. 즉 대부분 소비자는 대량구매 이점이 있음에도 불구하고 상품(제품) 보관과 유지에 따른 위험과 구매 편의를 위해 소규모 단위를 요구하게 된다. 하지만 제조업체 입장에서 구매단위가 적을수록 경로비용이 증가된다. 이렇게 최소 구매단위가 적어지면 서비스 수준은 높아진다.

고객서비스 기대수준의 분석 → 유통경로 목표설계 → 유통경로 전략결정

[그림 2-3] 유통경로 설계과정

2) 유통경로 목표설계

고객 서비스수준을 분석한 후 마케터는 유통경로 목표를 설정해야 한다. 유통경로 목표는 바로 장단기 마케팅 목표를 달성하기 위한 하나의 기능 목표라고 할 수 있다. 유통경로 목표를 설정할 때 고려해야 하는 것으로 기업 목표, 기업 특성, 상품(제품) 특성, 중간상 특성, 경쟁적 특성, 환경 특성 등이다. 첫째, 기업 목표는 일반적으로 투자수익률, 시장점유율 및 매출성장률과 같은 계량적인 목표부터 고객만족, 사회적 책임 등에 이르기 까지 매우 다양하다. 이러한 기업 목표가 장기적이냐 아니면 단기적이냐 하는 기간적인 면도 고려해야 한다. 또한 기업 목표와 마케팅 목표 혹은 경로설계 목표도 일관성이 있도록 해야 한다. 둘째는 기업 특성이다. 기업이 지닌 특성을 이해하는 것은 유통경로 선택에 매우 중요한 것이다. 즉 기업 역사, 경영방식, 경쟁관계, 시장지위 등 특성을 고려해야 한다. 셋째는 상품(제품) 특성이다. 기업이 생산하는 상품(제품)은 유통경로에서 매우 중요한 역할을 하게 된다. 예를 들어 상품(제품) 부피는 경로설계에 영향을 미치게 된다. 즉 부피가 큰 경우는 유통경로를 짧게 해야 하며 부피가 작은 경우에는 유통경로를 길게 할 수도 있기 때문이다. 넷째는 중간상 특성으로 중간상들이 지니고 있는 특성을 면밀히 검토해야 한다. 중간상이 담당해야 하는 기능 수행과 관련해서 장점과 단점을 평가하여 유통경로를 설계해야 한다. 다섯째는 경쟁 특성이다. 경쟁자의 유통구조도 자사의 경로설계에 커다란 영향을 미친다. 이를테면 구두 및 시계와 같은 경로구조에 대해 혁신적인 경로를 선택할 수 있으며 그 경로구조를 위험성 있게 바꾸지 못하는 경우도 있다. 여섯째는 환경 특성이다. 기업의경영환경도 경로설계에 영향을 미친다. 경기가 침체 되어있는 경우는 경로 길이를 짧게 해야 하며 가격 요인이 경로 수와 직접적으로 관계되기 때문에 불필요한 서비스는 배제해야 한다. 또한 법적 환경도 유통경로 설계에 영향을 미치게 된다.

〈표 2-1〉 고객서비스수준 분석시 고려사항

요인	구체적 사례
1 구매단위	전형적인 고객들이 한 번에 구매하기 바라는 상품(제품) 양
2 대기시간	고객들이 상품(제품)을 인수하기까지 기다려줄 수 있는 시간
3 이동거리	상품(제품)과의 만남을 위해 투자할 용의가 있는 시간과 거리
4 상품(제품)구색	고객들이 한 곳에서 구매하고자 하는 상품(제품)들의 조합 내용
5 부가서비스	고객들이 원하는 배달 설치 등 부가적 서비스 내용

3) 유통경로 전략 결정

기업의 유통경로 목표가 설정되면 실제로 기업이 유통경로를 통해 실행하는 유통전략을 결정해야 한다. 유통전략 결정은 유통커버리지 정도와 유통경로 통합수준을 고려해야 한다. 즉 하나는 경로기관 수를 선택하는 것이며 다른 하나는 경로 형태를 선택하는 것이다. 경로 수 선택과 관련해서 전속적(exclusive)유통경로, 선택적(selective)유통경로 그리고 개방적(intensive)유통경로 전략이 있다. 첫째, 전속적 또는 배타적(exclusive)유통경로란 일정한 상권 내에서 제한된 수의 자사 상품(제품) 만을 취급하는 중간상을 가지는 유통경로를 의미한다. 이는 소매점에 대한 통제를 확보 할 수 있다는 점과 소매점과의 긴밀한 협력으로 인한 거래비용(transaction cost)절감과 상품(제품) 이미지 제고 등 장점이 있지만 관리상의 비용이 많이 든다. 여기에는 주로 전문품, 선매품으로 자동차, 고급 의류, 고급 가구 등을 들 수 있다. 둘째, 개방적 또는 집중적(intensive)유통경로란 가장 높은 커버리지를 획득할 수 있는 유통경로이다. 기업이 자사 상품(제품)이나 서비스를 취급하는 소매상을 확보하는 전략이다. 이는 소비자에게 노출 수준을 최대화 할 수 있으며 소비자 구매 편의를 제공할 수 있어 판매량을 증대할 수 있는 장점이 있다. 하지만 유통 비용이 증가되며 경로구성원 통제력이 약하다는 단점이 있다. 주로 편의품으로 담배와 식음료 상품(제품)이 주로 여기에 해당된다.

셋째, 선택적 또는 선별적(selective)유통경로란 집중적 유통경로와 배타적 유통경로의 중간 형태로서 제조기업이 일정 지역에서 중간상 이미지, 입지, 경영능력을 가지는 소매상을 선별하여 이들에게만 자사 상품(제품)유통을 하게 하는 것이다. 전속적이냐 선택적이냐 하는 것은 중간상이 타 회사의 상품(제품)을 취급할 수 있느냐 하는 문제이다. 일반적으로 선매품의 경우 선택적인 유통경로를 사용하게 되며 의류, 일반 가구, 가전 상품(제품) 등이 있을 수 있다. 유통커버리지가 결정되면 경로 형태를 결정하는 것으로 통제 수준을 결정해야 한다. 이는 유통경로 통합수준을 결정하는 것이다. 즉 제조업체가 자사 소유의 유통경로를 통해 상품(제품)을 이전시키느냐 아니면 독립적인 소매상 혹은 도매상을 통해 상품(제품)을 유통시키느냐에 관한 것이다. 여기에는 독립 중간상, 유사 통합, 수직적 통합 등으로 그 수준을 생각할 수 있다. 이들 통합은 비용, 통제, 신축성 등 기준을 고려하여 결정해야 할 것이다.

〈표 2-2〉 유통경로 선택 가능한 전략 형태

형 태	내 용
집중적 유통경로 (intensive distribution) (개방적 유통전략)	가능한 한 많은 점포들로 하여금 자사 상품을 취급하게 하여 고객과의 거리를 좁히려는 전략이다. 고객들이 좋아하는 상표가 있고 거의 습관적으로 구매를 하지만 그렇다고 특정 상표만을 고집하는 것이 아니라 구매편의에 따라 구매하는 상표가 얼마든지 변할 수 있는 저 관여 상품과 경쟁이 치열하여 소비자들이 상품을 구매하는데 들이는 노력과 시간을 줄여주는 것이 고객들의 선택에 도움이 되는 경우에 적합하다. 취급점의 수가 많아야 하기 때문에 점포 규모가 작거나 취급 비중이 적을 수밖에 없고 따라서 유통비용이 증가하고 유통업체에 대한 통제능력이 떨어지는 문제점을 가지고 있다.
배타적 유통경로 (exclusive distribution) (전속적 유통전략)	특별한 자격 요건을 갖춘 소수 유통조직으로 수를 엄격히 제한하고 일정한 시장범위를 정해 경쟁 상품을 취급하지 않는 대신 자사 상품을 독점영업하게 하는 방식이다. 대개 매출규모가 크고 기업형 유통점인 경우가 많으며 소수이기 때문에 목표 고객들로부터 거리가 있게 마련이지만 고객들이 상표 집착도가 강해 원하는 상표의 구매를 위해 시간과 비용을 아끼지 않는 경우에 적합한 전략이다. 규모의 경제를 살릴 수 있기 때문에 생산자 입장에서는 유통비용을 줄일 수가 있어 좋다.
선별적 유통경로 (selective distribution) (선택적 유통전략)	일정한 자격 요건을 구비한 점포들만을 선별하여 자사 상품을 영업할 수 있게 하는 전략이다. 집중적 전략처럼 가능한대로 많은 수의 유통점들을 확보하려는 것도 아니고 그렇다고 소수로 제한하여 독점적 영업을 하는 것도 아닌 중간적인 유통전략이다. 이 전략은 수요가 불충분한 상황에서 적극적으로 시장개척에 협력해 줄 유통업체가 필요한 시장도입 초기와 시장 성숙 후기 내지 쇠퇴기에 진입했을 때 매출이 감소하면서 손익분기점을 넘기는 매출을 유지하는 점포들만을 골라서 유통망을 재구성하는 경우에 주로 사용하게 된다.

3. 유통경로 관리

1) 갈등 의미와 유형

경로구성원간에 누가 힘을 지니느냐에 따라 다시 말해 경로상 지위를 확보하기 위해 갈등이 야기된다. 갈등(conflict)이란 한 지점 혹은 지위(con)를 놓고 서로 그 위치를 점하기 위해서 싸우는(flict=strik)것을 말한다. 유통경로구성원간의 관리는 바로 경로구성원간에 발생하는 갈등을 관리하는 것이다. 여기에는 수평적 갈등(horizontal conflict)과 수직적 갈등(vertical conflict)으로 구분할 수 있다. 수직적 갈등을 해소하기 위한 대표적인 방법이 수직적 마케팅 시스템이다.

2) 수직적 마케팅 시스템(Vertical Marketing System : VMS)

하나의 조직처럼 신속하고 정확하게 시장 변화에 대응하려는 마케팅 시스템이 바로 수직적 마케팅 시스템(VMS : vertical marketing system)이다. 이는 경로구성원 중에 하나가 강력한 리더십을 가지고 전체 경로의 유효성을 극대화하기 위한 마케팅 시스템이다. 이러한 마케팅 시스템에도 참여 유통업체들을 움직이는 힘의 원천에 따라 소유방식, 계약방식, 관리방식 세 가지 유형이 존재한다. 이 같은 수직적 마케팅 시스템은 거래비용 절감과, 공급라인과의 연결을 통한 안정적인 공급, 상호협력 기술능력 보유 및 진입장벽 구축 등에 따른 장점을 지닐 수 있다. 한편 이러한 시스템 구축에는 막대한 자금이 소요되고 단일 시스템 하에서 발생될 수 있는 생산규모 불균형 또한 신축성 결여 및 전문화 상실 등과 같은 단점이 있을 수 있다.

3) 수평적 마케팅 시스템(Horizontal Marketing System : HMS)

수평적 마케팅 시스템은 같은 수준에 해당하는 기업들 간에 상호협력을 통해 수직적으로 발생하는 갈등을 해소하기 위한 방법이다. 이는 구성원간 서로의 약점을 보완하고 규모의 경제를 살리려는 전략이기 때문에 공생적 마케팅 시스템(symbiotic marketing system)이라고도 한다. 현실적으로 상호구매, 상표공동사용,

유통경로 공동이용 내지는 판매대행 등 다양한 형태의 협력이 이루어지고 있으며 앞으로 더욱 확대될 것으로 보인다. 이러한 수평적 마케팅 시스템을 전략적 제휴로도 설명한다. 예를 들면 과거 도투락상품(제품)이 냉동만두를 개발하였으나 냉장유통시스템(cold-chain system)의 구축은 무리였기 때문에 아이스크림 영업을 위해 이미 냉장유통시스템을 가지고 있던 해태와 협력하여 해태도투락 만두라는 상표로 영업하는 것이다.

〈표 2-3〉 수직적 마케팅 시스템 분류

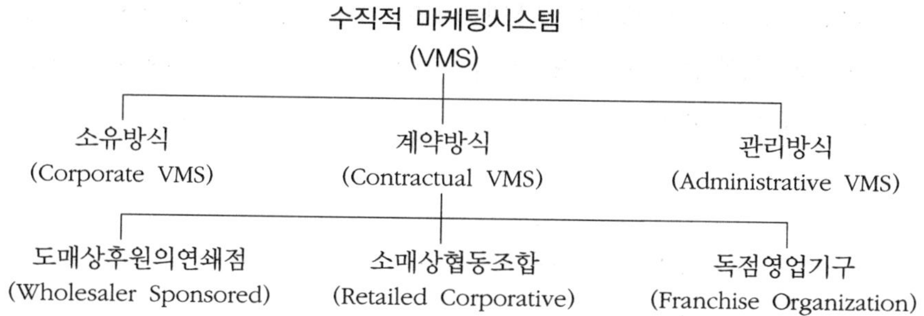

제3절 도매상과 소매상

1. 소매업 기능과 발전

소매상은 최종 소비자에게 직접 판매하는 모든 활동을 담당하는 개인이나 조직을 지칭한다. 유통경로에서 소매상이 수행하는 기능을 크게 4가지로 정리할 수 있다. 첫째는 상품(제품)구색과 상품(제품)제공이다. 이는 소비자의 상품(제품)선택과 만남을 위해 제공되는 상품(제품) 구색, 폭, 깊이 등에 따른 소매상의 전략적 상품(제품)믹스(product mix)를 말한다. 둘째는 정보제공 기능이다. 이를테면 소매업자들에 의해 진행되는 광고, 전시, 카탈로그, 판매원 등의 정보제공이 여기에 해당된다. 다음으로는 상품(제품)저장과 가격결정, 그리고 대금지불과 관련한 기능이다. 이는 제조업자의 재고부담을 경감시키는 것으로 제조업자의 상품(제품)을 분산해 저장하고 자금 등 보유기능이 해당된다. 마지막으로 최종 소비자와의 거래 완결이다. 소비자에게 편리한 만남을 제공하는 소매상은 그들의 운영방법에 따라 각기 다른 형태로 소비자들에게 접근하고 있다. 일반적으로 새로운 운영방법을 표방하고 있는 소매 업태는 나름대로의 규칙을 지니고 시장에 나타난다. 소매업태의 진화와 발전을 설명하는데 있어 대표적 이론이 소매업 수레바퀴가설(the wheel of retailing)이다. 이것은 특정 소매 업태가 시장에 진입하는 데 있어 경제성 논리위에 진출한다는 것이다. 즉 기존 업체에 비해 저서비스, 저마진, 저가격의 운영방식을 표방하고 나타나게 되면 기존 업체는 상대적으로 고서비스, 고마진, 고가격의 업체로 전락하게 된다. 이러한 과정이 계속해서 반복된다고 설명하는 것이 소매업 수레바퀴가설이다.

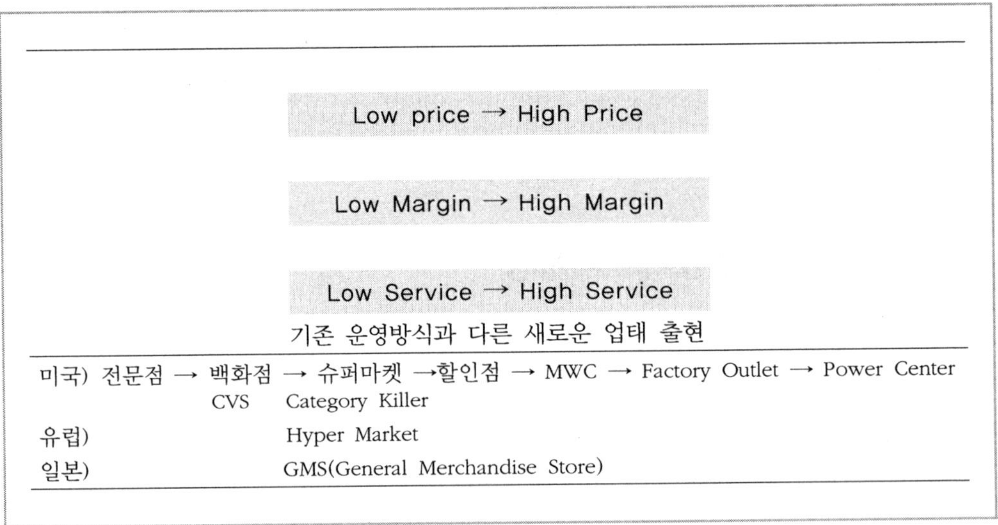

[그림 2-4] 소매업 진화와 유통업태 진전 과정

이 같은 기초 위에 선진국의 소매업태 진전을 요약한 것이 [그림 2-4]에 제시된 것이다. 선진국의 경우 전문점 → 백화점 → 할인점 업태가 진전되고 있으나 개발도상국의 경우에는 모든 업태가 동시에 나타나고 있다. 특히 우리나라의 경우 시장개방에 따라 이들의 업태가 동시에 출현, 경쟁을 벌이고 있다. 이들 업태간, 업태 내에 성장 과정에서 국가 정책과 소비자 구매형태는 커다란 영향을 미치게 된다. 따라서 소비자의 구매형태와 국내 유통정책 변화를 예견하고 선도하는 유통기업이 국내 유통업계를 선도할 것이다.

2. 소매상 유형과 발전방향

소매상은 크게 소유권에 의한 분류와 점포믹스에 의한 분류로 그 유형을 설명할 수 있다. 유통기구로서 소매상을 이해하기 위해서는 점포믹스에 의한 설명이 바람직하다. 점포믹스에 의한 분류란 점포 이미지, 취급하는 상품(제품) 구색, 상품(제품) 가격, 서비스 수준, 영업 시간 등을 기초로 이들을 조합하여 분류하는 것이다. 이들 조합에 따라 운영방법에 차이가 있으며 이를 업태간 차이라고 한다.

1) 전문점(specialty shop)

전문점은 한정된 상품(제품) 라인만을 취급하되 그 라인의 상품(제품)은 없는 것이 없이 골고루 구색을 갖추고 판매하는 점포를 말한다. 예를 들면 의류패션점, 스포츠용품점, 가구점, 서점과 같은 것들이다. 전문점이 좀 더 세분되면 같은 의류판매점이라도 남성복 전문점, 유아복 전문점, 예복 전문점 등으로 세분된다.

2) 백화점(department store)

백화점은 의류, 가정용품, 화장품 등 다양한 상품(제품) 라인을 폭 넓게 취급하며 필요에 따라 전문가들에 의해 운영되고 있다. 미국 시어즈나 한국 신세계, 롯데백화점이 여기에 속한다. 백화점에 대한 규제가 완화되면서 의류, 신발, 화장품, 선물, 가방등과 같은 전문 품목만을 판매하는 소형 전문백화점도 나타나고 있다. 미국이나 일본에서는 오래전부터 백화점이 쇠퇴기에 접어들었으나 우리나라에서는 서서히 성장이 둔화하고 있다. 상품(제품)의 고급화, 다양화를 달성하기 위해서는 전문인력, 머천다이징 등 소비변화에 대응이 요구되며 특히 온라인, 모바일 판매의 운영에 관심을 지닐 필요가 있다.

3) 슈퍼마켓(super market)

슈퍼마켓은 식품, 세제, 주방 상품(제품) 등 살림살이에 필요한 상품(제품)들에 대한 소비자의 모든 필요들을 충족시키기 위하여 고안된 상대적으로 크고, 저비용, 저마진, 셀프서비스를 통해 저가로 영업하는 소매 업태이다. 편의점, 할인점, 슈퍼센터 등 혁신적인 신업태들에 의해 많은 위협을 받고 있다. 즉 지역밀착형의 특성과 상품(제품)의 신선도, 저가격 등의 이점을 고려하여 차별화된 고객지향 경영이 요구되며 타 업태와의 제휴 가능성과 기업형 슈퍼마켓을 고려할 필요가 있다.

4) 할인점(discount store)

의류, 일용잡화, 내구소비재 등의 표준화된 상품(제품)을 박리다매, 초저가로 판매하는 것을 원칙으로 하는 업태이다. 낮은 마진율과 높은 재고회전율, 그리고 땅값이 저렴한 변두리 지역에 입지하고 원거리 고객을 유인한다는 것이 특징이다. 양판점보다 대중적이고 실용적인 생활용품을 폭넓게 취급, 가격파괴 정도는 슈퍼마켓을 능가하는 것으로 평가되고 있다. 국내는 할인점 성장으로 이해가 쉽다. 미국 월마트 k-마트 등을 들 수 있다. 이들 업체는 저가격의 저서비스로 상품(제품) 구색의 전문화와 종합화를 꾀하고 있다. 특히 자주적인 머천다이징 능력을 보유하고 정보기반의 운영관리시스템을 확보하고 있다.

5) 대중양판점(GMS)과 카테고리 킬러(Category Killer)

대중양판점(general merchandise store)은 중산층을 겨냥하여 1,500평에서 3,000평 규모 매장에 중저가의 다양한 상품(제품)구색을 갖추고 다점포 전략을 추구한다는 점에서 일반 백화점과 차이가 있다. 또 생활에 필요한 의류를 비롯하여 생활 필수품을 총망라하는 다품종 대량영업을 지향하며 체인화를 통해 막대한 구매력을 행사하고 비용절감을 위해 자체 상표의 상품(제품)을 개발하여 염가에 판매하는 것이 특징이다. 일본 이토요카도, 다이에가 해당되며 종합양판점 또는 종합슈퍼라고도 한다. 전문적 양판점 형태의 운영을 카테고리 킬러(category killer)라고 한다. 이는 특정 상품(제품)부류를 깊게 취급하여 할인점보다 더 싸게 공급하는 경우라고 할 수 있다. 예를 들면 미국 완구 전문공급업체로서 토이저러스 혹은 국내 컴퓨터 유통 하이마트 등이 여기에 해당된다고 할 수 있다. 이들 업태는 장래 카테고리 집적화를 통해 파워센터로 변화 될 수 있다. 특히 소비자의 합리주의와 성숙화가 진행될수록 완구, 의류, 가전, 문구 등에서 이들 업체의 성장이 두드러진다.

6) 하이퍼마켓(hypermarket)과 슈퍼센터(supercenter)

단층 건물, 거대한 매장에서 모든 상품(제품)을 셀프 서비스 방식으로 종합 판매하는 업태가 하이퍼마켓이다. 하이퍼마켓은 식품과 비식품을 6대 4정도로 영업하는 대규모 소매 업태로 상품(제품)의 종류가 2만에서 5만 가지에 이르며 전체 매장이 셀프 서비스 방식으로 판매되고 규모에 관계 없이 단일 경영주체에 의해 소유 직영되는 형태이다. 즉 대형슈퍼와 할인점의 접목 형태로 이해할 수 있다. 프랑스 회사인 까르푸가 여기에 해당된다. 이들 업체의 성장은 업태의 노하우와 물류시스템 및 공급선 확보가 중요한 요소가 된다. 슈퍼센터란 생식품에 강한 슈퍼마켓과 잡화류를 저가 판매하는 할인점을 혼합한 업태로 유럽의 하이퍼마켓과 비슷한 형태이다. 일반적으로 규모는 4천 평에서 5천 평 정도이며 식품과 비식품의 비율을 4대 6정도로 취급한다. 저렴한 가격의 식품으로 고객을 유인하여 상대적으로 마진이 높은 비식품 판매를 유도하는 업태이다.

7) 편의점(CVS)

편의점(convenience store)은 주거 지역이나 도심가 그리고 주유소나 고속도로 휴게소 등에 자리 잡은 소규모 점포로서 24시간 운영하여 고회전과 고마진을 통해 수익을 올리는 업태이다. 편의점은 말 그대로 편리한 장소, 편리한 시간, 편의상품(제품), 편리한 서비스 등을 소비자들에게 제공하고 고가격을 받는다. 이들 업체의 성공은 소형화된 점포 체인화, 물류시스템 등 정보기반과 고객위주 영업 등에 철저한 마케팅력에 의해 달라진다. 특히 시스템력에 초점을 두고 입지 편의성을 확대하여 조직과 인력, 프랜차이즈 운영 경쟁력을 확보한 CVS가 이 분야에 주도권을 쥘 것이다.

8) 회원제 창고형점포(membership warehouse clubs)와 아울렛(outlet)

외형적인 형태는 하이퍼마켓과 유사하나 도, 소매를 겸하면서 연회비를 받는 회원제로 운영된다는 점에서 차이가 있다. 현금판매를 원칙으로 배달서비스는 하지 않는다. 고객당 구매단가가 매우 높다는 특징과 할인점이나 슈퍼보다 20~ 40% 저렴하게 하는 특징이 있다. 대표적인 MWC로는 프라이스클럽, 샘스클럽, 킴스클럽 등이 있다. 아울렛(outlet)이란 자사 상품(제품) 또는 직매입한 상품(제품)을 잔품 처리 목적으로 염가 판매하는 상설 소매점포로 미국에서 시작된 것으로 대부분의 유명 메이커나 소매업자가 아울렛 스토어를 경영하고 있다. 일정한 기획 의도에 따라 재고 및 덤핑상품(제품), 신상품(제품)이라 하더라도 다소 흠집이 있거나 기획 방향이 어긋나 소비자들의 반응을 얻지 못하는 상품(제품)들을 한자리에 모아 값싸게 판매하는 업태이다.

9) 카탈로그 전시판매점(catalog showroom)

임대료가 점점 과중하게 되면 점포와 창고 임대료 때문에 압박을 받게 된다. 이런 문제점을 해결하기 위하여 점포에 상품(제품)재고를 쌓아두거나 별도의 창고를 두지 않고 점포에 비치한 카탈로그를 보고 고객이 주문을 하여 물류창고에서 직접 가정으로 배달해 주는 업태이다. 고마진, 고회전, 유명 상표를 다양하게 갖추고 할인된 가격에 판매한다. 보석, 공구, 카메라, 가방, 소형 가재도구, 장난감, 운동기구 등을 망라한다. 저가 판매를 하지만 저 판매비용과 대량판매를 통해 수익성을 확보한다. 정보통신 발달과 운용기술 발전으로 인해 소매상의 경우 점포 없이 운영되는 소매상이 성장하고 있다. 이를 무점포 소매상이라고 하는데 여기에는 직접 마케팅(direct marketing : direct mail, television marketing, electronic shopping 등)과 직접 판매(direct selling)그리고 자동 판매기(automatic vending)가 있다.

10) 통신판매와 홈쇼핑(home shopping)

통신판매에서는 다양한 형태가 있다. 상품(제품) 카탈로그를 사전에 파악된 표적 고객들에게 개인명으로 우송하고 전화나 팩스 등 우편으로 주문을 받은 뒤 상품(제품)을 우송하는 우편주문 카탈로그 판매, TV나 라디오를 통해 상품(제품)을 자세히 설명하고 전화로 주문을 받아 우송해 주는 방송 판매, 전화로 상품(제품)을 설명하고 바로 주문을 받아 판매하는 텔레마케팅(Telemarketing) 등이 모두 고객과 직접 만나지 않고 통신을 이용하여 판매를 하는 통신판매업체들이다. 가정에서 직접 쇼핑이 이루어지는 경우를 홈쇼핑(home shopping)이라 한다. 이는 시간이 없는 소비자들은 시간을 낭비하고 수고를 들여서 판매점까지 갈 필요가 없다. 집에서 컴퓨터 비디오텍스 시스템을 이용하여 백화점이나 은행의 상품(제품)과 가격 및 구매 조건을 상세히 열람하고 상품(제품)을 주문하면 판매점에서 집에 까지 배달해 주기 때문이다. 대금은 은행구좌의 자동이체제도를 이용하거나 신용카드를 이용해 지불한다.

11) 방문판매(direct selling)

화장품이나 보험처럼 가정이나 사무실을 일일이 방문해서 판매하는 방문시스템과 홈파티 방식의 영업이 대표적인 방문판매방식이다. 예를 들면 태평양의 주부사원과 같이 방문판매인들이 고객들을 직접 찾아가 영업하는 방식과 미국 에이본 화장품처럼 고객들이 이웃에 사는 주부들을 에이본 레이디로 위촉하여 친구겸 미용컨설턴트로 활동하게 하는 방식과 타파웨어처럼 홈파티를 열어 모인 고객들을 대상으로 판매하는 방식이 있다. 타파웨어사는 전통적인 개념의 영업조직을 운영하고 있지 않지만 파티를 열기 원하는 소비자 집에 이웃과 친구들을 초청하여 그곳에서 타파웨어 상품(제품)을 전시하고 판매함으로서 성공하고 있는 플라스틱 주방용품 메이커이다.

12) 자동판매기(automatic vending machines)

2차 대전 후에 급 성장한 동전으로 운영되는 소매기계가 자동판매기이다. 최근에는 청량음료, 담배, 캔디, 신문, 뜨거운 음료 등 충동 상품과 스타킹, 화장품, 스낵식품, 서적, 레코드앨범, 필름, 티셔츠, 보험, 각종 티셔츠 심지어 낚시미끼까지 자판기를 통해 판매되고 있다. 일본에서는 청량음료의 70%이상이 자판기를 통해 판매되고 있다. 여기서 더 발전된 것이 무인은행의 자동현금지급기(ATM : automatic teller machine)이다.

3. 도매상 본질과 유형

도매상이란 재판매 또는 사업을 목적으로 구입하는 자에게 상품(제품)이나 서비스를 판매하는 개인이나 조직을 의미한다. 도매상은 최종 소비자가 아니라는 점과, 넓은 상권을 대상으로 대규모 거래를 한다는 점 그리고 소매상과 다른 규제와 세제 적용을 받는다는 점에서 소매상과 차이가 있다. 이들 도매상 기능에도 소매상과 같은 판매 및 촉진 기능(구색, 대량구매와 소량판매 등)과 금융 및 위험부담 기능 그리고 정보제공 등 기능이 있으며 소매상과 차별적 기능으로는 상품(제품) 보관, 운송, 하역 등 물류기능을 수행함으로서 진정한 도매상의 존재가치를 영위하고 있다. 도매상 유형은 크게 표준산업분류, 상품(제품)구성, 입지 및 상권에 따라 구분할 수 있다. 첫째는 표준산업분류 기준에 따라서 도매업은 '산업용 도매업'과 '소비재 도매업'으로 구분된다. 이는 취급 상품(제품)의 내용에 따른 구분이다. 둘째는 상품(제품) 구성에 따른 것으로 도매상이 취급하는 상품(제품)의 넓이에 따른 구분이다. 여기에는 단품 도매상(특정의 단일 상품(제품)군을 취급하는 도매업이며, 산지도매업에서 볼 수 있다), 전문 도매상(특정 업종에 한하여 상품(제품)을 취급하는 도매업이며 의약품 도매업, 기계부품 도매업 등), 복합 도매상(복수 업종의 상품(제품)을 종합적으로 취급하고 있는 도매업)그리고 종합 도매상(모든 업종에 걸친 상품(제품)을 취급하고 있는 도매업)등이 있다. 셋째는 입지에 따른 분류이다. 여기에는 산지 도매상(산지에 소재하여 소비자로의 출하를 생산자를 대리하여 담당하는 도매업), 집산지 도매상(교통이나 상업지 중심에 소재해 산재하는 생산지의 상품(제품)을 집하하고, 다시 산재하는 소비자로 분산시키는 도매업), 소비지 도매상(소비지에 소재해 소매업 등에 상품(제품) 공급을 담당하는 도매업) 등이 있다.

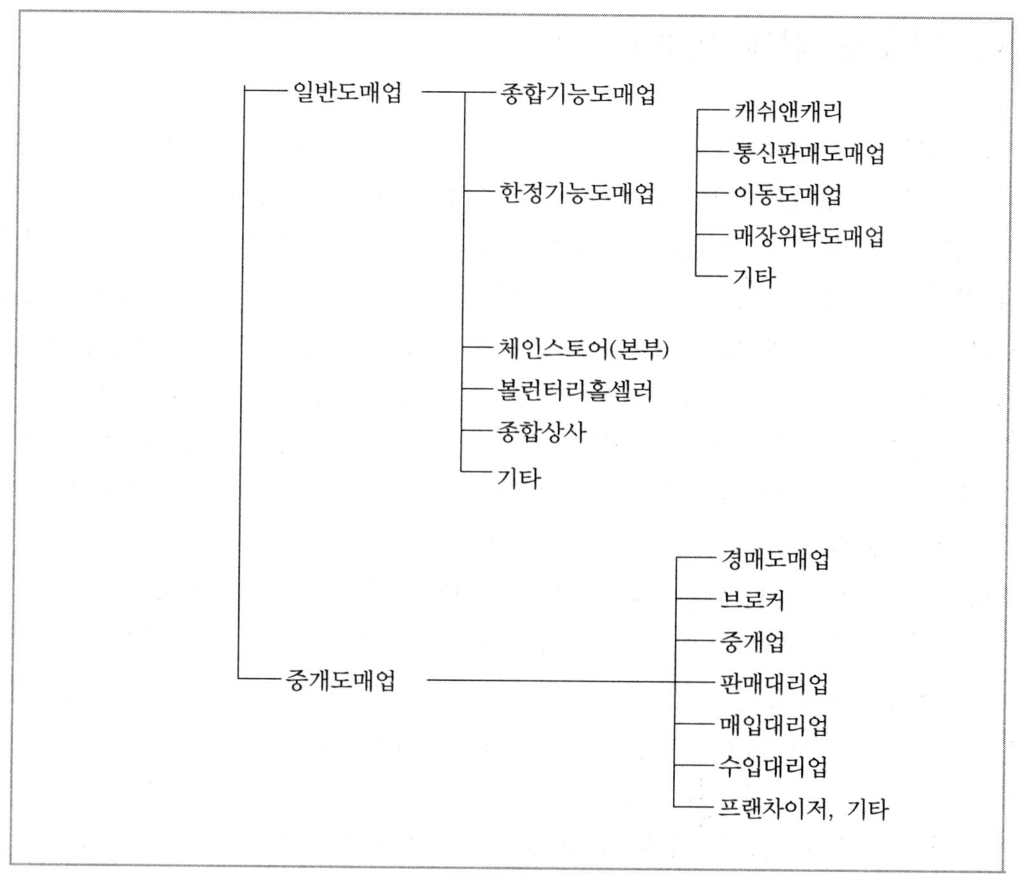

[그림 2-5] 기능과 형태에 따른 도매업 분류

마지막으로 기능 또는 형태에 의한 분류는 [그림 2-5]와 같다. 일반 도매업이란 상품(제품)에 대하여 소유권을 가지며 도매업으로서의 기능을 종합적으로 소유하는 '종합기능 도매업'과 일부 기능만 갖거나 또는 일부 기능에 특화돼 있는 '한정기능 도매업' 등을 머천트 홀셀러(merchant wholesaler)라고 한다. 이에 반해 중개도매업은 상품(제품)의 소유권을 소유하지 않고 중개인으로서 상품(제품)의 매매알선을 전업으로 하는 도매업이다. 매매가 성립되면 수수료를 취하는 의미에서 커미션 머천트(commission merchant)라고 한다. 프랜차이즈 사업이나 자발적인 네트워크의 경우 상품(제품)의 소유 여부에 따라 여기에 해당된다.

4. 새로운 업태 특성과 전망

소매업이든 도매업이든 새로운 운영방식의 상적 유통업체의 특성을 다음과 같이 설명할 수 있다. 첫째는 유통업체들이 고도 정보기술(high-tech : IT)을 활용하고 있다는 점이다. 이를테면 수요예측, 물류시스템 등에 있어 선진화된 통신기술과 컴퓨터시스템을 이용하고 있다는 것이다. 대표적으로 Wall - Mart의 ECR시스템이나 현대백화점의 With Line이나 Cj GLS의 정보시스템이 여기에 해당된다. 둘째는 저비용(low-cost operation)운영을 통해서 저가격의 운영업체로의 변화가 가속되고 있다. 즉, 규모 경제와 집객력 증가를 위한 저비용(low-cost)운영이 뚜렷하게 나타나고 있다. 셋째는 업체가 대형화되고 있다. 이는 매장면적 대형화뿐만 아니라 소비자 대량구매를 유도하는 운영방법에 있어서도 대형화를 기하고 있다. 특히 이들 업체가 체인화됨으로 인해 구매력(bargaining-power)을 향상시키고 있다. 우리나라 유통산업은 엄청난 속도로 성장하고 있다. 특히 그간 시장개방과 정보화, 산업 구조조정 결과로 유통산업에 종사하는 인력 비중 못지않게 산업 규모도 포화상태로 확대되었다. 대형업체나 외국 업체와 다르게 절대적 비중을 차지하고 있는 중소유통업체의 보호와 성장을 위한 노력이 요구되며 정부 정책방향 역시 매우 중요한 역할을 하게 될 것이다. 대표적으로는 중소유통업체 지원, 육성을 위한 공동사업추진으로 물류체계 개선이나 유통정보화 촉진, 제조업 지배 유통구조 개선, 유통전문인력 양성, 규제완화 등 정책에 있어 보다 진전된 변화가 요구된다.

제2장

연습(토론)문제

01. 유통경로 전략적 중요성에 대해 논하시오.

02. 유통경로 유형과 경로 수에 대해 논하시오.

03. 유통경로설계 기본원리와 설계과정에 대해 논하시오.

04. 소매상 유형과 발전 방향에 대해 논하시오.

05. 도매상 본질과 유형에 대해 논하시오.

Chapter 03

영업전략과 목표설정

제1절 전쟁원칙과 영업전략

1. 기동 원칙(Maneuver)

적에 대한 상대적 우위를 최대한 확보하여 주도권을 장악하는 것이다. 영업전략에서 적 개념은 '고객 거래처'와 '경쟁 기업'이라고 볼 수 있으며 이들보다 선제적 기동력을 발휘하여 주도권을 확보한다는 원칙이다. 시장에 대하여 전력(인원, 상품, 제품 등)을 신속히 내보내기 위한 물류체제 정비나 정보시스템 구축 등에 해당된다. 좁은 의미로 정보수집 후 재빨리 행동을 취하는 것이다.

2. 목적 원칙(Objective)

군사행동을 취하기 전에 달성해야 할 목표를 규정해야 할 필요를 말한다. 전쟁수행 여부 결정은 비용과 수익에 대한 객관적 평가와 성공 가능성에 기초해야 한다.

〈수익〉 경제적 이득, 정치적 이득, 지역적 이득
〈비용〉 국가의 부, 자원소모, 생명손실

부여된 목표는 부하나 예하 조직이 갈피를 잡지 못할 정도로 불명확해서는 안 되며 부여하는 목표는 달성 가능한 목표이어야 하므로 지휘관은 자기 부대의 능력과 장비 등을 철저하게 숙지해 두어야 한다.

3. 공격 원칙(Offensive)

목표를 달성하고 군사작전 성공을 위해 공격이 필요하다. 손자의 공격 전략 우선순위는 다음과 같다.

① 최선 전략 : 적 전략을 공격
② 차선 전략 : 적 동맹을 와해
③ 차차선 전략 : 적 군대를 공격
④ 최악 전략 : 수비된 성 포위

공격은 전투 초기단계에 감행하여야 하며 전투에서 승리하기 위한 유일한 길은 공격뿐이다. 방어는 패배를 면할 수 있어도 승리는 불가능하다. 영업전략상 경쟁사가 아직 시장에 투입하지 않은 신상품(제품)이나 고부가가치 상품(제품)을 경쟁기업보다 앞서 투입함으로써 주도권 확보가 가능하다.

4. 기습 원칙(Surprise)

적이 효과적으로 대응할 수 없도록 예기치 못한 시기, 장소, 전법으로 적의 의표를 찌르는 것으로 일명 약자 전법이라고 한다. 단기적 효과 기습은 궁지에 몰려 있을 때 일거에 회생하기 위해 역전을 노리는 경우이다. 불황 시 타개책 기습은 불황으로 이익이 생기지 않을 것 같은 상황에서도 고객 거래처가 반드시 필요로 하는 상품(제품)을 개발해 시장에 투입하는 경우이다. 매너리즘 타개책 기습은 같은 동류의 상품(제품)속에서 시장에 특색이 있는 상품(제품)을 투입하는 것이다. 시장개척/확대책 기습은 시장점유율 확대를 위해 기습적으로 쉐어 분열을 행하는 것이다. 기업 이미지 향상책 기습은 CI도입 등으로 사내에 강렬한 이미지

향상을 위한 작전을 전개하는 것이다.

5. 경제 원칙(Economy of force)

결정적 지점에 대규모 병력과 화력을 동원하기 위하여 결정적 지점이 아닌 곳에서는 최소한 힘만을 사용하는 것이다. 적의 집중을 와해시키는 동시에 앞으로 주 공격을 위한 길을 닦기 위한 것으로 소규모 병력으로 적 진지 급습, 매복이나 교란으로 대부분 게릴라전 원칙이다. 영업전략 수립 시 장기, 중기, 단기로 계획된 주요 사업을 전개하는 데 있어서 제한된 경영자원을 효과적으로 활용하거나 사업에 맞추어 효율성을 추구하는 것이다.

6. 다수 원칙(Mass)

모든 상황이 아닌 결정적 교전 지점에서 적보다 우세한 힘을 집중해야 한다는 상대적인 우세 개념을 전제로 한다. 경제 원칙과 보완관계로써 정확한 공격 지점에 대해 은폐하거나 대규모 적군을 분열시키고 분산시키기 위한 기만전술을 이용한다든가 하는 여러 전술을 사용하나 적과 교전하는 시점에서 공격군은 군사적 우세를 유지해야 한다.

7. 명령통일 원칙(Unity of Command)

인사기능과 밀접한 원칙으로 조직에서 한 사람의 지휘관 밑에서 일관된 방침으로 움직이지 않으면 전력화가 불가하다. 기업에서도 최고경영자로부터 위임받은 경우를 제외하고 최고경영자이외에 임원· 관리자가 멋대로 기업 전체의 전략이나 방침을 결정하고 하달하거나 주관 부문 이외의 부서가 제멋대로 명령과 지시를 내리면 혼란이 발생한다.

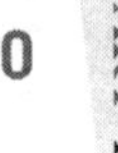

8. 간명성 원칙(Simplity)

지휘관의 복잡한 마음을 반영하는 복잡한 계획은 사실상 부하가 실행하기에는 너무 어려워서 실패하므로 단도직입적이고 간명하면서도 잘 집행될 수 있는 계획이어야 한다. 이는 구체적인 계획을 실행에 옮기는 방법으로 필요한 원칙이며 구체적인 생각과 계산 과정을 거쳐서 태동되는 행동 대안들의 간명성을 말한다. 영업전략에서는 예하 조직에게 부여하는 목표 등은 말로 표현된 것보다 가능한 한 숫자로 바꾸어 부여하여야 임무 달성의 유무가 보다 간명화 된다.

9. 보안 원칙(Security)

군대에 있어서 보안은 부대 안전과 행동 자유를 확보하기 위하여 매우 중요한 요소이다. 영업전략의 1급 비밀은 신상품(제품) 개발에 관한 정보 등이며 타사에 누설될 경우 회사에 막대한 피해를 주게 된다. 조직 속의 개인의 언동에 관계되는 문제이므로 '사원 교육'과 '사기 고양'이라는 사항과도 깊은 관계가 있다.

제2절 영업목표설정과 매출예측

1. 영업전략 초점 명확화

저성장기가 되면 수요감퇴로 영업부진이란 현상이 나타난다. 이 시기에 있어서의 영업전략의 기본 방향은 실속 있는 영업활동으로 수익성 위주 자금관리가 중심이 된다. 그러기 위해서는 지금까지 오로지 매출액 증대나 마켓 쉐어(market share) 확대만을 지상주의로 생각했던 것을 반성하고 보다 수익성 위주 영업활동으로 바뀌어야만 한다.

기업이 수익을 올리는 방법으로 4가지를 생각할 수 있다.

① 매출액 증대
② 이윤(총이익률) 확보
③ 경비 절약
④ 자본 절약

그러나 매출액 증대나 이윤 확보는 고도 성장기나 또는 성장 상품(제품)일 경우에만 가능한 영업전략이다. 시장구조가 판매자 시장, 즉 셀러즈 마켓(seller's market)일 경우로 생산이 수요를 충족시키지 못할 경우에만 가능하다. 이런 경우에는

[경비(원가) + 이익 = 매출]

이란 공식이 적용된다. 다시 말해서 판매가격은 상품(제품)원가에 적절한 이익을 가산한 것이 가격이 되는 적산경영(積算經營)이 가능한 것이다. 이와 같은 경우에는 경영자의 의사결정이 기업성장에 크게 작용하며 어느 기업이 먼저 선발 메이커가 되고 마켓 쉐어를 획득하느냐가 크게 중요하게 된다. 그러나 저 성장기에 들어가서 수요가 감퇴되고 상품(제품)의 라이프 사이클(life cycle)로 보아 성숙기나 포화기에 접어들어 경쟁품이 많을 경우에는 매출증대나 가격인상을 기대하기가 힘들게 된다. 이렇게 되면 경비(원가) 절약이나 자본 절약을 통해 수익을 확보하는 영업전략이 바람직하게 된다. 즉, 시장구조가 구매자 시장인 바이어스 마켓(buyer's market)으로 바뀌게 되면 시장 크기가 한정되고 기업으로서 매출신장을 크게 기대할 수 없게 되어 다음과 같이

[매출 - 이익 = 경비(원가)]

라는 공식에 따라 역산경영(逆算經營)을 하는 수밖에 없다. 다시 말해서 매출이 일정할 때 필요한 이익을 우선 확보해 놓고 필요한 경비를 한도 내에서 맞추어 가는 길밖에 없는 것이다. 이런 경우 영업전략은 상품(제품) 차별화, 영업망 조직화가 중심이 된다. 이렇게 볼 때 현재기업이 놓여 있는 업계 위치나 상품(제품) 성격에 비추어 영업전략 초점을 어디다 둘 것인가 하는 방침이 선행되어야 할 것이다. 물론 수익을 올린다고 할 때 앞에서 든 4가지 측면이 따로따로 작용

하는 것은 아니며 상호간에 조화를 이루고 종합되어야 하는 것이나 어디에 보다 중점을 두느냐 하는 것이 중요하다. 어쨌든 저 성장기에 있어서 영업전략으로 무엇보다 타사와의 차별화 정책과 고정 거래처에 의해 손익분기점 매출액을 확보할 수 있도록 영업망이 조직화되고 유대 강화가 중요시 되는 것은 부인할 수 없다. 앞에서 든 수익 증대책으로서의 4가지 측면에서 구체적인 전개 방안을 예시해 본다.

1) 매출액 증대–많이 판다

매출을 증대시키는 방법은 많이 파는 것이나 그 방법으로 다음과 같은 것을 기대할 수가 있다.

① 자연 증가
② 타사와의 시장점유율 쟁탈
③ 신상품(제품) 개발
④ 새로운 수요개척

〈표 3–1〉 수익향상 대책 4가지

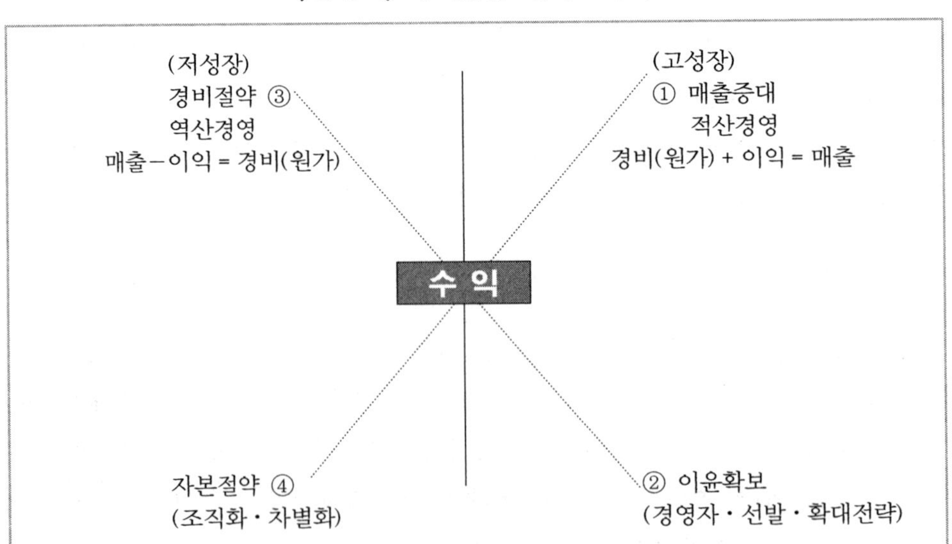

2) 이윤 확보 – 상품(제품)내용을 좋게 한다

이윤 확보를 위해서는 매출총이익을 크게 하는 것을 우선 생각할 수 있다. 이를 위해서는 판매가격 인상과 원가를 낮추는 2가지가 있으나 가격인상은 상품(제품)력이 강할 때만 가능한 일이다. 원래 상품(제품)가격은 원가와는 별도로 시중가격으로 결정되는 것이다. 한편 원가인하는 생산과 관련되는 것이나 오늘날 이 문제에도 한계가 있는 것이다. 다음 여러 가지 상품(제품)을 취급할 경우 될수록 한계이익이 큰 상품(제품)을 많이 팔도록 상품(제품)구성을 다시 해보는 것이다. 흔히 인기 있고 잘 팔리는 상품(제품)은 마진(margin)이 적은 경우가 많다. 이윤확보의 또 하나 방법은 거래조건이나 방식을 확실하게 하여 반품이나 클레임(claims)이 발생하지 않도록 하고 수금에 만전을 기하는 것이다. 이것을 정리하면 다음과 같다.

① 가격인상
② 상품(제품)구성
③ 확실한 거래

3) 경비 절약 – 원가를 절감한다

경비 이 중에 큰 비중을 차지하는 것이 제조원가이며 이어서 영업비, 간접비 절감이 이에 속한다. 제조원가는 앞에서 언급한 바와 같이 여러 가지 한계가 있으나 아직도 연구의 여지를 가지고 있는 부분이다. 한편 영업비는 대담하게 써야만 한다. 더욱이 타사의 영업비 지출이 적을 때 유효 적절하게 쓰기만 하면 오히려 돋보일 뿐 아니라 실효를 거둘 수 있는 것이다. 이러고 보면 영업비란 무조건 절감하고 절약하는 것만이 좋은 것은 아니다. 간접비 역시 같은 성격이라 할 수 있다.

① 제조・매입원가 절감
② 영업비 절감
③ 간접비 절감

〈표 3-2〉 수익향상책

1	매출 증대 • 많이 판다	1. 자연증가 3. 신상품(제품)개발	2. 타사와 M/S 쟁탈 4. 새로운 용도 개척
2	이윤확보 • 상품(제품)을 좋게 한다	1. 가격인상 3. 확실한 거래	2. 상품(제품)구성
3	경비절약 • 원가 절감	1. 제조원가 절감 3. 간접비 절감	2. 영업비 절감
4	자본절약 • 자본 효율적 활용	1. 재고량 적정화	2. 외상매출금 회전율 제고

4) 자본 절약 – 자본 효율적 활용

최소 비용으로 최대 효과를 올리는 것이 경제원칙이라 자본이 사장되지 않도록 유효 적절한 활용이 필요하다. 그러기 위해서는 재고를 쓸데없이 많이 가짐으로써 이자 부담을 크게 하지 말아야 하고 외상매출금의 회전을 높여서 운영자금 부담을 적게 해야 한다는 것이다.

① 재고량의 적정화를 도모한다.
② 외상매출금의 회전을 빨리 한다.

물론 수익을 올리기 위한 4가지 측면을 따로 따로 움직여서는 안 되며 이것을 종합적으로 다루어야 실효를 거둘 수 있다. 또한 이것을 구체적으로 전개하는데 있어서는 계층별로, 즉 경영(전략), 관리(전술), 작업=영업(전투)라는 맡은 바 계층에 따라 구분하여 영업전략을 수립하고 실천에 옮겨야 한다.

2. 영업계획 수립방법

1) 영업계획

영업계획은 경영계획의 근간을 이루는 것이고 그 출발점이라 할 수 있다.
원래 경영계획은 영업계획, 생산계획, 자금계획이 기본을 이룬다. 이중에서도 영업계획이 중심을 이룬다. 그러나 시장이 판매자 시장이었던 시대에는 「만들기만 하면 팔린다」 또는 「없어서 못 판다」는 환경이었기 때문에 생산계획 = 영업계획이었다. 따라서 영업계획은 생산계획이 결정됨에 따라 자연히 정해지게 된다. 즉, 생산능력이 곧 영업계획이 되는 것이다. 이것이 시장이 판매자 시장으로 바뀌게 되면 팔릴 수 있는 것을 팔릴 수 있는 만큼만 만들어 팔아야 한다. 다시 말하면 먼저 얼마나 팔릴 수 있는가를 예측하고 그것에 맞추어서 생산계획, 구매계획을 세우고 또한 이것을 뒷받침하는 자금계획을 세우게 된다. 이렇게 볼 때 영업계획을 세우고 또한 이것을 뒷받침하는 자금계획을 세우게 된다. 이렇게 볼 때 영업계획은 경영계획의 출발점임을 더욱 명백히 알 수가 있다. 물론 영업계획과 생산계획은 재고계획에 따라 조정되기도 한다. 그러나 최근에 와서는 재고가 없는 무재고 영업방식이나 창고없이 경영하는 경영방식이 제창되고 있어 영업계획은 종전보다도 더욱 중요성과 정확성이 요구되고 있다. 영업계획은 광의와 협의 두 가지로 나눌 수 있다. 광의로는 영업계획을 마케팅계획과 같은 것으로 보는 것이고 협의로는 영업목표계획이 중심이 된다. 이에 영업목표를 중심으로 본 영업계획은 다음과 같은 것이 그 내용이 된다.

① 영업목표액 결정
② 판매할당 작성
③ 판매예산 편성
④ 판매실시계획 입안

그런데 영업계획은 영업목표만을 단독으로 다룰 수는 없는 것이다. 이것은 영업전략, 넓은 의미에서 마케팅전략과 관련시켜서 작성되어야만 하는 것이다. 즉, 설정된 연간 영업목표를 상품(제품)별, 지역별, 거래처별, 담당부문별, 영업소별, 영업인별, 월별 할당 등을 통해 구체화되고 이에 따른 실시계획(實施計劃)을 세우게 된다. 이때 이러한 목표를 달성하기 위해 어떠한 영업전략의 지원이 있느냐 하는 것이 명백히 되어야 하는 것이다. 영업전략은 경영방침의 구체화이고 이는 영업활동에 대한 제한조건이 되기도 한다. 이에 영업계획은 이러한 영업전략이나 영업목표를 이어 받고 한편 수요예측, 판매예측, 경영자 방침 등을 감안하여 작성된다. 이것을 체계적으로 도시하면 〈표 3-3〉과 같다.

〈표 3-3〉 영업계획 체계도

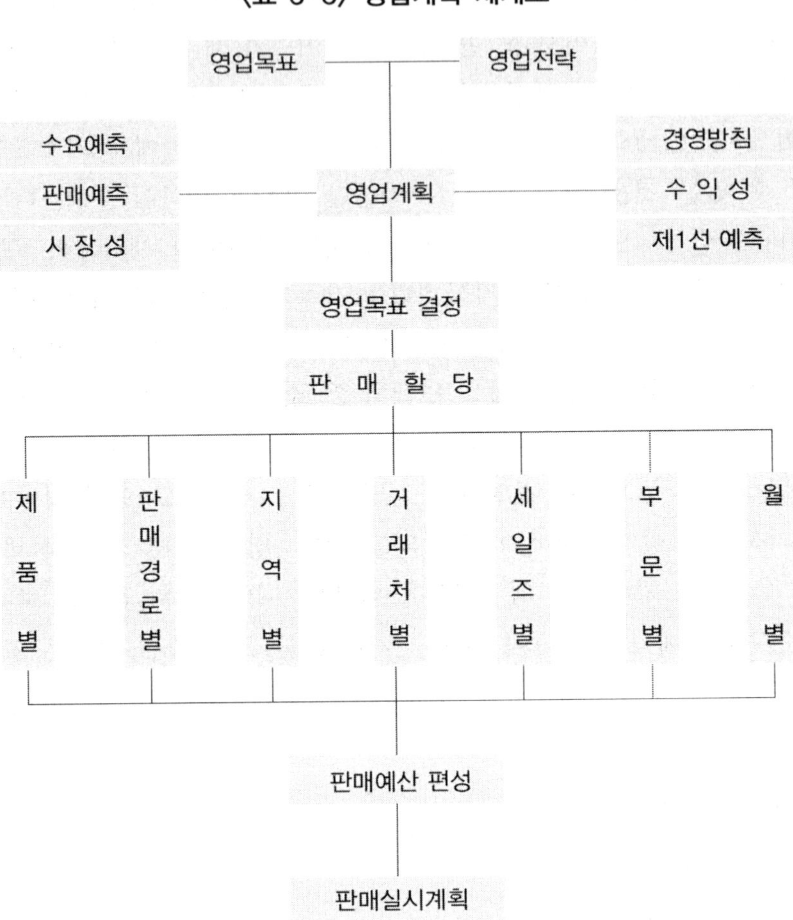

2) 영업계획 결정방식

(1) 영업대상 시장 확인

대상 시장, 구체적으로는 대상 고객은 세일즈 활동을 포함해서 모든 경영활동의 출발점이다. 동시에 영업계획 내용도 이 대상 시장에 맞는 것이어야만 한다. 원래 세일즈란 누구에게 무엇을 어떤 방식으로 영업하느냐 하는 것이므로 이 대상 시장 결정과 확인은 영업계획을 수립하는데 있어 전제조건이 되는 것이다.

(2) 다른 마케팅활동과의 관련성

세일즈 활동은 마케팅 활동의 하나이다. 영업목표를 달성하는데 있어 마케팅의 여러 가지 계획이나 내용을 알 필요가 있다. 이것은 자사의 영업력 또는 영업능력을 명백히 하는 것이며 이것에 따라 영업목표 내용이 달라질 수 있는 것이다. 마케팅 활동 내용으로는 다음과 같은 것을 들 수 있다.

① 대상 시장에 관한 정량적(定量的), 정성적(定性的)인 분석자료 검토
② 상품(제품) 구성이나 신상품(제품)에 관한 계획 검토
③ 판매가격, 차별가격 정책 검토
④ 유통경로 선정과 그 정책 검토
⑤ 광고 계획이나 판매촉진 계획 검토
⑥ 물류활동에 관한 계획 검토
⑦ 서비스체계, 자금사정, 생산능력에 대한 검토
⑧ 세일즈요원 계획 검토

(3) 영업계획 결정방식

영업계획을 결정하는 방식으로는 ① 할당식, ② 적립식, ③ 절충식이 있다. 할당식은 상부로부터 제1선에게 강압적으로 할당하는 방식이다. 적립식은 제1선 담당자로부터 판매가능액을 신고하도록 하여 그것을 기본으로 회사 전체 매출액으로 결정하는 방법이다. 또한 절충식은 톱으로부터의 계획안과 제1선에서 신고해온 판매가능액을 대비시켜 절충하여 실행 안을 만드는 방식이다. 어느 방식이 좋다고 한마디로 단정할 수는 없는 것이다. 기업 실정에 맞추어서 하나의 방식을 채택해야 한다. 다만 각 방식의 장단점을 감안하여 적절한 것을 선택해야만 한다. 할당방식은 강력한 경영 측의 의지를 나타내는 것으로 성장시장의 경우나 또는 영업인 등이 침체에 빠지거나 타성에 흐르고 있을 경우에는 실효를 거둘 수가 있다. 다만 할당액이 담당시장의 실정에 맞는 것이어야만 된다. 이것이 지나치게 의욕적인 수치라고 하면 도리어 악영향을 미친다. 또한 할당액이 너무 적을 경우에는 제1선 담당자는 단지 주어진 할당액만을 소화하면 된다는 안이한 생각이나 행동을 하기가 쉽다. 이러한 경우에 대비하여 판매할당을 하기 전에 먼저 제1선 담당자들로부터 판매가능액을 신고하게 하여 할당목표와 비교하여 다음과 같이 조정하는 방법을 쓴다.

할당목표 > 예상신고액 – 할당목표를 연도 목표로 한다.

할당목표 < 예상신고액 – 예상액을 목표로서 설정한다.

각 경우에 있어 목표를 달성할 경우 특히 후자의 경우는 업적평가를 높이 하여 격려하는 것이 바람직하다. 신고액을 신고하는 적립식의 경우 신고액이 과대 신고되지 않도록 유의해야 한다. 이것은 시장성에 적합한 내용이어야 하며 무엇보다도 신고액이 기업 존속에 필요한 최소한 만족을 충족시키고 있는가를 확인해야 한다. 절충식은 양자를 조합한 것이다. 경영층은 기업의 유지·발전에 필요한 매출액을 산출하고 한편 제1선 담당자는 판매가능액을 신고하도록 한다. 이것을 조정하는 것이다. 실제 조정업무는 중간관리자가 해야 하며 서로 납득할 수 있는 실행안이 만들어져야 한다. 이러한 절충방식은 뒤에서 언급할 목표에 의한 관리제도와 일맥상통하는 방식이다. 목표에 의한 관리의 본질은 한마디로 조직 목표와 개인 욕구가 일치·통합하는 관리방식이다. 이것은 자기 목표는 자기가 세우는 방식이나 이때 자기가 세우는 목표는 반드시 상사도 인정하는 목표이어야만 하는 것이다. 상사가 인정하는 목표가 되기 위해서 부하는 계획수립에 참가해야 하고 여기에 절충이 필요하게 된다. 구체적인 목표에 의한 관리방식은 그 전개에 있어 어려움이 따르기도 하나 그 기본적인 정신만은 살려야 한다.

(4) 영업목표와 설정 방법

목표는 골(goal)이라고도 하며 도달 목표점이라고 볼 수 있다. 영업목표는 기업이 도달해야 할 목표인 동시에 나아가야 할 방향을 제시하는 역할을 한다. 또한 이는 기업이 시장에 작용하고자 하는 의욕을 금액으로 표시한 것이기도 하다. 이러한 영업목표를 결정 하는데 다음 세 가지 요소를 고려할 필요가 있다.

① 시장성-양적인 면-시장점유율
② 수익성-질적인 면-이익과 이익률
③ 사회성-달성과정

매출액이란 어느 면에서 보면 기업에 대해 시장이나 고객이 인정해주는 증거를 금액으로 표시하는 것이라고도 볼 수 있다. 따라서 기업이 시장에 대해 어떻게 작용하느냐에 따라서 기업의 시장에서의 지위가 안정될 뿐 아니라 점차 시장이 확대된다. 그 결과로서 보다 많은 이익을 얻게 된다. 한편 이렇게 되기 위해서는 기업은 사회적 책임을 생각하면서 행동할 필요가 있다. 이러한 사회적 책임을 다하기 위해서는 비용이 드는 것도 사실이다. 그러나 이익을 추구한 나머지 수단과 방법을 가리지 않고 불량품 판매, 공해 유발, 부적당한 가격 책정, 서비스 불량 등으로 인해 고객으로부터 불신을 사거나 지역사회로부터 불만을 초래한다면 기업의 건전한 발전은 기대하기가 힘들다. 이익과 사회적 책임은 짧은 눈으로 보면 상반되는 것 같이 생각되나 결코 그런 것은 아니다. 더욱이 장기적인 시야에서 보면 일치하는 것이다. 이러한 점을 고려하면서 계획을 세워야 한다. 이상과 같은 점을 고려하면서 영업목표를 수립해야 하나 그 구체적인 방법으로 다음과 같은 것을 들 수 있다.

- 과거 판매실적에 의한 것
  - 판매예측에 의한 방법
  - 판매신장률에 의한 방법
- 시장성에 의한 것
  - 시장점유율에 의한 방법
  - 시장 확대율(실질 신장률)에 의한 방법
  - 고객의 구매력에 의한 방법
  - 목표자본이익률에 의한 방법
- 이익성에 의한 것
  - 목표이익액, 목표이익률에 의한 방법
  - 필요경비에 의한 방법
- 기타 방법
  - 각종 예측을 합치는 방법
  - 각종 기준치에 의한 방법
  - 영업담당자 영업신고에 의한 방법

이러한 방법 중에서 한 가지 방법만을 사용하는 것이 아니라 여러 가지 방법으로 시도해보고 최종적으로는 경영자의 의사로서 결정하는 것이 일반적이다.

3) 영업목표 수립방법

(1) 영업목표액을 구하는 방법

영업목표액은 기업의 활동목표와 방향을 제시하는 것으로 중요한 역할을 한다. 이것은 기업이 시장이나 고객에 대해 작용하고 노력하고자 하는 성과를 미리 금액으로 제시하는 것이다. 이 영업목표는 기업의 의지인 동시에 기업이 계속적인 생존과 발전을 위해 필요한 것이기도 하다. 그러나 영업목표는 단순한 의욕이나 욕망에 그쳐서도 안 된다. 또한 영업목표 달성을 위해 수단과 방법을 가리지 않는 비도덕적인 것이어서도 안 된다. 따라서 영업목표 수립에 있어서 무엇보다도 근거가 되는 자료를 과학적으로 분석하여 합리적인 것이 되도록 해야 한다. 그리고 그 달성을 위해 방법을 가리지 않는 것과 같은 비윤리적인 것이어서는 안 된다. 원래 매출액이란 시장이나 고객이 기업의 노력에 대한 대가로서 지불한 것이라고 볼 수 있다. 이것은 시장이나 고객이 기업의 상품(제품)이나 서비스 등 종합적으로 보아 인정해준 것이 금액으로 구체화되었다고 볼 수 있다. 따라서 기업이 시장이나 고객에 대해 보다 성실하게 대하고 품질 좋은 상품(제품)을 적정 가격으로 봉사적으로 제공해왔다고 하면 기업의 시장에서의 지위가 안정될 뿐 아니라 보다 확대되기도 할 것이다. 그리고 그 결과로서 보다 많은 이익을 올리게 될 것이다. 물론 그러기 위해서는 기업의 사회적인 책임도 고려하면서 활동할 필요가 있다. 이것은 목표달성을 위해 수단과 방법을 가리지 않는 행동이어서는 안 된다는 것이다. 이에 기업의 사회적인 책임으로 고려해야 할 것 다음과 같은 것을 들 수 있다.

① 고객을 위해 : 품질보장, 적정가격, 서비스
② 사회를 위해 : 공해방지, 지역사회에 대한 서비스
③ 근로자를 위해 : 임금, 생활보장

더욱이 기업의 사회적인 책임은 여러 면에서 논의되고 요구되고 있으며 기업평가의 척도가 되기도 한다. 그러나 기업이 사회적 책임을 다하기 위해서는 비용이 든다. 이것을 지나치게 이익만을 추구한 나머지 사회적인 책임을 소홀히 하면 고객으로부터 불신, 지역사회로부터 반발, 근로자 사기저하와 근로의욕 감퇴라는 현상을 초래하여 기업의 건전한 발전에 부정적인 영향을 미치게 한다. 이에 이익과 사회적 책임이 균형있게 전개되어야 한다. 이 기업의 사회적 책임은 단기적으로 보면 상호 상반되는 것 같이 생각되기도 하나 결코 그런 것은 아니다. 이에 장기적으로 보아서도 이익과 사회적 책임이 상반되지 않고 일치하도록 고려하면서 계획을 수립해야 한다. 더불어 유의해야 할 것은 기업의 사회적 책임을 오로지 경영자 측의 책임으로만 돌려서는 안 된다는 것이다. 이것은 전 사원 특히 일선에서 활약하는 영업인이나 직접 제품생산의 주동적 역할을 하는 근로자로 구성되는 노동조합의 책임 역시 적지 않다. 한편 이를 묵과하는 소비자의 책임도 있음을 명심해야 한다.

(2) 판매예측에 의한 방법

판매예측은 장래의 일정 기간에 있어서의 매출을 금액이나 수량으로 예측하는 방법으로 첫째 시장 수요에 의한 예측, 둘째 계수에 의한 예측, 셋째 톱이나 담당자에 의한 예측방법이 있다. 위의 방법에 있어 시장 수요나 계수에 의한 방법은 자료에 의한 객관적인 방법이며 과학적인 방법이라고 할 수 있다. 한편 톱이나 담당자의 예측은 주관적인 추측에 의한 주관적인 판단으로 이루어지는 것으로 다소 과학성에서 뒤지나 그 나름대로의 의의는 지닌다. 각 방법의 특색은 다음과 같다.

① 시장 수요에 의한 예측

시장 전체의 판매 가능량을 예측하는 것부터 시작한다. 소위 시장 크기가 얼마나 되는 것인가를 수요 예측한다. 여기에다 자사 시장점유율을 곱해서 자사 영업목표를 결정하는 것이다. 이 경우 시장 전체 수요를 예측하기 위해 시장요소 결정, 데이터 정비, 과거 수요량, 자사 시장점유율 등이 파악되어 있어야 한다. 또한 전혀 새로운 신상품(제품) 경우에는 유사품이나 관련 상품(제품)과의 상관분석 방법이 사용된다.

② 계수에 의한 예측

과거 수년간의 판매실적 경향으로 판단하는 것으로 가장 객관성이 있다고 볼 수 있다. 데이터만 잘 정비되어 있으면 쉽게 활용할 수가 있다. 대표적인 방법으로는 시계열분석(경향변동분석 · 계절변동분석), 상관분석을 들 수 있다. 또한 경향분석을 할 때 쉽게 쓸 수 있는 방법으로는 목측법, 양분평균법, 이동평균법, 최소자승법 등이 있다.

③ 톱이나 담당자에 의한 예측

업계, 시장, 상품(제품)에 정통하고 있는 영업 관계자들의 의견에 따라 추정하여 예측하는 방법이다. 다소 정밀성은 없지만 풍부한 경험이나 지식, 그리고 도소매상과 같이 영업 규모가 작을 경우에는 이러한 종합적인 판단에 의한 방법도 쓸모가 있다. 또한 생소한 신상품(제품)으로 그 수요를 예측하기 힘든 경우에 이 방법이 쓰인다.

4) 상관관계 예측

판매예측과 관련시켜 예측하는 방법이 상관분석이다. 상관관계를 이해하는 데는 재미있는 옛 이야기가 있다. 두 아들이 있는데 큰 아들은 신발 장사이고 작은 아들은 우산 장사를 하고 있었다. 아버지는 날씨가 좋으면 우산 장사하는 작은 아들이 장사가 안 될 것이라고 걱정이고 비가 오면 이번에는 신발 장사를 하는 큰 아들 걱정을 하는 식으로 하루도 걱정 안 하는 날이 없이 지냈다는 것이다.

이것을 어떤 이가 세상을 그렇게만 보지 말고 반대로 날이 좋으면 신발 장사가 잘 되고, 비가 오면 우산 장사가 잘 된다는 식으로 좋게 생각할 수도 있지 않겠느냐고 말하여 그 후 그 아버지는 유쾌한 날만 보냈다는 이야기이다. 이것은 좋은 예는 되지 못하나 신발과 우산의 영업에는 상관관계가 있음을 의미한다. 이 경우는 바로 역상관, 즉 부(負 : 마이너스)의 상관관계에 놓여 있다. 영업에는 이러한 상관관계에 있는 것이 많다. 인구가 증가하면 식품점이 잘 되고 학생 수가 증가하면 문구류가 많이 팔린다. 나일론과 같은 인조섬유가 많이 팔리면 자연섬유는 타격을 받는다. 이러한 예를 들자면 한이 없다. 이때 빵과 버터와 같이 하나가 팔리면 같이 많이 팔리는 것은 정(正 : 플러스)의 상관관계에 있다고 하고, 빵과 쌀은 부(마이너스)의 상관관계, 그런가 하면 빵이나 쌀과 석탄 생산량은 전혀 관계가 없는 무관계의 상관관계에 놓여 있다고 볼 수 있다. 그러면 이런 상관관계가 구체적으로 어느 정도의 관계에 놓여있는가를 수적으로 분석해 보아 상관관계에 있는 것의 추세로서 판매예측을 추정하는 것이 상관분석(相關分析)이다. 상관관계가 있는가를 보는 방법, 즉 상관계수(相關係數)를 알아보는 방법으로 피아슨법과 순위차법(順位差法)이 있다.

(1) 피아슨법

피아슨법으로 상관관계를 구하는 공식은 다음과 같다.

$$r = \frac{\sum XY}{\sqrt{\sum X^2}\sqrt{\sum Y^2}}$$

단, r : 상관계수

X : x의 평균($\bar{x}$)와의 차

Y : y의 평균 ($\bar{y}$)와의 차

지금 인구를 x, 지역의 매출액을 y라고 할 때 그 사이에 어떠한 상관관계가 있는가를 찾아 본다. 이를 계산하기 위해 〈표 3-4〉를 작성한다. 각 지역 (시)의 인구(x)를 합계하면 1,267(x)이고 그 평균($\bar{x}$)은 181이 된다. 이 평균치와 각 시의 실제 인구의 차를 따로 정했으므로 A시는 117－181=－64가 된다.

A시 117－181=－64

B시 258－181=77

C시 136－181=－45

지역별 매출액 (y)도 같은 방식으로 평균치 ($\bar{y}$)를 구하고 실제의 값에서 차를 구한다.

A시 580－905=－325

B시 1,380－905=475

C시 670－905=－235

다음 X와 Y를 각각 자승하여 X^2와 Y^2를 구한다. 즉, $\sum X^2$, $\sum Y^2$ 그리고 $X \times Y$의 합계인 $\sum XY$를 구한다. 이것을 공식에 대입하여 상관계수를 구하는 것이다.

$$r = \frac{87,710}{\sqrt{15,322} \times \sqrt{516,390}} = \frac{87,710}{123.78 \times 718.6} = \frac{87,710}{88,948.31} = 0.986$$

즉, 상관계수는 0.986으로 상당히 높다는 것을 알 수가 있다.

일반적으로 상관계수는 다음과 같이 평가된다.

① 상관계수는 +1과 －1의 사이의 값에 있다($1 > r > -1$)

② 상관계수가 어느 정도인가 하는 것은 데이터의 수에도 달려 있으나 일반적으로 절대치가 다음과 같은 관계에 있다고 보면 된다.

1 〉 r 〉 0.7 : 상당히 상관관계가 높다.

0.7 〉 r 〉 0.5 : 상관관계가 있다고 본다.

0.5 〉 r 〉 0 : 거의 상관관계가 없다.

상관관계가 깊은 요소를 찾아내면 그 요소의 크기나 성장률로서 매출액의 예측이나 추정, 할당을 하면 된다.

〈표 3-4〉 상관분석(피아슨법)

지역	인구(x)	지역매출(y)	X	Y	X^2	Y^2	XY
	천명	백만 원					
A시	117	580	-64	-325	4,096	105,625	20,800
B시	258	1,380	77	475	5,929	225,625	36,575
C시	136	670	-45	-235	2,025	55,225	10,575
D시	197	900	16	-5	256	25	-80
E시	229	1,225	48	320	2,304	102,400	15,360
F시	155	750	-26	-155	676	24,025	4,030
G시	175	830	-6	-75	36	5,625	450
계( )	1,267	6,335	0	0	15,322	516,390	87,710
평균	181($\bar{x}$)	905($\bar{y}$)					

(2) 스피아만(speaman) 순위차법

이것은 비계량적인 것의 상관계수를 구하는데 사용된다. 즉 순위는 알 수 있으나 그 차를 수치(數値)로서 포착할 수 없는 질적인 것을 다룰 때 사용한다. 예를 들면 시작품 8개를 만들었으나 그 디자인 면에서의 평가가 C가 1위, D가 2위, B가 3위라는 것은 알 수가 있다. 그러나 1위와 2위, 또는 2위와 3위의 차가 어느 정도인지 계수적인 척도를 알 수가 없는 것이다. 이런 경우 스피아만의 순위차법으로 구하는 것이다. 그 공식은 다음과 같다.

$$r = 1 - \frac{6\Sigma M^2}{n(n^2 - 1)}$$

단, r : 상관계수

M : 순위의 차

n : 데이터의 수

실제의 계산을 〈표 3-5〉로 시도해 본다. A에서 H까지의 형에 대해 매출액의 결과로서의 순위와 당초의 순위를 비교해 본다. A, B에 대해서는 양자 간에 차가 없으나 C에 대해서는 매출액은 1위, 인기의 순위는 2위이므로 $1-2=-1$, D에 대해서는 매출액은 2위, 인기는 1위였으므로 $2-1=1$이 된다. 이런 식으로 차를 계산하여 각각 자승한다. 이것을 합계한 것이 $\sum M^2$이며 여기서는 16이다. 이것을 공식에 대입해 본다.

$$r=1-\frac{6\times 16}{8\times(64-1)}=1-\frac{96}{504}\fallingdotseq 0.81$$

여기에서 보면 상관계수는 0.81로서 상관관계가 상당히 높다는 것을 알 수가 있다. 이 스피아만의 순위차법은 순위는 알 수 있으나 수치적으로 정확히 포착하기가 힘들 경우에 사용하면 좋다. 예를 든다면 영업인 종합평가, 광고나 점포진열 우열, 기술 수준차 등과 매출과의 관계 등을 알아보는데 유리하다.

〈표 3-5〉 상관분석(순위차법)

상품	매출액 y		인기투표에 의한 순위의 차 n	순위의 차 M	M^2
	금 액	순 위			
	백만 원				
A	1,200	5	5	0	0
B	2,700	3	3	0	0
C	6,400	1	2	−1	1
D	3,100	2	1	+1	1
E	800	7	4	+3	9
F	400	8	8	0	0
G	1,500	4	6	−2	4
H	1,100	6	7	−1	0
계	17,200			0	16

(3) 상관관계를 이용한 수요예측-회귀방정식

두 가지 요소 간에 상관관계가 있다는 것을 찾아내면 이번에는 그 원인이라고 생각되는 것을 독립변수(獨立變數)로 보고, 그 결과라고 생각되는 것을 종속변수

(從屬變數)로 보고 수요예측을 해보는 것이다. 예를 들어 지금 인구를 독립변수로 보고 이에 따른 매출이나 수요를 종속변수로 볼 때 인구쪽의 변화가 매출액에 어떤 관계가 있는가를 계산하는 것이다. 이것이 회귀방정식이다. 회귀방정식이 1차식(직선)을 나타낸다고 볼 때 그것은 $Y=a+bx$의 형태를 취한다. 이것은 시계열분석(時系列分析)에서 쓰이는 최소방정식(最小方程式)과 같은 방법이 쓰인다. a와 b를 구하는 공식은 다음과 같다.

$$a=\frac{\sum X^2 \sum Y-\sum X \sum XY}{n\sum X^{2-}(\sum X)^2}$$

$$b=\frac{n\sum XY-\sum X\cdot\sum Y}{n\sum X^{2-(\sum X)^2}}$$

〈표 3-6〉 회귀분석

	인 구 X	매 출 Y	X^2	XY
A시	117천명	580백만 원	13,689	67,860
B시	258	1,380	66,564	356,040
C시	136	670	18,496	91,120
D시	197	900	38,809	177,300
E시	229	1,225	52,441	280,525
F시	155	750	24,025	116,250
G시	175	830	30,625	145,250
계	$\sum X$ 1,267	$\sum Y$ 6,335	$\sum X^2$ 244,649	$\sum XY$ 1,234,345

(주) n은 데이터의 수, 이 식을 풀기 위해 〈표 3-6〉과 같은 워크시트를 사용한다. 사례에서는 앞에서 사용한 A시와 G시까지의 인구와 매출액(수요)의 데이터를 사용했다. A, B의 공식에 표의 계산결과를 대입시키면

$$a=\frac{244,649\times 6,335-1,267\times 1,234,345}{7\times 244,649-(1,267)^2}$$

$$=\frac{1,549,851,415-1,563,915,115}{1,712,543-1,605,289}$$

$$= \frac{-14,063,700}{107,254} \fallingdotseq -131$$

$$b = \frac{7 \times 1,234,345 - 1,267 \times 6,335}{7 \times 244,649 - (1,267)^2}$$

$$= \frac{8,640,415 - 8,026,443}{107,254} = \frac{613,970}{107,254} \fallingdotseq 5.724$$

가 되어 $Y = -131 + 5.724x$의 식이 구해진다. X에 인구를 대입하면 매출액(수요)의 이론치가 구해진다.

A의 매출액(이론치) = $-131 + 5.724 \times 117 = 539$
B의 매출액(이론치) = $-131 + 5.724 \times 258 = 1,346$
C의 매출액(이론치)= $-131 + 5.724 \times 136 = 647$

또한 인구를 400(천명)이라고 예상한다면 $-131 + 5.724 \times 400 = 2,159$가 기대될 것이다.

5) 시계열분석(時系列分析)

판매량이나 수요를 시간의 경과에 따라 변동하는 상태를 포착하여 장래를 예측하는 방법이 시계열분석이다. 영업예측은 일반적으로 이 시계열분석이 사용된다. 이 방법을 사용하려면 적어도 연도별의 데이터 외에 월별 데이터를 3개년 분은 준비해야 한다. 시계열분석을 하기 위해서는 우선 매출데이터를 그래프로 그려보는 것이 좋다. 그 한 예를 들면 [그림 3-1]과 같다. 여기에서 보면 경향성은 일정한 직선을 보이면서 이동하고 있다. 그리고 매출실적은 이 경향선에 대해 파장을 그리면서 순환변동을 하고 있다. 이것은 한 예이며 때로는 이상한 경기변동으로 어느 연도는 매출에 불규칙한 변동을 보이는 경우도 있다. 또한 월별 매출액을 그래프로 그려보면 [그림 3-2]와 같이 계절변동이 있음을 알 수가 있다. 물론 이 경우에도 홍수라든가 이상기후로 매출에 이상치를 보이는 경우도 있다. 어떻든 매출실적의 데이터로서 다음 변동요인을 알 수가 있다.

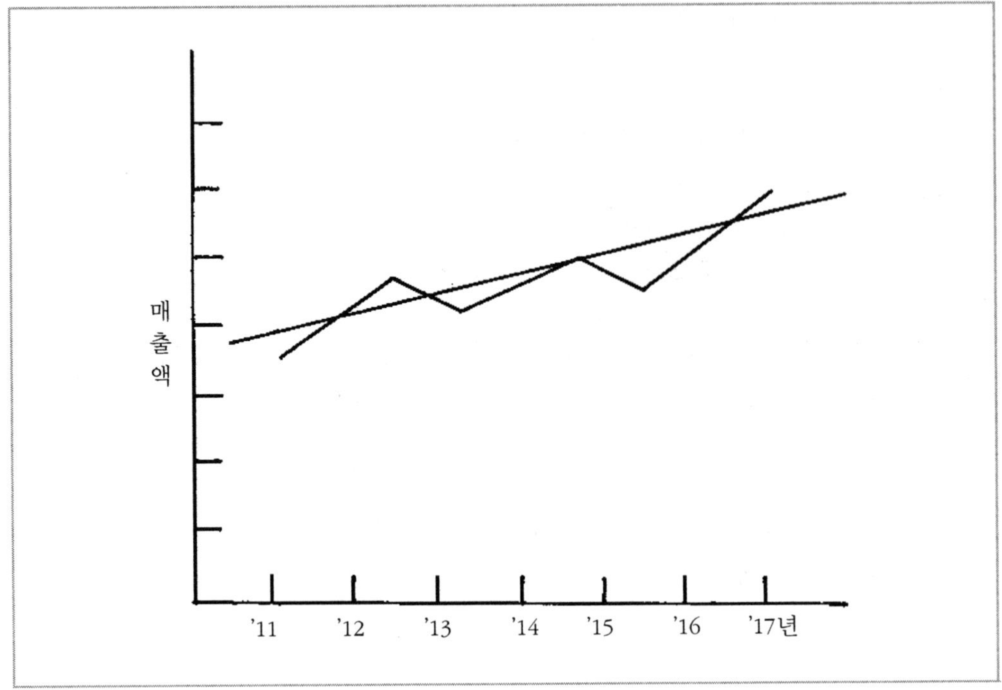

[그림 3-1] 연차별 매출 데이터

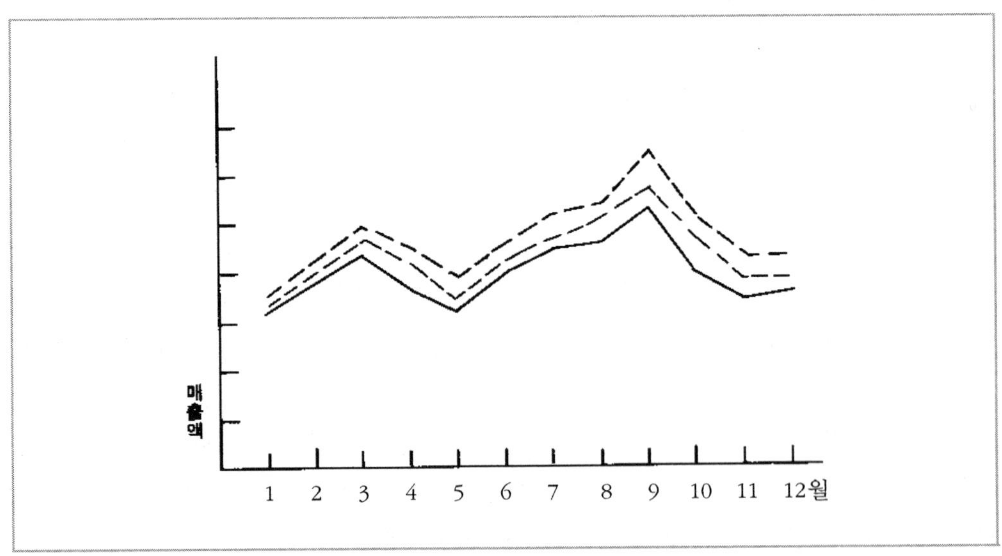

[그림 3-2] 월별 매출 데이터

① 경향변동요인(T = Trend Movement)
② 순환변동요인(C = Cycle Movement)
③ 계절변동요인(S = Seasonal Movement)
④ 불규칙변동요인(I = Irregular Movement)

시계열분석은 이 네 가지 변동요인을 분석하는 것이다. 이 경우 연차 데이터에는 TCI의 세 가지 변동요인이 포함되어 있다. 또한 월차 데이터에는 월별로 분산된 TC의 변동요인과 SI의 변동요인의 네 가지가 포함되어 있다. 실적 데이터에는 이러한 변동요인이 포함되어 있으므로 실적 데이터를 우선 그래프화 해보면 이러한 네 가지 변동요인의 형태를 알 수 있게 된다. 영업예측은 경향변동분석이 중심이 되고 또한 월별로 판매할당을 하기위해 계절변동분석을 한다. 이 경향분석은 목표매출액을 구하는 하나의 방법이 되는 것이다. 구체적으로는 연차 데이터를 사용하는 방법과 월차 데이터를 사용하는 방법이 있다.

(1) 계절변동지수 산출

〈표 3-7〉을 참조하면 계절변동지수(Se)의 산출방법을 이해할 수 있다. 우선 맨 먼저 매출액 실적을 3년 전까지 거슬러 올라가서(S_3 ~ S_1) 월별로 기입하고 그 월별 합계를 1/3로 함으로써 월별 평균치를(Sm) 산정한다. 이 월별 평균치를 1월에서 12월까지 합계해서 12로 나눔으로써 월별 평균치의 평균 바꿔 말하면 과거 36개월의 평균을 구한다. 즉 833,482천원 ÷ 12 = 69,457천원이다. 이 숫자로 매월 월별 평균치(Sm)를 나누면 계절변동지수가 산출된다. 이것을 수식으로 하면

> Se = Sm ÷ 69,457천원이 되고, 예를 들면 1월의 계절변동지수는
> 53,119천원 ÷ 69,457천원 = 0.765가 된다.

또한 계절변동지수에 있어서의 월별 수준치는 1.000(소수점 3자리까지의 경우)이며, 계절변동지수 0.650인 달은 평균보다도 35% 정도 한산하다는 것을 나타내며 1.275인 달은 27.5%나 바쁘다는 것을 나타낸다. 또 각 달의 지수의 연간 합계는 반드시 12.000이 된다.

〈표 3-7〉 매출액 실적, 계절변동지수

매출액(천원) \ 월	1월	2월	………	계	평 균
S_1 S_2 S_3	53,260 49,393 56,803	43,179 45,072 47,242	……… ………	780,553 860,301 859,595	65,046 71,692 71,633
$S_1+S_2+S_3$ 계	159,356	135,493		2,500,449	
Sm	53,119	45,164		833,482	69,457
계절변동지수 Se=Sm/69,457	0.765	0.650		12.000	

(2) 추세변동지수 산출

매출액 예측식은 $S=T\times Se\times(1\pm C_Y)$로 나타난다. 이 내용은 T(추세변동)×Se(계절변동)으로 '이론적 매출액'이 성립하고, 이것을 C_Y(순환변동)에 의해 수정함으로써 매출액 예측을 책정하는 것이다. 추세변동을 산출하는 방법을 이해하기 위해서는 이 기본구성을 명확히 인식해야 한다. 그래서 가장 신뢰할 수 있으며 또 사무적으로 산출할 수 있는 방법으로서, 계절변동지수(Se)를 이용하는 방법을 설명하고자 한다. 우선 〈표 3-8〉과 같이 '추세변동지수'의 표를 작성하고 매출액 실적(S) 및 계절변동지수(Se)를 기입한다. 다음에는 매출액실적(S)÷계절변동지수(Se)로서 순환변동도 포함된 '추세변동의 기초지수 수치'를 산출한다. 이 근거는 $S=T\times Se\times(1\pm C_y)$라면 $T(1\pm C_y)=S\div Se$의 수식이 당연히 성립하기 때문이다. 이렇게 해서 예를 들면 1년째의 1월은 53,260원÷0.765 = 69,621천원과 같이 각 달의 기초수치를 계산해서 기입해 가는 것이다. 그런데 이 계산에 의해서 산출되는 기초수치는 매출액실적과 비교해서 극단적인 차이가 발생하고 있는 달이 있다는 것을 알 수 있을 것이다. 특히 1월·2월의 계절변동지수가 작은 달과 8월·10월 등과 같이 지수가 큰 달에 이런 경향이 강하다. 그 이유는 계절변동지수의 산출방법에 수학상의 문제가 있기 때문인데 상세한 것은 생략한다. 그러나 이 문제를 수학적으로 수정하기 위해서 '3항 이동평균' 이라는 방법으로 계산해야 한다. 그런데 이 추세변동을 산출하기 위해서 '편차'가 적은 방법은 그 기초가 되는 자료 데이터의 월수를 반드시 13·25·35개월 등 기수로 한다는 것이다. 그 이유는 자료수(N)를 기수로 해 두지 않으면 산출 식을 '1차식'으로 했을 경우에 자료기간 한 가운데의 달을 중심으로 등분할 수 없기 때문이다.

〈표 3-8〉 추세변동지수

월 M	수 n	매출실적 S (천원)	계절변동 Se	매출액 계절변동 S/Se (천원)	3항이동 평균 Y (천원)	X	Y × X (천원)	X^2	추세변동 T (천원)
S1−1	1	53,260	0.765	69,621					
2	2	43,179	0.650	66,429					
3	3	55,154	0.782	70,529	65,844	−16	−1,053,504	256	65,083
4	4	49,671	0.820	60,574	65,526	−15	−982,890	225	65,354
5	5	65,541	1.001	65,476	64,876	−14	−908,264	196	65,625
6	6	68,648	1.003	68,579	67,678	−13	−879,814	169	65,896
7	7	77,531	1.124	68,978	66,855	−12	−802,260	144	66,167
8	8	78,822	1.251	63,007	65,491	−11	−720,401	121	66,438
9	9	55,910	0.867	64,487	62,643	−10	−626,430	100	66,709
10	10	72,764	1.204	60,435	62,982	− 9	−566,838 } − 8,932,475	81	66,980
11	11	81,632	1.275	64,025	62,271	− 8	−498,168	64	67,251
12	12	78,441	1.258	62,354	63,605	− 7	−445,235	49	67,522
S2−1	13	49,393	0.765	64,435	65,377	− 6	−392,262	36	67,793
2	14	45,072	0.650	69,342	67,447	− 5	−337,235	25	68,064
3	15	53,618	0.782	68,565	71,475	− 4	−285,900	16	68,335
4	16	62,744	0.820	76,517	72,420	− 3	−217,260	9	68,608
5	17	72,250	1.001	72,178	72,748	− 2	−145,496	4	68,877
6	18	69,759	1.003	69,550	70,518	− 1	−70,518	1	69,148
7	19	78,484	1.124	69,826	70,345	0	0	0	69,419
8	20	89,644	1.251	71,658	72,474	1	72,474	1	69,690
9	21	65,839	0.867	75,939	73,592	2	147,184	4	69,961
10	22	88,108	1.204	73,179	74,216	3	222,648	9	70,232
11	23	93,750	1.275	73,529	73,211	4	292,844	16	70,503
12	24	91,740	1.258	72,925	73,569	5	367,845	25	70,774
S3−1	25	56,803	0.765	74,252	73,286	6	439,716	36	71,045
2	26	47,242	0.650	72,680	72,072	7	504,504	49	71,316
3	27	54,180	0.782	69,284	71,086	8	568,688 } 9,743,325	64	71,587
4	28	58,461	0.820	71,294	70,431	9	633,879	81	71,858
5	29	70,786	1.001	70,715	70,801	10	708,010	100	72,129
6	30	70,604	1.003	70,393	70,218	11	772,398	121	72,400
7	31	78,169	1.124	69,545	71,213	12	854,992	144	72,671
8	32	92,199	1.251	73,700	70,384	13	914,992	169	72,942
9	33	58,876	0.867	67,908	72,129	14	1,009,806	196	73,213
10	34	90,034	1.204	74,779	71,163	15	1,067,445	225	73,484
11	35	90,273	1.275	70,802	72,896	16	1,166,336	256	73,755
12	36	91,968	1.258	73,107		17			74,026
합계		2,500,449	36.000		2,290,842		810,850	2,992	
평균					69,419		810,850 / 2,992 = 271		

T=69,419+271 × X

그래서 이 경우도 1년째의 1월분은 제외하고 35개월분을 사용하기로 한다.

'3항 평균'이란 3행분의 수치를 합계해서 3으로 나누고 한가운데의 행에 평균치를 기입하고 다음 행을 한가운데로 한 전후 3행의 평균치를 기입한다는 아래의 예와 같은 반복이다.

S1 — 2	66,429	
3	70,529	(197,532 ÷ 3) = 65,844
4	60,574	(196,579 ÷ 3) = 65,526
5	65,476	(194,629 ÷ 3) = 64,876
6	68,579	

이렇게 해서 산출된 것이 〈표 3-8〉의 Y이며 앞의 S/Se의 수치보다도 평준화된 경향으로 되어 있다. 다음에 'X'는 이 자료의 수열이고 3항 이동평균치가 산출되어 있는 1년째의 3월부터 3년째의 11월까지의 33개월을 원자료로 했다. 그리고 한가운데가 되는 2년째 7월의 X를 0으로 하고, 거기부터 이전은 −1, −2, −3과 같이 0이후는 +1, +2, +3과 같이 X의 수치를 설정한다. 이 X는 매출예측을 할 때 기업의 기본적인 경영계획 등의 내부 조건이나 사회경제환경 등의 외부 조건이 크게 변화하지 않는다면 〈표 3-8〉과 같이 17, 18부터 순서대로 +1을 더하여 예측기간을 연장할 수 있다. 다음 계산은 'Y × X'인데 Y의 수치가 정수인데 대하여 X의 수치는 0보다 이전은 음수로 되어 있으므로 산출되는 수치는 (−)로 되고 0이후는 정수의 (양수) 수치가 된다. 예를 들면 N3의 'Y × X' = 65,844 × (−16) = −1,053,504가 되고 N21의 'Y × X' = 73,592 × 2 = 147,184가 되는 것이다. 만약 매출실적이 해마다 감소되고 있다면 반대가 되어 0보다 이전이 정수로 이후가 음수(−)가 된다. 〈표 3-8〉에서는 전반의 (−)합계보다도 후반의 (+)합계가 많고 'Y × X의 합계'는 −8,932,475 + 9,743,325 = 810,850으로 증가 경향을 보이고 있다. 이제까지 계산과정에서 1차 방정식 Y = a + bx의 a는 '3항 이동평균치'의 합계를 33으로 나눈 2,290,842 ÷ 33 = 69,419가 되고 그것이 x = 0인 곳 즉 '추세변동'의 기점의 수치가 되는 것이다. 나머지 b를 산출하면 1차방정식으로 월별 추세변동지수를 구할 수 있다. 그 b란 x의 2승을 하고 그 합계치로 'Y × X의 합계치'를 나눈다. 즉 〈표 3-8〉에서는 810,850 ÷ 2,992 = 271(천원)이 b에 상당하는 수치가 되는 것이다.

이렇게 해서 이 〈표 3-8〉 예에서 '추세변동지수 : T'의 산출식은 다음과 같이 성립되었다.

$$T = 69,419 + 271x$$

이 산출식에 의해 3년째의 12월에 있어서의 '추세변동지수'를 계산하면 69,419 + 271 × 17 = 69,419 + 4,607 = 74,026이 된다. 이 경우의 17이 12월의 x이며 1을 더해서 18로 하면 다음 해의 1월분, 2를 더해서 19로 하면 2월분의 지수가 산출되는 것이다.

(3) 순환변동지수 산출

순환변동의 성격은 앞에서 말했듯이 '경기변동'의 반복을 나타내는데 이와 함께 소비 니즈 변화, 입지조건이나 경합상황 변화 등에 대해서 기업(영업점) 자체가 어떻게 대응했는가 하는 노력의 흔적을 추적할 수 있다.

〈표 3-9〉 순환변동지수

월 수	추세변동 T (원)	계절변동 Se	이론매출액 S'=T×Se (원)	매출액실적 S (원)	S / S'	순환변동 Cy= S / S'−1	매출예측 S"= S'×(1 ± Cy)
S3−1 1	71,045	0.765	54,349	56,803	1.045	+0.045	56,795
2 2	71,316	0.650	46,355	47,242	1.019	+0.019	47,236
•			•				
•			•				
•			•				
•			•				
•			•				
•			•				
•			•				
•			•				
12 12	74,026	1.258	93,125	91,968	0.988	−0.012	92,008
합 계			872,473	859,595	0.985	(−0.015)	859,386

순환변동지수의 산출방법은 〈표 3-9〉 '순환변동지수'에서 제시했듯이 월(M), 추세변동지수(T), 계절변동지수(Se) 및 매출액실적을 최근 1년 간, 즉 〈표 3-8〉 '추세변동지수'의 S_3(3년째)의 1월부터 12월까지의 수치를 사용한다. 그래서 우선 추

세변동과 계절변동에 의한 이론적 매출액(S')을 산출한다. 그 산식은 S' = T × Se이며 1월의 경우는 71,045 × 0.765 = 54,349가 되고 이하 똑같이 해서 12월까지의 이론매출액이 산출된다. 그래서 월별매출액 실적(S)을 이론매출액(S')로 나누면 순환변동지수(Cy)가 나오고 계속해서 1월을 예로 들면 56,803 ÷ 54,349 = 1.045가 된다. 이렇게 S ÷ S'로 구해진 수치는 1.045인 경우 중 1 = S를 의미하고 있으므로 이론매출액보다도 실제매출액 쪽이 0.045 많이 될 가능성을 나타내고 있고 이것이 순환변동지수(Cy) = +0.045이다. 따라서 S ÷ S'로 0.967이 되었을 경우에는 순환변동지수는 0.967 − 1 = −0.033, 즉 이론매출액보다 실제매출액이 0.033 적어질 가능성을 보이고 있으므로 Cy = −0.033이 된다. 여기서 마지막으로 지금까지 해왔던 계절변동, 추세변동, 순환변동 지수의 수치 확인과 매출예측식의 타당성을 확인하기 위해서 S = T × Se × (1 ± Cy)의 식을 준용해서 매출 예측치(S")를 산출하고 실제의 매출액실적과 비교해 보기로 한다. 이 경우에 위의 식 중에서 T × Se는 이미 S'(이론매출액)로 산출되어 있으므로 S" = S' × (1 ± Cy)이어도 되며 1월의 매출 예측치는 54,349 × (1 + 0.045) = 56,795(천원)이 되어 실제 매출액 56,803천원과 비교하면 그 차액은 −8천원이 된다. 이렇게 비교하면 매출예측치와 매출액실적의 차는 −46천원부터 + 40천원의 범위이며 연간 합계에서는

$$859{,}386 \div 859{,}595 \times 100 = 99.98\%$$

의 실현 확률이 된다.

(4) 시계열성 중심 영업계획

매출예측은 과거의 영업실적에 의한 변동 패턴을 분석하여 그것을 수식으로 산출하는 것이며 과거의 연장을 베이스로 한 예측이다. 즉 경기 동향이나 소비생활 니즈 등의 외부조건이 종전과 같고 영업점 자체로서도 종전의 경영정책을 바꾸지 않고 같은 상품(제품)과 영업방법을 계속하는 등 내부 조건도 변하지 않는다는 상황이라면 매출예측으로 산출되는 수치를 언제까지나 그대로 '영업계획'으로 하더라도 상당히 타당성이 높을 것이다. 그러나 실제로 이런 상황은 있을 수 없다. 기업 내부에 있어서의 경영효과나 효율의 개선, 소비생활 니즈 변화나 타점과의 차별화에 대한 새로운 머천다이징 등 뭔가 '새로운 도전'을 계획하는 것이 적극적 경영자세의 표현이다. 단, 어떠한 '새로운 도전'도 기업이 현재까지 활동해온 실적

에 따라 나타나는 '법칙성'을 완전히 무시하고 비현실적인 계획을 책정한다면 이것은 결국 '희망사항'일 뿐이며 실현가능성은 거의 없다. 따라서 '영업계획'은 기업의 자금적 요소(투자 규모와 채산 효율), 인적 요소(경험능력과 의욕, 향상 가능성 등) 및 현재까지의 영업실적을 기초로 장래에 대한 적극적인 변화를 수치로 표현함으로써 결정해야 한다. 또 영업계획을 극단적으로 고정화해서 생각하지 말고 어느 정도의 폭을 지닌 '관리한계'의 범위를 설정하여 내외 조건 변화에 대응하고 영업정책이나 영업활동을 수치적으로 수정할 여지를 남겨 놓을 필요가 있다. 〈표 3-10〉의 매출예측과 영업계획은 앞의 〈표 3-8〉 ~ 〈표 3-10〉 예에 의해 산출한 각 수치를 근거로 작성한 것이다.

〈표 3-10〉 매출예측과 영업계획

월	추세변동 산출식 69,419+ 271 × X=	추세 변동 T(원)	계절 변동 Se	이론 매출 액 S'(원)	순환 변동 Cy	(1 ± Cy)	매출 예측치 S'×(1 ± Cy)(원)	매출 예측치 누계 (원)	상한	하한
									(원)	
S4－1	69,419+271×18	74,297	0.765	56,837	+0.045	1.045	59,395	59,395	62,365	56,425
2	〃 19	74,568	0.650	48,469	+0.019	1.019	49,390	108,785	114,224	103,346
·										
·										
·										
·	〃									
·										
·										
12	〃 29	77,278	1.258	97,216	-0.012	0.988	96,049	897,997	942,897	853,097
합계				911,496			897,997			

• 관리한계 = 0.05 = 5%
• 상한 = S" × 1.05
• 하한 = S" × 0.95

이 산출방법은 전항의 매출예측방법에 준하고 있으므로 설명은 생략하는데 '추세변동지수'에 의한 T = 69,419 + 271 × X를 근거로 1월부터 12월까지 앞으로의 1년간을 매출예측하고 이 계획시점에 있어서는 특히 내외조건의 변화가 없다는 것을 전제로 매출 예측치를 '매출 계획치'의 중심에 설정하고 '관리한계'로서 (+)(－) 5%의 허용도의 범위까지 산정한 것이다. 만약에라도 상한 · 하한의 관리한계에서 이탈한 상태의 매출실적이 몇 개월이나 계속되면 그 원인을 분석해서 영업계획의 수정이 필요한 경우를 생각할 수 있다. 여하튼 이 '영업계획'은 시계열성을 중심으로 한 것이며 그런 의미에서 단순하지만 이론적으로 법칙성을 충분히 살린 적정한 것이라고 할 수 있다.

6) 연차 데이터에 의한 예측

판매예측에서 일반적인 방법은 연차 데이터를 이용한 경향분석으로 목측법, 반평균법, 이동평균법 그리고 최소자승법의 4가지 방법이 대표적이다.

(1) 목측법(目測法)

글자 그대로 눈대중으로 장래의 경향을 추정해 보는 방법이다. 먼저 과거의 판매실적을 그래프로 그려 놓고 보면 대충 그 경향을 알 수 있다. 그러나 이것을 좀 더 정확히 알고자 할 때는 [그림 3-3]과 같이 곡선 또는 직선으로 적당히 중앙선

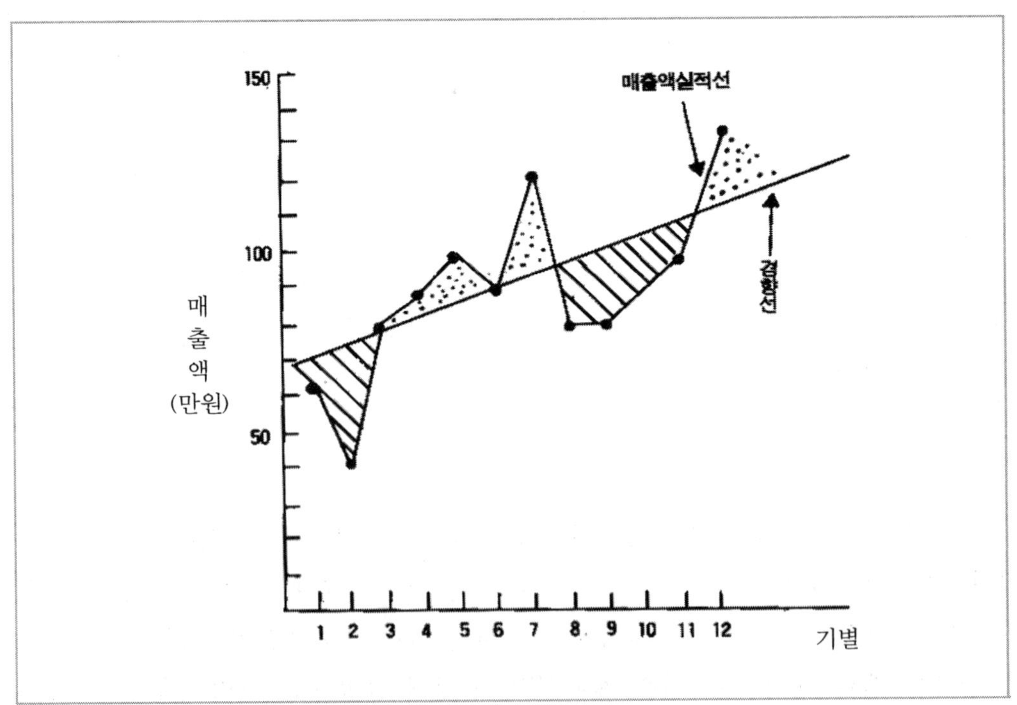

[그림 3-3] 목측법(目測法) 작도 예

을 그려 본다. 이때 상하의 넓이가 비등하도록 그려야 한다. 이것이 경향선이나 그 기울기를 목측(目測)함으로써 경향을 알 수가 있다. 이 방법은 정확하다고 볼 수 없으나 경향만은 알 수 있다. 또한 거래처가 많을 경우 개별로 실시하면 이용가치가 많다.

(2) 반평균법

목측법보다 진일보한 방법이고 그리기도 더욱 쉽다. 과거의 판매 실적을 전반과 후반으로 나누어서 각각 그것을 산술평균을 내어 양기(兩期)의 중앙에 프롯트하여 직선으로 연결하면 된다. 이 방법은 목측법과는 달리 누가 해도 똑같은 결과가 나온다. 이 방법 역시 계절변동 등 세밀한 것은 무시하고 있으며 다만 경향성을 알 수 있다.

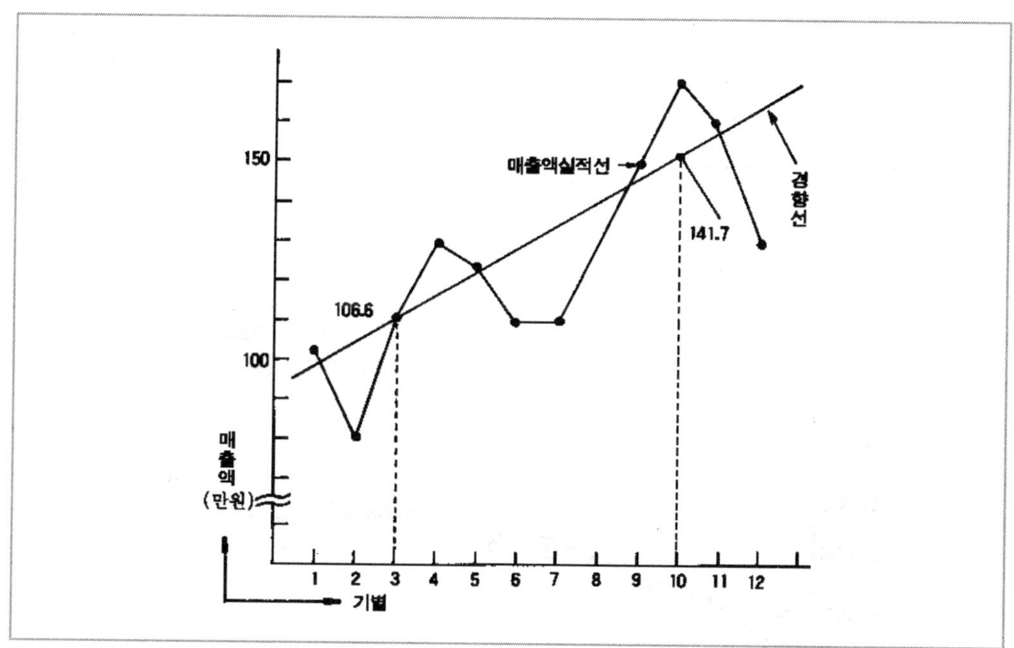

[그림 3-4] 반평균법 작도 예

(3) 이동평균법

지금까지 방법보다 좀 더 치밀한 방법이 이동평균법이다. 즉 〈표 3-11〉에서와 같이 기간을 3개월, 5개월 또는 7개월 등 기수월로 나누어 그것을 산술평균하면 이동평균치가 되나 이것으로 다음 기의 경향을 예측하는 것이다. 이것을 도표화하면 직선에 가까운 것이 된다. 기간을 길게 잡을수록 정확하나 가령 7개월 이동평균의 경우 처음 1~3개월과 마지막 3개월은 경향치가 없으므로 눈대중으로 이를 연장하는 수밖에 없다. 이 방법을 응용한 것으로 12개월 이동평균법 또는 이동합계치가 있다.

〈표 3-11〉 이동평균법 계산 예

월 별	생산실적	3개월 평균	5개월 평균	7개월 평균
2010 1	12,181	-	-	-
2	15,236	15,531	-	-
3	19,177	17,625	17,367	-
4	18,462	19,807	19,951	19,136
5	21,783	21,748	21,306	20,870
6	25,101	22,965	22,335	22,075
7	22,011	23,810	23,278	22,550
8	24,320	23,335	23,521	23,462
9	23,676	23,498	23,470	24,197
10	22,500	23,674	24,454	-
11	24,846	24,758	-	-
12	26,928	-	-	-

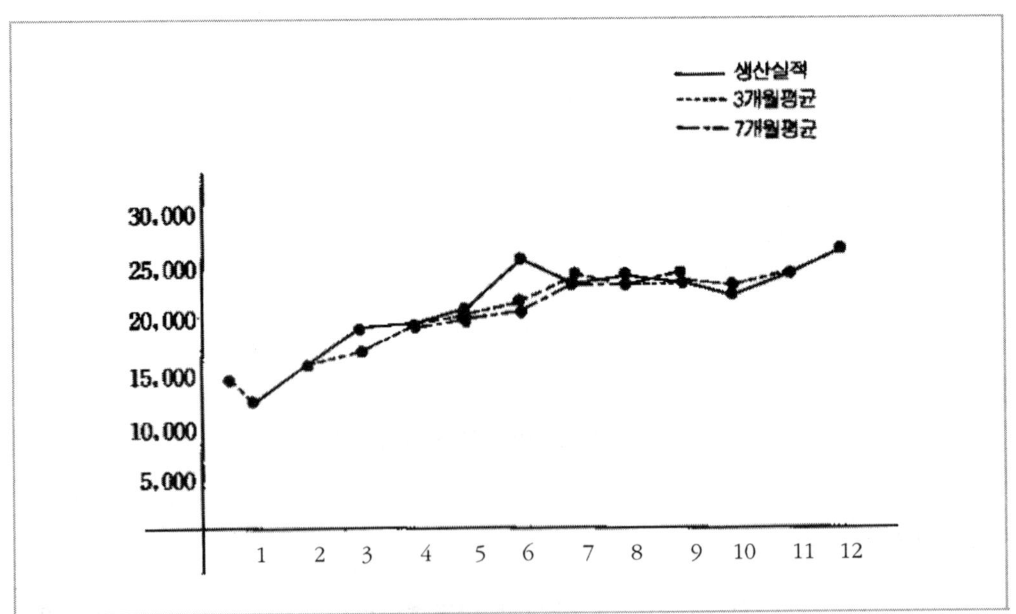

[그림 3-5] 이동평균법 작도 예(作圖 例)

(4) 최소자승법

경향선을 구하는 계산방식으로 가장 손쉽고 신뢰성이 있는 방식이 최소자승법(最小自乘法)이다. 최소자승법은 실적치와 경향치의 차를 제곱하여 그것을 합계한 값이 최소가 되도록 경향치를 구한다. 일반적으로 공식을 보면 어떻게 만들어지는지 그 원리를 알려고 고민할 필요가 없다. 이것은 마치 자전거가 왜 쓰러지지 않고 갈 수 있는가를 물리적으로 알고자 하는 것으로 탈 수만 있으면 된다고 생각하면 된다. 다만 「판매예측에 최소자승법이 쓰여 진다」라고만 알고 있다가 계산방법 순서에 따라 계산할 수 있으면 된다. 과거 매출실적 데이터를 준비한다. 데이터는 적어도 최근 5개년 실적이 필요하다. 데이터는 연차 데이터가 좋으나 4반기 또는 월차 데이터를 사용해도 좋다. 연도별로 이상한 수치가 있을 경우, 예를 들면 경쟁회사 도산이나 우수 영업인이 스카우트되어 판매에 이상을 가져온 경우에는 수치를 수정해서 사용하는 것이 좋다. 또한 여기서는 경향치만을 알면 되는 것이므로 일정한 단위로 사사오입하여 계산하기 쉬운 수치로 정리해서 사용한다. 수치가 정리되면 〈표 3-12〉 계산표와 같이 계산도표에 연대순으로 기입한다. 매출경향을 그래프로 그려보고 사용하는 공식을 결정한다. 매출실적을 그래프로 그려보면 직선을 나타내는가 곡선을 나타내는가를 알 수 있다. 즉 그래프가 직선경향으로 나타내면 1차식을 사용하고 곡선경향이면 2차식을 사용한다. 〈표 3-12〉와 같이 계산도표를 작성한다.

〈표 3-12〉 최소자승법 계산표

계(년도)		매출실적(y)	t	t^2	ty
n=6	2012년	2,730 백만원	−5	25	−13,650
	2013	2,900	−3	9	−8,700
	2014	3,140	−1	1	−3,140
	2015	3,350	+1	1	3,350
	2016	3,440	+3	9	10,320
	2017	3,640	+5	25	18,200
합계(Σ)		Σy=19,200	0	Σt^2=70	Σty=6,380

〈계산식〉

$y = a + bt$

y : 매출액(량), t : 시간(연도, 기간)

a와 b를 구한다.

a와 b를 구하는 식(간편법)

$a = \frac{y}{n} \quad b = \frac{\Sigma ty}{\Sigma t^2}$

경향성을 구하는 공식

직선식 : 1차식 $y = a + bx$

직선식 : 2차식 $y = a + bx + cx2$

위의 계산도표의 수치를 대입하면

$$a = \frac{19,200}{6} = 3,200 \quad b = \frac{6,380}{70} = 91$$

$$y = 3,200 + 91t$$

따라서 2018년의 매출액을 예측하려면 $t = +7$이 되어

$$y = 3,200 + 91 \times 7 = 3,837\text{백만 원}$$

이 된다. 만일 데이터의 수가 기수의 경우에는 t의 표시방법은 다음과 같이 한다.

기(년도)		t
n=5	2013년	−2
	2014	−1
	2015	0
	2016	1
	2017	2

제3절 이익계획에 의한 목표설정

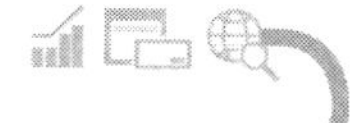

1. 목표이익 산정방법

기업의 경영계획은 이익목표 설정에서부터 출발해야 하는 것은 당연하다. 구체적으로는 다음과 같은 시점에서 생각할 수 있다.

- 기업활동목표의 하나를 이윤 추구로 보고 투입자본 수익성을 중시하는 시점
- 경영에 참가하는 사람의 일정한 생활을 보장한다는 시점
- 기업 유지와 발전을 위해 필요한 최저 이익을 확보한다는 시점

이러한 시점에서 목표이익을 감안하여 구체적으로 영업목표를 수립해야 한다. 이익목표의 구체적인 설정방법으로 다음과 같은 방법을 들 수 있다.

1) 총자본 이익률에 의한 방법

총자본이란 기업경영을 하기 위해 동원된 자본으로서 재무상태표 차변의 합계, 즉 총자산(유동자산 + 비유동자산) 또는 대변의 부채 및 자본 합계가 이에 해당된다. 한 마디로 경영이란 이 총자본의 이익률을 높이는 활동이라고 할 수 있다. 총자본 이익률은 다음 산식으로 구한다.

$$\text{총자본 이익률} = \frac{\text{이익}}{\text{총자본}} \times 100$$

지금 A사의 총자본 이익률의 실적과 업계 평균이 〈표 3-13〉과 같다고 할 때 다음 4기의 예상 총자본이 100억이라고 가정한다. A사로서는 지금까지 실적이 비록 하강 경향을 보인다고 해도 업계 평균치를 목표로 삼는다는 것은 불가능하지 않을 것이다. 지금 다음 4기의 총자본 이익률을 7. 3%로 본다면 예상 총자본은 100억이므로 목표이익 = 100억 × 7.3% = 7.3억 원이 될 것이다.

〈표 3-13〉 A사 총자본 이익률

총자본 이익률	
1기	7.8%
2기	7.5%
3기	6.8%
업계평균	7.3%

2) 필요이자율 확보 방법

사회적으로 타당하다고 보는 금리수준을 설정하고 여기에다 위험율을 고려하여 자기자본의 적정이윤을 획득하고자 하는 방법이다. 지금 B사의 총자본에서 차지하는 자기자본비율이 40%이고 여기의 예상 자본액을 300억으로 가정할 때 자기자본이자율을 8%, 위험율을 3%로 보고 목표이익을 설정해 본다.

자기자본비율 × 자기자본이자율 + 위험율 = 40% × 8% + 3% = 6.2%

목표이익 = 300억 원 × 6.2% = 18.6억 원

이 방법은 앞에서의 총자본 이익률의 방법과 같이 예상 총자본액을 얼마로 설정하느냐가 목표이익 설정의 요건이 된다.

3) 기업 필요경비에 의한 방법

기업 자체 필요성에 의해서 목표이익을 설정하는 방법이다. 이 방법에 의한 목표이익은 다음과 같은 산식으로 계산한다.

$$목표이익(세금공제전) = \frac{(배당금 + 임원상여금 + 내부유보)}{(1 - 세율)}$$

배당금, 임원상여금은 과거 실적추이나 업계수준, 혹은 경영방침 등을 감안하여 산정한다. 내부유보는 장래 투자에 대비한 기대이익, 재무구조 개선을 위한 정책적으로 확보해야 할 이익, 혹은 장기차입금 상환원금(감가상각 등 비자금지출은 공제한다)으로 산정한다.

유통사의 사례를 들어본다. 자본금이 200억, 다음 기의 예상배당률이 10%, 임

원상여금이 25억, 장기차입금상환이 18억, 감가상각비 13억으로 예상되고 세율을 종합적으로 50%라고 볼 때 목표이익은 다음과 같이 된다.

$$\text{목표이익(세금공제전)} = \frac{(200 \times 10\% + 25 + 18 - 13)}{(1 - 0.5)} = 100\text{억}$$

이익목표 설정방법은 위에서 언급한 세 가지 방법으로 대별되나 이 방법 중에서 기업 자체의 필요경비에 의한 목표이익이 목표이익 하한선이 되어야 할 것이다. 이 하한선 조건이 충족되고 난후 총자본 이익률이나 필요이자율 방법이 검토되어 타당한 목표이익으로 수정하는 방법이 취해져야 할 것이다.

2. 손익분기점에 의한 목표설정

목표이익이 결정되면 다음은 이를 달성하기 위한 구체적인 영업목표를 설정해야 한다. 영업목표는 과거 판매실적, 업계 신장율, 마켓 쉐어, 자사 영업력, 신상품 개발, 그리고 경영자 의지 등 여러 가지를 참작하여 결정되어야 한다. 그러나 그 중에서도 가장 근간이 되는 것은 기업이 유지되고 살아남기 위한 방법으로서 손익분기점 매출액이 근본이 되어야 한다. 손익분기점에 대한 이론적인 것은 뒤로 미루고 여기서는 실제적인 계산 예를 들어 본다. 우선 영업을 하는데 필요로 하는 경비 중에는 매출 증감에는 관계없이 일정하게 나가는 비용이 있다. 인건비, 월세 등으로 이를 고정비라고 한다. 이에 반해 매출 증감에 비례하여 드는 비용이 있다. 매출원가나 포장비, 발송비 같은 것으로 이를 변동비라 한다. 손익분기점을 결정하는데 있어서는 무엇보다도 이 고정비와 변동비를 찾아내어 분류하는 것이 중요하다. 이것을 결정하지 않으면 손익분기점을 결정할 수가 없다. 이 손익분기점을 찾아내는 방법을 먼저 도표로 그려 본다. [그림 3-6]과 같이 먼저 가로축에 매출액을 세로축에 경비 또는 이익을 놓는다. 매출이 하나도 없는 0 상태에도 고정비는 드는 것이니 이것을 정한다. 이 위에다가 매출액 상승에 따라 비례하여 많아지는 경비(經費)선을 그려 넣는다. 이것은 [그림 3-6]에서의 점선이다. 이에 대해 이러한 총경비를 충당하는 것은 매출액선이다. 이 때 매출액선과 경비선이 교차하는 P점이 바로 손익분기점이다. 또한 P점에서 수직으로 가로축에 내려 놓은 H점이 바로 손익분기점 매출액이 된다. 이것이 바로 이익도 손해도 없이 현상유지가 되는 매출액인 것이다. 따라서 이 방법에 의한 영업목표는 바로 최소한 손익분기점 매출액은 되어야 할 것이다. 이 손익분기점을 이번에는 계산식으로 구해본다. 그 공식은 다음과 같다.

$$\text{손익분기점매출액} = \frac{\text{고정비}}{1 - \frac{\text{변동비}}{\text{매출액}}(\text{변동비율})} \qquad \cdots\cdots ①$$

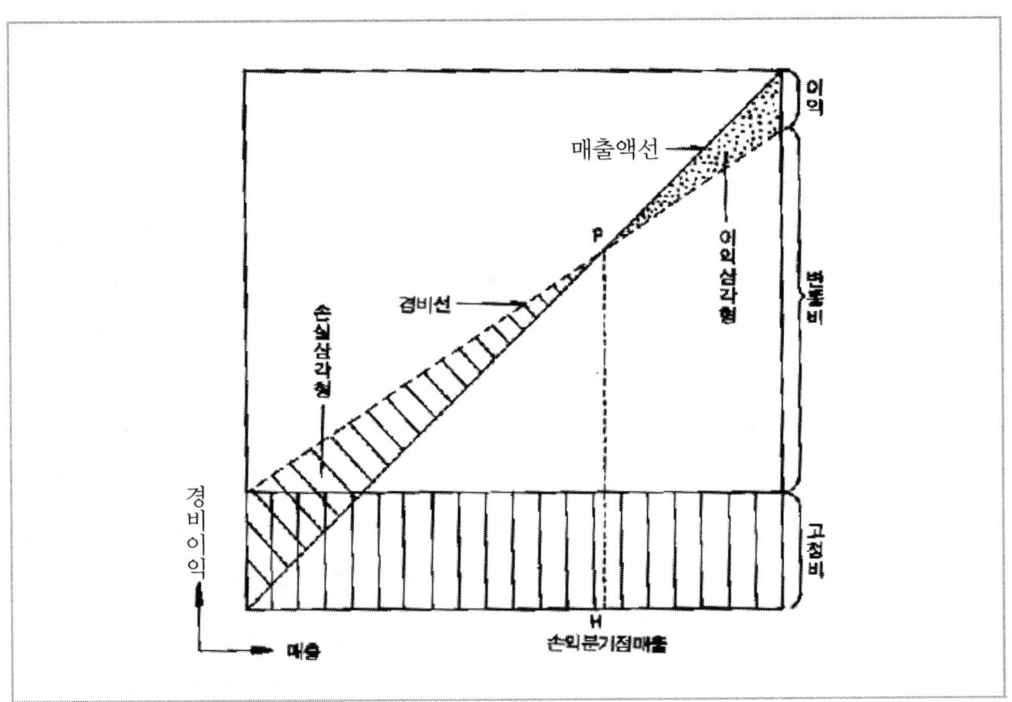

[그림 3-6] 손익분기점 도표

지금 각 항목의 실제 금액이 다음 〈표 3-14〉와 같다고 할 때 그 수치를 활용하면 손익분기점은

$$\frac{8{,}000\text{만원}(\text{고정비})}{1 - 0.79(\text{변동비율})} \fallingdotseq 38{,}000(\text{만원})$$

〈표 3-14〉 손익계산서

(단위 : 만원)

항 목	금 액	비 고
매 출 액 매출원가 총 이 익	50,000 35,000 15,000	
고 정 비 변 동 비	8,000 39,500	변동 비율 79%
이 익	2,500	

그러니까 적어도 38,000(만원) 이상은 팔아야만 되는 것이다. 지금 이 손익분기점식을 응용하여 목표이익을 실현하기 위해 필요한 매출목표액을 구하는 방법을 알아본다. 이는 ①식을 변형한 다음과 같은 공식을 이용한다.

$$\frac{\text{고정비} + \text{목표이익}}{1 - \text{변동비율}} \quad \cdots\cdots ②$$

지금 〈표 3-14〉에 있어 이익 2,500만원을 목표이익이라고 본다고 하면

$$\frac{8{,}000 + 2{,}500}{1 - 0.79} = 50{,}000(\text{만원})$$

으로 ②식이 정당하다는 것은 증명할 수가 있다.

이를 이용한 또 하나의 경우를 생각해 본다. 즉, 차기 영업목표를 결정해보는 경우로서 〈표 3-14〉에 있어 이번에는 목표이익이 20% 상승한 3,000만원, 고정비는 10% 상승이 예상되고 변동비율 79%는 변동이 없다고 가정할 때의 차기 영업목표는 다음과 같이 된다.

$$\frac{(\text{전기 고정비} + \text{증가분}) + \text{목표이익}}{1 - \text{변동비율}}$$

$$= \frac{(8{,}000 + 800) + 3{,}000}{1 - 0.79} \fallingdotseq 56{,}200(\text{만원})$$

제3장 연습(토론)문제

01. 전쟁원칙과 영업전략에 대해 논하시오.

02. 영업전략 초점 명확화에 대해 논하시오.

03. 영업계획 수립방법에 대해 논하시오.

04. 목표이익 산정방법에 대해 논하시오.

05. 손익분기점에 의한 목표설정에 대해 논하시오.

Chapter 04 영업전술 계획 수립

제1절 영업전술 계획 입안

전략적 영업활동 실천면에서의 출발점을 전략적으로써 설정한 매출액 목표를 영업계획에 배분하여 구체적인 전술 계획으로 변환하는 것이다. 따라서 영업인은 자기가 책정한 영업전략을 구체적인 전술 계획에 의하여 어떻게 배분할 것인가가 중요한 과제가 되는 것이다. 따라서 영업인은 자기의 영업전략으로써 결정된 매출액 목표를 달성하기 위하여 영업전술로써의 「영업계획 배분」과 「행동계획 입안」을 구체적으로 실천 전개하여야 한다.

1. 영업전략과 전술 연계

구체적인 전술 계획 기반은 영업인의 「영업목표(매출 목표)」이며 그것을 달성하기 위하여 영업계획을 구체적으로 배분(판매 할당)하는 작업이 필요하다. 따라서 다음과 같은 4 항목에 대하여 인식하는 것이 중요하다.

① 매출액 목표(영업 목표) 결정과 목표설정
② 매출액 목표를 달성하기 위한 전략요소의 수단목표 설정
→ 영업전략

③ 매출액 목표를 달성하기 위한 영업실행계획 배분
④ 영업실행작전 실천을 위한 행동계획 입안
→ 영업 전술

영업인이 책정한 영업전략(위의 ①②)은 실천 행동을 수반하지 못하면 어떠한 훌륭한 것이라도 "그림의 떡"이 되므로 그것을 구체적으로 실현하기 위한 계획을 갖고 실천 전개하지 못하면 무의미하다. 또 상기의 ③의 영업실행 계획 배분과 ④의 행동계획 입안은 영업전략인 자기의 매출액 목표를 달성하기 위한 구체적인 단계이다. 이것은 영업인 스스로 해야 할 「영업전략」으로써 위치하는 것이다. 따라서 영업인은 자기의 영업전략으로써 결정된 매출액 목표를 달성하기 위하여 영업전술로써의 「영업실행 계획 배분」과 「행동계획 입안」을 구체적으로 실천 전개하여야 한다. 전략적 영업활동을 하기 위해서는 매출·이익의 증대, 쉐어·업을 목적(Why)으로 하여 다음과 같은 포인트를 명백히 하여야 한다.

※ 어디의 (Where : 지역·시장)　　※ 누구에 (Who : 고객·거래처)
※ 무엇을 (What : 상품·제품)　　※ 언제까지 (When : 시간적 제약)
※ 얼마를 (How many : 판매성과)　　※ 어떻게 (How to : 실행 계획)

에 의하여 영업활동을 전개하여야 한다. 그리고 그 결과 계획대로 영업실적을 올릴 수 있는가를 항상 체크(진척 관리와 실적 평가)하고 문제해결에 대한 조처나 대책을 수립하여야 한다. 이와 같은 각 요소가 「전략적 영업활동 기능」으로써 필요하며 4W2H를 활용한 영업활동의 기능이라 할 수 있다.

※ 어디의 (담당 지역·시장)
※ 누구에게 (고객·거래처)
※ 무엇을 (상품·제품) 세 가지 기능은 영업전략을 책정하고 전술을 전개하기 위한 중요한 요소가 된다.

따라서 담당 지역·시장 목표, 고객·거래처 목표 상품·제품 목표 등은 모두 중점 지향에 의하여 전략적으로 설정하고 실천 전개하는 일이 중요하다. 이 세 가지 목표는 영업목표를 달성하기 위한 수단목표이며 다음과 같은 관점에 의하여 목표로 하여야 한다.

① 담당 지역·시장 목표 → 시장 세분화에 의한 담당 지역·시장 중점화 전략을 책정한다.
② 고객·거래처 목표 → 고객·거래처 등급별에 의한 중점화 전략을 책정한다.

③ 상품(제품) 목표 → 상품(제품) 등급별에 의한 중점 차별화 전략을 책정한다.

※ 언제까지 (시각적 제약)

※ 얼마만큼

영업성과를 올리는 것은 정보·데이터 등의 수집·분석에 의하여 수요예측이나 판매예측을 하여 매출액 목표를 결정하는 것을 말한다.

따라서 영업인의 효과적·효율적인 전략적 영업을 진행함에 있어서는 먼저 자기의 매출액 목표를 설정하여 이를 달성하기 위한 수단인 「담당 지역·시장」, 「고객·거래처」, 「상품·제품」의 세 가지의 전략을 책정하고 목표와 방향 설정을 하는 것이 중요하며 이와 같은 일련의 목표와 방향설정에 의한 의사결정 내용을 명확히 하는 것이 「영업전략」이다. 이와 같은 전략으로서의 매출액 목표와 수단목표를 달성하기 위해서는 구체적인 실행 계획이 필요하며 이 실행 계획을 구체적으로 입안하는 일련의 의사 결정 내용이 「영업전술」이 되는 것이다. 따라서 영업전략과 전술을 각각 별도로 독립된 것이 아니라 전략을 기반으로 하여 일련의 관계가 성립되도록 하는 것이다. 즉 앞에서와 같이

① 영업전략으로써 설정한 「매출액 목표」(주로 연간 영업목표)와 그 방향 설정을 기초로

② 수단목표로서 담당 지역·시장, 고객·거래처별, 상품·제품의 중점화 전략을 책정하고

③ 상품·제품별, 담당 지역·시장별, 고객·거래처별 또는 부문별, 영업인별, 월별 등 영업목표를 세분화하여 계획배분(판매할당)을 한다.

④ 이 배분한 계획을 달성하기 위하여 영업작전을 입안하고

⑤ 또한 월간, 순간, 주간, 일정 등의 행동계획(방문활동계획)을 구체적으로 수립하게 된다.

이와 같은 일련의 활동을 세밀하게 계획하여 이것을 실행하는 것이 질이 높은 전략적 영업활동과 연결되는 것이다.

2. 영업전술 실행계획

이상과 같이 영업전술을 위한 실행계획은 영업인에게 있어서는 자기의 영업활동의 최종적 업무 한계를 정하는 것이며 가장 중요한 것으로써 관심을 갖고 실행하여야 할 중요한 과제가 된다. 즉 전술을 위한 실행계획의 중심이 되는 것은 영업계획의 각 부문별 배분(판매 할당)이다. 이 영업계획의 배분에 있어서는 다음과 같은 두 가지 측면에서 착수할 필요가 있다. 첫째는 전략으로서 결정한 매출액 목표를 각 부문(상품・제품별, 담당 지역・시장별, 고객・거래처별, 기간별 등)별로 세분화하여 할당하고 효과적, 효율적으로 달성하기 위한 계획 배분을 한다. 즉 「판매 할당」을 하는 것이다. 둘째는 각 부문에 할당된 영업계획(할당액)을 100% 달성하기 위한 수단, 방법으로써 「영업작전」을 구체적으로 입안하는 것이다. 따라서 영업인으로써 좋은 실행 계획을 수립하기 위해서는 전략에 의한 목표(매출액 목표)를 충분히 인식하는 동시에 그 목표의 상하 연결도 명확하게 인식하는 일이 중요하다.

1) 좋은 실행 계획 : 목표 재인식

영업인으로서의 목표는 도달할 곧이며 「어느 일정 기간 내에 영업활동을 통하여 반드시 도달할 성과를 구체적으로 표현한 것」이다. 따라서 목표란 「달성할 것이다」라든가 「달성하고 싶다」등의 염원이나 숫자 맞추기가 아니다. 반드시 달성한다는 강한 신념과 결의의 표현이어야 한다는 데서 100이라는 목표에 대하여 활동의 결과는 100 ± α의 범위 안이어야 한다. 예를 들어 ±α를 5%로 하면 100 ± 5%로 상한이 105%이며 하한이 95%의 범위 안에 들어가도록 목표관리를 하는 강한 의지와 자세를 내포하여야 한다. 만약 영업인 전원의 실적이 하한 목표를 크게 하회하였다면 전사의 수지 균형이 뿌리부터 무너져 경비면에서 여지없이 압축된다. 이와 같은 상태가 오래 계속되면 기업 자체를 축소시키거나 도산에 빠질 가능성도 있다. 어느 기업에 있어서나 매출액 목표를 설정할 경우에는 이익 목표나 경비 목표도 같이 세우며 그 기초가 되는 것이 영업인이 세우는 매출 목표나 영업이익 목표이다. 따라서 영업인의 목표는 다만 노력 목표가 아니라 반드시 달성한다는 강한 의지가 포함되어야 하며 좋은 실행계획의 입안도 그 의지에 기반을 둠으로써 실행이 가능하다. 또한 목표는 기업에 있어서 조직 계층의 레벨에 따라서도 그 수립 목표가 다르다. 경영톱층이 세우는 목표는 「중・장기계획」과 같이 종합적인 경영계획이나 사업계획이다. 이와 같이 기업 전체 목표가 사업부나 지점・영업소 목표로 세분화되고 또한 영업소・과별 등의 팀 목표가 되는 것이다. 그리고 그 목표치가 각 영업인에게 개인 목표로써 할당하게 된다. 영업인 목표는 무엇을, 어디에, 누구에게, 언제까지, 어느 정도 팔 것인가와 같은 개별적, 단기적이며 매우 구체적이어야 한다.

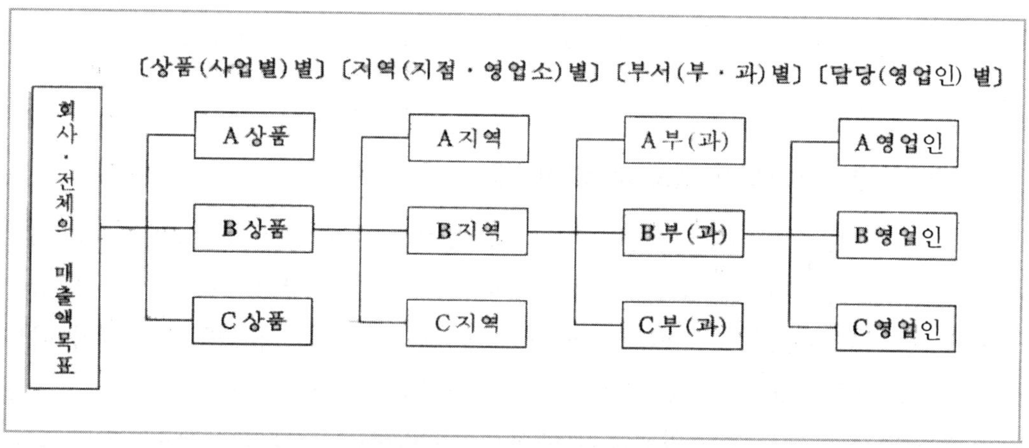

[그림 4-1] 매출목표 프로세스(조직 계층별 예)

그러나 경영 조직 계층에 의하여 목표 내용이 다르지만 각각 목표는 별개의 것이 아니고 상하가 결부된 것이며 이 관계를 그림으로 표시하면 [그림 4-1]과 같다. 따라서 영업인 각자 목표는 위의 그림과 같은 프로세스를 거쳐 기업 전체 목표와 연동하여야 한다. 만약 영업인 누군가가 「지금은 불안정한 시대이므로 목표를 달성할 수 없는 것이 당연…」, 「나 한사람 목표를 달성하지 못하여도 크게 영향은 없다…」등으로 목표를 안이하게 생각한다면 기업 전체 목표 달성이 크게 차질이 생기며 수지 균형에 큰 영향을 미치게 된다. 영업인 각자 목표는 기업 전체 목표에 크게 연결되고 있다는 것을 명심하여 반드시 달성할 목표라는 것을 충분히 인식하고 결의하는 것이 중요하다.

2) 매출액 목표 계획배분(판매할당)

결정된 매출액 목표는 기업의 영업활동을 규제하는 목표 수치이다. 이 목표 수치를 달성하기 위하여 각 부문에 세부화하고 계획배분(판매할당)할 필요가 있다. 즉, 「판매할당은 영업활동을 효과적, 효율적으로 진행하기 위하여 각 부문에 할당된 계획 수치이다」라고 정의할 수가 있다. 이것은 영업활동을 효율적으로 전개하기 위한 목표를 각 부문 단위로 배분하고 효과적으로 관리하기 위한 계획 수치라고 할 수 있다. 따라서 판매할당의 궁극적 목적은 매출액 목표를 효과적, 효율적으로 달성하기 위한 최초의 수단이며 영업활동의 성과를 체크하기 위한 중요한 포인트이기도 한다. 이 판매 할당에는 다음과 같이 크게 두 가지로 구분하여 고려하여야 한다.

(1) 회사 전체 매출액 목표에 의한 할당

회사 전체 연도 매출액 목표를 달성함에 있어서는 어떠한 영업부문 단위(계획배분 단위)로 목표를 세분화하여 배분하는가를 결정하여야 한다. 즉 판매할당을 명확히 하기 위해서는 영업조직이 명확하여야 한다. 또한 매출액 목표만이 아니라 이 영업 목표액에 의하여 영업경비를 산출하고 매출액 목표의 내용과 영업경비의 명세를 중심으로 한 「영업계획 예산」을 수립하는 것이 중요하다. 이와 같은 전사 목표는 최종적으로 거점별, 부, 소, 과별이나 영업인별의 매출액 목표에 의하여 세분화하여 할당하게 된다. 영업 담당자는 이 영업목표의 상하 결부를 충분히 검토하여 이해하고 인식하여 반드시 달성한다는 결의로써 목표달성을 위한 영업실행 계획을 작성, 영업활동을 전개하여야 한다. 따라서 영업인의 매출액 목표는 회사 전체 매출액 목표를 판매할당으로써 계획배분한 결과를 의미하는 것이다.

(2) 영업인 자신의 매출액 목표에 의한 할당

상사를 통하여 회사와의 사이에서 결정한 영업인 자신의 매출액 목표를 달성하기 위해서는 더욱 세분화된 영업단위(영업요소와 기간요소 단위)에 매출액 목표를 배분할 것을 결정하여야 한다. 영업인은 영업 목표를 명확히 설정하고 그 목표를 달성하기 위한 활동 프로세스를 통하여 자기의 잠재능력을 현실화하는 기회를 가질 수 있다. 따라서 자기 자신의 매출액 목표를 보다 구체적인 활동 목표까지 세분화하여 그것을 달성하기 위한 결의와 방향 설정을 명확히 할 필요가 있다. 매출액 목표를 세분화하여 각 영업단위로 계획배분하기 위해서는 다음과 같은 점에 유의하여야 한다.

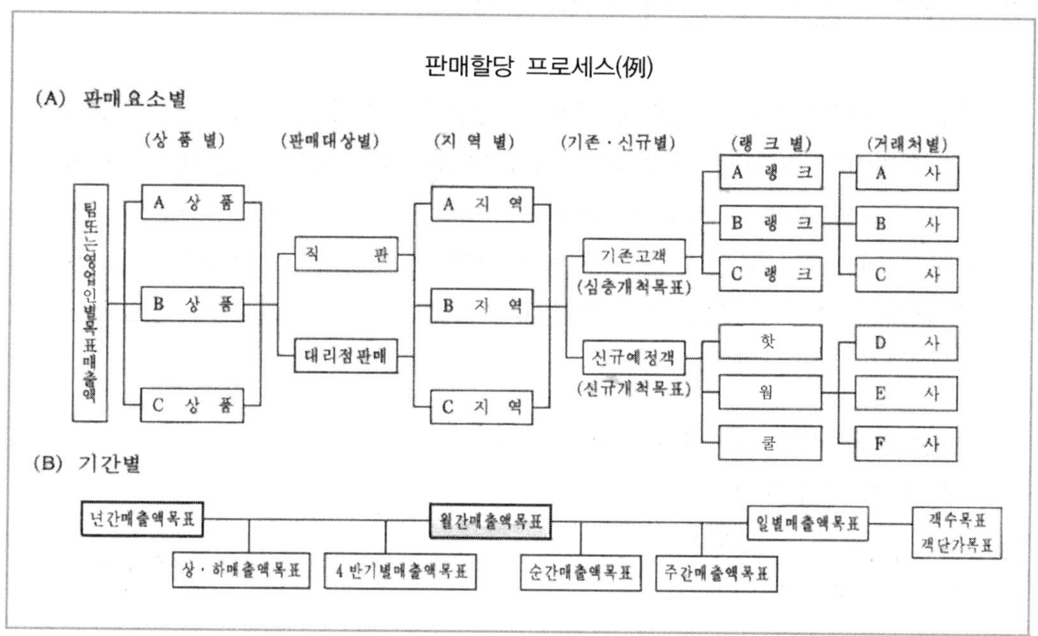

[그림 4-2] 팀 또는 영업인별 매출액 목표 계획배분

A. 회사와의 사이에서 결정한 매출액 목표는 영업인 자신의 도전 목표를 가미하면서 자주적, 자발적인 영업목표에 의한 계획배분에 유념한다.

B. 연도 매출액 목표라는 큰 수치를 반기, 4반기, 월간, 주간, 일계와 같이 기간별까지 활동 목표로써 세분화한다([그림 4-2] 참조).

C. 자기 매출액 목표를 영업활동 실태에 따라 영업요소별(상품·제품, 담당지역·시장, 고객·거래처 등)로 세분화하여 그 달성 수단이나 방법까지 구체적으로 검토한다.

D. 기간별, 영업요소별로 세분화하여 계획배분한 매출액 목표를 각각 구성하여 입체적으로 검토한다.

E. 데이터·베이스를 기초로 하면서 전략적 발상에 의한 과제와 그것을 달성하기 위한 수단·방법도 구체적으로 검토한다. 즉 매출액 목표를 어떠한 과학

적인 근거나 데이터·베이스에 의하여 설정하더라도 이를 달성하기 위한 수단이나 방법에 구체성이 없다면 영업계획 자체가 합리성을 잃게 된다.

3. 영업전술계획 합리적 편성방법

영업인의 영업목표는 기업을 유지하고 성장시키기 위하여 반드시 달성하여야 할 목표 수치이다. 따라서 이 목표 수치를 달성하기 위하여 이를 몇 개의 영업단위나 영업요소로 목표 세분화(계획배분)가 필요하므로 판매할당을 하게 된다. 즉, 판매할당은 매출액 목표를 실현하기 위한 내용을 구체적으로 계획하는 것이며 여기에서 판매할당으로써 개별적인 영업계획을 달성하기 위해서는 다음과 같은 영업단위로 구분하여야 한다.

① 거점(지점·영업소·영업과)별 영업계획
② 영업인별 영업계획
③ 상품(제품)별 영업계획
④ 지역·시장별 영업계획
⑤ 고객·거래처별 영업계획
⑥ 월별 영업계획

판매할당은 각 영업요소별로 세분화하여 계획배분할수록 구체적이며 현실적이 됨으로써 달성하기 위한 지침이 되며 최소 단위는 영업인별 영업계획이 된다. 이것은 영업인별로 상품(제품)별, 담당 지역·시장별, 고객·거래처별, 월별 등으로 계획배분하게 된다. 배분된 영업계획이 영업인의 영업목표가 되고 이 목표는 달성하기 위하여 효율적인 방문활동 계획이나 영업방법 등을 입안하여 그것으로 영업활동을 전개하여야 한다. 판매할당은 계획 수치이므로 반드시 일정 기간에 있어서 금액 또는 수량으로 표시되어야 한다. 특히 영업인의 기업 내 최종적 사명은 매출·영업이익·회수 목표를 어떻게 100% 달성할 것인가, 실적 향상을 도모하는가에 있으므로 판매 할당은 이 수치를 달성할 수 있는가를 구체적으로 표현해야 한다.

1) 판매할당(계획배분) 구체적 방법

개별 영업계획(판매할당)을 구체화하기 위해서는 일반적으로 다음과 같은 방법을 채택한다.

(1) 경영 간부(회사) 할당에 의한 방법 → [톱·다운에 의한 방법]
(2) 영업인 신고에 의한 방법 → [보텀·업 방식]
(3) 과거 영업실적 데이터와 그 경향에 의한 방법
→ [시계열 변동분석에 의한 방법]
(4) 시장수요나 시장지수 등 데이터에 의한 방법
→ [판매할당 지수에 의한 방법]

첫째 방법은 기업 경영의 톱에 의하여 영업인에 대하여 매출액 목표를 완전히 톱·다운에 의하여 할당하는 방법이다. 둘째 방법은 영업인이 스스로 자기 매출액 목표를 입안하고 그것을 회사에 제안·신고하여 이것에 의하여 경영 간부나 관리자가 어떤 수정을 가하고 조정하여 최종적으로 개별 판매 계획을 결정하는 방법이다. 여기서 영업계획 결정에 있어서 그 수립이나 결정 프로세스 등에 여러 가지 당혹감이나 심리적 요인 등이 영향을 미친다. 특히 영업인은 자기 매출액 목표를 할당 수치로 결정함에 있어 축소하여 영업계획을 결정하게 되면 회사 전체의 영업활동에 큰 영향을 미치게 된다. 따라서 판매할당에 있어서는 적정한 판단 기준으로써 제3 방법이나 제4 방법에 의한 영업계획 배분이 필요하다. 즉 지역·시장이나 수요에 관한 여러 가지 데이터나 과거 영업 실적 데이터 등을 통계적 수법에 의하여 분석하고 지역성이나 시장성, 계절성 등을 충분히 검토하여 과학적 판단으로 정확한 영업계획 배분을 결정하는 것이 중요하다. 어느 것이든 제1에서 제4까지 방법을 효과적으로 활용하는 동시에 기업 경영상황에서의 매출액 목표를 감안하면서 전체 조정회의에서 개별적 판매 할당을 결정하여야 한다.

2) 판매할당(계획배분) 합리적 편성 방법

기업 매출액 목표는 최종 단위로 영업인에게 계획배분되므로 당연히 개별적 영업계획은 각 영업인에 대하여 의욕 향상을 도모하여야 한다. 따라서 적절한 기준에 의하여 계획배분된 판매할당은 영업인의 의욕 향상을 위하여 필요하며 이상적인 판매할당은 영업인도 충분히 이해하고 인식함으로써 도전하려는 의욕을 갖게 된다. 그것이 나아가서 영업성과에 대한 평가나 업적 평가 등에도 적절한 기준이 되는 것이 중요하며 이상적인 판매할당은 세일즈·콘테스트 등의 공평한 평가 기준이나 보수계획 등의 중요한 조건이 되어야 한다. 따라서 개별 영업계획으로써 판매할당을 하기 위해서는 다음과 같은 점에 유의하여야 한다.

(1) 매출액 목표 계획배분(판매할당)은 각 영업인에게 적극적인 의욕 향상을 부여하도록 하여야 한다.
(2) 영업평가나 승급·승진 등에도 적절한 영업계획 배분기준을 반영하여야 한다.
(3) 영업계획 배분에 있어서 적절한 객관적 판단기준을 기초로 하는 동시에 각 영업소, 과내의 팀활동 등과 연동을 도모하고 전 영업인을 참여시키는 것이 절대 조건이 된다.
(4) 상기와 같은 의미에서 단순한 상사로부터의 톱·다운에 의한 할당으로 결정하는 것이 아니라 영업인의 자기 신고에 의한 보텀·업으로 영업계획 요소를 충분히 가미하도록 해야 한다.

개별 영업계획 중에서 가장 중심이 되는 것은 영업인별, 상품(제품)별, 담당 지역·시장별, 고객·거래처별 또는 월별 판매 할당이 될 것이다. 따라서 절차는 우선 연도 매출액 목표를 영업인별 영업계획으로 하여 결정하고 이를 다시 상품(제품)별로 배분하고, 담당 지역·시장별, 고객·거래처별로 배분하게 되며 최종적으로 월별 배분하여 월별 영업계획을 완성하게 된다.

제2절 매출목표 판매할당

1. 영업인별 영업계획 수립

영업소나 영업과 등 거점 매출 목표는 반드시 영업인별로 배분한다. 영업인이 담당지역제를 채택할 경우에는 지역별 판매할당 수치가 그대로 영업인별 영업계획이 된다. 또한 영업소·과의 영업목표를 공동으로 달성하는 경우에는 영업인의 경험이나 능력 등을 감안하여 연도 매출액 목표와 월별 매출액 목표 등의 목표 수치를 각 영업인에게 배분할 필요가 있다. 그리고 영업인은 자기에게 배분된 영업계획에 의하여 방문활동에 대한 계획을 세워 계획을 달성하기 위한 영업활동을 전개한다. 영업인의 영업계획을 결정함에 있어서는 기본적으로는 각자가 담당하는 담당 지역·시장이나 고객·거래처 실태와 가까운 장래의 수요동향 등을 파악하고 검토하여 결정하여야 한다. 이때에 특히 유의할 점으로 계획배분에 있어 공평성이 있어야 하는 것과 각 영업인의 능력 차이에 따라 영업계획을 세워야 하는 것이다. 그와 동시에 성과 평가나 업적 평가에 있어서도 매출액 크기나 계획 달성율만으로 평가할 것이 아니라 담당 지역·시장에 있어서 시장성이나 쉐어, 방문활동 상황, 신규개척 상황 등도 반영시키는 것이 중요하며 결과만이 아니라 활동과정도 평가하는 것이 중요하다. 영업인의 영업계획 수립에 있어서 다음과 같은 방법이 있다.

1) 자기 신고에 의한 영업계획 수립

각 영업인 자기의 영업계획을 수립함에 있어서 상사인 소·과장이 일방적으로 결정하는 것이 아니라 영업인 자신이 자기의 판매예상액을 입안하여 그것을 상사에게 신고하고 상사, 부원간 또는 부문 간에서 조정한 후 최종적으로 영업계획으로써 결정하는 방법을 “보텀·업” 방식이라 한다. 여기서는 영업인의 자기 신고에 의한 영업계획 수립방법과 과정의 예를 들면 다음과 같다.

A. 영업계획 설정기간은 보통 연간 계획, 반기 계획과 월별 계획이 된다.

B. 다음과 같은 항목을 검토하여 영업인이 자기의 영업계획을 입안한다.
 a. 경기 동향이나 담당 지역・시장 동향
 b. 당해 상품(제품) 업계 동향과 경쟁기업 동향
 c. 거래 고객・거래처 과거 3년간 수주실적 추이와 신용상황
 d. 자신의 경영방침과 영업정책(마케팅전략)
 e. 신상품(제품) 발매계획 또는 개발상황

C. 이들이 정보・데이터에 의하여 상품별, 담당 지역・시장별, 고객・거래처별로 영업계획을 입안하여 작성한다.

D. 이상과 같은 정보・데이터만이 아니라 영업인에 있어서 영업계획 입안, 작성에 필요하다고 생각되는 정보를 상사는 충분히 제공하는 동시에 잘 설명하여 이해시키고 영업 계획의 입안에 대하여 원조한다.

E. 상기의 C항에서 입안・작성한 영업계획을 상사인 영업소, 과장에게 제출한다.

F. 각 영업인이 제출한 영업계획에 대하여 소・과장은 자기가 담당하는 부문의 영업계획과 대조하여 검토하고 결정하여 상사인 영업팀장에게 제출한다.

G. 영업팀장은 제출된 영업소・과별 영업계획을 다시 검토하여 조정・수정을 가하여 영업부 영업계획을 결정한다.

H. 영업부 영업계획은 회사 간부회의에서 중・장기 계획에 반영시켜 검토를 하고 최종적인 개별 영업계획을 결정한다.

I. 간부회의에서 결정한 계획 수치가 각 영업인의 최종적 목표가 되어 할당 수치가 된다.

J. 최종 결정한 할당 수치는 영업인의 신고와 반대로 부장에서 소・과장에 할당되어 영업소・과의 최종적인 영업계획이 된다.

K. 다시 소・과장은 위의 영업계획을 영업인에 대하여 각자의 영업 책임액으로써 할당하여 최종적인 개인별 영업계획을 결정한다.

L. 이상과 같은 순서로 결정한 영업인의 영업계획은 신고 수치가 어디까지나 각자의 영업 책임액의 기초가 된다. 그러나 신고 수치나 앞에서 할당된 영업계획에 차이가 생기는 경우에는 각 영업소・과장의 책임으로 부서영업인과 협의하여 납득할 때까지 충분히 검토하여 조정을 도모한다.

M. 다만 현재와 같이 치열한 경영환경 속에서 기업이 살아남기 위해서는 영업인의 신고만으로 경영이 성립할 수 없는 경우가 있으므로 어디까지나 경영

계획에 따른 영업계획이라는 것을 충분히 인식시켜야 한다.

이상과 같은 영업인의 영업계획을 결정함에 있어서는 당연히 각 기업 실정에 맞는 영업계획 설정 시스템(순서, 신고 방법, 입안 방법, 서식, 일정, 회의 제도 등의 표준화)을 구성하여 영업인이나 소·과장의 누구나 같은 영업계획을 설정할 수 있도록 하는 것이 중요하다.

2) 능력 평가에 의한 영업계획 수립

영업인의 능력 평가에 의한 영업계획은 앞에서와 같은 영업인의 자기 신고를 최종적으로 조정하여 수정할 때 주로 활용하는 방법이다. 영업인의 자기 신고의 경우에는 영업인에 의하여 성격적으로 높은 목표를 설정하는 사람과 낮게 달성 목표를 설정하는 사람이 있다. 따라서 신고를 상사는 그대로 받아들이지 말고 어느 정도 수정하여 최종적인 영업 계획으로 할 필요가 있다. 다만 문제가 되는 점은 영업인의 능력 평가 요소를 무엇으로 하는 가이며 이에 대하여 영업인의 영업효과에 영향을 미치는 요소는 어떠한 것인가를 파악하여야 한다.

〈표 4-1〉 영업인 영업성과 제 요소(例)

목 표	능력	조 건	요 소
영업성과 ‖ 매 출 액 · 영업이익액 · 회 수	현재적 능력	1. 업무 수행도	1. 수주율 2. 개척률 3. 방문 건수 4. 방문 회수 5. 쉐어(거래처점유율, 수주점유율, 시장점유율) 6. 계획달성률 7. 고정고객화율 8. 처리율 9. 보고율 10. 제안율 11. 정확성 …등
		2. 근 무 태 도	1. 시간활용도 2. 충성도 3. 지각·조퇴·결근 정도 4. 근무 태도 … 등
	잠재적 능력	3. 집 무 능 력	1. 기획력 2. 창조력 3. 이해력 4. 결단력 5. 인내력 6. 설득력 7. 일반상식 8. 업무지식 9. 건강도 10. 경험 연수 … 등
		4. 성 격	1. 적극성 2. 협조성 3. 충실도 4. 책임감 5. 명랑성 6. 사교성 7. 정서 안정성 8. 규율 존중성 9. 솔직성 10. 관용도 … 등

영업인의 능력을 크게 「잠재적 능력」과 「현재적 능력」으로 구분할 수 있고 현재적 능력은 잠재적 능력에 의하여 나타나는 것이다. 따라서 영업인의 영업성과를 규정하는 능력 요소를 고찰하면 일반적으로 〈표 4-1〉과 같다. 이들 각 능력 요소에서 기업에 적합한 요소를 선정하여 표준화하고 영업인의 평가점을 설정하여 영업계획 배분을 결정할 수 있으며 이점을 순서적으로 설명하면 다음과 같다.

〈능력평가에 의한 영업계획 설정 절차〉

① 먼저 능력 요소를 잠재적 능력, 현재적 능력에서 적절한 항목을 임의로 선택한다.
② 각 요소에 평가 기준점을 설정하고 평가점은 요소별로 동일한 경우도 있으며 영업성과에 큰 영향을 미친다고 생각되는 요소에는 높은 점수를 주게 된다.
③ 현재적 능력과 잠재적 능력 비중을 결정하며 이 경우 양 능력 평가점 합계가 100점이 되도록 한다.
④ 가중치를 두지 않는 경우에는 평가점 합계가 100이 되도록 각 요소 평가점을 설정한다.
⑤ 능력 요소 평가 기준점에 의하여 각 영업인별로 평가점을 첨부한다. 이 경우에는 객관적으로 붙이는 것이 중요하다.
⑥ 각 영업인에 능력별 평가점 소계를 구하여 그 비중을 곱한다.
⑦ 각 영업인의 가중치 능력 평가점을 합계하여 다시 총합계를 구한다.
⑧ 총합계한 평가점을 100으로 하여 각 평가점의 합계 비율을 구하며 이 비율이 할당지수가 된다.
※ 할당지수 = (영업인별 평가점 합계 / 평가점 총합계) × 100
⑨ 담당 부문의 매출액 목표에 각 영업인의 할당 지수를 곱한 것이 각자의 수정 영업계획이 된다.
※ 영업인별 영업계획(수정액) = 부문 영업계획 × 각자 할당지수
〈표 4-2〉는 사례이다.

〈표 4-2〉 영업인 능력요소에 의한 영업계획 배분 예

영업 실적 \ 항목		평가점	영업인별				
			A	B	C	D	E
현재적 능력	1. 매 출 실 적	30	30	28	25	23	20
	2. 영 업 이 익	30	25	23	22	20	30
	3. 회 수 실 적	20	18	15	13	20	10
	4. 유효방문건수	10	8	10	6	5	4
	5. 정 확 도	10	10	8	7	6	5
	소 계 ①	100	91	76	73	74	69
	①× 가중치 0.7	70	63.7	53.2	51.1	51.8	48.3
잠재적 능력	1. 기 획 력	20	18	17	20	16	15
	2. 행 동 력	20	20	18	17	15	13
	3. 설 득 력	20	18	20	15	12	10
	4. 업 무 지 식	20	15	18	20	10	12
	5. 건 강 도	20	20	18	18	15	18
	소 계 ②	100	91	91	90	68	58
	②× 가중치 0.3	30	27.3	27.3	27.0	20.4	17.4
합 계		387.5	91.0	80.5	78.1	72.2	65.7
할 당 지 수		100	23.5	20.8	20.2	18.6	16.9

이상과 같이 영업인의 영업계획을 수정함에 있어서는 다음과 같은 점에 유의하여야 한다.

① 선택하는 요소는 많을수록 객관성이 있지만 너무 많으면 계산에 시간이 걸린다.

② 영업인 평가점은 객관적이며 공평 타당한 것이어야 하므로 소·과장이 혼자서 평가하는 것이 아니라 부장 등 상사나 소·과장을 포함한 수인으로 평가하거나 기준이 되는 사람을 정하여 그 기준이 되는 사람과 비교하여 상하의 평가를 하는 등 연구를 한다.

③ 적어도 연 2회는 각 영업인의 영업실적 등으로 능력 성장도(질적 향상도)를 재평가하여 평가점을 수정할 필요가 있다.

④ 능력 평가에 의하여 구한 할당지수를 시장요인이나 과거 영업실적 추이 등을 고찰하면서 적절한가를 검토한다.
⑤ 어느 것이나 능력 평가 요소나 평가점 등은 전사적으로 통일된 시스템으로 실시할 필요가 있다.

3) 영업인별 할당

영업목표를 실제로 달성하는 것은 영업인이다. 목표에 대한 영업성과는 오로지 영업인의 행동에 달려있는 것이다. 따라서 영업인이 얼마나 의욕을 갖고 영업활동을 하느냐 하는 것이 중요하며 한편 의욕을 가질 수 있도록 목표가 주어지느냐 하는 것이 중요하다. 즉 영업인별 판매할당은 영업성과에 큰 영향을 미치는 것이므로 어느 할당보다도 중요하다. 그러나 여기서 공평을 기하기란 어려운 것이다. 영업인별로 경험, 근무연한, 담당지역, 급료 등이 다르고 전 영업인이 만족할만한 할당이란 어려운 것이다. 원래 영업성과는 다음과 같은 공식으로 구하기도 한다.

「영업기술 × 영업기반 × 의욕 = 영업성과」

따라서 영업인 경험이나 능력 또는 임금 차등을 감안한 영업인 능력별 할당, 영업인 임금별 할당법 등을 생각할 수 있다. 그러나 이러한 방법은 실제로 어려우며 판매할당에 대해 많은 불만이 따르기 마련이다. 이에 영업인별 할당에 있어서 다음과 같은 점에 유의해야 한다.

① 절대적으로 공평한 할당이란 없다. 공평한 할당이라는 신념을 갖고 합리적으로 설득하는 자세가 필요하다.
② 상부로부터 일방적 할당은 피해야 한다. 먼저 각 영업인으로 하여금 자기신고를 시키고 그것을 기반으로 대화를 통해 조정한다.
③ 할당 방법이나 내용을 명시하고 주관적 요소에 치우치지 말고 객관적 요소에 입각한 합리적 할당을 한다.
④ 객관적 결정요소로 전기실적만이 아니라 시장지수 등 납득할만한 것을 반영한다.
⑤ 영업인 요구사항이나 불만을 최종 조정단계에서 반드시 반영하도록 한다.
⑥ 판매할당 결과는 반드시 「공평하다」, 「납득이 간다」, 「달성의욕이 생긴다」라

는 것이 반영되어야 한다.

이에 〈표 4-3〉에서 예를 제시한다. 작성순서는 다음과 같다.

〈표 4-3〉 영업인별 할당 예

(단위 : 만원, %)

	전기목표(20%)	전기실적(50%)	자기신고(30%)	합 계
A	20,000	20,500	20,000	41.59
	40.0 × 0.2 = 8	42.7 × 0.5 = 21.35	40.8 × 0.3 = 12.24	
B	15,000	14,000	14,500	29.48
	30.0 × 0.2 = 6	29.2 × 0.5 = 14.60	29.6 × 0.3 = 8.88	
C	10,000	8,500	9,000	18.37
	20.0 × 0.2 = 4	17.7 × 0.5 = 8.85	18.4 × 0.3 = 5.52	
D	5,000	5,000	5,000	10.56
	10.0 × 0.2 = 2	10.4 × 0.5 = 5.20	11.2 × 0.3 = 3.36	
합계	50,000	48,000	49,000	100
	100.0 × 0.2 = 20	100.0 × 0.5 = 50	100.0 × 0.3 = 30	

(1) 할당 결정요인을 결정한다

전기목표, 전기실적, 영업인 자기신고 3요소로 한다. 결정요소로서는 담당지역 인구, 거래처수 등 영업에 영향을 미치는 여러 가지 요소를 생각할 수 있으나 너무 많으면 복잡해진다. 3가지 정도가 가장 좋다.

(2) 결정요인 비중을 정한다

여기에서는 결정요인 전기목표, 전기실적, 자기신고를 2 : 5 : 3의 비중을 주었다. 이 가중치는 임의로 정한다. 회사 방침이나 전략을 반영하면 된다.

(3) 영업인별로 결정요소 수치 구성비를 지수화한다

이 예에서는 A 경우 전기목표 구성비는 40%이고 이의 가중치는 20%이므로 8이 된다. 같은 방식으로 전기실적은 21.35, 자기신고 12.24가 되고 종합지수는 41.59가 된다. 같은 방식으로 B, C, D의 수치 구성비를 지수화한다.

(4) 이러한 지수를 계산하여 전체에 대한 구성비를 계산하고 금년도 목표치를 승하여 영업인별 할당액을 정한다

금년도 목표(60,000만원) 할당

A : 60,000(만원) × 41.59% = 24,954(만원) 25,000(만원)

B : 60,000(만원) × 29.48% = 17,688(만원) 18,000(만원)

C : 60,000(만원) × 18.37% = 11,022(만원) 11,000(만원)

D : 60,000(만원) × 10.56% = 6,336(만원) 6,000(만원)

합계 60,000(만원) 60,000(만원)

2. 상품(제품)별 영업계획 수립

영업인별 영업계획을 결정하면 다음은 영업계획을 상품(제품)별로 배분하여야 한다. 즉 상품(제품)별 영업계획은 영업인 각자의 매출액 목표를 상품(제품)별로 세분화하고 어느 상품(제품)이 얼마만큼 영업계획을 달성하는가를 결정하는 것이다.

따라서 보통 다음과 같은 방법으로 계획배분한다.

① 목표시장 점유율에 의한 방법
② 상품(제품)별 매출 공헌도에 의한 방법
③ 상품(제품)별 이익 공헌도에 의한 방법
④ 교차주의 비율에 의한 방법

1) 목표시장 점유율에 의한 방법

상품(제품)별로 영업계획 배분을 결정할 경우 자동차나 주류등과 같이 업계 전체의 수요량이나 시장점유율을 명확히 파악할 수 있고 또 같은 종류의 상품(제품)에서 등급별로 구분하고 있는 경우에는 이 목표 시장점유율에 의하여 상품(제품)별 영업계획을 설정할 수 있다. 이 방법은 우선 전체 수요량에 대해 각 지역 수요 구성비를 구한다. 이어서 각 지역 목표시장점유율을 결정하여 상승적(相乘積)을 구하는 것이다. 그리고 이것을 합계한 값에 대해서 각 지역의 상승적이 몇 %가

되는가를 구하면 이것이 그 지역별 할당지수가 되는 것이다. 이것이 전체의 목표 시장점율과 비교하여 같거나 그 이상이 되는 것이 바람직하다.

2) 상품(제품)별 매출 공헌도에 의한 방법

이 방법은 상품(제품)별 과거 3년 정도의 영업실적 추이에서 상품(제품)별 영업계획을 결정하는 가장 간단한 방법이다. 계획배분 방법은 과거 3년 정도의 상품(제품)별 영업실적 데이터에서 상품(제품)별로 평균 신장률과 매출구성비율을 산출하고 이 데이터의 경량치를 추정하고 그 양 데이터의 상승적(相乘積)에서 할당지수를 구하여 상품(제품)별의 영업계획을 결정하는 방법이다. 이렇게 하면 어떤 상품(제품)이 매출에 공헌하였는지를 알 수 있다.

3) 상품(제품)별 이익 공헌도에 의한 방법

이 계획배분 방법은 각 상품(제품)별의 매출구성비율만이 아니라 세분화된 각 상품(제품)이 회사에게 있어 어느 정도 이익에 공헌하는가를 고찰함으로써 이익 중시에 의한 영업계획을 결정하는 방법이다. 따라서 이 방법은 상품(제품)별 매출구성비율과 매출이익률의 데이터가 주가 되어 그 데이터 상승적에 의하여 할당지수를 산출하고 상품(제품)별 영업계획을 설정하는 방법이다.

이익 공헌도 = 매출구성비율 × 매출이익률

4) 교차주의 비율에 의한 방법

이익지향의 효율적인 영업활동을 전개하기 위해서는 상품회전율이 크고 이익률이 높은 상품(제품)을 적극적으로 영업하는 것이 매우 유효하다. 그러나 기업에서 판매하고 있는 상품(제품)은 일반적으로 상품회전율이 높은 상품은 매출이익률이 낮은 경향이 있고 반대로 상품회전율이 낮은 상품은 매출이익률을 높게 설정하고 있다. 전략적으로 고찰하면 매출을 중시하여 상품회전율을 올리는가, 이익을 중시하여 매출이익률을 올리는가 하는 것이며 어느 쪽에 가중치를 두고 영업계획을 설정하는가가 과제가 된다.

교차주의 비율 = 상품회전율 × 매출이익률

이상의 네 가지 방법으로 상품(제품)별 영업계획을 설정한다면 그 결과는 활용한 기법에 의하여 상당한 차이가 생길 것이므로 이 기법에 의하여 최종적인 상품(제품)별 영업계획을 결정하는 것은 각 기업의 방침이나 태도에 따라 달라진다. 다만 영업경쟁이 점점 치열한 상황에서 철저한 이익지향의 자세를 취하는 것이 전략으로서 중요함으로 상품(제품)별 영업계획 설정에 있어서 이익 공헌도 의한 방법이나 교차주의비율에 의한 방법을 활용할 것을 권하고 싶다.

3. 담당 지역 · 시장별 영업계획 수립

전략적 영업활동 일환으로써 지역・시장 관리 즉, 담당 지역시장과의 밀착화를 도모하기 위한「에어리어 마케팅」활동이 불가결한 시대이므로 제1선 영업인에 대하여 담당 테리토리를 설정하고 중점적인 세일즈 활동을 전개하는 것이 중요하다. 담당 테리토리제는 거점 담당 에어리어를 몇 개의 지역・시장으로 점유율을 확보 또는 향상을 도모하는 것이다. 따라서 담당 지역・시장별 영업계획은 이 세분화한 담당 지역・시장에 대하여 매출액 목표를 공평하고 적절하게 배분하는 것이 중요하다. 담당 지역・시장별 영업계획 수립을 위한 가장 일반적인 방법은 시장지수(잠재구매력)를 작성하여 이 지수에 의하여 매출액 목표를 각 지역・시장별로 배분하는 방법이다. 여기서 일반적으로 사용하고 있는 ① 시장지수법 ② 단일지수법 ③ 복합지수법 등 요점을 설명하기로 한다.

1) 시장지수(잠재구매력 지수)법

활용하는 시장지수(잠재구매력 지수)는 당해 판매 상품(제품) 지역・시장에 있어서 잠재구매력을 나타내는 지표이다. 따라서 시장력 요소와 영업력 요소를 표시한 통계 데이터를 사용하여 산출하는 것이다. 그러므로 자사 상품(제품)의 영업에 가장 관련이 있는 지표를 선택할 필요가 있다. 시장력 요소를 표시한 시장지표로서 가장 일반적이며 기본적인 데이터는 지역・시장별 인구, 세대수, 소득, 인구지수 등이다. 또한 영업력 요소를 표시한 지표로서는 지역・시장별 자사 상품(제품)

매출액, 업종별 소매점수, 동 판매액, 업종별 사업소수, 동 생산·판매액 등이 가장 잘 활용된다. 이 지표로서의 데이터는 사외 통계자료·데이터로 구분하여 항상 최근 정보·데이터를 수집하고 언제라도 활용할 수 있도록 관리할 필요가 있다. 이와 같은 시장지수를 작성하고 지역·시장별 영업계획을 설정하기 위하여 다음과 같은 두 가지 방법을 사용한다.

2) 단일지수법

지역·시장별 통계 데이터 중 자사의 판매 상품(상품)과 가장 관련이 있는 것으로 생각되는 지표를 하나 골라 그 지표에서 합계를 100으로 한 비율을 산출하여 지수화한다. 그리고 그 지수를 자사 지역·시장별 판매할당지수로 하여 계획배분 활용하는 방법이며 가장 간단한 기법의 하나이다. 이 단일지수법은 다음과 같은 요인에 의하여 지표를 선택한다.

(1) 시장 요인 → 예를 들어 인구(연령별, 성별 등), 세대수, 소득(계층별), 인구지수 등
(2) 영업 요인 → 예를 들어 대상 업계의 판매액, 업종별 소매점수, 동판매액, 대상 사업소수, 동 생산·판매액 등
(3) 관련 상품(제품) → 예를 들어 건축자재와 신축주택 착공수와 관련, 타이어와 자동차 등록 대수와의 관련, 학생수와 학생복 생산 상황과의 관련 등

단일지수법에 예를 들어 지표로써 인구를 선택하면 지역 시장별의 인구 합계비가 시장지수가 된다. 따라서 이 경우 지역·시장별 영업계획은 이 인구 합계비에 의하여 수립할 수 있다.

3) 복합지수(임의요소)법

이 방법은 단일지수법 중의 하나의 지표만이 아니고 자사의 판매상품에 관련된 몇 가지 지표를 임의로 선택하고 그것을 구성하여 시장지수를 작성하는 방법이다.
지표 선정에 있어서는 다음과 같은 요인을 검토할 수 있다.

(1) 시장 요인 → 예를 들어 인구, 세대수, 소득 구성

(2) 영업 요인 → 예를 들어 당해 상품 매출액, 대상 거래처수, 동 판매액 구성
(3) 다른 관련 요소 구성 → 화장품 인구와 화장품 매출액 등

복합지수법은 임의 요소를 선택하여 그것을 구성하여 시장지수를 작성하고 지역·시장별 영업계획을 설정하는 것이므로 선정하는 지표와 그 구성이 과제가 된다. 시장지수는 각 지역 시장성을 나타내는 지표를 말한다. 예를 들자면 인구, 세대수, 소득 등에 사용된다. 이것이 지역별 판매할당에 활용하는 것이다. 한편 시장지표로는 영업하는 상품과 밀접한 관계가 있는 것을 사용한다. 이 시장지표로서 예를 들면 다음과 같은 것이 있다.

① **시장 요인** : 인구, 세대수, 소득 등
② **관련 상품** : 자동차 등록 대수와 타이어 매출액
③ **영업 요인** : 과거 지역별 매출실적 등

시장지수를 계산하는 방법으로 다음과 같은 2가지 방법이 있다.

〈표 4-4〉 목표 시장점유율에 의한 할당지수

지 역	수요구성비(A)	시장점유율(B)	상승적(AXB)	할당지수
서 울	40%	25%	10	50%
대 구	20%	15%	3	15%
부 산	30%	20%	6	30%
인 천	10%	10%	1	5%
계	100%		20	100%

ⓐ 단일지수에 의한 경우-인구비, 세대수비 등
ⓑ 복합지수에 의한 경우

- 시장 요인을 조합하여 만든 것 : 인구, 소득, 소매점 매출액 등
- 시장 요인과 영업 요인을 조합하여 만든 것
(예 : 인구, 소득, 매출액을 조합하는 것 등)

여기에서는 복합지수에 의한 시장지수를 〈표 4-5〉의 자료로 계산해 본다. 이 경우

만일 시장지표 중요도에 차이를 두어야 할 경우에 표에서와 같이 가중치를 둔다.

〈표 4-5〉 지역별 시장 데이터

지 역	인 구	소 득	매 출 액
A	10,000천인	30,000억원	15,000억원
B	5,000천인	14,000억원	8,000억원
C	3,000천인	8,000억원	5,000억원
D	2,000천인	5,000억원	3,000억원
계	20,000천인	57,000억원	31,000억원
가중치	0.2	0.5	0.3

▶ A지역 시장지수

- 인　구 : ((10,000/20,000) × 100) × 0.2 = 10.0)
- 소　득 : ((30,000/57,000) × 100) × 0.5 = 26.3)
- 매출액 : ((15,000/31,000) × 100) × 0.3 = 14.5)

▶ B지역 시장지수

- 인　구 : ((5,000/20,000) × 100) × 0.2 = 5.0)
- 소　득 : ((14,000/57,000) × 100) × 0.5 = 12.3)
- 매출액 : ((8,000/31,000) × 100) × 0.3 = 7.7)

▶ C지역 시장지수

- 인　구 : ((3,000/20,000) × 100) × 0.2 = 3.0)
- 소　득 : ((8,000/57,000) × 100) × 0.5 = 7.1)
- 매출액 : ((5,000/31,000) × 100) × 0.3 = 4.8)

▶ D지역 시장지수

- 인　구 : ((2,000/20,000) × 100) × 0.2=2.0)
- 소　득 : ((5,000/57,000) × 100) × 0.5=4.4)
- 매출액 : ((3,000/31,000) × 100) × 0.3=2.9)

이렇게 해서 구한 시장지수는 지역별 판매할당으로 활용하는 것이다. 그러나 이것을 그대로 활용할 수 있는 것은 당사 제품의 시장점유율이나 보급률이 어느 지역에도 거의 같을 경우에만 사용이 가능하다. 만일 그렇지 않으면 시장점유율이 가장 높은 지역의 판매할당이 과거 영업실적보다 적게 되는 경우가 생기게 되는 것이다. 그러한 예를 〈표 4-6〉에서 볼 수 있다. 이 표에서는 시장요인에 의한 할당은 어느 지역에서도 인구에 대한 보급률이 같다는 것을 알 수 있으나 영업실적은 그렇지가 않은 것이다. 이러한 경우에는 영업요인을 중심으로 보급률이 낮은 지역의 할당액을 다소 높게 잡는 방법을 택하는 것이 좋다. 참고로 보급률이 가장 높은 지역을 기준으로 할 경우 타지역 판매가능성은 다음과 같이 된다.

$$B = 1{,}200 \times \frac{30\%}{40\%} = 900$$

$$C = 1{,}200 \times \frac{20\%}{40\%} = 600$$

$$D = 1{,}200 \times \frac{10\%}{40\%} = 300$$

〈표 4-6〉 시장요인과 영업요인에 의한 할당 비교

지역	시장요인에 의한 할당			영업요인에 의한 할당			판매가능성
	인구	지수	판매할당	판매실적	지수	판매할당	(A)기준
A	4,000	40%	800	1,080	60%	1,200	1,200
B	3,000	30%	600	360	20%	400	900
C	2,000	20%	400	270	15%	300	600
D	1,000	10%	200	90	5%	100	300
계	10,000	100%	2,000	1,800	100%	2,000	3,000

이상으로 지역·시장별 영업계획 수립에 대하여 개요를 기술하였으나 어느 방법이 가장 적절한가는 한마디로 말할 수 없으며 활용하는 기법에 따라서 시장지수가 다르게 되므로 지역·시장별 영업계획 수치에 따라서 기법이 달라지는 것이다.

4. 고객 · 거래처별 영업계획 수립

영업활동 최선단에 위치한 고객·거래처는 자사 영업채널의 기반이 되므로 영업인은 전술적으로도 이 영업 계획 입안은 중요한 작업이다. 그러나 자사 영업채널은 독립된 기업체가 많으므로 입안한 영업계획에 정확성을 도모하기가 어려울 것이다. 고객·거래처 영업계획 입안에는 보통 다음과 같은 세 가지 방법을 고려할 수 있다.

1) 고객 · 거래처 신고에 의한 영업계획 입안

고객·거래처로부터 신고에 의한 영업계획 입안방법은 주로 원재료나 부품 등을 메이커에 납품하는 생산재 세일즈 경우에 볼 수 있다. 거래 유저인 메이커 사양이나 생산계획 등에 맞추어 자사 제품을 납품할 필요가 있기 때문에 영업인과 상담절충 중에 제시되는 연간 또는 4반기별 수주계획이다. 이와 같은 경우에 보통 연간 납품 수량이나 금액에 대하여 기본 계약을 체결하는 일이 많으므로 비교적으로 영업계획을 수립하기 쉽다. 그러나 한편으로는 영업이익이나 한계이익 등이 낮게 억제되는 경우가 많다. 또한 루트·세일의 경우 도매업이나 소매업 등 거래처로 고정되어 있어 계열 관계에 있는 경우에는 전년도 말 또는 연도 초에 그 해의 매출목표액 제시를 요구, 그에 의하여 영업계획을 입안하는 방법을 취하는 경우도 있다.

2) 과거 판매(수주)경향에 의한 영업계획 수립

이 방법은 거래 고객·거래처별로 과거 3~5년간 판매(수주)실적에 대한 경향 변동분석을 하여 그 경향치에서 추정하여 〈표 4-7〉과 같이 영업계획을 입안한다. 이 경우에는 담당 영업인에 의한 체크 앤드 컨트롤이 필요하다. 그와 동시에 과거 판매실적의 경량치를 추정하여 거점장 등의 영업관리직과 영업인의 매출예상과 요망 등을 영업계획에 편성한다.

〈표 4-7〉 거래처별 판매계획 예

체크 엔 컨트럴 법에 의한 거래처별 판매할당표

지역 : ○○시

No	거래처명	5개년간 판매지수					X_5년도 판매 실적액	영업 담당자	예상판매계획액			구성비 (%)	판매 계획
		X_1	X_2	X_3	X_4	X_5			영업맨	관리자	종 합		
1	A	51	64	83	92	100	2,175	A	2,390	2,360	2,375	18.2	2,466
2	B	73	76	92	98	100	1,690	A	1,790	1,830	1,810	13.9	1,883
3	C	75	76	87	96	100	1,570	B	1,695	1,690	1,693	13.0	1,762
4	D	86	95	101	98	100	1,206	A	1,320	1,300	1,310	10.0	1,355
5	E	86	96	102	98	100	1,087	B	1,140	1,170	1,155	8.8	1,192
6	F	75	78	88	95	100	963	B	1,030	1,040	1,035	7.9	1,070
7	G	62	84	91	97	100	844	B	940	950	945	7.2	976
8	H	–	65	91	99	100	722	A	758	780	769	5.9	799
9	I	–	–	78	105	100	365	A	385	400	393	13.0	407
10	J	82	85	83	92	100	1,458	A, B	1,575	1,580	1,578	12.0	1,640
합 계		66	76	92	99	100	12,080	–	13,023	13,100	13,063	100.0	13,550

3) 목표쉐어(수주 점유율)에 의한 영업계획 수립

위에서 설명한 계획입안 방법은 과거 자사 판매(수주)실적에서 측정한 계획 입안이다. 여기에서 한발 더 나아가 각 고객·거래처의 경쟁 타사 상품(제품) 매입액을 파악하여 자사 매입의 비율(수주 점유율)을 산출하며 그 수주 점유율에서 목표쉐어를 설정하여 전략적으로 영업계획을 결정하는 방법이라 할 수 있다.

〈표 4-8〉 거래처별 수주점유율 조사 예

년 월 담당

		관련상품 월매출액	당 사 월매출액	동업타사납입액			
				P 사	D 사	C 사	기 타
1	A 상 회	700万	210万 30.0%	250万 35.7%	90万 12.9%	50万 7.1%	100万 14.3%
2	B 상 점	450万	200万 44.4%		150万 33.3%	70万 15.6%	30万 6.7%
3	C 상 사	300万	50万 16.7%	150万 50.0%		100万 33.3%	
4	D 물 산	700万	300万 42.9%	300万 42.9%	50万 7.1%		50万 7.1%
5	E 상 회	500万	200万 40.0%	100万 20.0%		100万 20.0%	100万 20.0%
〜	〜	〜	〜	〜	〜	〜	〜
18	R 상 점	200万	60万 30.0%	100万 50.0%	20万 10.0%		20万 10.0%
	합 계	8,400万	3,325万	–	–	–	–

이 방법은 자사 거점 또는 영업인의 전략을 고객·거래처의 영업계획에 크게 반영시키는 방법이다. 〈표 4-8〉은 수주 점유율 조사 예이다.

5. 월별 영업계획 수립

위에서 설명한 영업인별 영업계획, 상품(제품)별 영업계획, 지역·시장별 영업계획, 거래처별 영업계획에 의하여 구체적인 실행계획으로 하기 위해서는 월별 영업계획으로 세분화하여 배분하여야 한다. 월별 영업계획은 1년간 매출액 목표를 12분하여 1개월 당의 평균치를 구할 수 있다. 그러나 현실적으로는 상품에 따라서 팔리는 달, 팔리지 않는 달 또는 추석, 설날의 달과 가동 일수가 적은 달 등 월별에 따라 매출액은 일정하지 않으며 반드시 변동한다. 더욱이 이 경향은 매년 특정 월에 하나의 파도로써 반복하여 발생하는 것이 많다. 이와 같이 매출액 변동이 어느 특정의 월에 거의 같은 변화가 반복하여 발생하는 경우 이것은 계절적 변동 영향에 의한 것으로 볼 수 있다. 그러므로 이 계절변동을 적어도 3년 정도의 월별 영업실적 데이터를 활용하여 계절지수를 산출하고 이 계절지수에 의하여 월별 영업계획을 설정할 필요가 있다. 이 방법을 계절변동분석이라고 한다. 계절변동분석에 의하여 월별 영업계획을 수립하기 위해서는 보통 다음의 두 가지 방법을 활용한다.

1) 월별 평균법

먼저 월별 평균법은 가장 간단한 계절변동분석 방법이며 월별 영업계획도 간단히 작성할 수 있다. 여기서 이 월별 평균법에 의한 계절지수 산출방법과 영업계획의 입안 절차를 설명하기로 한다(계산 예는 〈표 4-9〉 참조).

〈순서 : 1〉 [월별 영업실적 데이터를 수집, 정리한다.]

※ 과거 3년 정도의 월별 영업실적 데이터를 수집하여 표에 정리한다.

〈순서 : 2〉 [각 월 평균치를 산출한다.]

※ 각 월 합계를 구하여 그것을 연수로 나누어 각 월 평균치($\overline{X}$: 엑스바라 칭함)를 산출한다.

◎ 각 월 평균치(X) = 각 월 합계치 / 연수

〈순서 : 3〉 [총평균을 산출한다.]

① 각 월 평균치(X)를 합계($\Sigma\overline{X}$: 시그마 엑스바라 칭함)한다.

② 합계($\Sigma\overline{X}$)를 12개월로 나누어 총평균($\overline{\overline{X}}$ = 엑스투바)을 산출한다.

◎ 총평균($\overline{\overline{X}}$) = 각 월 평균치 합계($\Sigma\overline{X}$) / 12개월

〈순서 : 4〉 [각 월 계절 지수를 구한다.]

① 각 월 평균치($\overline{X}$)를 총평균($\overline{\overline{X}}$)으로 나누어 100을 곱하여 각 월 계절지수를 산출한다.

② 이 경우 계절지수 합계가 1,200(=월 평균치 100×12개월)이 되도록 조정한다.

◎ 계절지수 = [각 월 평균치($\overline{X}$) / 총평균($\overline{\overline{X}}$)] × 100

〈순서 : 5〉 [월별 영업계획을 설정한다.]

① 연간 매출액 목표를 12개월로 나누어 월평균 매출액 목표를 산출한다.

② 이 월평균의 매출액 목표치에 상기의 계절 지수를 곱하여 각월의 영업계획을 설정한다.

◎ 월별 영업계획 = [연간 매출액 목표/12] × 계절 지수

③ 설정된 사례는 〈표 4-9〉를 참조한다.

〈표 4-9〉 월별 평균법에 의한 판매계획 예

항목 / 월	매출실적					계절지수	판매할당
	X_1 년	X_2 년	X_3 년	합 계	각월평균($\bar{x}$)		
	만원	만원	만원	만원	만원		만원
1	664	636	656	1,956	652	66.9	785
2	727	751	897	2,375	792	81.3	954
3	865	916	976	2,757	919	94.4	1,108
4	894	1,040	1,087	3,021	1,007	103.4	1,213
5	1,019	1,120	1,220	3,359	1,120	115.0	1,349
6	1,025	1,123	1,219	3,367	1,122	115.2	1,352
7	928	1,021	1,187	3,136	1,045	107.3	1,259
8	884	1,080	1,130	3,094	1,031	105.9	1,243
9	848	885	910	2,643	881	90.5	1,062
10	794	853	967	2,614	871	89.4	1,049
11	780	817	958	2,555	852	87.5	1,027
12	1,192	1,398	1,593	4,183	1,394	143.1	1,679
합 계	10,620	11,640	12,800	35,060	$\Sigma\bar{x}$ = 11,687	1,200.0	14,080
평 균	885	970	1,067	2,922	$\bar{\bar{x}}$ = 974	–	1,173

2) 연환비율법(連環比率法)

월별 평균법은 계산이 간단하지만 판매경향변동이나 오일 쇼크, 환율 등 영향이 영업계획에 크게 작용하는 경우에 그 결과는 반드시 현실에 맞지 않고 차질이 생기는 경우가 있다. 이와 같은 결점을 보충하는 수법으로 연환비율법을 이용하며 이 방법은 과거 수년간의 매출액 데이터의 최초 월을 100으로 하고 그것을 기준으로 각월의 매출액 연환 비율을 구한다. 그리고 이 연환비율에 의하여 계절지수를 산출하고 각 월별 영업계획을 설정하는 방법이다. 다만 계산이 다소 번잡하지만 이 방법에 대한 신뢰도가 높으므로 컴퓨터 등을 활용할 것을 권하고 싶다. 이 연환비율법에 의한 계절지수 구하는 방법과 월별 영업계획 입안 절차를 기술하기로 한다(〈표 4-10〉 참조).

〈순서 : 1〉 [과거 3년간의 월별 영업실적 데이터를 수집·정리한다.]

〈순서 : 2〉 [각 월의 연환비율을 구한다.]

① 먼저 최초 월의 매출액을 100으로 한다.(이것은 최초의 출발점이 되는 기준치이다.)

② 제2의 월 이후의 각 월의 연환 비율은 다음 공식으로 순차 계산한다.
◎ 각 월의 연환비율 = 당월 매출액 / 전월 매출액

③ 계산 결과는 표에 정리한다(〈표 4-10〉의 사례를 참조).

〈순서 : 3〉 [각 월의 연환비율의 중앙치(M)를 선정한다.]

① 각 년의 각 월 연환비율을 계산하였으면 각 월별 연환비율의 중앙치(M_0)를 선정한다.

② 이 경우 중앙치(M)를 선정하는 것은 영업의 이상한 年의 영향을 제거한다는 의미가 있다.

③ 데이터가 4년간이라는 짝수 경우에는 중앙의 두 개의 치(値)를 평균하여 중앙치로 한다.

④ 또한 중앙치가 아니고 평균치를 사용하는 경우는 각 월 연환비율의 최대치와 최소치를 제외하여 평균치를 구한다.

〈순서 : 4〉 [각 월 가짓수를 구한다.]

※ 최초 월을 100으로 하여 각 월 가짓수를 다음 공식에 의하여 구한다.

◎ 제2의 월 이후 가짓수 = 전월 가짓수 × 당월 중앙치

〈순서 : 5〉 [각월의 가짓수를 경량치로 수정하고 보완 지수를 구한다.]

① 먼저 12번째 월의 가짓수 × 최초 월의 중앙치 = X로 한다.
② X = 100일 때에는 경향치가 움직이지 않는다고 보아 가짓수가 그대로 계절지수가 된다.
③ X 〉 100일 때에는 (X－100) / 12 = Y로 하여 Y의 치를 제2의 월 이후 가짓수에서 순차 차감한다. 다만 제2의 월은 Y만, 제3의 월은 2Y, 제4의 월은 3Y…………제12번째의 월은 11Y로 한다.
④ X 〈 100일 때에는 반대로(100－X) / 12 = Y'로 하여 Y'치를 제2의 월 이후 가짓수로 순차 가산한다. 다만 제2의 월은 Y', 제3의 월은 2Y'…………제12의 월은 11Y'로 하는 것은 위의 ③항과 동일하다.

〈순서 : 6〉 [보정지수 평균치를 산출한다.]

※ 보완지수를 합계하여 그 합계치를 12로 나누어 보완지수 평균치를 산출한다.

◎ 보완지수 평균치 = 보완지수 합계치 / 12

〈순서 : 7〉 [각 월 계절지수를 구한다.]

① 각 월 보정지수를 보정지수의 평균치로 나누어 다시 100을 곱하여 각 월의 계절지수를 구한다.

◎ 계절지수 = [각 월 보완지수 / 보완지수 평균치] × 100

② 이 경우 계절지수의 합계가 1,200이 되도록 조정한다.

〈순서 : 8〉 [월별 영업계획을 설정한다.]

① 월별 평균법과 같이 연간 매출액 목표를 12로 나누어 월평균 매출액 목표치를 산출한다.
② 이 월평균 매출액 목표 상기 각 월의 계절지수를 곱하여 각 월의 영업계획치를 구한다.

◎ 월별 영업계획 = [연간 매출액 목표 / 12] × 각 월의 계절 지수

③ 〈표 4-10〉의 설정 사례를 참조한다.

〈표 4-10〉 연환비율법(連環比率法)에 의한 월별 판매계획 예

항목 \ 월	① 매출실적			② 연환비율			③ 중앙치 (M)	④ 가짓수	⑤ 보완지수	⑥ 계절지수	⑦ 판매할당 (만원)
	X_1	X_2	X_3	X_1 년	X_2 년	X_3 년					
1	664	636	656	1.00	0.53	0.47	0.53	100	100	71	833
2	727	751	897	1.09	1.18	1.37	1.18	118	117	83	974
3	865	916	976	1.19	1.22	1.09	1.19	140	138	98	1,150
4	894	1,040	1,087	1.03	1.14	1.11	1.11	155	152	108	1,267
5	1,019	1,120	1,220	1.14	1.08	1.12	1.12	174	170	120	1,408
6	1,025	1,123	1,219	1.01	1.00	1.00	1.00	174	169	120	1,408
7	928	1,021	1,187	0.91	0.91	0.97	0.91	158	152	108	1,267
8	884	1,080	1,130	0.95	1.06	0.95	0.95	150	143	101	1,185
9	848	885	910	0.96	0.82	0.81	0.82	123	115	81	950
10	794	853	967	0.94	1.06	1.06	1.06	130	121	85	997
11	780	817	958	0.98	0.96	0.99	0.98	127	117	83	974
12	1,190	1,398	1,593	1.53	1.71	1.67	1.67	212	201	142	1,677
합계	10,620	11,640	12,800	–	–	–	–	–	1,695	1,200	14,080
비고								X = 112 Y = 1	평균 = 141		월평균 = 1,173

또한 경제변동이 수년간에 걸쳐 너무 격심하지 않을 경우에는 월별 평균법과 연환비율법으로 구한 계절지수는 별로 차이가 크지 않다. 그러나 오일 쇼크나 환율 경향 등 영향을 크게 받는 경우에는 월별 평균법과 연환비율법으로 구한 계절지수는 큰 차이가 생긴다. 따라서 번거롭지만 양자의 수법으로 계절지수를 산출하여 현상에 비추어 검토하고 어느 것을 채용할 것인가를 결정하여야 한다.

또한 계절지수 산출에 있어서 매년 새로운 매출액 데이터에 의하여 계산하여 수정할 것을 잊어서는 안 된다. 1년 경과하면 1년간 데이터를 버리고 항상 새로운 판매실적 데이터에 의하여 계절지수를 구하고 월별 영업계획을 수립하는 것을 잊어서는 안된다.

제3절 영업인 능력향상 교육점포 활용

국내 프랜차이즈 본부의 가맹점 경쟁 심각성과 프랜차이즈 본부의 일천한 경영 노하우와 시스템 그리고 가격파괴 현상에 따른 경영 위기를 극복하기 위해서는 능력있고 창의적인 Super Pro 인재를 육성하기 위한 현장중심의 프랜차이즈 본부 교육 프로그램 개발과 교육내용의 체계적인 점포현장 적용 및 실천을 통한 운영 개선과 부진점포 활성화가 매우 시급한 실정이다. 물론 교육부문이 모든 문제를 해결해 주는 것은 아니나 점포운영의 주체인 사람의 지식・기술・태도, 즉 능력 여하에 따라 프랜차이즈 본부의 시스템의 질이 좌우된다는 점에서 J프랜차이즈 본부의 교육점포 운영 및 현장중심 유통대학체계에 대해 분석하고 현장학습내용의 적용, 실천에 의한 가설검증의 장(場)으로서 모델・실험점포인 교육점포 운영 성과를 통하여 프랜차이즈 본부의 영업인 능력향상 사례를 살펴보고자 한다.

1. 교육점포 목적과 목표

J 프랜차이즈 본부는 창립 후 후발 업체로써 사업운영기간이 짧은 상황에서 선발업체를 신속히 따라 잡으려는 경영전략에 따라 많은 무리수가 잠재해 있었고 대표적인 문제점으로는 첫째, 단 기간의 경력위주 충원에 따른 인력구성으로 인한 통일된 기업문화 부재, 둘째, 프랜차이즈 본부 고유의 통일된 운영 시스템이 미비하다는 것이다. 따라서 이러한 사업 요구(Business Needs)에 부응하기 위하여 교육점포를 최대한 활용할 필요성을 느끼게 되었으며 그 활용 목적에 대하여 다음과 같은 가설을 설정하였다.

(1) 직영점포의 교육 점포화를 통한 활용 결과 프랜차이즈 본부 사업개념과 기업문화에 걸 맞는 유능한 인재가 육성될 것이다.

(2) 프랜차이즈 본부 고유의 통일된 운영 시스템의 조기 정착을 위한 연구개발 및 모델・실험점포 운영을 통하여 가맹 점포경영지도 시스템이 확립될 것이다.

이러한 목적을 달성하기 위한 교육점포의 활용 목표는 다음과 같이 설정하였다.

① 프랜차이즈 본부 사업개념과 기업문화를 실천하는 인재육성
- 고객지향, 현장지향의 프랜차이즈 본부 사업 마인드 함양
- 프랜차이즈 본부 운영 철학을 구현하는 실천가 양성
- 기본적인 점포운영에 충실한 업무자세를 갖춘 인재육성
- 고객의 유형과 상황에 따른 신속한 대응 능력을 갖춘 현장사업 대표인 필드카운슬러 양성

② 프랜차이즈 본부 고유의 운영시스템 확립 및 가맹경영지도 기법연구와 시스템 확립

2. 교육점포 중점 추진방향

교육점포의 목적과 목표 달성을 위한 중점 추진 방향은 다음과 같이 설정하였다.

(1) 현장중심 학습체계 구축을 통한 점포운영직원 능력 고도화

① OFF-JT, OJT, SD의 상호연계를 통한 학습방법 연계
② 현장중심의 교육활성화를 통한 능력 향상
③ 교육성과를 위한 개인평가 및 과정별 평가체제 구축

(2) 프랜차이즈 본부 운영철학에 충실한 수퍼바이저 육성

① 교육점포 현장학습을 지원하는 수퍼바이저 육성→EC(Education counseller) 개념 도입
② 가맹점 경영지도에 유능한 수퍼바이저 체계적 양성

(3) 점포운영 기본시스템 구축을 위한 교육점포 직원의 연구기능 강화

(4) 교육점포 운영기법 검증을 통한 운영기본원칙 가맹점 전파

① 우수 운영사례 발굴을 통한 상권별 판매활성화 방안 연구
② 실험점포 운영을 통한 운영사례집 제작/배부

(5) 선진 프랜차이즈본부 운영사례 연구를 위한 벤치마킹 실시

3. 교육점포 현장중심 학습체계

교육점포의 현장중심 유통대학 학습체계는 코스별 종합학습체계, 학습과정, 학습방법, 평가체계 등 크게 4가지로 분류하여 구축하였다.

(1) 학습 방법

① 집합교육, OJT, 자기계발의 상호연계로 업무와 학습의 보완을 통한 학습조직체계 구축

② 교육점장[1] 교육 수퍼바이저[2]요원에 의한 OJT 교육강화

- 주 1회 교육 수퍼바이저 요원의 OJT 실시 점검관리(실습일지 점검 및 건의사항 파악)

③ 통신학습 기법의 적극적 도입으로 일정에 따른 자기학습 적극 지원

④ 과정별 종료시 Follow Up 교육(사례발표 및 토의) 강화

⑤ 교육 수퍼바이저요원에 대한 최신 유통관리 지식 교육 강화(독서 벤치마킹 과정 활용)

⑥ 교육과정별 사내외강사 육성 및 선정 철저

1) 교육점장이란 운영팀에서 전보 발령된 교육팀 소속 교육점포현장 학습 대상자를 말한다.
2) 교육수퍼바이저란 교육팀소속으로서 EC(Education Counseller)개념의 교육점포 현장 학습을 지원 및 지도하는 요원을 말한다.

(2) 학습 진행 방법

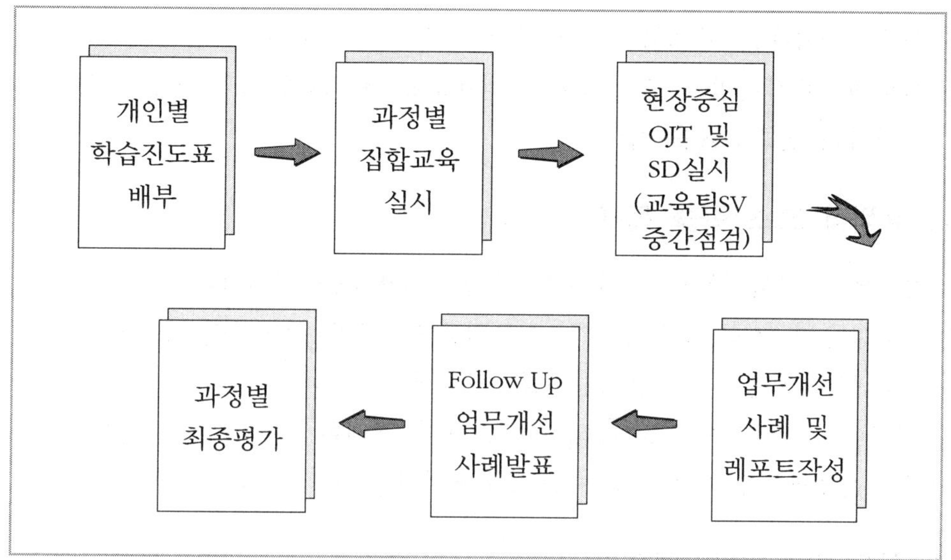

(3) 교육점포 현장학습 평가 방법

① 교육과정실시후 내용지식 평가실시(문제은행식 평가지 개발, 활용)

② 교육지식의 현장 업무수행과 연관된 개선 리포트 작성 평가

③ 평가기준 : 창의성, 논리성, 현업적용성, 내용이해도

④ 평가자: 교육팀장 및 담당교과목 강사 2원 평가(평가점수 산출)

⑤ 평가적용: 교육에 대한 업무적용 및 개선에 대한 사항을 종합판단하여 차상급 직책승진인사에 적극 반영(각 직책별 코스 종합시험 합격은 후보자격 취득요건임)

4. 교육점포 학습별 목표와 내용

교육점포 학습코스별 목표는 다음과 같이 설정하였다.

(1) 조장 코스 학습 목표

① 프랜차이즈본부의 운영체계를 습득하여 기본적 소양을 갖춘다.

② 점포청결의 중요성을 이해하고 고객에게 쾌적한 쇼핑분위기를 조성한다.
③ 고객의 중요성을 이해하고 고객만족 접객요령을 습득한다.
④ 재고로스형태를 이해하고 로스방지 기법을 습득한다.
⑤ 적정재고유지기법을 습득하며 악성재고를 최소화하고 신상품(제품) 도입을 활성화해 점포효율을 높인다.

(2) 부점장 코스 학습 목표

① 점포의 이익을 극대화하기 위해 점포손익개념을 이해한다
② 고객유형별 응대요령을 습득하고 고객응대 최상의 서비스를 제공한다.
③ 창의적 사고를 통해 점포업무를 개선/발전시킨다.
④ 상품(제품)진열 원칙을 이해하여 고객이 편리한 매장을 구성한다.
⑤ 점포운영매뉴얼을 숙지하여 점포운영전반을 파악하여 관리한다.

(3) 점장 코스 학습 목표

① 상권별 점포활성화를 위해 차별화된 판매전략을 수립한다.
② 점포실습 시 교육대상자별로 효과적인 OJT 교육을 실시할 수 있다.
③ 선진운영기법을 습득하여 업무개선에 활용한다.
④ 가맹점 지도를 위한 기본적인 수퍼바이저 업무를 이해할 수 있다.

(4) 수퍼바이저 코스 학습목표

① 협상과 설득기법을 체득하여 가맹점 상담능력을 배양한다.
② 상권별 시장분석기법을 이해하고 판매전략을 수립한다.
③ 채권・채무 법률 지식을 습득하여 가맹점 채권관리능력을 향상시킨다,
④ 가맹점주 만족을 위한 차별화된 경영상담 및 지원을 수행한다.

교육점포를 통한 인재육성전략과 모델 실험점포로서의 운영전략방안이라는 가설을 설정하고 교육점포 활용시스템을 구축하여 지속적인 현장학습을 통한 운영혁신으로 점포운영의 관리개선 및 효율성이 향상되었으며 이에 따라 점포손익(BEP달성 등)이 개선되고 유능한 점장과 수퍼바이저를 양성 배출하게 되었다.

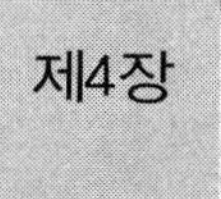

연습(토론)문제

01. 영업전술계획 합리적인 편성방법에 대해 논하시오.

02. 영업인별 영업계획수립에 대해 논하시오.

03. 상품(제품)별 영업계획 수립에 대해 논하시오.

04. 고객・거래처별 영업계획수립에 대해 논하시오.

05. 영업인 능력향상 교육점포 활용에 대해 논하시오.

PART 02

영업작전실행 (DO)

제 5 장 영업작전편성
제 6 장 신규개척 영업활동
제 7 장 심층개척 영업활동
제 8 장 영업활동관리

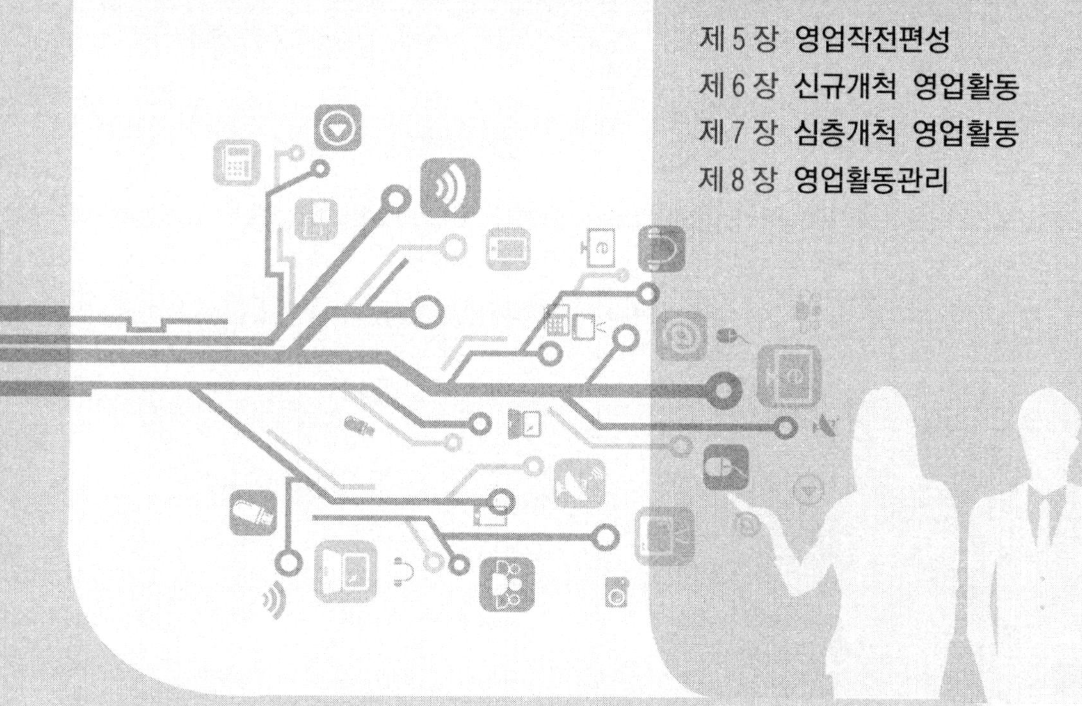

Chapter 05

영업작전편성

제1절 영업전술에 의한 영업작전

1. 영업작전 구성

영업작전은 매출목표를 영업요소별 또는 월별 영업계획으로 배분한 계획을 달성하기 위하여 취하여야 할 과제를 찾고 그것을 수단, 방책으로 하여 입안하고 효과적인 전술을 전개할 수 있도록 하는 것이다. 따라서 앞 장에서 기술한 영업요소별 또는 월별 영업계획 입안과 영업작전계획 작성은 매출목표를 달성하기 위한 수레바퀴와 같은 것이어야 하며 영업작전은 다음과 같은 두 가지 면에서 구성하게 된다.

① 영업실행 작전
② 거래처별 영업작전

①의 영업실행 작전은 매출목표를 달성하기 위한 수단, 방책이므로 영업인은 자기가 담당하는 지역·시장으로부터 「무엇을 할 것인가」를 명확히 하는 내용이다. 또한 ②의 거래처별 영업작전은 전술에 의한 실행계획을 전개함에 있어 담당고객·거래처별로 어떻게 대처하는 것이 효과적, 효율적으로 실적을 올릴 수 있는가를 구체적으로 표시한 것이다. 상기와 같이 「무엇을 하여야 하는가」라는 것

은 어디까지나 매출목표를 달성하기 위하여 구체적으로 대처할 과제와 그 수단, 방책 내용을 명확히 하는 것이다. 그러므로 다음과 같은 5W3H를 활용하여 영업작전 편성을 검토하여야 한다.

1) Why(목적 명확화 = 왜 하여야 하는가)

첫째로 영업작전 계획을 입안하는 목적을 명확히 하여야 한다. 즉, 매출목표와 영업요소별 또는 월별 영업계획을 달성하기 위한 것이며 라이벌에 승리하기 위한 것이다. 그러므로 대처할 과제를 구체적으로 명확히 한다.

2) Where(중점 지역 · 시장 명확화 = 어느 지역 · 시장에 중점을 둘 것인가)

담당 지역 · 시장을 세분화하여 그 중에서 어느 지역 · 시장을 중점으로 할건지 우선순위를 정하고 어떻게 목표를 달성할 것인가 또는 시장점유율 향상을 도모할 것인가 명확히 하며 특히 지역 · 시장이라는 면(面)을 대상으로 하여 검토해야 한다.

3) Who(중점 고객 · 거래처 명확화 = 누구를 중점으로 노릴 것인가)

고객 · 거래처를 점(点)으로 한 중점 대상을 검토하여 심층개척은 어느 고객 · 거래처를 중점적으로 수주점유율을 높일 것인가 또는 신규개척은 어느 시장(업계 · 업종)의 어떤 예상 고객 · 거래처를 중점 대상으로 할 것인가 명확히 한다.

4) What(중점 상품 · 제품 명확화 = 무엇을 중점 상품으로 하여 주력할 것인가)

세분화된 지역 · 시장 중에서 개개의 고객 · 거래처에 대하여 무엇을 중점 상품 · 제품으로 하여 영업에 주력할 것인가, 이익 상품 · 제품을 중점으로 할 것인가, 타사와의 차별화를 어떻게 도모할 것인가, 상품 · 제품별 시장점유율은 어느 정도 확보할 것인가 등 향상 방안을 명확히 한다.

5) When(기간 명확화 = 언제까지 할 것인가)

무엇이든 우물쭈물하여서는 충분한 영업성과를 기대할 수 없으므로 영업작전을 실행하는 기간은 확실하게 설정하여 대처하는 것이 중요하다. 영업작전은 매월 영업계획 달성을 위하여 실행하는 것이므로 월별로 기간 설정을 하여야 한다.

6) How many(목표 명확화 = 어느 정도 하는가)

매출목표나 영업요소별 또는 월별 영업계획을 수정하여 구체적인 목표나 테마를 명확히 결정하여야 한다. 즉 영업활동의 최종 목표를 확실하게 하는 것이며 목표를 결정함으로써 영업활동 진행방향을 명확히 한다.

7) How to(수단 · 방법 명확화 = 어떻게 하는가)

결정한 목표나 테마를 어떻게 실행할 것인지 그 수단이나 방법을 구체적으로 결정하는 것이며 중점 지역 · 시장이나 중점 고객 · 거래처에 대하여 막연하게 방문하는 것이 아니라 명확한 목적으로 방문하여 목표를 달성하기 위한 수법 · 수단을 강구하며 행동하는 것이 중요하다.

8) How much(비용 · 코스트 명확화 = 어느 정도 경비가 소요되는가)

매출목표에는 반드시 경비예산이 따른다. 최소 비용으로 최대 효과를 거두기 위해서는 어떠한 캠페인이나 판매촉진책을 고려할 것인가, 또한 낭비, 무리, 차질 없이 방문활동을 진행하기 위해서는 어느 정도 경비나 코스트가 드는가 등을 검토할 필요가 있다. 또한 영업작전상 구체적인 고객 · 거래처나 경쟁 타사에 대한 대처 방법을 명확히 하고 이것에 대한 수단, 방책을 입안하는 것이므로 항상 연구하는 것이 중요하다.

2. 영업실행작전 편성방법

영업작전 구성은 영업실행작전과 거래처별 영업작전이라는 것은 이미 앞에서 설명한 것과 같다. 따라서 여기서는 영업작전 실행 포인트에 대하여 설명하기로 한다.

1) 영업실행작전 실시

(1) 영업실행작전 내용

영업실행작전을 입안하기 전에 검토하여야 할 것은 영업활동 대상을 고객・거래처 중심으로 한 점(点)만이 아니라 지역・시장이라는 면(面)에 대해서도 눈을 돌릴 필요가 있다. 지역・시장이라는 면(面) 중에는 고객・거래처가 점(点)으로 존재하고 있어 이 관계에 눈을 돌려 관리하는 것이 중요하다. 즉 영업인의 영업목표를 고려하여 면(面)의 측면은 「거래처 점유율」이다. 또한 점(点)의 측면은 각 고객・거래처별 「수주 점유율」(매입률)이다. 따라서 전략적 영업에 있어서 「상품(제품), 지역・시장, 고객・거래처」를 삼위일체로 하여 면(面)과 점(点)의 종합적 전략・전술을 전개할 필요가 있으며 영업실행작전을 계획함에 있어 이점을 명확히 인식하여야 한다. 영업실행작전에 필요한 항목 내용으로는 다음과 같은 것을 들 수 있다.

A. 지역・시장 실태

주로 지역・시장에 있어서 자사・타사 영업 상황, 경쟁 상황 등 실태를 파악한다.

B. 지역・시장 수요 경향 예측

성장성, 시장성 등 앞으로의 수요 경향을 예측한다.

C. 목적 설정

무엇 때문에 영업작전을 실행하는가 명확히 하여 자기 체크, 상호 체크, 상사 체크를 할 수 있도록 한다.

D. 지역・시장별 매출목표, 연도 방침, 월별 실시 계획

상품・제품별, 지역・시장별, 고객・거래처별 연간, 월간 매출목표나 중요・중점별 연간・월간 매출목표 등을 수립한다.

E. 영업 요소 최적 편성

정보, 광고선전, 판매촉진, 유통채널, 물적 유통, 애프터서비스, 가격 등 최적의 영업 요소 편성을 한다.

F. 수단, 방책

주로 판매촉진이나 방문활동을 중심으로 실시가 가능한 중점 방책을 입안한다.

G. 실시 요령(실시 계획)

금년도 또는 당월은 전사적 거점・영업인별로 무엇을 어떻게 실행할 것인가 스케줄화하고 또한 경비계획도 명확히 하는 것이 중요하다.

영업작전 중점 지역・시장 전략(면의 전략)을 구체적으로 전개하기 위하여 입안・작성하는 것이며 그 중심 과제는 거래처별 영업작전이다. 그러므로 유통채널 대책이나 판매촉진책, 영업인의 중점 방문활동 등을 전술로써 그 효과적인 편성이 필요한 것이다. 따라서 이와 같은 영업작전 수단・방책을 구체적으로 실천・전개함으로써 매출목표나 영업계획 달성이 가능하게 된다.

(2) 영업실행작전 입안

영업실행작전은 연간 매출액과 월간 영업계획을 달성하기 위하여 입안하는 것이므로 당연히 연간과 월간 단위로 구체적으로 수립하여야 한다. 연간 영업작전은 연도 매출목표를 달성하기 위하여 실행하는 것이다. 또한 월간 영업작전은 매월 영업계획을 달성하기 위하여 1개월 단위로 실행하는 것이다. 따라서 영업실행작전은 「무엇을 하여야 할 것인가」, 「어떻게 하면 목표를 달성할 수 있는가」를 구체적으로 표시한 내용이어야 한다. 그러므로 다음과 같은 포인트를 검토하여 입안할 필요가 있다.

A. 표적은 중요 지역・시장, 중점 지역・시장을 대상으로 한다.
B. 위의 지역・시장에 있어서 표적인 고객・거래처를 명확히 한다.
C. 그에 대한 목표와 실적을 대비하여 영업 노력의 필요성이 높은 대상에 대하여 현상과 문제점을 파악한다.
D. 그 문제점을 해결하기 위한 수단, 방책을 구체적으로 입안한다.
E. 이 수단, 방책은 어디까지나 매출목표나 영업계획을 달성하기 위하여 실행이 가능한 것이어야 한다.
F. 또한 이 수단, 방책은 방침・목표관리를 실시하고 있는 기업에서는 그 목 표・방침과 실시계획에 따른 것이어야 한다.

G. 영업실행작전은 최종적으로 각 영업인 수준까지 입안 작성시킬 필요가 있다.

또한 영업팀장이나 소・과장이 책정한 「방침・목표」 「실시계획」과 부서영업인이 입안・작성한 「영업실행작전」을 반드시 연동시켜야 한다. 또한 매월 영업활동에 있어서 영업작전 포인트를 다음에 기술하였다.

3. 거래처별 영업작전 편성방법

고객・거래처별 영업작전 항목과 내용은 다음과 같은 순서를 참고하여 기업 특성에 따라 정하는 것이 중요하다.

A. 고객・거래처 위치 명확화

담당 지역・시장 내 있어서 고객・거래처 위치를 자사 ABC랭크, 업계・업종 내에서 ABC랭크, 최중요, 중요・중점 등으로 명확히 한다.

B. 판매상품(제품)과 목표치 명확화

(a) 총 매출목표와 합계(100)에 대한 가중치

(b) 표적으로 선정한 상품(제품)군과 그 매출목표 합계(100)에 대한 가중치

(c) 중요 상품(제품)군과 그 매출목표 가중치

(d) 중점 상품(제품)군과 그 매출목표 가중치

(e) 전략 상품(제품)군과 그 매출목표 가중치 등

각 상품(제품)의 상품(제품)군에 대하여 상품(제품)별 매출목표를 명확히 하고 매출목표에 대한 상기 상품(제품)군 비중을 명확히 한다. 합계(100) 가중치와의 차이가 기타 상품(제품)군의 매출목표 가중치가 된다.

C. 영업 방침 명확화

영업노력의 중점과 방향을 명확히 하여야 한다. 예를 들어 루트영업의 경우 동행방문을 실시하는 경우가 있지만 그것은 거래처 재고회전을 신속화하기 위한 목적으로 하는가, 동행선(同行先)의 니즈를 파악하는 것을 목표로 하는가 등 방문활동의 중점과 방향을 구체적으로 표시한 것이 방침이 된다. 또한 직판의 경우 신

규인가, 매환(買換)인가, 매증(買增)인가 등 자사·타사 유저별로 구체적 방침을 정하는 것이 중요하다.

D. 방문량 설정

표준으로 하는 방문건수, 방문빈도(회수), 상담절충시간 등을 설정하는 것이다. 이 목표치는 획일적, 평균적으로 결정하는 것이 아니라 월초에 방문건수나 빈도를 많이 하여 월말에 적게 하는 등 각 고객·거래처에 대응하는 영업책을 강구하거나 고객·거래처 특성에 맞추어 세밀하게 설정하여야 한다.

E. 판매촉진책 검토

예를 들어 동행영업, 전시즉석판매회, 데몬스트레이션 등「무엇을」「언제」「어디에서」「누구에게」「무엇 때문에」「어떻게」「어느 정도」「얼마의 비용」으로 실시하는가를 명확히 하는 것이다(5W3H 활용).

F. 경쟁대책 입안

자사 점유율 경쟁상 포지션과의 관계에서 중점 고객·거래처에 있어서 경쟁기업 특히 경쟁목표 공격목표로 하여야 할 라이벌 기업을 명확히 하여 승리하기 위한 대책을 구체적으로 입안한다.

G. 재고정책 책정

특별매출, 판매캠페인 등 판매촉진을 강구할 경우에 통상적 수주액에 +α시키는 정책이 필요하다. 이 경우 목표나 수단, 실시 절차 등을 명확히 하며 통상적인 재고액에 대하여도 언제라도 변경이 가능하도록 할 필요가 있다.

H. 여신한도 설정

고객·거래처에 대한 여신한도 설정은 전술적으로 하여야 한다. 더욱이 특별캠페인 등 판매촉진책에 따라서 여신한도를 초과하는 경우가 있으며 이 경우 예상액이나 여신한도 변경 등에 대한 대책을 구체적으로 명확히 하여야 한다.

I. 거래조건 명확화

중요 고객·거래처에 대한 영업작전상, 특히 거래조건이나 지급조건 등 재검토가 필요한 경우에는 당연히 그 개선이나 대책을 명확히 강구하여야 한다.

제2절 영업작전 실제

1. 신장 지역 · 시장에 대한 영업작전

매출목표를 달성하기 위한 영업작전을 전개하기 위해서 무엇보다도 영업인의 활동현장인 담당 지역·시장 실태를 파악하여야 한다. 영업성과를 확실하게 올리는 것은 영업인이 자기 담당 지역·시장으로부터 경쟁타사와의 점유율 경쟁에서 승리하기 위한 것이다. 따라서 담당 지역·시장 특성이나 동향에 대하여 파악하고 영업작전을 전개하는 것이 영업 낭비, 무리를 적게 하고 효과적, 효율적으로 높은 성과를 거두는 것이 된다. 그러므로 시장성이 높은 신장 지역·시장에서 신장 지역·시장에 대하여 우선적으로 고려하여야 한다. 영업작전을 검토함에 있어서 먼저 담당 지역·시장 정보와 그 지역·시장 특성을 명확히 파악할 필요가 있다. 보통 지역·시장 정보는 데이터화할 수 있는 정보(정량 정보)와 데이터화하기 어려운 정보(정성 정보)의 둘로 구분한다. 담당 지역·시장 정량 정보는 주로 도·시·구청 등에서 수집할 수 있으며 통계청 등의 중앙 관서도 영업인은 크게 활용할 수 있다고 생각된다. 또한 각 도·시·구 소재지에는「정부 간행물 서비스 센터」가 있고 여기서는 수집한 정보의 상담이 가능하다. 기타「지역 경제 총람」등도 크게 도움이 되는 정량 정보가 된다. 또한 정성 정보는 문화, 도서, 신문, 잡지, 지도 기타 출판물이나 영업인이 직접 눈으로, 발로 수집하는「거리 정보」「거래처 정보」등 다채롭다. 이들 정성 정보는 정보지 나 정보카드로 하여 정기적으로 정리해 둔다. 우리나라 지역·시장 특성은 지형, 기후, 풍토 등과 그 지역·시장에 있어서 역사나 산업구조에서 도민성이나 소비구매 특성 등을 형성하여 왔다. 그러나 지역·시장 특성은 기후나 도민성 등만이 아니라 인구구조에서 젊은이가 많은 지역, 중고령이 많은 지역, 공업 지역, 상업 지역, 농촌 지역, 신흥 주택 지역 등 많은 특성을 가지고 있다. 따라서 이와 같은 지역·시장 특성에 따라서 당연히 영업작전의 방법이나 내용도 변경되어야 하며 이를 위하여 지역·시장이 갖고 있는 체질만이 아니라 상품(제품) 수요 경쟁이나 경쟁 타사 상황 등의 지역·시장 차이를 포함하여 광범위하게 파악하는 것이 중요하다. 지역·시장 특성을 정리하면 다음과 같은 내용을 들 수 있다.

(1) 기후, 풍토, 주민성, 소비구매 특성 등
(2) 1차 산업, 2차 산업, 3차 산업, 4차 산업, 6차 산업 등 산업 구조
(3) 개방적인 지역인가, 폐쇄적인 지역인가
(4) 성장시장(산업), 성숙시장(산업), 쇠퇴시장(산업) 등 비율, 비발전 시장 등
(5) 지역으로써 독립한 시장인가, 중복 시장인가
(6) 자사 점유율이 높은 지역・시장인가, 낮은 지역・시장인가 등

이상과 같은 내용을 참고로 하여 자사 나름대로 파악할 담당 지역・시장 특성 항목을 명확히 할 필요가 있다.

2. 표적 고객・거래처에 대한 영업작전

영업작전을 효과적으로 전개하기 위하여 상기와 같은 지역・시장 정보와 그 특성만이 아니라 담당 지역・시장의 고객・거래처 특성과 정보를 정확하게 파악하여 평가하는 것이 중요하다. 특히 루트영업의 경우 거래처 성장・발전이 자사 성장・발전과 결부된다. 따라서 신규 개척에 있어서 담당 지역의 예상 거래처 위치를 명확히 하여 전략적 발상에 의한 표적을 맞추는 것이 담당 지역에서의 경쟁을 우위로 하는 조건이 된다. 또한 직판의 경우 담당 시장 또는 업계・업종 선정과 여기에 소재하는 고객 또는 신규 개척의 경우도 이와 같은 시장・산업을 노리고 있는지가 자사 성장・번영과 점유율 경쟁에 있어서 우위 조건이 될 것이다. 즉 시장 점유율은 기업의 종합 영업력의 "방향"을 제시하는 것이며 거래처 점유율은 종합 영업력의 "넓이"를 나타내는 지표가 된다. 또한 수주 점유율(인 스토어 점유율 또는 매입율)은 종합 영업력의 "깊이"를 나타내는 지표가 된다. 따라서 이 세 가지 점유율에서 전략 일환으로 다음 세 가지 영업작전을 고려하여야 한다.

- 거래처 점유율 확대 작전 → [신규 개척을 위한 영업작전]
- 수주 점유율 향상 작전 → [심층 개척을 위한 영업작전]
- 점유율・수주율 양면 향상 작전 → [신규・심층 개척 양면 영업작전]

이상의 영업작전 포인트를 들면 다음과 같다.

1) 신규 개척을 위한 영업작전 → [거래처 점유율 확대 작전]

「거래처 점유율」의 확대 작전은 담당 지역·시장에 있어서 자사와의 미거래고객·거래처를 개척함으로써 시장점유율을 향상시키려는 작전이다. 고도 성장기와 달리 모든 신규 수요가 극히 적어진 오늘날에는 신규 개척은 어떻게 타사 고객·거래처를 공략하여 자사 고객·거래처로 끌어들일 것인가가 큰 과제가 될 것이다. 대상으로 하는 신규 개척처를 명확하게 정하여 적극적인 「공격」의 영업활동을 전개하는 것이 중요하다. 담당 지역·시장에 있어서 점유율이 높은 「강자 기업」의 영업작전은 취급 규모가 크고 판매 가능액이 높은 거래처를 표적 고객·거래처로 하는 것이 효과적이다. 강자 기업은 그 지역·시장에 있어서 영업실적이나 지명도가 높다는 점에서 신규 개척은 매우 가능성이 높을 것이다. 고객·거래처에 있어서도 거래 기업수가 많을수록 다각적인 검토를 할 수 있고 가격 등의 교섭권도 강하게 됨으로 강자 기업의 수주 확률도가 높은 것이 보통이다. 점유율이 낮은 「약자 기업」의 영업작전은 담당 지역·시장에 있어서 중견 규모나 1사 독점의 거래 고객·거래처에 조준을 맞추어 공격하는 것이 핵심이다. 이와 같이 1社 독점의 고객·거래처는 1社에 대한 정보가 중심이 되므로 정보량이 적으며 거래처에 대한 불만을 갖고 있는 경우가 많다. 따라서 경쟁 회사로부터 유도작전에 말려드는 경향이 있다. 또한 이와 같은 고객·거래처와 거래하는 기업은 1社 독점이라는 점에서 영업인 방문 빈도가 낮거나 경쟁 타사 공격에 대하여 별로 경계심을 갖고 있지 않는 등 안심감을 갖고 있으므로 신규 개척의 중요한 표적이 된다.

2) 심층 개척을 위한 영업작전 → [수주 점유율 향상 작전]

「수주 점유율」의 향상 작전은 기존 거래 고객·거래처의 수주액이나 매입율을 올림으로써 시장점유율을 향상시킨다는 작전이다. 기존의 고객·거래처는 거래처가 1사 독점 상태는 드물며 대개의 경우 경쟁 타사와의 점유율 경쟁 상태에 있다.

따라서 현재 모든 고객·거래처에 대하여 총체적인 영업노력을 투입하는 것은 전략적 영업활동 효과나 효율면에서 결코 좋은 영업작전이 아니며 중점이 되는 고객·거래처를 선정하여 우선순위를 정하고 효율적인 영업활동을 전개하는 것이 중요하다. 심층 개척의 영업작전에는 중요 고객·거래처 유지(고정고객화)를 도모하는 「수비」와 중점 고객·거래처를 더욱 육성, 확대하기 위한 「공격」의 작전을 생각할 수 있다. 그러므로 일상 영업활동을 통하여 수집한 정보 등을 기초로 고객·거래처를 중점 층별 하여 방문활동 중점화를 도모할 필요가 있으며 또한 이와 같은 점을 고려하여 영업작전을 입안하는 것이 좋다.

(1) 매출 증가 경향이 해마다 상승하고 있는 고객·거래처
(2) 수주 점유율 비율이 높아지고 있는 고객·거래처
(3) 로열티나 의욕이 높은 자사 독점 고객·거래처
(4) 경영자나 구매결정권자가 적극적, 의욕적이며 전략적 고객·거래처
(5) 심리적으로 자사와의 거래에 기울고 있는 고객·거래처
(6) 점유율이 100%미만이지만 경영자나 구매결정권자가 자사와의 거래에 적극적인 고객·거래처

이상과 같은 고객·거래처에 대한 영업작전 핵심은 영업인 정기방문을 중심으로 경영 톱, 상사, 스텝 등을 포함한 전사적인 영업활동을 전개하여야 한다. 즉 전 사원 영업이라는 체제를 구성하는 것이 매우 중요하다.

3) 신규·심층 개척을 위한 양면 영업작전 → [거래처 점유율 + 수주 점유율 향상 작전]

거래처 점유율+수주 점유율을 향상시키기 위한 영업작전은 본래 어느 기업에서나 시장점유율 향상을 위한 수단으로써 양자의 작전과 전략으로 이용하고 있다.

전략적 영업의 기본은 담당 지역·시장과 고객·거래처와 상품(제품)의 삼위일체 전략이어야 한다. 이 세 가지 전략요소를 효과적으로 편성하여 실천 전개함으로써 비로소 점유율 경쟁에서 이기는 것이다. 그 중에서도 표적으로 하는 고객·거래처의 필요(니즈)나 욕구(원츠)에 맞는 자사 취급 상품(제품)의 특성이나 신용도에 대한 적용성 등에서의 개척이 필요하며 영업 성패에 큰 영향을 미치게 된다. 따라서 신규·심층 개척 양면작전은 새로운 시장(업계·업종) 개척이나 새로운 유

통채널 개발·육성 등이 그 전형적인 예이다. 어느 업계나 어떠한 불황에도 끄떡하지 않는 강한 저항력을 가진 기업이 있다. 이와 같은 기업은 취급 상품(제품)의 폭은 좁더라도 대상으로 하는 시장이나 유통채널 등이 마치 문어발 배선과 같이 여러 갈래로 많아 소위 복합적인 시장·유통채널을 활용하여 시장점유율 향상을 도모하고 업적을 올리고 있는 것이다.

(1) 상품(제품)의 신용도 개발을 지렛대로 많은 업계 업종으로 판로를 확대하고 있다.
(2) 상품(제품)의 특징이나 유리한 점을 살려 여기에 적합한 판로를 활용하고 있다.
(3) 신상품(제품), 신기술 개발을 무기로 하여 전혀 새로운 시장이나 판로를 개척·육성하고 있다.

제3절 영업 판매촉진활동

1. 판매촉진 기본적 방법

판매촉진 활동의 구체적인 수단 방법으로 「인적 판매」와 「비인적 판매」로 구분할 수 있다. 인적 판매란 영업인이 하는 세일즈 활동이다. 비인적 판매는 광고 선전과 협의의 판매촉진을 포함하는 것이며 이 관계를 도식화하면 [그림 5-1]과 같다. 광고 선전활동이나 협의의 판매촉진활동은 영업활동을 효과적으로 촉진하고 지원하기 위하여 생긴 것이다. 따라서 영업인은 자기의 영업활동을 효과적으로 추진하기 위하여 광고 선전활동이나 협의의 판매촉진활동을 어떻게 효과적으로 연동시킬 것인가를 고려하여 행동할 필요가 있다. 이와 같은 인적 판매, 광고 선전, 판매촉진 세 가지 수단·방법을 효과적으로 구성하여 최소 비용으로 최대 효과를 올리는 방법을 「프로모션·믹스」라고 한다. 이 프로모션·믹스에는 인적 판매에 중점을 두는 푸시(push)전략과 인적 이외의 판매(주로 광고 선전)에 중점을 두는 풀(pull)전략으로 대별할 수 있다. 이 두 전략은 어느 한편의 전략에만 의존하는 것이 아니라 자사의 종합적인 전략이나 판매 상품(제품)의 특성, 시장 특성, 업종 특성, 유통경로 특성, 기업 규모 등에 따라서 그 비중이 달라진다. 특히 루트영업 기업의 경우 영업인이 「컨설팅・세일즈」로서의 역할을 하여야 한다는 것을 생각하면 협의의 판매촉진활동은 영업인이 영업성과를 향상시키기 위한 중요한 수단이며 방법이라 할 수 있다. 따라서 루트영업인으로서는 컨설팅・세일즈를 실천하기 위하여 필요 최소한 판매촉진활동에 대한 지식이 요구되며 그 핵심은 다음과 같다. 루트영업인 뿐만 아니라 영업인이 전략적 영업활동 일환으로 실천하고 전개하는 「컨설팅・세일즈」가 협의의 판매촉진활동이라 할 수 있다. 즉 판매촉진이란 「소비자의 상품(제품)・서비스 구매와 판매업자의 영업효율을 자극하기 위한 인적 판매・광고 선전, 퍼블리시티 이외의 판매촉진 활동」이라 정의할 수 있다. 따라서 영업인이 실천하는 판매촉진에 대하여 검토하면 다음과 같다.

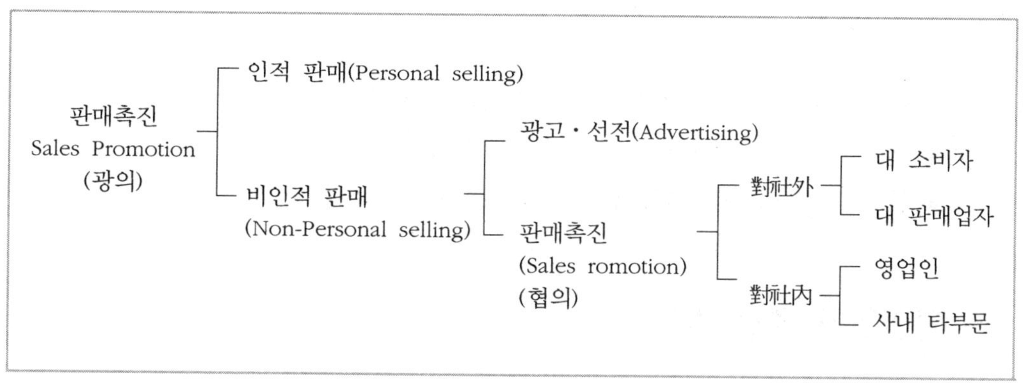

[그림 5-1] 판매촉진 범위

1) 유통(판매)업자 대상 판매촉진

유통(판매)업자를 대상으로 한 판매촉진의 목표는 도매업이다. 소매업 등의 판매업자에 대하여 자사 상품의 적극적 매입의욕과 활발한 영업의욕을 활기 시키는데 있다. 따라서 판매촉진책으로써 다음과 같은 것을 들 수 있다.

- 경영상담・경영지도, 기술지도, 사원연수, 동행지도, 세미나 등

- 전시회, 신상품(제품) 발표회, 상품(제품) 설명회, 견본전시, 실연회, 공장견학회 등
- 샘플, 견본, 경품, 카탈로그, 팸플릿, 포스터, 슬라이드, PR용 CD, 포장재료 등 제공 또는 알선
- 공동, 협찬 광고, POP광고, 간판, 판매자간판 원조
- DM, 기술매뉴얼, 영업매뉴얼, 하우 오건 등 제공
- 협찬세일즈, 콘테스트, 프리미엄, 리베이트, 융자제도 등

2) 소비자 · 고객 대상 판매촉진

일반 소비자나 고객 등 유저를 대상으로 하는 판매촉진의 목표를 자사의 이미지나 상품(제품) 특성(품질 · 성능 · 효용 · 경제성 등)을 인지시켜 구매의욕을 환기시켜 구매행동을 하도록 하는데 있다. 그러므로 판매촉진책으로는 다음과 같은 것을 들 수 있다.

- 전시회, 상품설명, 견본전시, 실연회, 공장견학회
- 옥외광고, 포스터, DM광고, POP광고, 카탈로그
- 캠페인, 프리미엄, 로열티, 샘플, 신상품 제공

3) 영업인에 의한 방법

판매업자를 대상으로 하거나 소비자 · 고객을 대상으로 하는 판매촉진 활동을 전개함에 있어서 크거나 작거나 경비(영업비)가 소요된다. 더욱이 광고 선전비도 무시할 수 없으며 기업에서 책정한 범위 내에서 실시하여야 하는 제약 조건이 있다. 따라서 한정된 예산, 한정된 인원으로 가장 효과적인 판매촉진책을 자사 나름대로 검토하여 실시하여야 한다. 특히 영업인이 판매촉진 활동을 할 경우에는 다음과 같은 점을 유의하여야 한다.

(1) 목적을 명백히 하여 가장 적합한 판매촉진책을 선정한다.
(2) 어느 지역 · 시장 또는 고객층을 노릴 것인가, 소구할 표적을 명확히 한다.
(3) 무엇을 판촉 대상 상품(제품)으로 선정할 것인가를 정한다.

(4) 얼마의 효과를 거둘 것인가, 그 목표를 정한다.

(5) 결정된 목표를 달성하기 위한 수단으로 어떠한 판촉책을 강구할 것인지를 정한다.

(6) 판촉예산은 얼마로 할 것인지를 검토하여 기대되는 효과와 대비한다.

(7) 단독의 판촉책만이 아니라 판촉의욕이나 캠페인, 콘테스트 구성을 검토하여 상승효과를 도모한다.

(8) 판매촉진책을 구매의욕을 자극하여 구매행동으로까지 가도록 목표로 하고 있지만 중요한 영업인의 활동이 미흡하여서는 아무 것도 안 되므로 영업방법이나 상품(제품)지식, 세일링・포인트를 충분히 습득하는 것을 잊어서는 안된다.

2. 판매촉진 종류와 내용

판매촉진책의 구체적인 방법은 많지만 영업인의 판촉활동은 자기 영업활동과 항상 일체가 되도록 하여야 한다. 자기 매출목표를 달성하기 위한 중요한 수단이나 방법의 하나이며 경쟁 타사와 차별화된 판촉책을 실행할 것인가 하는 것도 중요한 과제가 된다.

영업인의 판매촉진활동의 구체적인 몇 가지 예를 들면 다음과 같다.

1) 판매점내 회의 참가

[목적・목표]

• 자사 방침・정책 등 전달, 영업목표나 판매예산, 전략회의 등의 요청, 업계, 신상품(제품), 신기술, 타사 동향과의 정보교환 등을 통하여 확인과 그 촉진을 도모한다.

(1) 목적 테마 검토

사전에 자료를 통하여 문제점을 파악하고 해결법을 정리하여 의견 제안을 할 수 있도록 한다.

(2) 회의 특성 파악

판매예산검토회의, 영업전략회의, 기획회의, 상품설명, 연락, 협의회의 등 회의 특성을 파악한다.

(3) 필요한 자료 준비

회의에 필요한 자료를 준비하여 정확한 정보를 제공할 수 있도록 유념하며 필요사항을 메모할 수 있도록 필기 용구를 준비한다.

(4) 기타 준비

상품견본, 샘플, 설명용 매뉴얼, 상품카탈로그, 전단, 명함, 다과 등을 준비한다.

[유의 사항]

(1) 개시와 종료 시간을 엄수한다.
(2) 사회자 설명을 잘 듣고 과제와 목적을 확실히 한다.
(3) 회의 진행을 확인하다.
(4) 사회자 진행과 지시에 따른다. 의견 제안이나 발언시에는 반드시 사회자 승인을 얻는다.
(5) 의견이나 발언도 참가자 전원에 대하여 기회를 주도록 한다.
(6) 사실이나 정보 등을 적극적으로 제공한다.
(7) 의견이나 아이디어를 적극적으로 제안한다.
(8) 참가자 의견이나 사실을 적극적으로 요구한다.
(9) 편견을 피하며 속단하지 않는다. 특히 참가자 의견이나 발언을 비판하지 않는다.
(10) 참가자 전원의 발언이나 토의 등으로 여러 가지 의견이나 입장을 인식하여 공통점이나 타협점을 잘 검토한다.
(11) 자기만 오래 발언하지 않도록 한다.
(12) 시간 내에 회의를 정리하도록 협력한다.
(13) 사회자 정리를 잘 듣고 회의 내용을 확인하여 요점을 기록한다.
(14) 회의가 끝나고 퇴석할 때에는 사회자나 참가자에 대하여 인사를 교환한다.

[기타 사항]

(1) 회의 목적이나 테마에 대하여 자사 내와 상대와 사전협의를 충분히 한다.

(2) 기획 등의 제안 사항은 담당자 등에게 사전에 제시한다.
(3) 테마에 대해서는 상사나 스텝, 기술자 등도 참여할 수 있도록 한다.
(4) 참가자 성명과 소속을 기억하였다가 정기적으로 방문할 때 이용한다.
(5) 회의 중에 자기 역할이나 결론 등을 반성한다.
(6) 회의 결과를 기록하고 언제라도 볼 수 있도록 관리한다.
(7) 상대 요망이나 약속 사항 등은 신속히 실행한다.
(8) 회의 결과에 대하여는 반드시 상사나 관계 부문에 보고한다.

2) 동행 영업에 의한 촉진책

[목적 · 목표]

- 신규고객 · 거래처 개척(거래처 점유율 향상)이나 신상품(제품)의 영업, 재고 소화

[준비 사항]

(1) 동행목적을 명확히 한다.
(2) 동행 기간, 지역, 호수 등을 구체적으로 협의한다. 동행 스케줄을 세우고 될 수록 동행하는 고객 · 거래처의 리스트를 준비하게 한다.
(3) 동행 예정의 고객 · 거래처를 리스트 · 업하고 미리 협의하여 대책과 자료를 검토한다.
(4) 동행하려는 고객 · 거래처에 대한 어포인트, 영업자료 준비, 상담체결 방법 등을 사전에 협의하여 역할분담을 명확히 한다.
(5) 상품견본, 샘플, 상품카탈로그, 전단, 어프로치북, 기타 설명용 자료, 명함 등 동행 영업에 필요한 자료를 준비한다.

[유의 사항]

(1) 방문 면접을 예약한다.
(2) 방문 약속시간을 엄수한다.
(3) 동행자에 협력하여 방문 목적에 맞게 고객 · 거래처를 설득한다.
(4) 단독 무대가 되지 않도록 주의하고 동행자를 내세운다.
(5) 사전 대책과 자료를 기초로 상담체결 초점을 명확히 하고 자신을 갖고 영업을 전개한다.

(6) 동행 영업 결과에 대하여 양자가 솔직히 반성하고 평가를 한다.
(7) 앞으로의 동행 영업에 대한 예상이나 대책에 대하여 시사한다.

[기타 사항]
(1) 동행 영업은 목적에 맞게 반드시 수주·예약을 성공시킨다는 자세로 임한다.
(2) 동행자와의 인간관계 강화에 노력한다.
(3) 자사 상품(제품) 세일링·포인트를 알기 쉽게 설명하고 이해시킨다.
(4) 동행자는 기업 업적이나 문제점을 충분히 파악한다.
(5) 동행 방문처 정보를 충분히 입수한다.
(6) 자사에 대한 평가나 기대 전도에 대하여 파악한다.
(7) 경쟁 타사에 대한 정보수집도 잊지 않도록 한다.

3) 신상품(제품) 설명회 실시

[목적·목표]
• 모인 고객이나 거래처 구매의욕의 환기와 구매행동 촉진

[준비 사항]
(1) 가장 모이기 쉬운 일시를 검토하여 결정한다.
(2) 회장, 식사, 기념품을 수배한다.
(3) 내장 예정자 리스트를 작성한다.
(4) 설명하는 상품(제품)의 결정과 어시스턴트를 선정한다.
(5) 카탈로그, 자료 등 설명용 물품을 준비한다.
(6) 설명회 스케줄을 입안한다.
(7) DM, 전단 등의 안내장의 발송, 배포한다.
(8) 회사깃발, 현수막, 유니폼, 카메라, 마이크, 접수 명부, 리본, 필기용구, 회사 안내 등 설명회에 필요한 것을 준비한다.

[유의 사항]
(1) 설명회 순서
개회인사 → 자기소개 → 배포한 설명회용 봉투 내용 설명 → 회사 설명 →

샘플이나 카탈로그 등 설명 → 상품(제품) 특징 · 사용법 등 설명 → 질의응답 → 마감과 폐회 인사

(2) 좋은 연출

다만 상품(제품) 설명에 시종하지 말고 변화에 풍부한 연출을 생각한다. 예를 들면

- 사례, 실례를 들어 설명한다.
- 시각에 호소하여 설명한다.
- 데몬스트레이션을 적당히 섞어가며 설명한다.
- 참가한 고객에게 시험하도록 한다.
- 간간이 질문을 하여 주의를 끈다. … 등

(3) 효용 설득

상품(제품) 설명에서 설명한 상품(제품) 이점이 실제로 고객에게 효용이 있다는 것을 믿게 한다.

(4) 상품(제품) 설명 마감

상품(제품) 설명에서 마감하는 것은 상담 체결이 아니다. 앞으로 상담 절충 출발점이라는 것을 잊어서는 안 된다.

[기타 사항]

(1) 참가자 명부를 입수하여 실제에 활용한다.
(2) 참가자에 대하여 상품(제품)을 중심으로 한 앙케이트를 실시한다.
(3) 참가자를 기억하여 방문 시에 활용한다.
(4) 질문 사항이나 앙케이트 결과 등을 정보로써 정리한다.
(5) 참가자에 대한 인사를 잊지 않도록 한다.
(6) 상품 설명 종료 후 반성을 하여 다음에 참고한다.

4) 전시 상품(실연)회의 실시

[목적 · 목표]

- 상품 데몬스트레이션에 의하여 구매의욕을 환기시키고 판매를 촉진한다.

[준비 사항]

(1) 지방이나 현장 소매점 등과 공동 기획한다.
(2) 일시를 결정한다.(장소, 2 ~ 3일간으로 한다)
(3) 회장을 수배한다.
(4) 전시할 상품을 결정하고 중점 상품 위치, 장식 등 배치를 한다.
(5) 회장의 어트랙션 등 연출을 준비한다.
(6) 카탈로그나 상품 설명 자료 등을 준비한다.
(7) 내장 예정자 리스트를 공동 기획자와 같이 작성한다.
(8) 초대장 발송 또는 전단을 배포한다.
(9) 회사깃발, 현수막, 유니폼, 포스터, 전시용 패널, 시청각 기기, 카메라, 명부용 노트, 명함, 회사 안내, 봉투 등의 문구용품류 등을 준비한다.

[유의 사항]

(1) 개최 일전에 초대자에 대하여 어프로치를 한다.(1개월 전, 1 ~ 3주전)
(2) 사전에 근처의 고객을 방문하여 전단 등을 주고 당일 참석을 부탁한다.
(3) 판매점에서 구매고객에 대하여도 전단을 주고 참석을 요청한다.
(4) 회장에서의 집요한 어프로치는 금물이다. 어디까지나 즐겁게, 얼굴을 알리는 것을 첫째로 생각한다.
(5) 내장객 중에 구매를 원하는 사람이 있으므로 테스트 클로징을 중요시한다.
(6) 경쟁 타사와 공동 개최 경우는 노력하여 좋은 장소를 확보한다.

[기타 사항]

(1) 타사와 공동전시 실연회 시에는 어떻게 하면 신속히 고객을 자사에 끌어들이느냐가 관건이 된다.
(2) 소매점 등 주최의 경우는 점직원에 대하여 협력을 의뢰한다.
(3) 내장객 명부를 입수하여 정리한다.
(4) 내장객에 대하여 앙케이트 등 정보를 수집하고 정리한다.
(5) 내장객에게 인사를 잊지 않도록 한다.
(6) 명부에 기재되었으나 당일 오지 않는 고객을 방문한다.
(7) 상품 설명 등과 같이 개최하여 효과를 높인다.

(8) 전시·실연 회의 종료 후에는 관계자와 반성회를 열고 다음 참고로 한다.

3. 판매촉진 계획과 판매촉진 실제

1) 판매촉진 계획 입안

치열한 시장경쟁에서 경쟁 타사와의 영업경쟁에서 승리하기 위해서는 생각나는 대로 판매촉진책을 전개하여서는 효과를 걷을 수 없다. 특히 영업인의 판매촉진책은 어디까지나 자기 매출목표를 달성하기 위한 수단으로써 또는 전략적 영업활동 일환으로 실시하는 것이다. 따라서 자사만이 아니라 거래처인 도매업이나 소매점까지 판매업자를 적극적으로 끌어들이는 계획성이 있는 판매촉진활동을 전개하는 것이 중요하다. 도·소매업 등 판매업자는 각각 독자적인 연간 판매촉진계획을 수립하고 있는 것이다. 따라서 아무리 내용이 우수한 판매촉진책에 대한 기획을 세워 제안하더라도 판매업자 자체의 판매촉진계획에 자사 기획이 적합하지 않거나 시간적인 여유도 없고 효과적인 운영을 할 수 없으면 거래하고 있는 판매업자의 적극적인 참가를 기대하기 어렵게 된다. 자사 상품(제품)의 판매를 촉진하도록 하기 위한 판매촉진책이므로 거래 도매업자의 소매점 등의 판촉 서비스를 정확하게 파악하고 계획을 입안하여 제안하여야 한다. 판매촉진활동 운영에 있어서는 전년도 말이나 그 연도 초와 3개월 단위로 거래처의 판매업자와 충분히 협의하여 가장 효과적인 판매촉진계획을 수립하여야 한다. 이와 같은 상호 협력체제와 시간적인 여유가 없으면 판매촉진책의 목적이나 내용에 대하여 철저를 기할 수 없으므로 기획 제안측의 단독 무대로 끝나게 된다. 또한 판매촉진계획 실시에 있어서 영업인이 단독으로 하기 어려운 면도 있다. 대형 캠페인 등은 프로젝트팀과 편성할 필요도 있다. 단독으로 계획하고 제안한 것이라도 상사나 타 부문의 지원을 받고 판촉예산 승인을 받는 등 사전 준비가 중요하다. 이상과 같은 방법으로 실효성이 있는 판매촉진활동을 실천하기 위해서는 무엇보다도 계획적, 제도적으로 운영할 필요가 있다. 그러므로 연도 판매촉진계획만이 아니라 4반기별 판매촉진계획도 입안하여 실행할 필요가 있다.

(1) 영업계획 명확화

영업인 또는 판매업자의 연도 매출액 목표를 월별 매출계획으로 세분화하여 금액(또는 수량)을 기입한다.

(2) 대상상품(중점제품) 선정

금년도 판매촉진책의 대상으로 하는 상품은 무엇인가, 중점 상품으로 확대 영업할 상품은 무엇인가를 명확히 선정한다.

(3) 전국행사 명확화

전국행사를 명확히 한다.(예로 1월15일 보름, 5월5일의 「어린이날」), 결혼 시 즌, 입학·진학 시즌 등을 명확히 기입한다. 또한 자사 전사적 행사를 전개하는 경우에는 그 행사계획을 명확히 한다.

(4) 거점(지역 · 시장)행사 명확화

담당 지역이나 시장 특성에 따라 현지에서만 실시하는 행사 등을 명확히 하여 기입한다. 또한 현지만이 아니라 거점으로 하거나 판매업자로써 독자적인 계획을 실시할 행사를 검토하여 명확히 한다.

(5) 소구테마 검토

소구할 테마는 상기 실시할 행사내용 등에서 받은 것이므로 어느 포인트를 특히 클로즈 업 시켜 소구할 것인가를 구체적인 캐치프레이즈로써 검토하여 명백히 한다.

(6) 경비예산 설정

판매촉진책을 실행함에 있어 반드시 비용이 든다. 판매촉진계획이 미리 정해진 경우에는 그 배분예산을 기입하며 결정되지 않은 경우에는 금년도 판매촉진책의 실험에 필요한 예산을 견적하여 상사 승인을 얻어 계상한다.

(7) 판촉수단 검토

위의 소구 테마를 어떠한 판촉 수단을 강구하여 호소할 것인가, 기본적인 방 향을 명백히 밝힌다. 즉 판매예산 범위 내에서 판매촉진책의 효과적인 방안을 고려하여야 한다.

2) 효과적 판매촉진 실제

판매촉진책을 위한 수단은 유형과 무형의 것이 있다. 정보 제공이나 조언 등은 무형의 판매촉진 활동이며 이와 같은 정보를 그대로 제공하는 것이 아니라 다시 구체화하여 전단 작성이나 POP광고 작성 등 직접적으로 구체적인 지원을 하여야 한다. 보통 영업인은 컨설팅 세일즈를 하여야 하며 지식을 습득할 뿐만 아니라 판매업자 점두 등에서 직접 판매 기술 등을 체험하여야 한다. 어설픈 지식으로 밀어붙여서는 경험이 풍부한 점주나 점원 등이 받아들이지 않는다. 때로는 현장에서 배우면서 지식과 경험을 쌓아 판매촉진활동을 실행하는 자세가 필요하다.

특히 거래처인 판매업자에 대한 판매촉진활동의 효과적인 진행 포인트를 몇 가지 예시하면 다음과 같다.

(1) 가격 정보 등 제공

최근 고객 구매동기는 「좋다」 「싫다」로 상품을 선정하는 경향이 있지만 그전에는 품질이 좋은 상품(제품)이라면 조금 마음에 들지 않더라도 구입하는 고객이 많았다. 그러나 소득수준 향상으로 가격보다 품질, 품질보다도 자기 기호에 맞는 상품(제품)인가를 우선으로 하여 선택하고 있다. 따라서 이와 같은 경향에서 판매업자 단계에서 다양한 고객 요망에 합당하는 「주력 상품(제품)」과 「판매가격」에 대하여 대단한 관심을 갖고 있다. 주력상품(제품)에 대하여는 판촉대상 거래처의 객층과 상품(제품) 구성을 충분히 파악하여 타점의 성공사례를 제시하면서 상품(제품) 구색을 제공하는 것이 중요하다. 판매가격(賣價)에 대하여는 어디까지나 고객에 합당한 주력상품(제품)(차별화 상품(제품))과 고객 「기호」 정보를 충분히 분석하고 검토하여 적절한 만족감 설정을 어드바이스하는데 주안점을 두는 것이 현명하다.

(2) 특매에 대한 어드바이스와 지원

신문 간지 광고에 의한 전단으로 특매, 특정일 세일, 방송 세일(시간제한이나 선착순, 개수 제한 등) 등 매일 같이 특매를 하고 있다. 따라서 특매에 대한 의의가 희박해졌지만 그렇다고 하지 않을 수 없는 것이 현실이다. 판매업자가 하는 특매는 자기 점포나 취급 상품(제품)을 고객에 널리 홍보하여 인지시키고 구매 촉진시켜 매출을 확대시키기 위하여 실시하는 것이다. 그러나 특매 빈도가 높으면 기획면에서 관성화되기 쉽고 매가만으로 특매하기 쉽다. 그것은 정가판매를 붕괴시키는 원인이 되고 특매가격이 통상적인 판매가격이 되기 쉬운 경향이 있고 또한 이익에 큰 영향을 미치게 된다. 사내나 거래처 특매는 한편에서 지명도 향상이나 브랜드 이미지 침투, 매출 증가 등 큰 장점이 있지만 한편으로는 특매상품(제품)의 선정이나 특매기획안 타성화, 이익률 저하 등 단점도 있다. 매출액에 대한 특매 구성비는 일반적으로 10% 전후가 적당하다고 한다. 따라서 거래처 특성이나 객층, 상품(제품) 구성 등에 따라 다르게 되지만 판매촉진에 의하여 동업 타점과 차별화한 적당한 특매 기획을 제안하고 어드바이스 할 수 있는가 하는 것이 영업인의 영업력(영업수완)에 있어서 중요한 과제가 된다.

(3) 수주활동 촉진과 지원

자사 매출확대를 도모함에 있어서 간단한 방법은 기존 거래 고객・거래처에 전 상품(제품)을 취급하도록 하는 것이다. 그러나 이것은 종합적이며 전략적으로 고찰하여 좋은 방법이라고 할 수 없다. 더욱이 거래처도 특성이 다르고 독자적인 상품(제품) 구성이나 상품(제품) 효율 등을 고려하여 수주를 검토하여 자점의 차별화한 특성을 전면적으로 연출하는데 초점을 두게 된다. 이와 같은 거래는 중점 거래로서의 전 상품(제품)의 취급을 부탁하는 것이다. 자사 전략 상품(제품)이나 중점 상품(제품)을 적극적으로 취급하도록 하는 것이 영업인의 자기의 매출・이익률 확대에 크게 도움이 되며 전략적인 방법인 것이다. 또한 일반 소매점 등은 오랜 경험과 감각으로 상매(商賣)를 하고 있는 일을 많이 볼 수 있다. 관리가 소홀하여 상품(제품) 구성에 낭비, 무리, 차질이 있거나 당연히 필요한 상품(제품)이 진열되지 않거나 반대로 주력 상품(제품)이 아닌 것이 과잉으로 진열 또는 재고로 남아 주력 상품(제품)의 상품(제품) 구색이 나쁘고 품절에 의한 손실이 발생하는 경우가 있다. 팔리지 않는 시대에는 경쟁 타사보다 매출을 올리기 위하여 또는 경쟁 타사와 점유율 경쟁에 있어서 거래처 수주 점유율 확대가 필요한 것이다. 그러므로 진열 상품(제품)이나 재고 상품(제품)을 총 점검하고 그 보충을 통하여 자사 취급 상품(제품)에 대한 계속 수주를 도모하며 비취급 상품(제품)의 적극적인 수주 촉진을 철저히 도모하여야 한다. 점포재고 체크나 보충은 매장 진열상황 등을 수정하면서 자사 상품(제품) 재고상황을 체크하도록 한다. 특히 주력 상품

(제품)에 대하여 품절이 생기지 않도록 항상 보충하도록 점주에게 권유할 필요가 있다. 창고 후방에 재고가 있는 경우는 점포의 진열상품(제품)을 보충하면서 재고 상황을 체크한다. 그리고 점포재고와의 대조로써 적정재고를 검토하고 수주액(량)을 조언하는 일이 중요하다. 계속 상품(제품) 보충이나 수주와 더불어 신상품(제품)을 비롯하여 미취급상품(제품) 수주를 촉진하여야 한다. 앞으로 전략상품(제품)이며 주력상품(제품)이 되는 것이므로 고정상품(제품)만 계속 수주하지 말고 적극적, 계획적으로 수주활동을 촉진할 필요가 있다. 그러므로 다음과 같은 점을 유념하여 미취급상품(제품) 영업을 도모하여야 한다.

① 타점을 포함하여 주력상품(제품) 정보를 제공하여 품종에 대한 조언을 한다.
② 시즌 또는 월에 따라 중점상품(제품)과 타점의 영업상황 정보를 제공하여 중점상품(제품) 확대영업을 설득한다.
③ 담당 지역, 시장 객층에 적합한 상품(제품)을 찾아 그 요인이나 특성을 조사하여 거래처를 소개한다.
④ 자기 담당 지역·시장에서 경쟁 타사 주력상품(제품)을 항상 파악하여 자사 상품(제품)으로 바꾸어 놓도록 노력한다.
⑤ 항상 거래처 점내점유율(수주점유율)을 확대하기 위하여 최선의 노력을 한다.

(4) 진열 상품(제품) 연출(演出) 지원

말단 소매점 등 판매업자는 자점내 유효한 활용을 도모하기 위하여 팔리는 장소에 따라 팔리는 상품(제품)을 배치하여 진열에 신경을 쓰고 항상 자점 활성화를 도모해야 한다. 또한 자사에게 있어서는 판매상품(제품)이 거래처 점내에서 진열상황이나 진열수량, 배치상황 등에서 경쟁 타사와 비교하여 우위 지위를 점유하고 있는가에 대한 큰 관심을 갖는다. 즉 팔리는 장소에 자사 상품(제품)이 진열·배치되었는가 하는 것은 자사 매출액에 큰 영향을 미치기 때문이다. 따라서 영업인은 자기가 담당한 거래처별로, 방문할 때마다 점내 상품(제품)진열이나 배치에 신경을 쓰고 수정하거나 효과적인 연출 등 지원에 유념하여야 한다.

(5) POP광고 지원

POP광고란 Point of purchase의 약자이며 구매시점에서의 광고를 말한다. 구매

시점이란 일반적으로는 「소비자가 소매점 점두나 점내에서 상품(제품)을 구입할 경우 도와 주는 광고」를 말한다. 이 POP광고에는 구체적으로는 간판, 현수막 등 고객 출입을 유도하는 기능을 가진 「점내 POP광고」가 있다. 영업인과 직접 관련이 있는 진열시점의 POP광고이다. 취급상품(제품)의 가격이나 품질, 기능, 용량 등을 소구하는 내용에 맞추어 계절감이나 디럭스감, 품격감 등 개별적인 무드로 연출하는 것이 필요하다. 이 POP광고에는 메이커나 도매점 등이 소매점에 지급하는 것이지만 소매점이 독자적으로 제작하는 것, 영업인이 작성하는 것이 있다. 영업인이 작성한 POP광고는 그대로 거래처에 인도하여 그대로 게시하게 하는 것이 아니라 반드시 거래처와 상담 협력하여 자기 자신의 손으로 눈에 띄는 상품(제품)진열 장소를 선택하여 게시하게 하는 것이 중요하다.

(6) 캠페인 협찬

자사가 추진하는 캠페인에는 거래 고객·거래처를 대상으로 실시하는 것과 말단 소비자를 대상으로 실시하는 두 가지 방법이 있다. 어느 캠페인을 실시하더라도 영업인이 관계되는 것이므로 반드시 캠페인을 실시하는 목적을 명백히 하는 것이 중요하다. 그리고 그 목적·취지를 각 거래 고객·거래처에 충분히 납득시켜 자사와 고객·거래처와 일치한 생각으로 실시하는 것이 캠페인을 성공시키는 열쇠가 된다. 그러므로 다음과 같은 순서에 의하여 캠페인을 전개하는 것이 중요하다.

〈순서 : 1〉 [각 고객·거래처와의 교섭 준비]

① 전회 캠페인 실시를 각 고객·거래처별로 분석한다.
② 캠페인 목적에 비추어 분석 데이터에 의하여 각 고객·거래처별로 목표 수치나 이익 예산 등을 입안한다.

〈순서 : 2〉 [각 고객·거래처와의 실시 방법 교섭]

① 캠페인 목적, 취지, 방법 등을 충분히 설명하여 성과를 기대하도록 한다.
② 캠페인 대상 상품(제품)을 선정하여 영업목표 설정과 기간을 정한다.
③ 캠페인 광고매체와 그 방법을 정한다.
④ 카탈로그, 팸플릿, 프리미엄용품, 씰 등 판매촉진물을 준비한다.
⑤ 지금까지 캠페인 실적 데이터를 보여 주어 적극적인 참가 협력을 요청한다.

⑥ 동업 타점의 실적 데이터 등 정보를 제공하여 경쟁심을 일으킨다.

〈순서 : 3〉 [실시 중 조치]

① 캠페인 목적, 취지를 철저하게 도모하고 지원하며 협력한다.

② 기간 중의 진행은 1주간 또는 10일간 실적 데이터를 파악하여 각 거래처별로 제시 진척도를 검토한다.

③ 목표와 실적을 검토하여 목표달성을 위한 수단·방법을 협의한다.

④ 때로는 영업인의 영업목표가 자기가 담당한 유통점에 좌우된다는 것을 알리고 보다 한층 협력을 부탁한다.

〈순서 : 4〉 [캠페인 결과의 평가·검토와 반성·조치]

① 캠페인 기간 중의 실적 데이터를 파악하여 달성률을 파악한다.

② 각 거래처 캠페인 실적 데이터를 기초로 하여 적절한 평가와 표창 등 인센티브를 도모한다.

③ 달성된 경우 원인을 명확히 하여 거래처와 대화하여 다음 참고로 한다.

④ 달성되지 않은 경우 원인을 규명하여 앞으로 캠페인을 실시할 경우 문제점을 파악 달성하기 위한 새로운 방법이나 대책을 협의한다.

⑤ 이번 캠페인에 참가하여 성과를 올리게 된 것을 감사드리고 다음에도 협력을 요망한다.

제5장 연습(토론)문제

01. 영업실행작전 편성방법에 대해 논하시오.

02. 거래처별 영업작전 편성방법에 대해 논하시오.

03. 신장 지역 · 시장에 대한 영업작전에 대해 논하시오.

04. 표적 고객 · 거래처에 대한 영업작전에 대해 논하시오.

05. 판매촉진책 종류와 내용에 대해 논하시오.

Chapter 06

신규개척 영업활동

제1절 신규개척처 선정과 추진

거래처 점유율의 확대 작전 즉 「신규개척」의 포인트에 대하여 설명하기로 한다.

영업인의 영업성과(실적)향상을 목적으로 활동을 전개하는 것이므로 다음과 같은 공식으로 표현할 수 있다.

영업성과(실적) = [거래 고객・거래처수] × 1사 당 평균 수주・판매액

즉 산식 [ ]의 거래 고객・거래처수를 증가시키는 것이 영업인의 전략적 영업을 추진함에 있어 중요한 영업작전 과제가 된다. 기존 거래 고객・거래처는 항상 거래 선별대상이 되어 우열에 따라서 취사 선택하게 된다. 따라서 담당 고객・거래처수가 감소하면 항상 신규개척을 적극적으로 전개하여 거래처를 보충하며 담당 고객・거래처수의 수비를 도모하거나 향상을 도모하여 매출액 유지・확대와 세 가지 점유율(시장점유율, 거래처점유율, 수주점유율) 향상을 추진하여야 한다.

1. 신규개척처 선정기준 명확화

영업인의 담당 지역・시장 영업기반을 분석하게 되면 많은 거래 대상이 되는 예상객이 있으면서 소수 고객・거래처와 거래하고 있는 경우가 많다. 특히 경쟁

타사와의 거래가 강하고 자사와의 거래가 약한 유력한 신규개척처도 적지 않게 있을 것이다. 즉 자사·타사를 불문하고 "신규개척처 탐색"을 적극적으로 하여 자사 상품(제품) 「수요를 창조」하고 영업성과(실적) 향상을 목표로 하는 것이 영업인의 전략적 활동에 있어 중요한 역할이 된다. 그러므로 먼저 신규개척처로서의 예상객을 자사 거래 고객·거래처로 이끄는 프로세스와 선정기준을 명확히 하여야 한다.

1) 신규개척처 분류

영업인으로써 신규개척활동을 적극적으로 전개하기 위해서는 신규개척처를 어떻게 창출하고 자사 고객·거래처로 유도할 것인가를 검토하여야 한다.

보통 신규개척처를 분류하면 다음과 같은 4가지로 구분할 수 있다.

(1) 예상 불명객(Suspect)

신규예상객이 될 것인가 또는 전혀 예측할 수 없는 상태에 있는 객층을 말한다. 자사 영업대상 에어리어나 테리토리 내의 모든 거래 대상수이며 명부 단계다.

(2) 잠재 예상객(Expect)

현재 아직 구매 의사표시는 전혀 없으나 필요성이나 관심을 갖고 있으며 방문하면 좋은 조건으로 상담절충을 기대하는 상태에 있는 고객층이다.

자사 상품(제품)의 신규개척 가능성이 있으므로 기대객 또는 예상가능객이라 할 수 있다.

(3) 예상객(Prospect)

이미 첫 회 방문을 시도하였으며 상담절충에 들어가거나 들어간 상태에 있는 객층을 의미한다. 신규개척 표적이 되는 객층이며 방문활동에 따라서 자사 거래 고객이 될 수 있다.

(4) 고객(Customer)

이미 자사 고객·거래처가 되어 있는 고객층을 말한다. 유지·확대가 예상되므로 고객카드, 거래처카드, 유저카드, 서비스카드 등으로 중점관리하여야 한다.

이상 분류를 프로세스로 하여 도식화하면 [그림 6-1]과 같다. 영업인 수행하는「신규개척활동」은 아래 그림과 같이 「예상불명객(S)」→「잠재예상객(E)」→「예상객(P)」→「고객(C)」로 진전시키는 활동이다.

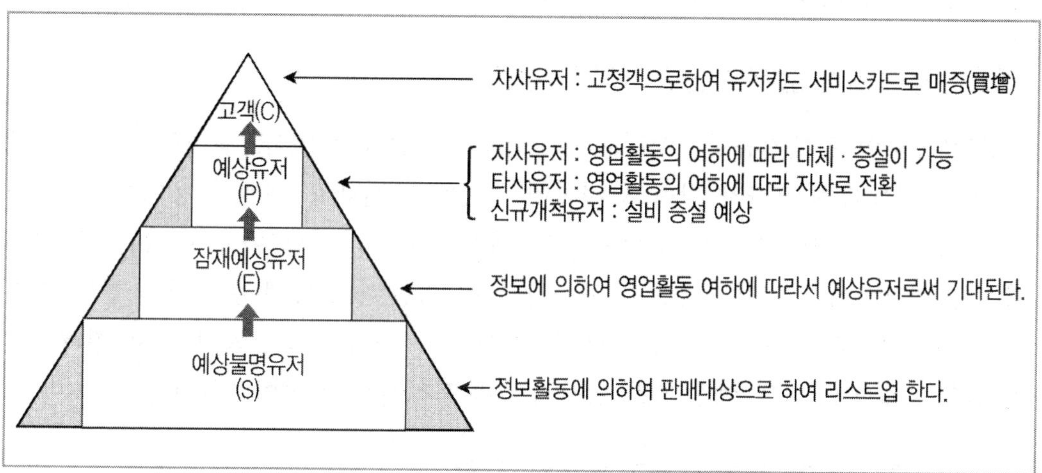

[그림 6-1] 신규 예상객으로부터 자사 고객으로 유도하기 위한 프로세스

2) 신규개척처 선정기준

신규개척을 위한 영업작전을 전개하기 위하여 중요한 것은 다음과 같은 항목으로 신규개척처 선정기준을 명확히 하여야 한다.

(1) 「신용도가 높은」 신규개척처 선정

명단에서 리스트 업한 신규개척 후보에 대하여 신용조사를 실시하여 신용도나 지급능력 등을 파악할 필요가 있다.

(2) 「판매가능량 · 액이 큰」 신규개척처 선정

일반적으로 판매가능량 · 액의 크기는 경쟁 타사가 강하고 개척 곤란도가 높다는 이율배반 경향을 볼 수 있다. 특히 최근 신규개척은 경쟁 타사 거래 고객 · 거래처를 공략하여 자사 거래처로 하는 경쟁관계가 전제되므로 판매가능량 · 액을 우선으로 할 것인가, 용이도를 우선으로 할 것인가 각각 놓인 기업 특성에 다라 영업작전이 달라진다.

(3) 「경비율이 낮은」 신규개척처 선정

경비율이 낮다는 것은 영업인 방문 코스트, 상품(제품)의 배송 코스트 등에서 가능한 근거리(국지전을 할 수 있는 거리)를 우선시키는 것이다. 자기 순회경로나 자사 배송루트 등을 검토하여 경비효율이 높은 신규개척처를 선정하는 것이 중요하다.

(4) 「용이도가 높은」 신규개척처 선정

상기와 같이 판매가능량·액과 용이도라는 큰 관계가 있다. 판매량이나 수주액이 높은 예상객은 타사가 강하고 개척이 곤란하며 반대로 개척이 용이한 곳은 타사도 약하고 판매량이나 수주액이 적은 데가 많다. 따라서 이 모순되는 두 가지 기준은 어느 것을 우선할 것인가 자사가 놓여 있는 경쟁상에 위치에 의한 영업작전으로써 검토할 필요가 있다. 최근에는 판매가능량이나 수주액이 별로 기대되지 않더라도 개척이 쉬운 예상객을 우선적으로 선정하는 경향이 강하다.

(5) 「거점가치가 높은」 신규개척처 선정

담당 지역·시장을 세분화하고 전략지도를 작성하여 그 중에 자신의 거래처를 살펴보면 세분화 지역·시장 중 거래처가 없는 공백지역이 존재한다는 것을 볼 수 있다. 이와 같은 공백지역·시장은 시장성이 낮고 수요가 적으며 신장을 기대할 수 없는 지역·시장인지 분석하면 의외의 맹점이 있는 것을 발견할 수 있다. 이와 같은 경우에는 영업작전에서 보더라도 공백지역을 메우기 위한 거래처 개척이 필요하다. 이와 같은 지역·시장에 있는 신규개척처는 거점가치가 높으므로 적극적인 신규개척을 전개하여야 한다.

(6) 「배팅하지 않는」 신규개척처 선정

배팅을 하지 않는다는 것은 기존 거래 고객·거래처와 신규개척처가 경합관계가 있어서는 안 된다는 것이다. 즉 기존의 거래처와 항상 경쟁 관계에 있는 예상객은 신규개척에서 제외하거나 기존 거래처의 양해를 얻어서 한다. 이상으로 신규개척처를 선정하기 위한 기준으로써 (1)에서 (6)항까지 조건을 들었으나 이 모든 조건을 충족할 수 있는 신규개척처를 선정하는 것은 현실적으로 불가능에 가깝다. 따라서 실제상으로는 신규개척처로 하여 리스트 업한 예상객에 대하여 (1)에서 (6)항까지의 조건에 대하여 중요성에 따라서 평가점을 매겨 우선순위를 정하고 개척처를 선정하여야 한다. 다만 어떠한 신규개척처라도 「신용도가 높다」는 기준은 가장 중요도가 높아야 한다.

2. 신규개척영업 전개와 기본원칙

1) 신규개척 표적과 리스트 업

(1) 신규개척처 표적 결정

신규개척을 전개함에 있어 개척처 기준은 앞에서와 같이 신용도가 높고 판매가능성이 크며 더욱이 기존 거래 고객·거래처와 경쟁관계가 없는 조건을 충족하고 있는 예상객이 이상적이다. 그러나 이와 같은 조건을 충족하고 있는 신규개척처는 거의 자사와 경합하는 타사의 유력한 거래처이다. 이와 같은 신규개척처를 선정하여 신규개척을 하는 것은 타사의 거래 고객·거래처를 공략하여 자사 거래처로 하는 것이 현대 신규개척 영업작전이라 할 수 있다. 신규개척처 선정기준에 의하여 무작정 방문활동을 전개하더라도 간단히 자사와 거래에 응하지 않는 것이 실상이다. 신규개척작전에 있어서도 란체스터 전략의 「표적」을 생각할 필요가 있다. 표적의 영업작전이라고 하더라도 자사가 약자의 경우와 같이 강자의 경우에도 신규개척처의 표적을 결정하는 방법이 다르게 된다. 즉 자사가 약자기업인 경우 경쟁 타사의 1사와 1대1의 「국지전」으로 싸우는 것이 작전의 하나이다. 약자는 여러 회사와 거래 상황에 있는 개척처에서 경쟁하는 것은 불합리함으로 1사 독점 거래 고객·거래처를 표적으로 하여 공략을 도모하는 것이 영업작전상 중요하다. 이와 같은 1사 독점 거래 고객·거래처는 시장정보 등이 1사에서만 들어오기 때문에 정보량이 적고 어떤 불만을 갖고 있는 것이다. 따라서 정보량이 적으므로 업계나 세간의 평가, 소문 등에 약하여 타사 공격에는 약한 면이 있다. 또한 1사 독점 기업에서 고찰하면 자사가 독점하고 있는 거래 고객·거래처라는 데서 안심감을 갖고 영업인도 빈번하게 방문하지 않거나 타사 침식에 대하여 별로 경계심을 갖지 않는다. 이것은 입장을 바꾸어 보면 자사 독점 유력한 거래 고객·거래처에 대하여 방문활동계획이나 고객·거래처 관리를 철저히 하여 경쟁 타사에게 공격 기회를 주지 않는 「수비」가 중요하다는 것이다. 자사가 강자기업 경우 경쟁 타사와 종합력으로 「확률전」으로 싸우는 것이 영업작전의 하나이다. 강자는 담당 지역·시장에 소재 하는 복수기업과의 거래 고객·거래처에서 수주가능량이나 판매가능액이 높은 유력한 예상객을 표적으로 하여 노려야 한다. 자사와 미거래로 유력한 예상객은 여러 회사와 거래관계에 놓여 있으며 더욱 매출을 올리기 위하여 어떠한 수단은 없는가, 자사를 활성화하기 위해서 어떻게 하는 것이 좋은가, 항상 진지하게 생각하여 그 힌트나 정보, 지원 등을 요구하여야 한다. 미거래로 유력한 고객·거래처일수록 강자기업 이미지나 지명도 높이, 우수한 상품(제품)력, 그에 부수하는 판매촉진책이나 서비스 등 많은 것을 기대하는 것이다. 따라서 이와 같은 예상객을 신규개척처로 하여 표적을 선정하고 적극적으로 「공격」의 영업작전을 전개할 필요가 있다.

(2) 신규개척처 리스트·업 방법

신규개척처 리스트·업에 있어서 먼저 검토하여야 할 점으로 신규개척 목표건수를 결정하여야 한다. 영업인의 매출목표는 기존 거래 고객·거래처에서 심층개척에 의하여 100% 달성하고 해마다 향상시킬 수 있는가 하는 것이 문제이다. 반대로 기존 거래 고객·거래처 심층개척활동만으로는 필요한 매출액 목표를 커버할 수 있는가 검토하는 일이 중요하다. 또한 영업작전에서 고찰하여 세분화된 담당 지역·시장에 대하여 신규개척을 적극적으로 전개하는 것은 자사 매출액을 올리는 것과 자사 시장점유율을 높이는 것이며 또한 로스트가 된 기존 고객·거래처를 신규개척선으로 커버하는 것이다. 따라서 신규개척으로써 필요한 건수는 보통 다음과 같은 방법으로 리스트·업하고 있다.

① 기존 거래 고객·거래처의 영업정책을 하나하나 검토하여 심층개척으로 올릴 수 있는 총매출액 목표를 연간, 월간으로 산출한다. 여기서는 당연히 어느 정도의 로스트율을 예산할 필요가 있다(예를 들어 16.7% 정도).

② 자사 총매출액 목표(연간, 월간)에서 심층개척으로 올릴 수 있는 매출액목표를 차감한다. 이 차액이 신규개척으로 획득하여야 할 매출액 목표가 된다. 이 차액이 마이너스(-)가 되는 경우는 자사 총매출액 목표가 낮거나 심층개척 매출액 목표를 과다하게 보는 것이므로 주의를 하여야 한다.

③ 과거 영업실적 데이터를 참고하여 신규개척처로부터의 1호당 평균매출액 목표를 설정한다.

④ 신규개척 필요건수는 신규매출액 목표(= 총매출액 목표－심층개척 매출액목표)를 신규개척처 1호당 평균 매출액 목표로 나누면 구할 수 있다.

그러나 신규개척 목표 호수에 의하여 구체적으로 신규개척처를 리스트 업하여 방문활동을 전개하고 영업을 도모하더라도 반드시 100% 수주로 연결되는 것은 아니다. 따라서 개척예정처 리스트는 신규개척 호수보다 많이 선정할 필요가 있다. 취급 상품(제품)이나 업계 상황 등에 따라서 다르지만 보통 신규개척 호수에 대하여 개척예정처 리스트는 그 6배 정도가 필요하다고 한다. 즉 개척예정처 6호를 방문하여 1호의 거래(수주)가 발생하는 정도의 확률이 된다. 소위 1호의 거래 고객·거래처를 만드는데 6호의 예상객이 필요하며 또 그 6배의 잠재 예상객이 필요하다. 다만 명부(예상 불명객)의 단계에서는 다시 그 6배가 필요한 것이다. 앞의 [그림 6-1]에서 영업인의 신규개척에 있어서는 「예상 불명객(S) : 216호」→「잠재 예상객(E) : 36호」→「예상객(P) : 6호」→「고객(C) : 1호」와 같은 확률이 된다는 것을 의미한다. 따라서 영업인으로써 신규개척을 전개하기 위해서는 상기와 같은 호수율을 생각하여 신규개척률을 어느 정도로 설정하는가를 검토하는 일이 중요하며 신규개척 확률을 어떻게 향상시킬 것인가는 신규개척에서 반드시 필요하다.

2) 신규개척영업 기본 원칙

신규개척을 효율적으로 전개함에 있어서의 7가지 기본 원칙을 설명하면 다음과 같다.

(1) 자기 매출(어프로치)의 원칙

첫 회 방문에서는 「상품(제품)을 팔기 전에 영업인 자신을 팔아라」는 말은 세일즈에 있어 철칙이다. 자기 자신을 파는데 성공하면 최종적으로는 상품(제품)도 팔릴 것이다. 따라서 수주성과만을 추구하지 말고 자기 자신을 신규개척처에 파는 것이 중요하며 경쟁 타사 영업인과 무엇인가 다른 차별화된 것으로 어필하는 것이 중요하다. 예를 들어 방문시간은 약속대로 방문하거나, 방문할 때마다 상대에게 유익한 정보를 반드시 제공하거나, 자기 자신을 팔기 위한 세일링 포인트를 창출하여 그것을 무기로 어프로치에 중점을 두는 것이 기본 원칙이다.

(2) 정일정시방문 원칙

표적으로 하는 개척처를 공격하기 위해서는 방문 빈도 즉 방문회수가 중요한 문제가 된다. 인간관계 조성의 기본은 만나는 회수, 즉 방문회수가 많은 것을 말한다. 더욱이 1일 1회 방문시 보다 깊은 인상을 주는 것이 중요하다. 그러므로 일정한 요일의 일정한 시간에 반드시 방문하는 것이 원칙이다. 일정한 시간이 무리이면 오전중이나 오후나, 정한 시간 내에 또한 영업인 자신의 가장 능률적인 시간대인 A타임에 반드시 방문하도록 연구한다.

(3) 여정잔심(旅情殘心) 원칙

신규개척처에 대하여 반복하여 다시 방문하는 경우에는 돌아올 때 상대에 주는 인상도 매우 중시하는 것이 핵심이다. 돌아올 때 좋은 인상을 주는 매너를 「여정잔심」이라 한다. 만약 돌아올 때 상대에게 나쁜 인상을 주는 경우에는 다음번 방문이 매우 어렵다. 따라서 신규개척만이 아니라 방문활동을 계속하기 위해서는 항상 여정잔심 원칙을 잊어서는 안 된다.

(4) 수용(페이싱과 밀러링) 원칙

페이싱이란 상대 행동 페이스를 받아들이는 것을 말한다. 예를 들어 말을 빠르게 말하는 고객에게는 영업인도 빠르게 대응하는 것이다. 밀러링이란 상대 동작에 대응하여 같은 동작을 하는 것이다. 예를 들어 고객이 미소를 지으면서 이야기하면 영업인도 미소로 응답하는 것이다. 요는 상대의 행동이나 동작 등과 같은 움직임을 영업인도 같이 함으로써 심리적으로 상대에게 접근을 도모하려는 것이다. 페이싱이란 상대의 페이스에 맞추는 것을 의미하며 밀러링이란 영업인 자신이 거울이 되어 거울에 비친 상대와 같은 동작을 하는 것이다. 따라서 이 두 가지가 상대에 대한 「수용」이며 이 원칙을 실천함으로써 신규개척 구매결정권자와 방문한 영업인과의 심리적인 교류를 실현시킬 수 있는 것이며 그 결과에 의하여 상담절충으로 진전시키는 것이 가능해지는 것이다.

(5) 특장점 소구 원칙

신규개척에 의하여 경쟁 타사의 상품(제품)에서 자사 상품(제품)으로 구매를 전환시키기 위해서는 상대의 구매의욕을 환기시켜 촉진시키고 구매결정으로 유도할 필요가 있다. 그러므로 자사 상품(제품)으로 구매 전환한 경우의 특장점을 결정하여 타사에 없는 「내용이 다른 세일링 포인트」를 강조한다. 즉 경쟁 타사와 어떠한 차별화된 세일링 포인트가 자사・영업인・상품(제품)의 3항목에 구비되었는가가 문제가 된다. 상품(제품)에 차별화된 세일링 포인트를 찾지 못하는 경우에는 당연히 기업 자체의 세일링 포인트와 그 결과에 의한 특장점이나 영업인 자신이 갖고 있는 세일링 포인트에 의한 특장점 등을 철저하게 소구하여 설득하는 것이 중요하다. 따라서 특장점 소구 원칙을 효과적으로 실천 전개하기 위해서는 F・A・B・E 분석에 의하여 상품(제품)만이 아니라 회사 전체나 영업인 자신의 세일링 포인트를 스토리화 하는 것이 좋다.

(6) 증거(실증) 작성 원칙

신규개척처 구매결정권자에 대하여 자사 정책이나 상품(제품), 영업인 등을 설득시키기 위해서는 FABE분석에 의한 세일링 포인트만이 아니라 실제 증거를 실증적으로 표시하면서 상담절충을 진행하는 것이 중요하다. 다만 「우리 상품(제품)을 취급하면 돈을 번다」거나 「우리 회사 애프터서비스는 최상의 체제이다」등으로는 실효가 없다. 이와 같은 프레젠테이션 방법으로는 전혀 설득 효과가 없다. 예를 들어 소매점이 상품을 매입할 경우 이익 공헌도 기준의 하나로써 다음 공식을 사용한다.

교차주의비율 = 상품회전율 × 매출이익률

즉 교차주의비율이 높은 상품이 소매점의 이익을 올리는 하나의 지표가 되는 것이다. 예로 현재 취급 상품의 상품회전율이 15회전이며 매출이익률이 20%라고 한다면 교차주의비율은 300이 된다. 그러나 타사 상품은 상품회전율이 15회로 같지만 매출이익률이 25%라면 교차주의비율이 375가 되어 현재 취급상품 보다 1.25배나 이익이 올라가는 것이 된다. 따라서 이와 같은 공식을 사용한 수치로 구체적으로 설명하면 실증할 수 있고 설득력이 있는 것이다. 또한 애프터서비스 등은 자사의 구체적인 서비스 체제를 상세하게 설명하면 실효를 건을 수 있다.

(7) 실례(실적)제시 원칙

신규개척처 구매결정권자가 영업하러 온 영업인이나 기업, 상품(제품) 등을 평가하는 것은 주변에 있는 동업자에 대한 판매(수주)실적이 높은 평가를 받고 있는가 이다. 아무리 차별화한 세일링 포인트나 특장점을 실증적으로 소구하더라도 동업자에 대하여 구체적인 판매 실적이 없다면 구매 니즈가 있더라도 결정하지 않을 것이다. 주변 동업자나 가까운 점포와의 거래가 있고 높은 평가를 받고 있다면 이것을 구체적인 사례로 소개할 수 있다. 거래처에 피해가 되지 않는 범위에서 기존 거래처의 실명, 거래 년수, 거래 실적 등을 들고 자사와 거래를 하는 이점을 충분히 설명할 수 있다. 그것으로 신규개척처와의 상담절충을 적극적으로 전개하고 수주까지 갈 가능성이 있는 것이다. 이 경우의 사례는 가능한 한 상대에게 신선한 것이 효과적이다. 이상과 같은 원칙은 신규개척 성공으로 이끄는 기본적 요점이다. 물론 이 원칙대로 실천하더라도 실패하는 경우가 있다. 그렇다고 하여 원칙이 나쁜 것이 아니라 이 원칙을 어떻게 충실하게 할 것인가가 중요하며 각 원칙을 자사 나름대로 표준화(메뉴얼화)하여 성공에 이르는 노하우로 활용하는 것이 중요하다.

3. 신규개척영업 준비와 추진

신규개척 순서에 의하여 신규개척처를 리스트·업 하였으면 우선 신규개척처 정보를 입수한다. 신규개척을 효과적으로 전개하기 위해서는 방문 전에 개척처에 대한 어느 정도의 정보를 갖고 있어야 한다. 예를 들어 개척처의 자본금이나 연 매출액(기업규모), 상품(제품)구성, 주요한 매입처, 신용상태, 대표자 성명이나 인물평가, 계열관계, 거래은행 등 화제를 풍부하게 갖고 있다면 전혀 지식이 없이 방문하는 것보다 훨씬 상담절충이 잘 진행되고 수주성과도 올릴 수 있다. 신규개척은 경쟁 타사 거래 고객·거래처를 공략하는 것이 중심적 활동이므로 영업인 누구나 효과적으로 진행하도록 그 진행방법을 표준화할 필요가 있다. 다음과 같은 순서를 「신규개척」을 위한 구성으로 하여 명백히 하고 실천·전개하도록 하는 것이 중요하다.

〈순서 : 1〉 [신규개척 중점 에어리어나 중점 테리토리를 명확히 한다]

① 거점 에어리어, 영업인 담당 지역·시장을 세분화한다.

② 신규개척 대상 지역・시장 특성 정보를 파악한다.
③ 자사가 강한 지역・시장, 약한 지역・시장 등을 데이터로 파악하여 매트릭스 분석을 한다.
④ 분석결과에서 신규개척을 위한 중점 에어리어나 테리토리를 명백히 하여 우선순위를 정한다.

〈순서 : 2〉 [신규개척 예정처를 선정한다]

① 영업 대상이 되는 신규개척 예정처 명부를 수집한다.
② 필요에 따라 조사 등을 실시하여 신규개척 예정처 정보를 수집한다.
③ 수집한 개척 예정처 정보는「예상객 카드」등으로 정리한다.

〈순서 : 3〉 [신규개척처를 리스트 업한다]

① 영업인 매출목표에 의하여 신규개척 목표호수를 산출한다.
② 상기「예상객 카드」에서 신규개척처 선정조건에 따라 매트릭스분석 등을 활용하여 개척처를 리스트 업한다.
③ 리스트 업한 개척처 우선순위를 결정한다.

〈순서 : 4〉 [신규개척 계획과 준비]

① 신규개척을 위한「방문활동 프로세스」를 명백히 한다.
② 상기 신규개척처 리스트 우선순위에 의하여 방문활동을 편성한다.
③ 첫 번 방문이나 계속 방문에 있어서 상담체결 진행이나 프레젠테이션 방법 등을 편성해 둔다(공략 포인트를 작성).
④ 방문활동 프로세스나 상담체결 진행방법에 의하여 신규개척 방문활동계획표를 작성한다.
⑤ 판매용구나 자료 등을 준비하고 점검한다.
⑥ 방문 직전의 몸단장 등을 충분히 점검한다.

〈순서 : 5〉 [계획대로 신규개척방문을 실행한다]

① 상기 방문활동계획에 의하여 신규개척방문을 실시한다.
② 신규개척을 성공적으로 이끌기 위하여 다음과 같은 점을 습관화 한다.

- 어프로치 우선 원칙
- 정일, 정시 방문 원칙
- 여정잔심(旅情殘心) 원칙
- 수용 원칙
- 특장점 소구 원칙
- 증거 작성(실증) 원칙
- 실례(실적)소개 원칙

〈순서 : 6〉 [신규개척방문의 진척상황과 영업성과 관리를 실시한다]

① 신규개척의 진척상황관리를 신규개척처별로 실시한다.
② 그 진척상황을 데이터로 정리하여 방문활동 성과를 분석한다.
③ 매월 신규개척성과와 수주실적을 계획에 반영하여 체크한다.
④ 진척상황과 영업성과 관리는 자기체크, 상호체크, 상사체크로 실시한다.

제2절 신규개척 방문활동계획

1. 신규개척 정보수집

기본정보는 사업소 명부, 상점 명부, 상공회의소 명부, 전화번호부, 회사연감 등 각종 간행물에 의하여 파악이 가능하다. 또한 경쟁자에 대한 평가나 영업상태 등은 동업자의 자사 거래 고객·거래처나 출입하는 은행원, 매입업자 등으로부터 들을 수 있을 것이다. 기타 정보는 신규개척처를 방문하였을 때 관찰 조사하거나 상담절충 중에 의하여 수집한다. 특히 첫 번 방문 등은 어디까지나 간행물로 수집한 정보의 배경조사와 보충조사를 중심으로 한다. 다만 이 단계에서 정보수집은 개척처에 대한 정보수집이며 어디까지나 신규개척을 위한 최소한 지식을 파악하는 것을 목표로 하며 최소한으로 아는 범위 내에서 단시간에 수집한다. 신규개척처 정보를 기초로 구체적인 개척계획을 수립하여야 한다. 여기서 특히 신규개척 어프로치 방법이나 방문빈도 계획화 등을 검토한다.

1) 신규개척 어프로치 방법

신규개척시 누구에게 어떠한 어프로치를 하는가, 소개나 커넥션을 이용할 수 없는가 등 검토하여 신규개척에 있어서 어프로치 방법으로 주로 다음과 같은 것이 있다.

(1) 연고에 의한 방법

자사 거래 고객·거래처나 지인·우인 등 연결을 통하여 신규개척처를 탐색하여 어프로치를 전개하는 방법이다. 이 방법은

- 사전에 상대 일을 상당히 알고 있다.
- 이미 어떤 형태로 인간관계가 형성되고 있다.
- 가까운 사람들 중에서 처음부터 거절되는 일이 적다.
- 의리로 이야기를 들어준다.
- 비교적 수주에 연결하기 쉽다.
- 정보를 파악하기 쉽다 … 등의 장점이 있으며 효율이 좋은 방법이므로 적극적으로 활용한다. 그러나 반면에 다음과 같은 문제점이 있으니 주의하여야 한다.
- 거래 조건이 후하게 된다.
- 세일즈 기술 향상에는 별로 도움이 되지 않는다.
- 항상 연고에 의지하기 쉽고 발전성이 희박하다 … 등.

(2) 소개에 의한 방법

다음은 "연쇄소개법"이나 "무한연쇄탐객법"이라는 방법이다. 이것은 상기 연고나 자사 거래 고객·거래처에서 신규개척처를 소개받는 방법이다. 이 방법에는

- 소개이므로 처음부터 거절되는 일이 적다.
- 소개자로부터 상대 정보를 입수할 수 있다.
- 권위 있는 소개자일 경우 수주율이 높다.
- 구입하지 않더라도 다른 소개를 받을 수 있다 … 등의 장점이 있다.

이것은 「연쇄」와 같이 다음에서 다음으로 소개를 받을 수 있으므로 소개자와 좋은 인간관계를 조성하는 것이 중요한 점이 된다. 따라서 소개자를 이용하여 신규개척을 하기 위해서 다음과 같은 점을 충분히 유의할 필요가 있다.

- 강한 영향력을 가진 사람에게 소개를 의뢰한다.
- 자사 거래 고객・거래처에는 적극적으로 소개를 의뢰한다.
- 상대로부터 거절되더라도 반드시 소개를 받는다.
- 방문 전에는 반드시 소개자와 상대의 관계를 잘 확인한다.
- 가능한 소개장이나 명함 이서 등을 받도록 한다.
- 방문한 경과는 반드시 소개자에게 보고하여 감사의 뜻을 잊지 않도록 한다.
- 유력한 소개자라고 하여 상대에게 수주・계약이나 거래 강요는 하지 않는다.
- 방문 시에는 어떠한 기념품이나 물품 등을 제공하는 것을 잊지 않도록 한다.
- 소개자의 영향력에 의한 세일즈 활동은 하지 않는다. … 등

(3) 직접 방문에 의한 방법

연고나 소개 등으로 의뢰한 신규개척은 한도가 있다. 영업대상 목표에 대하여 닥치는 대로 가가호호 방문하여 적극적으로 개척하는 것도 중요하다.

이와 같은 개척에는

- 커넥션 등 인간관계에 의지하지 않는 것이므로 신규개척 한도가 없다.
- 단시간에 많은 방문을 할 수 있다.
- 영업인의 세일즈 기술이 연마된다. … 등의 이점이 있다.

그러나 다음과 같은 결점도 있다.

- 문전에서 거절되는 확률이 높다.
- 상대와의 인간관계 조성에 시간이나 노력이 든다.
- 수주율이 나쁘다.

그러나 직접 방문을 효과적으로 진행하기 위해서는 다음과 같은 방법을 병행하거나 창의적 연구를 하는 것이 중요하다.

- 일정한 지역에 한정한다.
- 업종・업태 등을 한정한다.
- 미리 DM(다이렉트・메일) 등을 발송하여 직접 뛰어든다.
- 전단이나 신문광고 등의 선전광고를 하고 뛰어든다.
- 미리 전화를 하고 뛰어든다.
- 카탈로그나 뉴스 등을 투합하여 뛰어든다 … 등

(4) 정보 활용에 의한 방법

신문, 잡지, 업계지, 사내보 등 기사나 광고(인사이동이나 구인광고 등), 명단 등에서 신규개척처를 리스트・업하여 적극적으로 방문활동을 전개하는 방법이다. 이것은 개척처 니즈(필요성)에 맞게 정보를 제공하는 방법이며 컨설팅・세일즈에는 반드시 필요한 방법이다.

(5) 광고 선전에 의한 방법

TV, 라디오, 신문, 잡지 등의 광고매체나 카탈로그, 편지광고, 전화 등을 활용하여 신규개척을 진행하는 방법이다. 이중 가장 일반적인 것은 DM이나 레터를 발송하여 그 후에 영업인이 방문하거나 전화로 예약하여 방문하고 신문 간지 광고를 한 후 방문하는 등의 방법이다. 신규개척처에 갑자기 예정없이 영업인이 방문하는 것보다 사전에 방문예고를 하여 약속을 받고 방문하는 것이 효과적이다.

(6) 아이디어 활용에 의한 방법

여러 가지 아이디어나 캠페인 등을 활용하여 신규개척하는 방법이다.
예를 들어

- 공장이나 현장 견학
- 전시 직판처 특매 캠페인
- 오피니언・리더 제도 활용 … 등

(7) 서비스 활동 활용에 의한 방법

클레임처리나 아프터 서비스 활동을 이용하여 신규개척을 도모하는 방법이다. 특히 최근은 리폼(Re-form : 개량), 리사이클(Re-cycle : 재생), 리페어(Re-faire : 수리)의 3리 시대이므로 아프터 서비스 활동은 더 한층 중요하다. 여기서 자사 고객 · 거래처만이 아니라 신규개척처에 대하여 상품(제품) · 서비스의 니즈나 설계 · 시공, 보수관리 등의 요망을 충분히 파악하여 순회 서비스나 보수 서비스 등 서비스 체제 확립이 중요한 과제가 된다.

(8) 타이 · 업에 의한 방법

주로 이(異)업종 영업인들이 타이 · 업하여 신규개척처 정보를 교환하여 신규개척을 전개하는 방법이다. 타이 업에 의한 신규개척은 다음과 같은 점에 유의하여야 한다.

- 영업 대상 상품(제품) · 서비스에 관한 정보의 네트워크 강화를 도모한다.
- 정보제공에 대한 제휴 내용이나 조건을 명백히 한다.
- 타이 · 업선과 커뮤니케이션을 긴밀하게 하여 좋은 인간관계를 형성한다.
- 타이 · 업선에 대하여 결코 무리하게 강요하지 않는다.

또 타이 업선으로써 생각되는 주요한 상대는 다음과 같다.

- 금융기관과 그 관련 업체와 제휴
- 건축업자, 설계 사무소와 그 관련 업체와 제휴
- 부동산 업자, 그 관련 업체와 제휴
- 타 업계 메이커, 도매업자 등과 제휴
- 관공서 정보
- 기타 제휴 : 신문 판매점, 주점, 생명보험, 손해보험 대리점, 이발관, 미용실, 기타 업종 외무원 등

이와 같은 타이 · 업선에 대하여 어떠한 방법으로 타이 · 업을 도모할 것인가는 유력한 개척처 정보를 수집하기 위하여 검토할 사항이 있다. 즉,

- 관계 관청, 조합, 공업회, 협회 등 단체에서 지위가 높은 사람과 제휴하여 소개를 받는다.
- 자사 특징, 제도, 기술, 품질, 성능, 공정 능력, 아프터 서비스 등을 입증한다.

- 설계, 견적에 필요한 자료를 배포한다.
- 종합 카탈로그(사양, 가격, 성능, 구조, 납기 등)나 회사 안내서 등을 배포한다.
- 계획적인 방문활동 등을 전개하여 그때마다 유익한 정보・자료 등을 배포한다.
- 상품(제품)설명회, 전시회 등으로 초대나 캠페인 참가, 의견교환 등으로 신뢰 관계를 높이도록 한다.

이상 신규개척시 여러 가지 방법의 포인트를 설명하였으나 보다 효과적인 개척을 진행하기 위해서는 단일 방법만이 아니라 자기에게 가장 적절한 방법을 몇 가지 구성하여 하나의 시스템(표준)을 작성하는 것이 중요하다.

2) 방문 빈도(회수) 계획화

신규 예상객 개척은 그렇게 간단히 되지 않는 것이 현실이며 신규개척시 예상객과 인간관계 조성이 포인트가 된다. 인간관계를 원만히 이루기 위해서는 만나는 회수, 즉 방문 빈도수가 중요한 요인이 된다. 상대에서 보면 갑자기 방문하는 영업인과는 초대면이며 인품이나 회사 실상을 모르니 바로 거래를 하려고 하지 않는다. 또한 영업인에게도 첫 회 방문에서 신규개척처 특성이나 신용상태 등을 파악할 수 없으므로 갑자기 상담에 들어갈 수 없다. 일반적으로 신규개척 3~4회 방문하여 비로소 가능한가를 판단할 수 있는 것이 보통이다. 따라서 첫 회 방문에서 3회 정도 방문까지 다음과 같은 포인트를 파악하여 본격적인 상담절충에 들어가기 위한 준비를 하는 것이 중요하다.

- 신규개척처가 자사에 적합한 예상객인지 여부
- 상대의 욕구나 원함의 포인트는 무엇인가
- 현재의 매입처에 대한 만족도나 불만점은 무엇인가
- 구매결정권자와 결정에 영향을 미치는 사람은 누구며 담당부서는 어디인가
- 판매가능량(수주 규모)이나 신용도는 어떠한가

보통 1~2회의 방문에서 가망이 없다고 판단하여 단념하는 사례가 많다. 신규개척은 그렇게 간단한 것이 아니라는 것을 인식하여 적어도 4~5회 방문해서 상담절충 피크로 하는 프로세스 계획화를 도모하고 충분히 시간을 두고 끈기있게

달려드는 것이 신규개척 성공에 이르는 포인트이다. 그러므로 표적으로 하는 개개 신규개척처 욕구나 원함, 특성 등을 고려하여 상대에 적합한 방문빈도 계획화를 도모하고 방문회수에 따라 상대에게 주는 메리트나 프레젠테이션 내용(설득방법이나 화법 등) 등을 표준화할 필요가 있다.

3) 기타 검토사항

기타 신규개척에서 사전에 검토할 사항으로는 다음과 같다.

- 자기와 자사 무엇을 세일링 포인트로 하여 영업할 것인가
- 영업할 상품(제품)을 어떻게 설명하고 프레젠테이션을 도모할 것인가
- 초기 거래조건 등 상대에게 미치는 특징은 어떻게 설정할 것인가
- 초기 여신한도는 어느 정도 설정하는가

특히 거래조건(가격·양, 납기, 지급조건 등)과 여신한도에 대하여는 신규개척처 실정에 맞게 상사와 상담하여 개별적으로 설정하는 것이 중요하다.

2. 신규개척 설득 프로그램 작성

신규개척시 필요한 영업자료나 용구로써 회사안내서, 종합카탈로그, 명함, 상품견본, 어프로치북, 계산기, 기타 필기용구 등을 준비하고 점검한다. 특히 영업인은 상담절충에 필요한 일체 준비, 점검을 하는 것이 중요하다. 그러므로 영업 준비물 체크리스트를 작성하고 초회 방문에서나 재방문에서나 잊지 않도록 한다. 어프로치북 등은 프레젠테이션에 불가결한 것이며 다음에 설명하는 FABE분석에 의하여 작성하여야 한다.

1) 첫 회 방문에 있어서 상담절충 구성

신규개척에 있어서 첫 회 방문 목적은 다음과 같은 포인트를 고려하여야 한다.

- 첫인상에 의한 호감도 조성

• 유효한 인간관계 무드 조성
• 정보 제시와 수집 … 등이 중요한 것이다.

신규개척처는 경쟁 타사 상품을(제품) 취급하는 곳이 많으므로 상대가 구매할 의사가 없는 것 이외에는 너무 처음부터 적극적으로 자사 상품(제품)의 판매를 유도하면 강한 거부감이나 거절을 하는 경우가 많다. 첫 회 방문은 신규개척처와의 「대면」을 중시하여야 한다. 즉, 상대를 충분히 파악하고 자기도 알리도록 하는데 중점을 두고 방문하여 상대에게 자기에게 관심을 갖도록 유념한다. 그리고 급속히 거래하기 위한 상담 절충을 서두르지 말고 단시간에 방문을 마치고 다음 방문 동기를 만들도록 한다. 첫 회 방문 효과를 올리기 위하여 미리 첫 회 방문에서 상담절충 내용이나 그 진행방법을 구상하는 것이 중요하다. 즉, 신규개척처와 상담을 위한 영업인 태도나 방법, 상담절충 진행방법 등을 표준화하여 누구나 상대에 따라 임기응변으로 대처할 수 있도록 한다.

2) FABE분석에 의한 세일링 포인트 작성

보통 「상품(제품)을 팔기 전에 상품(제품)의 효용가치를 팔아라」고 한다. 이 효용가치를 선명하게 하는 수법이 FABE(페어베) 분석이라 한다. 이 FABE 분석에 의한 세일링·포인트 작성 방법 순서는 다음과 같다.

〈순서 : 1〉 각 상품(제품)별로 매출처(영업대상)를 명백히 한다.

〈순서 : 2〉 각 상품(제품)별로 효용가치 8가지 속성을 명백히 한다.

예를 들어
• 내구 소비재에서는 성능, 구조, 재질, 기능, 용도, 내구성, 디자인, 가격 등
• 일반 소비재에서는 품질, 맛, 색상, 포장, 용도, 제조 방법, 선도, 가격 등
• 산업 생산재에서는 품질, 기능, 재질, 구조, 가공법, 내구성, 경제성, 가격 등

〈순서 : 3〉 효용가치별로 「F(특징)」 → 「A(이점)」 → 「B(이익, 혜택)」 → 「E(증거)」와 같이 검토하여 F·A·B·E 별로 구체적으로 기입한다.

• F(Feature) : 특징

그 상품(제품)이 갖고 있는 특징이나 특색을 명백히 한다.

- A(Advantage) : 이점
  그 상품(제품)이 갖고 있는 특징이나 특색은 이점으로써 어떠한 작용과 역할을 하는 것인가를 명백히 한다.
- B(Benefit) : 이익, 혜택
  그 이점은 고객에게 어떠한 이익, 혜택을 가져오는가를 명백히 한다.
- E(Evidence) : 증거
  특징(F), 이점(A), 이익(B)을 배경으로 구체적인 증거를 명백히 한다.
  예를 들어 제3자 사용사례, 견본, 샘플, 증거사진, 데이터, 분석자료, 증명서 등 증거가 되는 판매자료로써 준비한다.

〈순서 : 4〉 이를 정리하여 각 상품(제품)의 「효용가치」와 「FABE」 일람표를 작성한다.

〈순서 : 5〉 일람표를 수인 또는 개인이 보고 검토하여 효용가치 속성별로 F(특징) → A(이점) → B(이익, 혜택) → E(증거)의 흐름에서 세일링 포인트를 스토리가 되도록 정리한다.

3) 방문 직전 몸단장 점검

복장이나 몸단장은 보이는 인격이라 할 정도로 중요하며 영업인 첫 인상을 결정하는 포인트이고 신규개척처 구매결정권자나 면담자가 첫 대면 영업인을 평가하는 첫 번째 순서는 무엇보다 복장이나 몸단장이다. 예를 들어 더럽혀진 복장이나 칠칠한 몸단장한 영업인은 본인 인격이나 인간성뿐만이 아니라 회사 판매상품까지 평가를 절하하거나 이미지를 나쁘게 한다. 신규개척에 있어서는 첫 대면 인상이 매우 중요하다. 개척처 누구나 호감을 갖도록 청결하고 건강한 인상을 주는 복장이나 몸단장에 유의할 필요가 있다.

제3절 신규개척 구체적 사례

1. A지구 신규개척 사례

새로운 거래처를 개척하라는 말은 흔히 한다. 그러나 이것은 여러 가지 사전에 검토하고 연구해야 할 문제가 많은 것이다. 거래처에 대한 신용조사, 거래조건, 기존거래처와의 경합에서 오는 반발 등 문제가 있는 것이다. 그런가 하면 무턱대고 지역적인 배분만 해 놓고 기존 영업인과의 관계를 고려 없이 신입사원을 투입하는 일이 있다. 이렇게 되면 인접해 있는 거래처를 같은 회사 영업인이 각각 거래하는가 하면 그 거래조건이 일정치 않아 여러 가지 부작용이 생기는 일도 많다. 신규개척에는 일정한 방침을 세워야 하고 또한 일정기간이 지나면 이를 재배분해야 하는 것이다. 물론 거래처와 안면이 있다고 해서 무턱대고 영업인을 교체하는 것은 고려해야 할 때가 있다. 그러나 적절한 정기적인 영업인 배치전환은 거래조건 개선이나 심지어 영업인 부정을 발견할 수 있는 계기가 되는 것이어서 필요할 경우가 많다. 어떻든 신규개척에는 일정한 방침과 규정이 있어야 한다. 여기에 하나의 사례를 들어 본다. A지구에 식품 메이커 A, B, C 3사가 경합하고 있다. 이 3사 A지구에서의 거래처 개척에 대한 다음 〈표 6-1〉과 같은 자료를 얻을 수가 있다. 이 자료로 3사 거래처 개척에 대한 정책을 검토해 본다. 먼저 A지구 지도에다 3사 거래처를 스포트해 본다. 거래처수만 보면 메이커 A, B, C 순위로 나타나고 있다. 그러나 입지조건으로 본 거래처 등급으로 보면 도리어 메이커 C가 좋은 것 같이 보인다. 지금 등급 a를 3점, b를 1점, c를 0.5점으로 보고 3사 영업효율을 환산해 보면 〈표 6-3〉과 같다. 따라서 각 메이커 거래처 영업효율로 보면 C메이커가 가장 높은 거래처 배치계획을 실시하고 있음을 알 수 있다. 왜 메이커 C가 좋은가를 다른 각도에서 찾아본다. 각 메이커 거래처 설치를 위한 발전형태분석을 위해 A지구 지도위에 각 메이커별로 그려 보는 것이다.

〈표 6-1〉 A지구 거래처 실태

거래처명	01	02	03	04	05	06	07	08	09	10	11	12	13	14	15	16	17	18	19
개척연도	17	15	13	11	11	15	17	17	15	15	13	13	13	13	17	17	15	15	15
입지조건	c	b	b	c	b	b	c	c	b	b	b	b	b	b	c	b	b	b	b
거래메이커	B	B	B	B	B	B	B	B	B	B	B	B	B	B	B	B	B	B	B

거래처명	20	21	22	23	24	25	26	27	28	29	30	31	32	33	34	35	36	37	38
개척연도	15	15	17	17	17	15	17	17	15	17	17	17	17	17	17	15	15	13	15
입지조건	b	b	b	b	b	b	a	a	a	b	a	b	b	b	a	a	b	a	b
거래메이커	B	B	B	B	B	B	B	B	C	B	B	C	C	C	C	C	C	C	C

거래처명	39	40	41	42	43	44	45	46	47	48	49	50	51	52	53	54	55	56	57
개척연도	17	15	17	17	15	17	17	15	15	13	13	10	15	17	13	13	15	13	13
입지조건	a	a	b	b	b	b	b	a	b	b	b	b	b	b	a	b	c	b	b
거래메이커	A	A	A	A	A	A	C	C	C	C	C	C	C	A	A	A	C	C	C

거래처명	58	59	60	61	62	63	64	65	66	67	68	69	70	71	72	73	74	75	76
개척연도	13	15	15	15	13	10	10	13	15	17	15	15	17	15	13	13	13	15	17
입지조건	b	b	b	b	b	b	b	b	b	c	b	b	b	b	b	b	b	b	b
거래메이커	C	C	A	A	A	A	A	A	A	A	C	C	A	A	A	A	A	A	A

거래처명	77	78	79	80	81	82	83	84	85
개척연도	17	17	15	15	17	17	17	17	17
입지조건	b	b	b	b	b	b	b	b	c
거래메이커	A	A	A	A	A	A	A	A	A

(주) 입지조건은 거래처 등급이기도 함.

〈표 6-2〉 A지구 등급별 분포

입지조건 \ 메이커		A	B	C	합계
거래처 등급	a	3점포	3점포	5점포	11점포
	b	28	22	17	67
	c	2	4	1	7
합 계		33	29	23	85
거래처(%)		38.8	34.1	27.1	100
순 위		①	②	③	

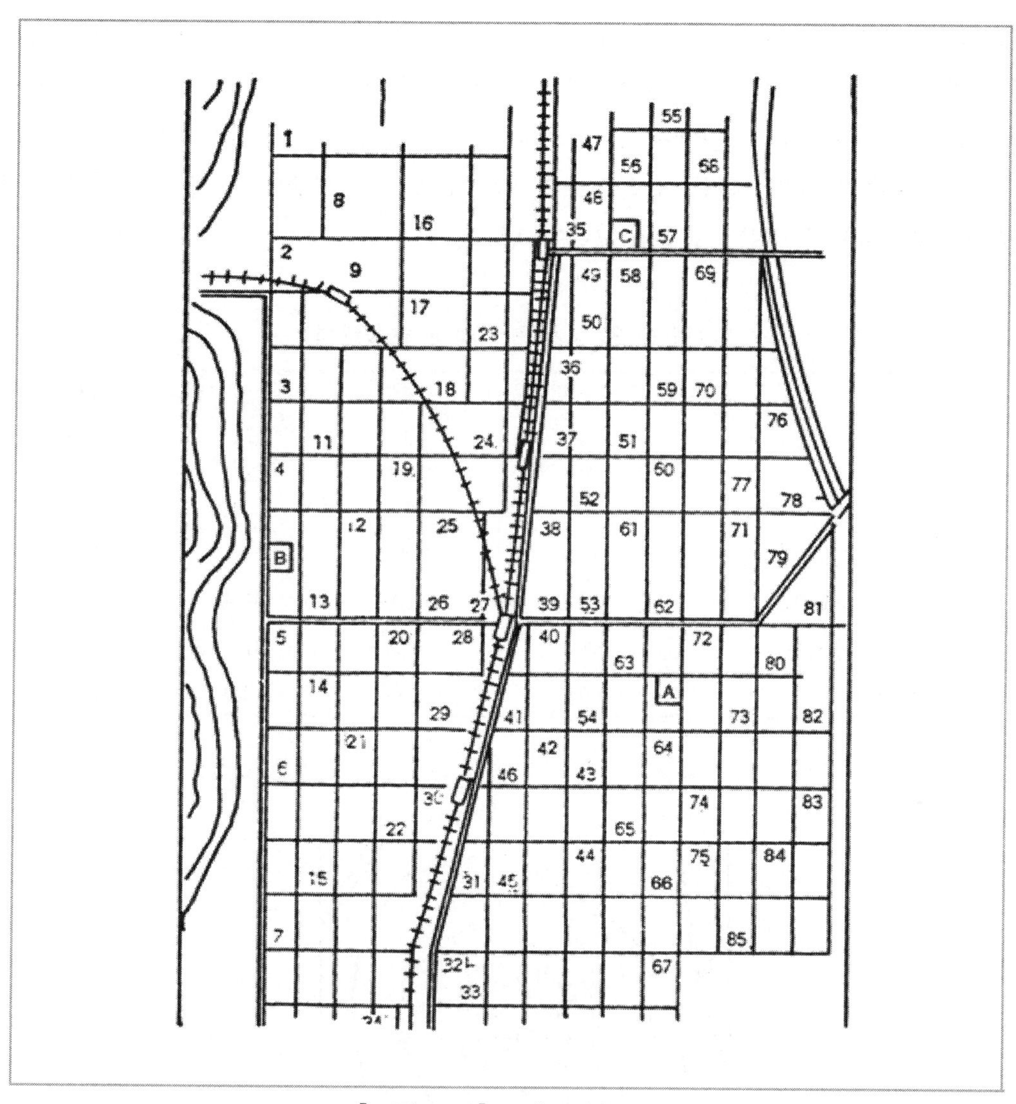

[그림 6-2] A지구 분포도

그 결과는 [그림 6-3], [그림 6-4], [그림 6-5]와 같이 나타나고 있다. 이것은 곧 마케팅 지도(marketing map)가 되나 메이커 A 경우 매년 방사상태(放射狀態)로 발전하고 있다. 이러한 방식이 만일 선별 중점주의에 의해 개척한 결과라면 좋은 방법이다. 그러나 메이커 A 경우 b급 거래처가 많은 것이 막연하고 무계획적인 개척임을 알 수 있다. 메이커 B 경우 늘 회사 입지조건에서 오는 것도 있으려니와 결과는 반원 방사형이며 효율은 메이커 A보다 나쁘게 나타나고 있다. 끝으로 메이커 C 경우 발전방식이 직선적이다. 그것도 버스노선을 따라 남하정책을 쓰고 있으며 요소만 확보한 감이 있다. 이런 것으로 미루어보아 메이커 C가 효율이 좋은 이유를 알 수 있다. 위에서 본 것으로 알 수 있듯이 거래처가 많은 것이 반드시 좋은 것은 아니다. 최근 고속도로의 발달로 1일 경제권이 넓어지고 있기 때문에 거래처 개척에 깊은 고려가 있어야 할 것이다.

〈표 6-3〉 A지구 거래처 효율분석

메이커		A	B	C	합계
매출액	a(3)	9	9	15	33
	b(1)	28	22	17	67
	c(0.5)	1	2	0.5	3.5
합 계		38.0	33.0	32.5	103.5
① 매 출 액		36.7	31.9	31.4	100.0
② 거래처수		38.8	34.1	27.1	100.0
영업효율 ①÷②		0.946	0.935	1.159	100.0

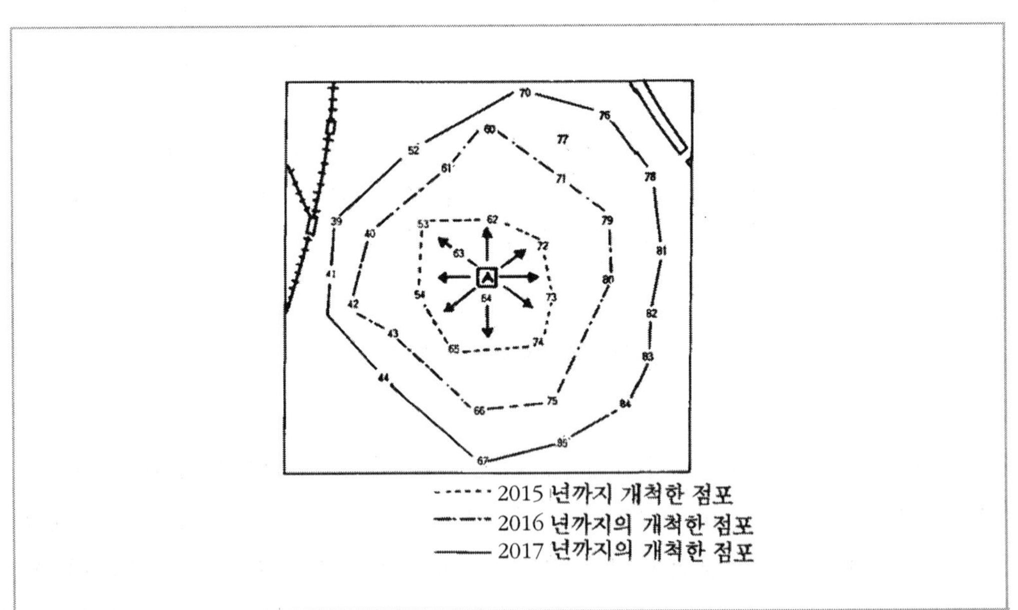

[그림 6-3] 메이커 A 분포

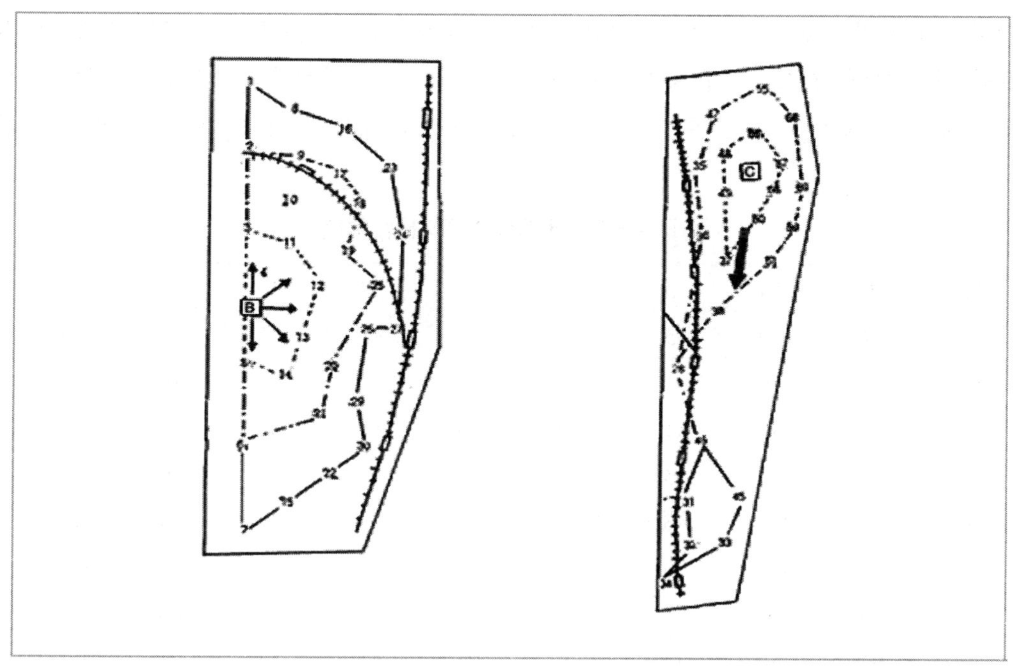

[그림 6-4] 메이커 B 분포　　　　[그림 6-5] 메이커 C 분포

2. 공급분포를 넓힌 사례

상품(제품)에 따라서 될수록 취급점을 많이 가질수록 좋은 때가 있다. 식품과 같은 구매빈도가 높은 일용품은 거래처수가 많을수록 좋은 것이다. 그러나 거래처가 많으면 자연 영업인수도 많아지고 외상 잔액이 많아지는 폐단도 있다. 이러한 문제를 고려하면서 거래처에서 사장되는 것이 없도록 적정량을 골고루 깔아 놓은 것이 유리할 때는 이에 힘써야 할 것이다. 이에 여기에서 또 하나의 사례를 들어 본다. K식품회사는 될수록 자사 상품(제품) 취급점을 많이 가지는 것을 회사 방침으로 삼고 있다. 이에 B지구 식품점에 대해 100점포를 무작위 추출하여 자사품 재고유무를 조사해 본 결과 〈표 6-4〉와 같은 자료를 얻었다. 여기에서 보면 K사 상품(제품)이 전혀 없는 곳이 25점포나 있었다. 이 25점포는 지금까지 K사 상품(제품)을 취급한 일이 없었는지 또는 취급하기는 하나 너무나 유명품이라 다 팔려서 현재 재고가 영 (0)인가를 알 수가 없다. 이것만 명백히 되면 이에 대한 대책을 세울 수 있을 것이다. 얼핏 보기에는 너무나 막연한 것같이 보이며 해

석하기에 따라서는 답은 전혀 반대로 나올 수도 있을 것이다. 여기에서 먼저 자료를 정리하여 히스토그램 (柱狀圖)를 그려 본다. 즉 가로축에 재고량을 놓고, 세로축에 거래처수를 놓고 도표를 그려보면 [그림 6-6]과 같이 된다. 여기에서 보면

〈표 6-4〉 거래처당 자사품 실태

11	0	24	3	0	70	0	21	73	0
27	79	0	13	47	17	68	0	120	580
36	15	0	36	0	188	0	565	19	0
0	41	18	51	0	6	85	25	315	90
29	0	4	33	81	0	75	11	0	24
60	0	103	48	12	56	34	550	45	17
14	38	173	0	23	65	0	7	35	285
94	0	67	45	145	8	41	165	63	0
31	97	18	7	0	192	152	14	0	230
30	0	105	43	131	10	0	44	149	0

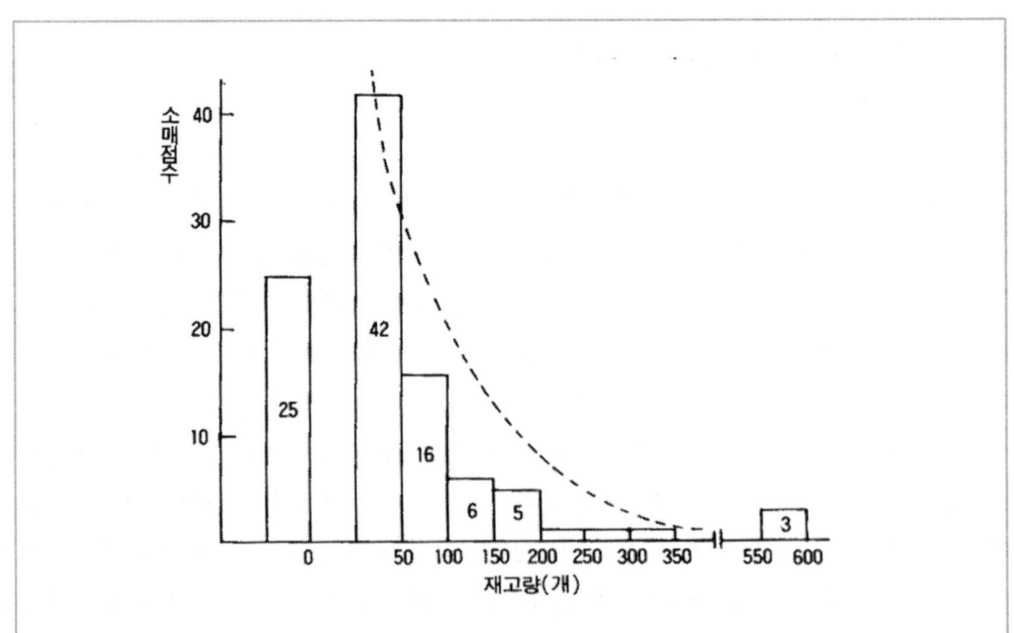

[그림 6-6] 자사품 분포 편대수 그래프

재고량 0이 25점포, 1 ~ 50개까지가 42점포, 51 ~ 100개가 16점포로 50개 단위로 나눈 것이다. 대부분이 50개 이하임을 알 수가 있다. 그러나 재고량 0인 거래처가 어떤 의미를 지니는 것인지는 아직 알 수가 없다.

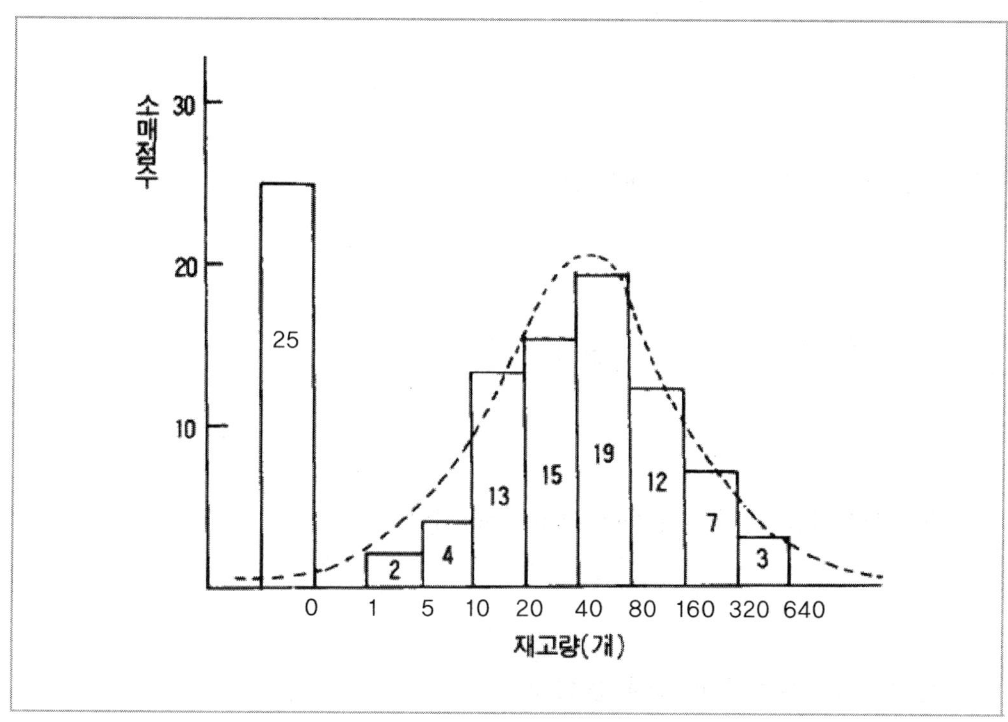

[그림 6-7] 자사품 분포 편대수 그래프

여기에서 다시 [그림 6-7]과 같이 가로축에는 대수 눈금을, 세로축에 보통 눈금을 사용한 편대수(片對數)그래프를 그려 보는 것이다 여기에서 보면 거래처 1점당 재고량은 40 ~ 80개를 평균하여 종상형 분포를 보이고 있음을 알 수가 있다. 그리고 재고량 영 (0)인 25점포는 종상형 그룹에서 떨어진 딴 그룹에 속해 있음을 알 수가 있다. 따라서 이 25점포 중에 거의 전부가 K사 상품(제품)을 취급하고 있지 않으며 취급하다가 전부 팔려 재고 0 인 곳은 불과 1점포 정도임을 알 수가 있다. 여기에서 알 수 있듯이 자료는 목적에 따라 정리할 필요가 있으며 그렇게 함으로써 숫자가 지닌 의미를 올바르게 부각시킬 수가 있는 것이다.

제6장 연습(토론)문제

01. 신규개척처 선정기준에 대해 논하시오.

02. 신규개척영업 전개와 기본 원칙에 대해 논하시오.

03. 신규개척영업 준비와 추진에 대해 논하시오.

04. 신규개척 정보수집에 대해 논하시오.

05. 신규개척 설득 프로그램 작성에 대해 논하시오.

Chapter 07

심층개척 영업활동

제1절 심층개척 영업전개

전략적 영업을 실천 전개하기 위하여 영업작전으로써 다음 3가지 점유율향상 목적으로 작전을 고려하는 것은 이미 개략하였다.

- 수주 점유율 향상 작전- 거래 고객・거래처 1사당 수주・판매액 증가를 도모한다.
- 거래처 점유율 확대 작전 -거래 고객・거래처수 증가를 도모한다.
- 양면 향상 작전- 1사당 수주・판매액과 거래 고객・거래처수 증가를 도모한다.

이 영업작전은 영업인의 구체적 활동 차원에서 공식화하면 다음과 같이 표현한다.

영업성과(실적) = 거래 고객・거래처수 × [1 사당 수주・판매액]

따라서 상기 식에서 □의 범위 안에 들어가는 거래 고객・거래처 1사당 수주・판매액을 어떻게 향상시킬가는 영업인 전략적 활동으로써 중요한 영업작전 과제이며 이것은 상기 「수주 점유율 향상 작전」이며 심층개척을 위한 영업작전이다. 그러나 심층작전에 있어서도 다음 두 가지 활동 방향이 있다는 것을 잊어서는 안 된다.

- 거래 고객·거래처에 있어서 수주·판매액 유지 : 현 상품(제품)·서비스 등의 리피트에 의한 고정 고객화
- 거래 고객·거래처로부터 수주·판매액 확대 : 신 상품(제품)·신 서비스 등으로 확대 육성화

1. 심층개척 정보수집

기존 거래 고객·거래처에 대한 심층개척 작전을 실천 전개함에 있어서 모든 거래처에 대하여 총체적으로 실시하여서는 방문활동 효율이나 효과면에서 결코 득책이 아니다. 영업성과 향상에 결부한 효과적·효율적인 영업활동을 전개하기 위해서 고객·거래처는 중요도나 우선도, 중점과제 등에 따라서 층별 하여 중점적인 활동이나 방향을 설정하는 것이 중요하다.

1) 기존 고객·거래처 영업작전 정보

심층개척 작전을 실행하기 위하여 ABC와 같은 구분으로 랭크를 정하였으면 당연히 그 랭크에 들어가는 고객·거래처별로 정보를 정확하게 파악하는 것이 중요하다. 여기서 영업작전에 필요한 정보는 다음과 같은 항목을 들 수 있다.

(1) 자사 상품(제품)·서비스에 대한 영업의욕(로열티 등)
(2) 타사 상품(제품)·서비스와 경합의 실태와 그 포인트
(3) 자사 상품(제품)·서비스 영업에 적합한 경로나 업종 등에 유통하고 있는가 여부
(4) 유통경로는 지역·시장을 충분히 커버하고 있는가 여부
(5) 어느 지역·시장에 강하고, 어느 지역·시장에 약한가
(6) 어떠한 영업방법을 채택하고 있는가
(7) 경영자성격, 경영이념, 경영방침 등에서 발전성은 어떠한가
(8) 월매출 또는 연매출 규모, 종업원 신장 등 기업경영 성장, 발전상황은 어떠한가
(9) 어떠한 유통경로에 강하고 어느 경로에 약한가

(10) 어느 수요분야(업종 등)에 강하고 어느 분야에 약한가
(11) 재(再)판매처는 어떠한 업종, 규모에 많은가
(12) 당해 업계로부터 평판이나 판매처로부터 평가는 어떠한가
(13) 신용도나 여신한도는 어떠한가
(14) 상품(제품)·서비스 구성, 주력상품, 서비스와 브랜드는 무엇인가
(15) 재고방침이나 재고상황은 어떠한가 …등

2) 경쟁 상태 영업작전 정보

타사와의 경쟁상황은 최종적으로 점유율로 측정되지만 거래 고객·거래처별로 발생하는 것과 지역·시장 단위로 넓은 범위에서 상품(제품)별로 경쟁이 발생하는 것이 영업작전상 고려된다. 전자는 「단일 경쟁」이라 하며 주로 고객·거래처별 수주점유율(인 스토어 점유율)이 영업작전상 과제가 된다. 또한 후자는 「복합 경쟁」이라는 것이며 주로 상품(제품)별의 시장점유율(마켓 점유율)이 영업작전의 큰 과제가 된다.

(1) 단일 경쟁 정보

A. 고객에 대하여 파악할 정보

- 경쟁기업과의 관계나 친밀도는 어떠한가
- 조직 변경이나 담당자 교체 등 상황은 어떠한가
- 그 변경이나 교체로 인한 영향은 없는가
- 각사 각 상품(제품) 구매상황은 어떠한가
- 니즈나 원츠는 무엇인가, 변화하고 있지 않은가

B. 상품(제품)서비스에 관하여 파악할 정보

- 각사 상품(제품), 서비스별 시장점유율은 어느 정도인가, 그 추이는 어떠한가
- 각사 상품(제품), 서비스 지명도, 평가, 영업 상황은 어떠한가
- 각사 상품(제품), 서비스 품질·성능 등 특징은 무엇인가
- 각사 상품(제품), 서비스 가격 구성이나 시장가격은 어떠한가
- 기호 변화는 없는가

- 각사 신상품이나 신 서비스 개발상황과 영업상황은 어떠한가
- 각사 모델·체인지(개량·개선) 상황은 어떠한가
- 각사 애프터서비스나 클레임 처리 상황은 어떠한가
- 再판매처 니즈나 원츠는 무엇인가
- 당해 상품(제품)·서비스 수요동향은 어떠한가
- 각사 거래조건은 어느 정도 차이가 있는가, 또한 변경은 없는가
- 각사 프리미엄, 리베이트 등 판매촉진책은 어떠한가
- 각사 광고선전 등 효과와 평가는 어떠한가

C. 경쟁기업에 관하여 파악할 정보
- 신규거래 개척처인가 여부
- 판매방법, 지급방법은 어떠한가
- 담당지역·시장내에서 거래 고객·거래처수와 그 영업상황은 어떠한가
- 서비스방법이나 분류 등 어떠한가
- 영업인 방문빈도나 상담절충 등 활동상황은 어떠한가
- 영업인 행동시간은 어떠한가 … 등

(2) 복합 경쟁 정보

A. 경쟁 발생 상황
- 경쟁기업은 1사인가 복수 기업인가, 그 경우 점유율은 어느 정도인가
- 거래 고객·거래처도 1사 뿐인가 고객·거래처간에 계통성은 없는가, 고객·거래처에 특이성은 없는가
- 상품(제품)·서비스는 동종인가, 유사인가, 이종인가, 고급인가, 중급인가, 염가인가
- 특정지역이나 시장뿐인가, 광범위한 지역·시장인가 … 등

B. 경쟁 내용
- 가격인하에 의한 것인가
- 에누리 요구에 의한 것인가
- 품질, 성능 등 차이에 의한 것인가

- 판매정책에 의한 것인가
- 거래조건 변경에 의한 것인가
- 서비스 강화에 의한 것인가
- 물류 충실에 의한 것인가 … 등

C. 경쟁 배경 요인

- 점유율 향상 때문인가
- 수요경향 변화 때문인가
- 상품(제품) 라이프 사이클 때문인가
- 물류체제 변경에 의한 것인가
- 기업계열화 진행에 의한 것인가
- 새로운 유통경로를 개척하기 때문인가
- 유통점, 영업점 조직 강화 또는 재편성 때문인가 … 등

D. 경쟁 발생 시기

- 언제부터 경쟁이 치열하였는가
- 각 지역·시장이 모두 그러한가, 중점 지역·시장으로부터 순서적으로 파급될 것인가 … 등

E. 경쟁 반응 상황

- 주요 중점 고객·거래처 반응은 어떠한가
- 경쟁에 이기고 있는가, 패하고 있는가
- 그 승리원인이나 패인은 무엇인가
- 다른 동업자 반응은 어떠한가
- 다른 메이커 반응은 어떠한가 … 등

이상과 같이 경쟁 실태에 대하여 중요한 포인트를 스토리로 정리하면 영업작전에 도움이 된다.

3) 「위험 거래처」 징후 정보

거래 고객·거래처 심층개척 작전을 실행함에 있어 잊어서는 안 될 사항에 고객·거래처 위험정보를 파악하는 것이다. 어떠한 우량기업이라 하더라도 절대로 도산하지 않는다는 보장은 없다. 거래처가 도산하여서는 늦으므로 미리 위기관리적인 개념으로 「위험한 회사」 징후를 정보에 의하여 파악하는 것은 영업작전 낭비를 방지함에 있어 반드시 필요한 것이다. 여기서 「위험한 거래처」 징후를 예지하기 위한 체크 포인트를 들면 다음과 같다.

(1) 재무 내용, 금융 관계 징후

A. 재무 내용 변화

- 적자 전환
- 장기 단기 차입금 증가 경향
- 재무상태표 중 유동비율, 당좌 비율 하강 … 등

B. 금융 관계 변화

- 은행 이외 담보 차입
- 고리 금리 차입 소문
- 융통 어음 발행 소문 … 등

(2) 영업활동 징후

A. 판매처, 매입처 변동

- 주력 상품(제품) 영업부진
- 주요 판매처 도산, 대량반품, 트러블 발생
- 판매 상품(제품) 정규 루트에 있어서 유출
- 상품(제품) 덤핑 또는 덤핑 소문
- 주요 매입처 철퇴
- 주요 매입처와의 트러블 발생
- 시장가격 보다 높은 가격으로 원재료·상품(제품) 등 매입 … 등

B. 상품(제품)재고, 생산 변화

- 상품(제품)재고 급격한 증가 또는 감소
- 재고관리 난조
- 조업단축, 인력감축
- 생산관리 난조
- 납기지연 다발, 부적격품 발생
- 납품이나 외주가공품 검사 완화 … 등

C. 지급상태 변화

- 지급어음결제기한 연장
- 지급기일 연장, 지급일 변경
- 지급상태가 나쁘고 청구대로 미지급
- 현금지급 비율이 저하
- 지급 담당자가 자리에 없는 경우 다반사
- 다른 채권자가 늘 수금 … 등

D. 거래 실적 변화

- 상품(제품) 급격한 발주・구매 증가
- 출하 필요 이상 촉구
- 외상판매 잔액 급증
- 담보 해제, 보증금 취소 요구 … 등

E. 조직, 설비 등 변화

- 급료 지연, 현물 지급
- 자금 다각화 투자 … 등

(3) 인적 징후

A. 톱, 경영 간부 변화

- 톱 병・사망
- 톱과 접촉하는 사람 변화

- 톱이 종교나 선거 등 열중
- 톱이 기업활동보다 의원활동이나 재계활동 등에 지나치게 열중
- 경영간부 약속 난발
- 톱, 경영간부 사생활 문란
- 톱, 경영간부 증권투자나 도박에 열중 … 등

B. **관리직, 종업원 변화**

- 관리직 퇴직이 급증
- 종업원 근무태도 악화(모럴 저하)
- 우수한 종업원 퇴직 증가
- 관리직이나 종업원 배임횡령 등 발생
- 사무소 내의 분위기 악화
- 노동운동, 조합활동 과격화 … 등

2. 심층개척 영업준비와 추진

담당 고객·거래처를 고정고객화하기 위한 심층개척영업은 누구나 효과적·효율적으로 진행할 수 있도록 그 진행방법을 기업별로 표준화하여야 한다. 특히 상사인 영업소·과장은 심층개척활동 필요성을 부서 영업인에게 강조하고 구체적으로 「어떻게 진행할 것인가」에 대하여 각자가 「자기 자신이 하도록 하라」는 자세를 많이 볼 수 있다. 이와 같은 태도로는 영업인은 심층개척 필요성은 알고 있지만 구체적인 어드바이스나 코칭 등이 없다면 제대로 실적을 올리지 못하게 된다. 오늘날 격심한 영업경쟁시대에 있어서 개척활동 등은 경쟁 타사와 격심한 점유율의 쟁탈전은 피할 수 없으므로 부하 영업인에게만 위임하지 말고 영업소·과의 팀이 조직적으로 전원이 창의 연구하면서 영업성과를 올리는 방법을 고려하여야 한다. 여기에 심층개척 작전 순서와 추진 사례를 들면 다음과 같다. 기존 담당 고객·거래처 심층개척을 실행함에 있어서 먼저 자기가 담당하는 거래처의 「고객·거래처 카드」를 전략적 단계에 따라 총점검하면서 시작한다. 그리고 다음과 같은 절차로 「심층개척 작전」 구성을 명백히 하여 실천·전개하여야 한다.

〈순서 : 1〉 [중점 에어리어, 중점 테리토리를 명확히 한다.]

① 거점 에어리어, 영업인 담당 테리토리를 세분화한다.
② 자사 강한 지역・시장을 보다 강하게 하는 것이 시장점유율을 획득하기 위한 전략이나 작전 요체가 된다.
③ 상기 에어리어, 테리토리 중에서 중점 에어리어, 중점 테리토리로 한 우선순위를 정한다.

〈순서 : 2〉 [중점 고객・거래처를 명확히 선정한다.]

① 위 중점 에어리어나 중점 테리토리 내에 소재하는 자기 담당 고객・거래처명을 명확히 한다.
② 중점화를 위한 전략적 구분 기준을 명확히 한다.
③ 그 전략적 구분 기준에 의하여 ABC 등으로 순위를 정하여 각 랭크에 들어가는 담당 고객・거래처를 명확히 한다.
④ 각 랭크 담당 고객・거래처의 전략적인 우선순위를 정하여 중점 고객・거래처를 선정한다.

〈순서 : 3〉 [영업할 상품(제품)을 결정한다]

① 각 랭크(예 : ABC랭크)별 고객・거래처별로 영업할 상품(제품)을 명확히 한다.
② 중요・중점 상품(제품)으로 하여 주력할 필요성을 검토한다.

〈순서 : 4〉 [「공격 전략」, 「수비 전략」을 명확히 한다]

① 각 랭크별 고객・거래처와 중요・중점 상품(제품)을 구성한다.
② 그 결과와 수주점유율과의 관련성으로 「공격 전략」을 취할 것인가 「수비 전략」을 취할 것인가, 개별 고객・거래처별로 구체적으로 영업작전을 결정한다.

〈순서 : 5〉 [공략 포인트(수단・방법)을 구체적으로 설정한다]

① 영업하기 위한 공략 포인트를 구체적으로 명확히 한다.
② 목표를 달성하기 위한 실행이 가능한 대책으로써 수단・방법을 구체적으로 설정한다.
③ 고정고객화란 기존 거래 고객・거래처를 깊이 공략하고 신뢰관계를 보다 공

고히 하기 위한 대책을 영업인 전원 창의로써 작성한다.

〈순서 : 6〉 [행동계획 입안과 계획에 의하여 실행한다]

① 영업인 각자 방문활동계획에 이 심층개척방안을 구체적으로 구성한다.
② 방문활동계획에 의하여 상담절충활동을 실행한다.

〈순서 : 7〉 [방문활동 진척도와 그 성과관리를 실시한다]

① 심층개척을 위한 방문활동 진척상황을 개별 고객·거래처별로 파악한다.
② 그 진척상황을 데이터로 정리하여 방문활동상황 성과를 분석한다.
③ 매월 방문활동성과와 영업실적을 계획과 관련하여 체크한다.
④ 진척도와 성과관리는 자기체크, 상호체크, 상사체크로 실시한다.

제2절 심층개척 고정고객화 전략적 대책

1. 기존 고객·거래처 포트폴리오 분석

기존 고객·거래처 심층개척 작전은 어디까지나 자사 거래 고객·거래처를 「고정객」으로 하는 것을 목적으로 하는 것이다. 따라서 전략적으로 구분하여 작전을 입안하는 것이 중요하다. 그 중에서도 ABC분석은 가장 일반적인 기법이며 많이 활용한다. 그러나 이 기법은 자사와의 거래액(수주, 판매액)만으로 구분하는 것이며 거래 고객·거래처 자신의 수주능력까지 포함하지 않으므로 전략적인 수법으로 불충분하다. 여기에서 생각한 것이 「매트릭스 분석」이며 또한 상품(제품) 포트폴리오 분석(PPM)의 응용인 「거래처 포트폴리오 분석」이다. 매트릭스 분석에 있어서 기존 고객·거래처를 자사와의 거래액 랭크(ABC랭크)와 수주점유율 등 2개의 2차원 데이터 구성으로 9개로 구분하며 이것을 다시 최중요 거래처, 중요 거래처, 중점 거래처, 선택 거래처, 신규 거래처, 유지·보류 거래처 등으로 랭크 구분하여 각 랭크에 적합한 영업전략을 책정하고 판매작전을 전개하여 영업목표 달성과 성과 향상을 도모하기 위한 지혜를 창출하는데 활용하는 것이다. 또한 거래처 포트폴리오 분석은 위 매트릭스 분석에 또 하나의 데이터를 구성하여 3차원으로 분석하여 같은 랭크를 구분하여 각 랭크 내 고객·거래처별로 영업전략을 책정하고, 판매작전을 전개하기 위한 지혜를 창출하는 수법이다. 따라서 전략적 구분을 하기 위해서 ABC분석 → 매트릭스 분석 → 거래처 포트폴리오 분석이라는 절차로 구분 검토하여 각 랭크를 결정하였으면 최종적으로 판매작전을 실천 전개함에 있어 도움이 되도록 한다. 기존 담당 고객·거래처 전략적 구분 기준으로 가장 적절한 수법은 「매트릭스 분석」이다.

		자사매출액 ABC 분석		
		A	B	C
경쟁상황 수주점유율 분석	a	Aa	Ba	Ca
	b	Ab	Bb	Cb
	c	Ac	Bc	Cc

[그림 7-1] 매트릭스 분석에 의한 그룹화

즉 [그림 7-1]과 같이 9개 구분 안에 그룹화한 고객·거래처에 대하여 각 랭크에 적합한 판매작전을 입안하여 전개한다. 심층개척 작전 최종적 목표는 그림의 A그룹에 들어가는 「최중요 고객·거래처」 「중요 고객·거래처」를 어떻게 많이 획득하는가에 있다. 따라서 A그룹 내의 Aa랭크 고객·거래처가 최중요하므로 경쟁 타사로부터 공격에 대하여 제1우선으로 「수비」 전략을 취하여야 한다. 다음에 Ab랭크에 들어가는 고객·거래처는 경쟁 타사를 공략하여 자사 수주점유율 향상을 도모하기 위한 「공격」 전략을 취하여 타사보다 우위의 지위를 점유하는 것이 작전 포인트가 된다. 또한 Ba랭크 내의 고객·거래처는 자사가 우위의 지위에 있다는데서 중요 고객·거래처로써 수주액(매출액)을 현상 이상으로 획득하는 것을 목적으로 한 판촉, 지원 활동 등 「공격」작전이 필요하다. 어느 것이나 이 A랭크의 고객·거래처가 자사에게 있어서 가장 중요한 고객·거래처이므로 톱을 비롯한 회사의 영업활동 - 전사적 마켓·인(고객 지향) 영업활동을 전개하는 것이 중요하다. [그림 7-1]의 B그룹 내에 들어가는 고객·거래처는 「중점 고객·거래처」로써 「공격」작전을 전개하여야 한다. 그 중에서도 Ac랭크와 Bb랭크의 고객·거래처는 경쟁 타사 점유율을 침식하여 자사 수주점유율을 향상시키는 것을 중심으로 한 영업작전을 전개하는 것이 중요하다. Ca랭크의 고객·거래처는 자사 수주점유율이 높은 지위에 있으므로 수주액(매출액) 확대를 목표로 하여 판촉, 지원 활동을 적극적으로 하여 A그룹으로 랭크 업을 도모하는 것이 영업작전 포인트가 된다. 이 B그룹 내의 고객·거래처는 중점 고객·거래처로 하여 제2 우선의 「공격」 작전을 취하며 경쟁 타사와 점유율 경쟁을 하면서 자사 지위를 굳게 하여야 한다. 여기에는 많은 노력이 필요하지만 영업인으로서는 항상 방문시에 이것을 염두에 두어 영업활동을 하여야 한다. [그림 7-1]의 C그룹에 들어가는 고객·거래처는 「유지·선택」의 고객·거래처로 하여 「수비」작전이 중심이 된다. Bc랭크, Cb랭크 고객·거래처는 자사에 대한 매출·점유율 공헌도가 낮으므로 개개 고객·거래처의 경영내용이나 앞으로의 성장성, 수주 가능성 등으로 영업작전도 「공격」인가, 「수비」인가를 선택할 필요가 있다. 또한 Cc랭크의 고객·거래처는 경영내용이나 지급상황, 신용도 등을 철저히 체크하여 현상유지인가, 포기인가 작전을 검토할 필요가 있다. 그러나 신규개척자나 장래성이 있는 고객·거래처는 중점 고객·거래처와 같이 「공격」작전을 도모하는 것이 중요하다.

2. 그룹별 고정고객화 영업작전

1) A그룹 내 고객 · 거래처(최중요 · 중요거래처군)

(1) 자사로서 가장 중요한 고객·거래처 군이므로 절대로 타사 공략을 허용하여서는 아니 될 그룹이다. 수주점유율 41.7% 이상을 목표로 적극적인 「수비」작전으로 최우선 거래를 한다. 수주점유율 41.7% 이하인 경우 「공격」작전을 전개하여 점유율 향상을 도모하는 것이 중요하다.

(2) 자사 매출액에 가장 공헌하고 있는 고객·거래처 군이므로 긴밀한 거래관계나 신뢰관계를 유지하기 위하여 톱이나 상사의 감사방문을 포함하여 정기적인 순회방문을 강화한다.

(3) 주력상품(제품)을 중심으로 하여 적극적으로 수주를 받는다. 특히 결품이나 부적격품은 절대로 내지 않도록 하며 즉시 납품체제를 정비하여 긴급한 주문에 대응할 수 있도록 한다.

(4) 가능한 연간 수주계약(수주량, 금액, 지급 조건, 리베이트, 협찬 등)을 체결, 타사 침입을 방지한다.

(5) Ab랭크 내 고객·거래처와 같이 수주점유율이 약간 낮더라도 특정 상품(제품)분야에 강한 고객·거래처가 있으므로 그와 같은 특성을 살린 거래관계의 강화를 도모한다.

(6) 자사에 있어서 우량 고객·거래처는 항상 경쟁 타사의 공격목표가 된다. 타사는 차별화작전으로 공략할 것으로 생각하여 그 차별화에 대하여 즉 미드(추수, 동일화)작전을 전개할 필요가 있다.

(7) 타사로부터 공격을 받으면 즉 타사의 우량고객·거래처를 반격할 필요가 있다. 공격을 함으로써 타사는 수비에 들어감으로 공격력을 약화시키는 효과가 있다.

(8) 경쟁 타사의 공격을 방어, 타사로의 거래전환이나 로스트를 방지하기 위해서 영업인 자신의 행동(양과 질) 차별화를 도모하는 것이 중요하다. 방문빈도가 타사 영업인보다 많아야 하며 상담 절충력도 높아야 한다.

(9) 톱이나 상사 방문은 중요 고객·거래처 톱이나 간부와의 강한 유대를 만드는 하나의 작전이다. 또한 스텝이나 기술부문(기술자)등의 영업 부문에 대한 지원체제 강화도 중요한 영업작전이 된다. 그러므로 3개월에 1회(가능하면 월 1회)정도의 동행방문이 필요하다.

2) B그룹 내 고객 · 거래처(중점 고객 · 거래처군)

(1) 타사의 수주점유율을 침식하여 수주액을 올리거나 자사 매출액을 신상품(제품) 등으로 직접 확대하여 수주점유율을 더욱 향상시키거나 적극적인 「공격」작전이 필요한 「중점 고객·거래처」이다. 목표점유율은 26.12% 이상을 목표

로 영업작전을 전개할 필요가 있다.

(2) 이 그룹은 태반이 경쟁 타사 점유율이 높고 매우 경쟁이 치열한 고객·거래처군이므로 타사 수주점유율을 침식할 수 있느냐에 따라 자사 수주액을 증가시키기 위한 큰 요인이 된다. 따라서 A그룹 내 중요 고객·거래처에 준하여 「공격」작전으로 거래관계를 강화하는 것이 중요하다. 그러므로 원칙적으로 월 2 회 이상은 반드시 방문하여 인간관계 강화에 노력하여야 한다.

(3) 경쟁 타사의 영업정책이나 마케팅전략 등 차별화를 검토하면서 자사 상품(제품)의 Q(품질), C(코스트), D(양·납기)나 서비스면, 인간관계면 등에서 특징을 가진 영업활동을 전개하는 것이 중요하다.

(4) 종합적인 거래나 일부 상품(제품)의 과소거래에 만족하지 않고 특정의 그리고 전략상품(제품) 등을 중점적으로 하여 타사와의 차별화를 도모하여 적극적으로 영업함으로써 수주 확대를 목표로 하는 것이 작전의 키 포인트가 된다.

(5) 이 그룹에서 수주(영업)를 확대하기 위해서 경쟁 타사와의 치열한 경쟁에서 승리하는 것이 전제조건이 된다. 이 경우 자사 점유율과 동등하거나 다소 약한 경쟁 타사를 공격목표로 하여 영업작전으로 침식하는 것이 자사 수주(영업)를 확대하는 방안이 된다.

(6) 경쟁 타사와의 경쟁이 주가 되므로 타사가 방문한 후에 방문하여서는 도저히 승산이 없다. 항상 경쟁 타사보다 먼저 중점 고객·거래처를 방문하는 것이 중요하며 순회 요일, 방문 시간 등 선수 필승으로 방문하는데 유념하여야 한다.

(7) 중점 고객·거래처에 대한 경쟁 타사 실수나 클레임, 부적격, 결품 등의 발생은 자사 수주(영업)확대의 큰 찬스가 된다. 고객·거래처 중에 경쟁 타사 정보를 수집할 수 있는 안테나를 설치하는 것도 중요한 영업작전의 하나가 된다.

(8) 고객·거래처 중에서 우수한 영업인을 자사 편으로 하는 것도 작전의 하나라고 생각된다. 이들은 강력한 설득력을 갖고 있으므로 항상 이들과의 인간관계를 강화하는 것이 포인트가 된다.

(9) 중점 고객·거래처를 확대 육성함에 있어서는 영업인의 방문만이 아니라 경영간부나 상사의 정기적인 PR방문이 불가결하다. 영업간부 등의 대화에 의한 톱·세일즈도 중요한 영업작전의 하나이다. 필요에 따라 적극적으로 동행방문을 세팅하는 것이다.

3) C그룹 내 고객 · 거래처(유지 · 선택 거래처군)

(1) 현재 수주액 등 거래규모가 적고 수주점유율도 낮은 고객·거래처가 이 그룹에 들어간다. 따라서 자사는 경쟁 타사와 비교하면 태반이 「약자」가 될 것이다.

(2) 신규개척처, 과거 수주액이 높았던 고객·거래처, 한정 상품만의 거래처, 신용이 불안한 고객·거래처, 경쟁타사가 압도적으로 강한 고객·거래처 등이 이 그룹의 특징이다.

따라서 그 상황에 따라 확대 육성을 도모할 것인가, 현상 유지할 것인가, 포기 대상으로 할 것인가, 방치할 것인가 등을 검토하여야 한다.

(3) 자사와 거래의욕이 있고 신용면에서도 문제가 없을 경우에는 B그룹과 같이 「공격」작전을 검토할 필요가 있으며 필요에 따라서 상사의 동행방문 강화를 도모할 것도 고려할 수 있다.

(4) 특정 상품(제품)만을 거래하는 경우에 그것을 발판으로 하여 품종 확대를 도모하는 것도 중요한 영업작전이 된다.

(5) 현재는 경쟁 타사 수주점유율이 높더라도 경쟁 타사에 대하여 불평이나 불만이 많은 고객·거래처는 공략 찬스이다.

(6) 과거 수주액은 높았지만 현재는 거래가 저하한 고객·거래처나 신용이 불안한 고객·거래처는 신용관리를 철저히 하면서 거래를 정지하거나 현금거래 등 대책을 검토하도록 한다.

(7) C그룹에 들어가는 고객·거래처는 확대 육성할 것인가, 현상 유지 할 것인가, 포기 대상으로 하는 것 등 정기적으로 시간과 코스트가 들지 않는 효율적인 영업활동에 유념하는 일이 중요하며 시간적 여유는 A그룹, B그룹의 고객·거래처를 중점 방문을 하거나 신규개척 방문에 충당하도록 하는 것이 전략적 영업활동에 반드시 필요하다.

제3절 해외시장개척 영업활동

1. 해외시장개척 시장조사

1) 해외시장조사 의의

수출입절차의 최초의 단계가 해외시장 조사(overseas market research)이다. 물품을 수출 또는 수입하려면 먼저 목표하는 시장부터 찾아야 한다. 목표시장을 찾기 위해서는 여러 시장을 대상으로 거래와 관련된 항목을 서로 비교·검토하는 절차가 선행되어야 한다. 시장조사는 '물품을 그 생산자로부터 소비자에게로 유통·판매함에 관련된 해당 문제에 대한 모든 사실을 수집·기록·분석하는 활동'이라고 정의할 수 있다. 특히 수출에 있어서 해외시장조사란 수출상이 자신의 물품을 장기적으로 가장 효율적으로 수출할 수 있고 시장을 탐색하기 위하여 행하는 최초의 절차로서 당해 물품의 판매에 관련된 여러 가지 정보를 과학적 방법(scientific method)으로 최대한 합리적으로 수집·종합·비교 분석하는 일련의 활동이라고 할 수 있다. 이러한 시장조사를 통하여 목표시장이 결정되며 그 시장에서 거래처가 결정된다. 결국 수출입상에게는 거래의 성공여부의 첫 단계가 바로 목표시장의 결정이라면 이에 따라 조사의 중요성은 매우 크다고 할 수 있다.

2) 해외시장조사 항목

(1) 일반적 조사항목

해외시장조사는 세계시장 및 무역환경에 대한 전체적인 검토와 목적 시장에 대한 구매력 측정 및 시장 상호간의 비교·검토가 필요하다. 국내시장조사의 경우와 달리 해외시장에 대한 정보는 불완전·불통일로 인하여 신빙성이 부족한 경우가 많다. 따라서 해외시장조사는 소수의 자료를 기초로 각국의 시장을 비교·검토하는 것이기 때문에 가급적 간결한 조사항목을 설정할 필요가 있다. 이를 일반적 조사항목이라 부른다. 첫째, 지리적 조건으로 각국의 면적, 지세, 기후, 거리,

도시의 분포상황 등을 조사한다. 둘째, 정치·경제적 조건으로 각국의 자원 분포 상황, 경제·재정·금융 국내 산업에 대한 보호정책의 정도 및 국내외의 투자 상황 등을 검토하여야 한다. 또한 후진국이나 개발도상국에 있어서는 공업화의 진전에 따라 소비재에 대한 수입규제 등의 실태도 파악해 둘 필요가 있으며, 또한 각국의 국제수지의 동향에 대해서도 주목할 필요가 있다. 셋째, 사회적 조건으로서 각국의 시장을 이루고 있는 주민생활, 풍습, 관습이 정확히 파악되어야 한다. 총인구, 인구의 도시 집중도, 인종구성, 사용언어, 교육정도, 종교, 인터넷의 보급정도 등에 관하여도 조사·검토되어야 한다.[3] 이상과 같은 지리적 조건, 정치·경제적 조건, 사회적 조건의 3개 항목에 관련된 여러 가지 자료를 기초로 각국 시장의 잠재적 구매력을 측정하고 이는 시장을 상호 비교·검토함으로서 각 시장의 상대적 위치를 파악하는 것이 제1단계이다.

(2) 특수시장조사 항목

해외시장조사의 제2단계는 주로 판매효과(sales effect)에 대한 조사이다. 여기서는 사례연구(case study)와 통계적 방법을 필요에 따라 혼합하는 방식을 사용한다. 이러한 혼합적 방법에 의한 특수조사의 내용을 구체적으로 살펴보면 다음과 같다.

① 품질 적응성

품질은 목적시장에의 적응성 여부에 관한 문제이다. 즉, 물품의 본질적 효용(essential utility)인 사용효과(effectiveness in use) 및 편리성(convenience)이 검토되어야 한다. 물품의 사용목적, 사용계층 및 미래의 개량방향 등을 파악하기 위하여 물품의 크기(size), 모양(shape), 중량(weight), 끝마무리(finish), 상표(brand), 색상(color), 포장(packing) 등의 검토와 함께 상품화계획(merchandising)[4]의 적응

---

3) 구체적인 조사내용은 ① 인구와 그 특성, ② 소득수준과 구매력, ③ 기후와 여러 가지 지리적 여건, ④ 통화체제, ⑤ 판매계통의 유형(인터넷 판매정도), ⑥ 교통·통신, ⑦ 상관습, ⑧ 당해품목 또는 유사품목의 국내생산과 수입실적, ⑨ 조세체계, ⑩ 금융기구, ⑪ 수출입의 규모, ⑫ 타국과의 경쟁관계, ⑬ 일반적인 사업의 안정성, ⑭ 정부의 경제활동, ⑮ 행정적·법적체계 등 이다.

4) 'merchandising'이란 적정한 상품을 적정한 가격에, 적정한 시기에, 적정한 수량을 소비자에게 제공하는 계획이며, 이를 위하여 시장조사를 기초로 품질, 디자인의 개발, 판로의 확장 및 합리화 등을 행하는 것이다.

화에 관한 조사이다.

② 가격 적응성

수출상의 가격의 경쟁적을 조사하기 위하여 목적시장까지의 단계별 소요되는 요소비용을 조사하여야한다. 운임(freight), 보험료(insurance premium) 내륙운송비(inland transportation charge), 내국세(local taxes) 및 수입관세(taxes and import duties), 창고료 등을 산정하여야 경쟁물품과의 비교가 가능하며 이러한 비교를 통하여 가격경쟁력의 유무를 확인할 수 있다.

③ 납기 적응성

국내거래와 달리 풍속·관습이 다른 해외시장에 물품을 수출하는 경우에는 대부분이 주문생산이다. 특히 우리 나라에서는 미국, EU, 중동 등으로 수출되는 물품은 국내외 규격이나 색상으로는 취미·기호·기후·풍속이 다른 이들 시장에 부적당하기 때문에 수주 후에 생산하여 선적하게 된다. 그렇게 하지 않고 미리 생산해 둘 경우 주문이 내도하지 않으면 처분할 수 없는 불량재고가 될 위험성이 있다.

위탁판매(consignment)와 주문 후 생산하여 선적하는 납기조건과는 인도 시기면에서 큰 차이기 있기 때문에 이에 대한 조사가 선행되어 납기 적응성을 점검하여야 한다.

④ 결제방식 적응성

일반적으로 수출상에게는 L/C방식이 유리하고 수입상에는 D/A계약서나 청산계정(open account)[5]가 유리하다. 그러나 경우에 따라서는 수입상에게도 L/C방식이 유리할 때가 있으며, 반대로 수출상에게도 L/C방식이 상 관습적으로 적응성이 없거나 D/A계약서가 보다 유리한 시장도 있다. 결제방식 가운데 어떤 조건을 요구하느냐 하는 것은 거래의 성패를 좌우하는 중요한 조건이 될 수 있다. 따라서 수출상의 입장에서는 자신의 결제방식을 고집하지 말고 객관적이고 냉정한 입장에서 목적 시장의 관습이나 경쟁자의 결제조건 등을 조사·검토하여 그 시장에 적

---

5) 수출입거래가 빈번한 경우 대금결제를 장부상에 상쇄·정리한 다음 일정한 기간에 그 차액만을 결제하는 방법으로서 주로 외국인투자기업이나 대형상사의 본·지사간에 이용되고 있다. 청산계정에서는 수출상이 환어음을 발행하지 않고 주로 송장만으로 물품대금을 청구한다.

응 가능한 결제방식을 선택하여야 한다. 대금의 지급조건은 수입상이 가장 관심이 큰 조건의 하나임을 수출상은 항상 잊지 않아야 한다.

⑤ 배급방식 적응성

배급방식은 수입상이 물품을 수입하여 이를 최종 소비자에게 전달하는 배급경로(channel of distribution)를 말한다. 즉, 수출상은 수입상과 1 : 1로 거래를 할 것인지 대리점(agency)을 둘 것인지, 판매점(distributor)을 둘 것인지, 아니면 특권보유자(franchise holder)를 통할 것인지, 어떤 배급경로가 당해 시장에 적응성이 있는지 조사하여야 한다. 흔히 수입상이 외국 물품을 취급하는 동기는 이윤동기에 따른 것이기 때문에 유사한 경쟁품에서 더 큰 이윤이 기대된다면 언제든지 기존 거래를 중단하게 된다. 따라서 수출상의 물품이 목적시장에서 확고한 기반을 구축했는지의 여부는 일시적 물량증대나 수입상과의 친밀도만을 기준으로 판단하는 것은 위험하다. 다시 말하면 수입상, 판매점, 도매상, 소매상 및 최종소비자가 그 물품의 거래 기반이 확립될 수 있다. 이러한 의미에서 수입 유통기반의 확립이 바로 판매력 증진의 기반이 된다. 어떤 판매경로를 이용할 것인지는 상대시장에 따라 취급되는 물품에 따라 다를 수 있기 때문에 이에 대한 조사가 매우 중요하다고 할 수 있다.

(3) 실험적 조사

해외시장조사의 제3단계는 앞의 제 1·2 단계에서 조사한 결과를 근거로 한 가설을 실증하는 단계를 말한다. 현실의 상거래에서는 시험주문(trial order)이나 견본주문(sample order)을 통하여 위의 조사내용을 실험하는 방법으로 이 방법이 대표적인 시장조사로 유효하게 이용되는 경우가 많다. 그러나 실험적 방법은 어디까지나 제 1·2단계의 기초위에 이루어져야 하며 실험적 조사를 위한 과학적 방법이나 기준 등이 검토되어야 한다.

3) 해외시장조사 방법

해외시장조사의 방법으로는 무역업자나 제조업자가 자사의 해외 지점이나 사무소에 직원을 파견하여 직접 정보를 수집하여 조사하는 직접조사, 공적·사적 기관이 발행하고 있는 조사자료 등을 수집하여 조사하는 간접조사, 해외의 전문조사 기관에 위탁하여 조사하는 위탁조사방법, 그리고 인터넷을 이용한 인터넷 조사방법 등이 있다.

(1) 직접조사

직접조사는 다음과 같은 방법들로 행하여진다. 첫째, 해외지점, 출장소, 사무소 등에 의한 시장조사로서 무역업자나 제조업자가 해외에 이들 지점이나 출장소를 갖고 있는 경우에 주재국의 신문·잡지 등에서 정보를 입수하거나 거래상대방과 꾸준히 접촉함으로써 신속하고 기밀한 정보를 얻을 수 있다.둘째, 거래상대국의 시장에 직접 출장을 가서 조사하는 방법으로, 조사비용이 많이 든다는 단점이 있음에도 불구하고, 주관적이지만 감각적인 시장정보를 얻기 위해서는 가장 좋은 방법이라고 할 수 있다. 출장조사에는 ① 한 회사만의 단독출장조사, ② 업계에서 파견되는 시장조사단에 참가하는 공동출장조사, ③ 해외전시회 참가를 통한 시장조사 등으로 나눌 수 있다. 특히 해외전시회의 참가는 목적하는 물품과 관련이 깊은 동업자들과 접촉할 수 있기 때문에 정보를 직접 입수할 수 있다. 현지 방문 시에는 현지 대사관, 공관 또는 무역관의 최대한 협조를 구하고 목적지 국가의 상업회의소나 유관기관의 협조를 받는 것도 바람직한 방법이다. 이 방법은 현지의 유력 수입상 및 도매상을 직접 방문하여 조사하는 과정에 거래관계가 확립될 수도 있는 이점이 있다. 셋째, 거래처를 통한 시장조사이다. 거래는 상호이익의 관계에서 성립되는 것이기 때문에 거래상대방의 정보제공에 대하여 이쪽에서도 상대방에게 필요한 정보를 제공하여야 한다.

(2) 간접조사

간접조사는 다음과 같은 방법들로 행하여진다. 첫째, 한국에 주재하는 외국의 대사관이나 영사관 또는 외국에 주재하는 우리나라의 공관을 통하여 목적시장의 정보를 입수한다. 둘째, 외국의 상업회의소 또는 우리나라의 한국무역협회, 대한상공회의소, KOTRA를 통한 해외시장조사이다. 시장조사에 필요한 기초자료는 한국무역협회 및 KOTRA 자료실에 비치된 '무역통계', 지역별 '무역동향' 일본의 JETRO 간행 '국별시리즈' 국별 '수출입업자총람' 등을 활용하면 개괄적인 시장정보를 수집할 수 있을 것이다. 셋째, 해외의 광고대리점을 통하여 시장조사를 할 수 있다. 현재 우리나라에서는 아직 외국의 광고회사가 진출하지 못하고 있으나 조사대상 지역의 광고회사가 국내의 광고회사와 업무제휴로 사업할 경우 국내의 광고회사에 시장조사는 의뢰할 수 있다. 이 외에도 UN의 통계년보인 'Yearbook of International Statistics', IMF의 발행년보인 'International Financial Statistics' 등과 OECD, IBRD 및 ECAFE 등 국제경제협력기관에서 발표하고 있는 일반경제통계에 의한 방법도 있다.

(3) 위탁조사

국내외의 조사기관에 조사 명목을 명시하고 비용을 부담하는 조건으로 조사를 위탁하는 경우인데, 특정시장이나 특정 물품에 대하여 전문적이고 철저하며 상세한 시장조사를 기대할 수 있다. 외국의 전문조사기관으로는 Booz Allen and Hamilton, Mckinsey and Company, Dun and Bradstreet 등이 있다.

(4) 인터넷조사

해외시장조사를 함에 있어서 인터넷을 활용하면 매우 유익한 정보를 얻을 수 있다. 가령 수출이나 수입을 하는 지역과 관련된 정보, 수출입 정보, 수출입 통계, 무역거래 관습 등을 정부기관 사이트나 기업의 웹사이트를 이용하여 쉽게 조사할 수 있다.

- 시장 조사 관련 사이트

  www.kita.net 무역통계DB (상품 수출입 조사)
  www.kosis.kr 국가 통계 포털
  www.fnguide.com 애널리스트 기업/산업/제품 분석
  www.Index.go.kr 국가 전분야 통계 통합 사이트
  www.techcast.org 유망기술/산업 전망 사이트(해외)
  dart.fss.or.kr 전자공시시스템 (유관기업 보고서참고)
  www.cischem.com 화학 관련 조사
  www.chemlocus.com 화학 관련 조사
  www.koreaplastic.or.kr 한국플라스틱공업협동조합
  www.kpia.or.kr 한국석유화학공업협회
  bric.postech.ac.kr 생물학전문연구정보센타
  www.medinet.or.kr 한국의료용구공업협동조합
  www.kpma.or.kr 한국제약협회 (의약품생산실적 등)
  www.dailypharm.co.kr 데일리팜

www.hfood.or.kr 한국건강보조식품협회
www.kfia.or.kr 한국식품공업협회 식품통계자료
www.eic.re.kr 전자부품연구원 전자정보센터
www.gokea.org 전자산업진흥회 (전자산업정보망)
www.sensorcall.net 한국센서연구조합
www.medicenter.org 전자의료기기종합지원센터
www.koami.or.kr 한국기계산업진흥회
www.kama.or.kr 한국자동차공업협회
www.kaica.or.kr 한국자동차협동조합
www.nonferrous.or.kr 비철금속협회
www.kttc.or.kr 기술거래소 기술시장정보

KISTI과학기술DB(각분야) www.kisti.re.kr (www.ndsl.kr)
부품소재종합정보망 www.mctnet.org
나노넷 www.nanonet.info
종합기업서비스정보망 www.innonet.net
KISTI 동향분석DB radar.ndsl.kr (산업 분석 리포트, 해외과학기술동향)
KISTI산업표준 DB standard.ndsl.kr (상품 기술표준)
국가표준종합정보센터 www.standard.go.kr
과학기술인력 정보 DB human.ndsl.kr
사실정보 fact.ndsl.kr (화합물 DB, 생명정보, 가상과학정보 등 과학기술사실정보)
단백질서열분석DB proses.kisti.re.kr
한민족과학기술자네트워크 www.kosen21.org (분야별 해외연구자 상세 분석자료)
원로과학자DB reseat.re.kr

	분류	URL	service	비고
국외	Datamonitor	www.datamonitor.com	기술정보, 시장정보	일부 무료 회원제, 단행본 전속 Analyst 300여명
	frost & Sullivan	www.frost.com	기술 및 시장보고서 제작, 판매	가입비 및 사용료, 단행본
	BCC	www.bccresearch.com	산업전만 기술 및 시장 보고서 제작 소재 및 부품분야에 특화	연회비 및 사용료, 단행본
	Freedonia	www.freedoniagroup.com	포춘지 선정 500대 기업의 90% 이상 사용	가입비 30$ + 사용료
	Profound	www.profound.com	시장정보, 기업정보, 무역정보 타기관 보고서 재판매	월 300$ 화면출력/ 다운로드 추가 비용
	Dialog	www.dialog.com	세계 최대 정보 DB 산업전분야 모든 출판물 분야별 전문기관 제휴	연회비+사용료+출력료 국내 agent: D&P research
	Gartner	www.gartner.com	dataquest로 유명 마케팅/비즈니스 정보 제공	일부무료, 회원할인 및 단행본 판매
	Market research	www.marketresearch.com	세계 시장 보고서 재판매	단행본 판매
	key-note	www.keynote.co.uk	산업별 market report	report별 가격 산정
국내 시장 보고서 agent	yano research	www.yano.co.kr	한국 야노연구소	매년 가입비 + 직접 방문후 실비로 보고서(일본어) 복사
	mind branch	www.mbap.co.kr	다양한 산업/시장 보고서	회원가입 무료+ 일부동향 보고서 무료
	글로벌 인포메이션	www.giikorea.co.kr	다양한 산업/시장 보고서	

2. 해외 바이어 발굴-해외전시회

해외바이어를 발굴 하는 방법에는 인터넷을 활용하는 온 라인(On-Line) 방식이 해외전시회를 활용하는 오프 라인(Off-Line)방식이 있다. 해외 전시회를 참가 하여 바이어를 발굴하고자 할 때 전시회 참가계획 혹은 전시회 참가 매뉴얼을 작성한 후 체계적이면 전략적으로 준비해야 한다. 전시회에 참가하여 성과를 얻으려면 전시회 기획부터 전시회 참가 후 전시회에서 만난 바이어에 대한 사후관리에 이르기까지의 일련의 과정을 차질 없이 이행해야 한다. 먼저 전시회 기획을 잘해야 한다. 가장 중요한 부분은 어느 나라에서 언제 열리는 어떤 품목을 대상으로 하는 전시회를 선택하느냐는 것이다. 그리고 전시회에 참가하기 전에 해당지역 바이어를 검색하여 해당 바이어들 반드시 접촉하는 것이 중요하다. 또한 전시회 기간 동안에 부스를 방문하는 바이어와의 상담 및 협상이 중요하다. 마지막으로 전시회가 끝나고 귀국한 후 부스를 방문한 바이어들에게 감사편지(Thanks Letter)를 보내어 방문에 대한 감사를 다시 한번 표하면서 바이어가 상담 시 요청했던 내용들에 대한 정확한 답변을 해야 한다. 해외 전시회는 많은 비용과 시간 그리고 인력이 투입이 되어야 하는 마케팅 활동이다. 따라서 소기의 목적을 달성하기 위해서는 전시회 마케팅에 대한 정확한 이해와 실행이 중요하다. 전시회에서 만난 바이어가 나를 기억하도록 하는 가장 확실한 방법은 무엇일까? 해외전시회 참가한다는 것은 단순한 출장도 아니고 여행은 더더욱 아니다. 많은 비용과 인력과 시간이 투자되는 사업이니만큼 전략적으로 잘 준비하고 계획대로 실천해야 한다. 부담을 가지고 해야 한다. 가벼운 여행은 아닌 것이다. 전시회마케팅을 성공적으로 이끌려면 제일 중요한 것은 어떤 전시회를 선택하여 참가하느냐이다. 정부에서 전시회 참가비용을 지원해준다고 해서 품목이 정확히 일치하지 않는 전시회는 백번 참가해보아야 헛방만 날릴 뿐이다. 수출로 연결되기 어렵다는 것이다. 또한 전시회 참가 전에 사전마케팅을 꼭해야 하는 것이다. 전시회참가 2-3개월 전부터 해당국가 또는 인근국가의 바이어들을 수배하여 Circular Letter을 보내야 한다. 전시기간 중 부스를 방문한 바이어와 상담이 끝난 후 반드시 바이어와 함께 부스 앞에서 인증 샷을 찍어야 하며 귀국 후 바이어에게 감사편지(Thank Letter)를 보낼 때 반드시 사진을 보내주어야 바이어가 나를 기억하고 내 편지에 대한 답장을 보내올 확률이 높아지는 것이다. 마지막으로 바이어 요청내용에 대한 신속하고 정확한 답변을 통하여 바이어와의 신뢰 관계를 점점 확실히 쌓아가야 한다. 한 번의 답변 실수 및 바이어 요청사항에 대한 늦장대응이 바이어와의 관계의 단절로 이어질 수 있다.

1) 해외전시회 기획

해외전시회를 참가하는 목적이 신규 바이어를 발굴하는데 있지만 여러 가지 부차적인 목적도 달성할 수 있다.

(1) 해외바이어 발굴

① 신규 바이어와 상담 및 계약을 통한 매출 증대
② 바이어 리스트 확보: Directory 등
③ 상품(제품) 소개 및 바이어의 평가 와 개선 사항 입수

(2) 시장 및 제품동향 파악

① 신상품(제품) 및 신기술 동향에 대한 파악 가능
② 경쟁업체의 상품(제품) 동향 및 가격, 홍보 방법에 대한 정보 입수
③ 산업동향에 대한 정보 파악. 상품(제품)의 전 후방산업에 대한 동향 파악 가능

(3) 기존 바이어 관리

① 기존 바이어와의 거래 및 신뢰 관계 강화
② 기존 바이어 현지 유통업체와 관계 구축
③ 상품(제품) 사용자에 대한 제품 인식 강화

(4) 제품 브랜드 홍보

① 전시기간 중 현지 미디어와 인터뷰를 통한 브랜드 홍보
② 세미나, 상품(제품) 시연회, 경연대회(Competition)를 통한 브랜드 홍보

2) 해외전시회 발굴

(1) 해외전시회 발굴시 고려사항

① 자사 제품과 정확히 일치하는 전문 전시회 여부
② 전시회 기간 중 일반판매가 가능한지 여부: 최종소비자와의 평가를 직접 들어볼 기회 마련
③ 수요가 증가하는 지역의 전시회 인지 여부
④ 예산수준에서 적정한 전시회는 어떤 전시회인가
⑤ 유력한 바이어가 많이 참관하는 전시회인가

(2) 해외전시회 선정 방법

① 전시회 정보 사이트를 검색(예: www.gep.or.kr 전 세계의 전 시회를 품목

별, 국가별, 도시별, 기간별로 검색

② 전시회 일정이 수록되어 있는 각국의 전시회 디렉토리, 무역 잡지 등 활용

③ 지방자치단체 및 무역관련 단체나 협회 등 홈페이지 활용

④ 경쟁업체가 참가한 전시회 등 조사

3) 해외전시회 참가 준비

해외전시회 참가형태 결정은 정부, 지자체, 무역 유관기관의 참가비용 지원 여부 및 지원 범위를 확인(부스비. 통역비, 항공임, 운송료 등)하고 단독으로 참가할 것인지 단체관으로 참가할 것인지 선택하여야 하며 해외전시회 선정은 발굴된 다양한 전시회 중 어느 전시회를 참가할 것인지를 결정해야 한다.

(1) 전시회 판촉물 분석

가장 손쉽게 얻을 수 있는 정보인 전시회 관련 판촉물 분석으로 전시회가 목표로 하는 참관객과 회기 중의 행사, 전시회 주최자 광고 및 판촉계획, 참가가능 품목이 있다.

(2) 전시회 주최자 분석

첫째, 전시회 주최자의 인터넷 홈페이지를 통해 예상 참관객 및 성격을 확인하고 전시회에 대한 분석 자료를 입수한다. 만약, 개최 역사가 짧다면 보다 많은 주의가 요구 된다. 둘째, 주최자의 사업수행 능력을 알아보기 위해 다른 전시회를 성공적으로 개최하였는지를 확인한다. 셋째, 전시부스 예약 시점, 예치금납부 여부, 자체부스 설치 가능 여부, 작업가능 시간, 전시장 사양, 호텔예약 대행 여부, 전시회 기간 중의 행사, 시연 제한 여부, 주최자 부담 보험의 범위 등 보다 구체적인 조건들에 대한 조사를 실시하고 과년도 해당 전시회 관련 통계(참관객 수, 전시참가업체 등) 자료를 분석한다.

(3) 개최지 분석

전시회 개최지의 국가 정보, 도시 정보, 주변 지역의 경제 여건 등을 분석한다. 개최도시에 또한 우리의 에이전트나 현지법인이 있는지 여부를 검토하여 전시장에서 우리 제품에 대한 관심을 보인 고객의 수요에 전시회 폐막 후 즉시 대응할

수 있는 지역인지를 평가한다.

(4) 개최 시기에 대한 분석

첫째, 전시회 개최 기간이 개최지 휴일이나 공휴일과 겹치는지의 여부를 확인한다. 되도록 겹치지 않는 조건이 유리하다. 둘째, 개최국에서 열리는 대규모 행사와 겹치는지 여부를 확인한다. 셋째, 자사 품목에 판매 시즌이 있다면 이보다 훨씬 앞서 개최되는 전시회에 참가함으로서 자사 생산계획에 미리 반영할 수 있는 이점이 있다.

(5) 참가업체, 해외 바이어들의 평가 분석

해당 전시회에 참가하는 업체 규모 및 해외 바이어들의 수준 등에 대한 평가를 분석한다.

4) 해외전시회 참가 세부계획 수립

(1) 전시회 참가 목표 설정 : 상담 및 계약액, 신규 거래선 확보

(2) 전시회 참가신청 (참가 신청서, 부대 서비스 신청서, 디렉토리 원고 등)

(3) 전시마케팅 : 사전/전시장/사후 마케팅 계획 수립

(4) 전시품 선정, 제작 및 디스플레이
- 전시품 종류: 전시물품, 홍보물, 선물용품, 사무용품 등

(5) 부스장치
- 부스 크기 선택(기본 부스:3mx3m)
- 부스 위치 선택 : 반도형 부스, 인라인 부스, 아일랜드부스, 코너부스
- 부스 장치물 : 회사 로고 아치 등

(6) 전시품 운송 및 통관 계획 수립: 국내의 전시 에이전트에서 선정한 운송업체를 통한 운송이 바람직하다. 다만 전시물품의 특성상 통관에 어려움을 겪거나 고율의 관세를 납부해야 하는 경우도 있으므로 사전 확인이 반드시 필요하다.

(7) 파견 직원 선정 및 출장 (항공, 숙박, 비자 등)

(8) 현장 인력채용: 통역 및 홍보요원
통역을 사용할 경우 전시회 참가 전 미리 상품(제품) 안내자료를 발송하여 제품을 숙지하도록 해야 한다.

(9) 소요예산 산정 및 확보 : 부스 임차료, 항공료, 호텔비, 식비, 현지이동 경비

5) 사전 마케팅

해외전시 기간 중 자사 부스로 초청 가능한 바이어를 전시회 기간 이전에 발굴하는 단계이다.

(1) 신규 바이어 발굴

① 전시회 주관사를 통한 지난 년도까지 전시회 내방 바이어 명단 입수
② 검색엔진(www.google.com 등) 통해 해당 국가 또는 인근 국가 바이어 발굴
③ 거래 알선사이트 통한 바이어 발굴
④ 전시회 해당국의 관련 협회나 조합으로부터 바이어 명단 입수

(2) 해외 바이어 명단 작성

① 기존 거래 바이어 와 신규(잠재) 바이어로 구별. 작성
② 사전 바이어 유치

- 초청장 발송: 회사/상품(제품)소개, 참가사실 고지, 전시부스 방문요청, 상담희망 시간, 무료입장권 제공 등(우편, e-mail, fax)
- 전화 : 바이어와 상담 약속 잡기
- 광고 : 전시회 홈페이지 배너, 산업 전문지, 현지 대중매체
- 세미나 : 자사 신상품(제품), 신기술 소개

6) 현장 마케팅

(1) 현장 마케터 자질

① 영어 또는 현지어 능력
② 무역협상 수준의 무역실무지식(대금결제, 가격조건제품운송, 납기, 최소주문량)
③ 상품(제품)에 대한 전문성
④ 바이어와 협상력

(2) 인원배치

① 1개 기본 부스 당 최소한 2명 이상
② 전시회 주최자로 부터 배지 수령

(3) 전시 부스 구성

① 데스크 및 벽면 활용하며 전시품 배치
② 부스 내 바이어 동선 배려한 집기 배치
③ 벽면 홍보물 부착
④ 부스 안내 데스크에 명함 통 및 다과 배치

(4) 현장 마케팅 순서: 4S System

① Step them in(방문객을 맞이한다. 부스 안으로 인도한다)
- 바이어 주목을 끌어 부스 안으로 인도
- 명함 교환 및 바이어 특성 파악

② Sit them down(의자에 앉도록 권유한다)
- 가벼운 대화로 상대방 경계심 빨리 풀도록 노력
- 상품(제품)설명: 상품(제품) 특성 장점, 차별성에 대해 간단. 명료하게
- 시연: 상품(제품) 자체를 바이어가 직접 테스트해 볼 수 있는 기회 제공

③ Speak to them
- 질의응답 시간
- 상품(제품)에 대한 이해도 파악

④ Sell them
- 가격 및 수출 조건 제시
- 기본적 협상 시작
- 추후 협상 일정을 논의
- 바이어와 사진 찍기: 후일 서로의 기억을 위하여

7) 전시기간 중 유의 사항

(1) 옷은 비즈니스맨답게 입어라. 특별히 시연(demonstration)을 해 보일 경우가

아니면 민족 고유의상이나 유별난 옷차림을 피하라. 깨끗이 닦은 신발을 신어라. 튀는 신발을 신지 말라.

(2) 자사가 판매할 상품(제품)이나 서비스에 대하여 철저한 지식을 가져라.
(3) 전시장 내에서 먹거나, 담배 피우거나, 껌을 씹지 말라.
(4) 머리는 단정히 빗어라. 손, 의복도 깨끗하게 하라.
(5) 전시장 안에서는 상담할 경우를 제외하고 앉거나 기대어 있지 말라.
(6) 항상 기록할 준비를 갖추고 있어라.
(7) 진지하고 열성적이며 친절하라, 웃어라.
(8) 전시장에는 정시에 출근하고 사전에 충분한 휴식을 취하고 판매할 준비를 갖추라.
(9) 다음날 아침 근무가 없을 때 오늘 밤 해야 할 활동 스케줄을 짜라.
(10) 전시장은 절대 비우지 말라.
(11) 방문객의 이름을 부르고 당신 이름을 천천히 분명하게 소개하라. 명함을 교환하라.
(12) 전시장을 항상 정돈하고 산뜻하게 해 놓으라.
(13) 모자나 옷, 가방, 여자 핸드백, 재고 판촉물은 보이지 않는 곳에 간직하고 캐비닛 문은 언제나 닫아두라.
(14) 당신의 뱃지를 방문객이 쉽게 볼 수 있는 눈높이에 항상 착용하라.
(15) 전시품이나 장비에 기대지 마라. 두 다리로 꼿꼿이 서 있어라.
(16) 전시장 근무 전, 후에 가벼운 고단백 식사를 하라.
(17) 인콰이어리 양식에 각 방문객의 이름을 기록하고 직책, 회사명, 전화번호, 주소, e-메일, 팩스 등을 빠짐없이 적어 넣어라. 방문객의 플라스틱 뺏지를 찍어 보관하라. 중요한 정보, 특별초대(다음 해에) 등은 잘 기록하여 보관하라.
(18) 방문객들이 자사 전시장 안에 있을 때 동료들과 쓸데없는 잡담을 하지 말라.
(19) 전시 부스에 근무하지 않는 시간에는 부스에서 떠나 있어라. 부스 근무 중이면 부스를 떠나지 말라.
(20) 그날그날 끝나는 시간에 평가모임을 가져라.

8) 사후관리

(1) 바이어 명함 및 상담 내용 정리 및 상담 바이어 등급 분류 (상, 중, 하 등)

(2) 상담한 모든 바이어에게 감사서한 (Email, 우편 등) 및 바이어와 함께 찍은 사진 송부
(3) 상담 바이어의 중요 관심 정보 제공/샘플 송부 (가능한 신속히)
(4) 상담 바이어와 지속적인 연락/관리 (통합관리)
(5) 차기 전시회 참가 일정 및 각종 행사 공지
(6) 주요 바이어 국내 초청

9) 전시회 참가 스케줄

[전시회 참가준비 Time Schedule (I)]

시 기	업무내용
1년~11개월전	- 대상 전시회 분석 - 전시회 참가 팀 구성 - 시장동향 파악 - 예산 책정 등 참가 계획 수립 - 참가 규모 확정 및 참가 신청
10~8개월전	- 장치계획 수립 - 장치 업체 계획실행 가능성 확인 - 부스 디자인 결정 - 예산 실현가능성 인 - 각종 연출계획 주최자 규정 적합성 확인
7개월전	- 자사 전시회 참가팀과 저시품 협의 - 홍보자료 등을 참가 전시회에 맞게 Up-dating
6개월전	- 장치전문가와 미 확정된 그래픽 등을 최종 확정 - 각종 판촉물이 이번 전시회에 적합한지 또는 양은 충분한지 확인 - 전시회에 필요한 소모품 준비 - 전시기간 중 상담요원 및 주요 바이어 접대를 위한 장소 예약 - 호텔 및 항공권 예약, 비자준비
5개월전	- 참가매뉴얼 수령, 전시품 소개 및 상담요원 등록양식을 작성 송부 - 부스에 필요한 각종 서비스를 주최자에게 신청 - 참가팀과 업무추진 점검 및 조정 회의

[전시회 참가준비 Time Schedule (II)]

시 기	업무내용
4개월전	- 보도자료 및 신체품 소개자료 작성, 홍보물 제작 - 운송회사 선정 및 장치 첫날 전시품 전시장 도착하도록 발송 계획 - 부스 상담요원 교육 실시
10~8개월전	- 참과객 유치 사전 마케팅 활동 시작 - 현재 고객 및 잠재고객에게 개별 초청장 발송 - 전시회 참가팀과 업무추진 점검 및 조정회의 - 부스 장치 최종 확인
2개월전	- 상당요원 업무분장, 현지 출장 일정을 확인 - 자사의 전시회 참가 매뉴얼을 참가 전시회에 맞게 편집 정리
1개월전	- 서비스 신청 접수여부를 전시주최자에게 확인 - 각종 상담 준비물 점검 - 현지에서 사용할 신용카드, 여행자 수표, 현금 등 준비
개막전	- 장치 가능 첫날에 장치 시작 마지막까지 문제점 발생에 대비 - 신청한 각종 서비스가 요청대로 준비되었는지 확인 - 전시 기간 중의 상담 및 시연을 위해 사전 연습

출처 : 한국전시산업진흥회

3. 해외 바이어 발굴-인터넷 수출마케팅

인터넷 수출마케팅은 마케팅 준비를 마친 수출업자가 바이어 발굴 계획을 근거로 하여 바이어를 발굴하고 바이어에게 Circular Letter라는 거래제의 서한을 발송하고 무역협상을 통하여 무역계약을 체결하기까지의 단계를 인터넷을 주로 활용하여 업무를 처리 하는 것을 말한다. 일반적으로 바이어를 발굴하는 방법은 크게 인터넷을 활용하는 온 라인(On-line)방식과 비 인터넷 방식 즉 해외전시회 및 수출상담회를 활용한 오프 라인(Off-Line)방식이 있다. 온라인 방식의 경우에 바이어를 인터넷 검색엔진이나 거래알선 사이트 즉 E-Market Place를 활용하여 바이어를 검색한 후 즉시 바이어에게 Circular Letter를 발송하여 거래 의사를 타진하게 되고 해외전시회 및 수출상담회의 경우는 오프 라인 현장에서 바이어를 직접 대면하여 거래 의사를 타진하게 된다. 거래 의사 타진 결과 수입상으로부터 수출상의 상품(제품)에 관심이 있다는 반응이 있으면 그때부터 본격적인 무역협상 단계로 들어가게 되고 협상 합의 되는 과정을 거쳐서 최종적으로 무역 계약이 성립되는 것이다.

1) 인터넷 마케팅 성공요인

인터넷 마케팅의 특징은 해외시장에 대한 시장조사 및 바이어 발굴 등 해외영업의 주요 단계를 인터넷을 활용한다는 것이다. 따라서 인터넷 마케팅을 성공하려면 인터넷 검색 능력이 탁월해야 하고 웹 페이지를 신속하게 검색하여 내용을 파악 할 수 있는 영어능력이 선행되어야 한다. 시장조사 및 바이어 발굴시 인터넷을 활용한다고 해서 내가 찾고자 하는 정보를 한 번에 쉽게 찾을 수 있는 것만은 아니다. 드넓은 인터넷의 바다에 산재하고 있는 정보들을 찾아내는 것이 쉽지는 않은 것이다. 지속적으로 많은 시간을 투자해야만 그나마 내가 원하는 정보를 수집 할 수 있는 것이다. 따라서 많은 인터넷 사이트를 알고 있어야 하며 자료를 검색 수집하고 분석하는데 많은 시간을 할애해야만 한다는 것이다. 누가 내 손에 내가 원하는 정보만 골라서 꼭 쥐어주는 경우는 없다. 실제로 인터넷을 통하여 바이어를 발굴하여 거래 제의 편지를 보냈을 때 바이어로부터 회신 받은 확률은 많아야 1-2 % 정도에 불과하다. 또한 바이어로부터 상품(제품)에 관심이 있다는 회신을 받은 숫자 중에서 실제로 거래 성사까지 이어지는 확률은 10% 미만이다. 협상 도중에 무산되는 경우가 대부분인 것이다. 인터넷을 통한 해외영업 성공이 쉽지는 않다, 그러나 안 되는 것도 아니다. 그리고 자금이 필요한 것도 아니다. 자신의 노력에 따라서 인터넷 마케팅만으로도 해외영업에 성공하는 사례는 꽤 있다. 다만 조심 할 것은 나쁜 의도를 가진 바이어를 위장한 사기꾼들이 꽤 있다는 것이다.

2) 인터넷 수출마케팅

(1) 정의

인터넷 수출마케팅이란 인터넷을 통하여 해외시장 조사 및 해외 바이어를 발굴하고 바이어와의 협상을 통해 계약에 이르는 일련의 절차를 말한다.

(2) 개요

마케팅의 주요 절차인 해외 바이어를 발굴 하는데 있어 인터넷 검색엔진 및 E Market Place를 활용하는데 예를 들면 www.google.com Map을 활용하거나 www.alibaba.com 이나 www.hktdc.com등이 있다. 바이어에게 Business Proposal을 보낼 때에도 이메일을 사용한다. 또한 바이어와 무역조건 협상 시에도 이메일,

MSN 혹은 인터넷 전화 등을 사용한다.

(3) 장점

① 바이어 발굴시 인터넷 검색 엔진을 활용할 경우 비용이 들지 않는다.
② 바이어 검색 시 Key-Word 만 정확히 입력하면 한 번의 검색으로 많은 바이어 찾을 수 있다.
③ 바이어와의 협상 시에도 인터넷 도구를 활용함으로서 협상에 따른 시간이 절약된다.
④ 유료 e-Market Place(거래 알선 사이트)를 활용할 경우에도 큰 비용이 들지 않는다.
⑤ 오프 라인 마케팅에 비해 비용이 훨씬 적게 소요된다.
⑥ 바이어 발굴 → Circular발송 → 협상 등 마케팅 절차의 이행 단계가 매우 간단하며 바이어 발굴이 어려울 시 품목교체에 따른 부담이 덜하다.

(4) 단점

① 인터넷으로 검색되는 바이어의 신용을 믿기가 힘들다.
② 바이어의 회사규모 파악이 어렵다.
③ 바이어를 가장한 사기 집단이 있다. 예) 일부 아프리카국가, 동남아
④ 거래되는 품목이 잡화류가 많다.
⑤ 무역협상이 진행되다가 쉽게 중단되는 경우가 많다.
⑥ 무상샘플을 요구하는 경우가 많다.
⑦ 단발성 오더로 끝나는 경우가 많다.

3) 인터넷 수출마케팅 기본절차

(1) 수출아이템 선정

수출하고자하는 아이템을 발굴하는 단계로서 무역회사의 입장에서는 '먹을거리'에 해당하므로 신중히 결정해야 한다. 수출 아이템 선정에 관한 문제는 초보 무역회사뿐만이 아니라 어느 정도 기반을 잡은 무역회사에게 항상 고민해야 할 중요한 문제이다.

(2) 수출아이템의 글로벌 상품(제품) 동향 분석

글로벌 시장에서 유통되고 있는 제품의 추세(Trend)를 확인 하는 과정이다. 국가별로 유행하는 트랜드는 다를 수 있으므로 시장에 맞는 현지화 전략이 필요하다.

(3) 제조업체 선정

수출하고자 하는 품목에 대한 믿을 만한 제조업체를 발굴하고 계약을 체결하는 단계이다.

(4) 아이템의 콘셉트(Concept) 확정

상품(제품) 특징, 장점, 차별성을 부각하여 바이어에게 강력하게 어필할 수 있는 콘셉트를 확정하고 상품(제품) 홍보물(카탈로그, 전자카탈로그, 동영상, 홈페이지 등)을 Circular Letter등에 확실하게 표현해야 한다.

(5) Circular Letter작성

Circular letter란 수출상이 수입상에게 보내는 첫 번째 편지인 거래 제의 서한을 의미하므로 바이어의 흥미를 유발 할 수 있도록 간결하면서도 강하게 나타내야 한다.

(6) 인터넷 바이어 발굴

인터넷을 활용한 바이어 발굴 방법에는 검색엔진을 활용한 방법, 거래알선사이트를 활용한 방법 2가지가 있다.

(7) Circular letter 발송

상품(제품) 콘셉트를 확실히 담아 발송하되 매일의 목표치를 설정하고 발송해야 한다.

(8) Reply 입수

바이어로부터 답장을 받는 단계로 대개의 경우 상품(제품)에 대해 흥미가 있다는 내용과 함께 기본 조건에 관해 문의하는 서신이다.

(9) 무역조건 협상

무역계약의 8대 조건에 관한 협상(품질, 수량, 대금결제, 가격, 선적, 포장, 보험, 클레임해결 등)을 한다.

(10) 무역계약 체결

무역계약서의 종류를 선택하고 작성자를 결정한 후 청약에 대한 승낙으로 계약을 체결한다.

(11) 상품(제품)인도 및 대금결제

포워더를 통해 수출신고 후 제품을 바이어에게 운송해 주고 선적서류도 송부한다. 정해진 방식에 따라 무역대금을 수취 한다. 선불의 경우 결제를 받고 제품을 운송해 주면 되고 후불의 경우 제품 인도 후 대금결제를 받으면 된다.

4) 세부 인터넷 해외영업활동 절차

(1) 수출아이템 선정

아이템 발굴 방법은 국내 전시회 방문 등 오프 라인을 통한 방법과 수출유관기관의 홈 페이지를 방문하는 방법 등이 있다. 수출아이템 선정 시에는 상품(제품)의 상품성, 기술성, 시장성, 색상, 디자인, 포장, 상표 등을 확인해야 한다.

(2) 수출아이템 글로벌 상품(제품)동향 분석

글로벌 시장에서의 경쟁업체 분석, 국가별 상품(제품)특성, 상품(제품) 추세(가격, 디자인, 색상, 기능, 성능, 규격, 포장)에 관한 확인을 해야 한다. 상품(제품)동향분석 결과를 제조업체에 통보하고 추후 수출시 가격 조정 및 상품(제품) 수정이 가능한지 여부를 확인 하여야 한다. 가능하다면 제조업체 상품(제품)이 글로벌 시장에서 차지하는 현재의 위치를 표로 작성하여(Positioning) 협의 시 참고자료로 활용하면 협상에 도움이 된다.

(3) 제조업체 선정

상품(제품)을 안정적으로 공급할 수 있는 믿을 만하고 수출의지가 강한 업체를 선택하고 가능한 한 자세히 물품 공급에 관한 계약을 체결하는 것이 중요하다. 제조업체가 기존에 독점권을 부여한 국가가 있는지를 미리 확인 해 두어야 한다. 만일 독점권을 부여한 국가가 없다면 제조업체 상품(제품)의 해외 마케팅을 온전히 독점 할 수 있는지 국가별로 가능한지 아니면 독점은 불가능 한지를 미리 확인해 두어야 한다. 또한 차후 발생할 수도 있는 바이어의 지역 독점 요구에 대비하여 지역별 독점권을 부여 할 수 있는지도 확인해두면 좋다.

(4) 아이템의 콘셉트(Concept) 확정

자사 상품(제품)의 단순한 특징이 아닌 차별성 및 구매함으로서 누릴 수 있는 가치에 대해서도 확실히 표현해야 한다. 기능성 화장품의 경우 상품(제품)을 사용했을 때 미백효과가 있다 라고 단순히 표현하기 보다는 미백효과가 얼마나 오랫동안 지속되며 얼마나 빠른 시일내에 효과가 나타나는지 더 나아가 얻을 수 있는 가치 즉 자사 상품(제품)을 사용함으로써 상품(제품)을 보는 안목이 있음을 평가받을 수 있다는 등을 확실히 나타낼 수 있어야 한다.

(5) Circular 작성

바이어에게 주는 첫인상이며 바이어는 이 편지 하나로 회사 및 상품(제품)을 평가하므로 신중히 작성하여야 한다. 첫 번째 문장에서 바이어의 흥미를 강력하게 유발시켜야 한다. 제품의 콘셉트를 확실히 드러내야 한다. 작성 후 반드시 원어민(Native Speaker)의 수정을 받도록 한다.

(6) 인터넷 바이어 발굴

인터넷을 활용하여 바이어를 발굴하는 방법은 크게 검색엔진을 활용한 방법(google.com,yahoo.com 등) 거래 알선 사이트를 활용하는 방법 2가지로 나누어 볼 수 있다.

① 인터넷 검색엔진을 활용한 바이어 발굴 절차

- 개요: 인터넷 검색엔진의 MAP(지도정보)을 활용 바이어를 찾는다.
- 방법

  가. www.google.com에 접속

  나. 메뉴화면에서 Maps를 클릭

다. 화면에 나타나는 입력창에 Key-Word를 입력　예) cosmetics buyer
라. 화면에 나타나는 회사들을 클릭
마. 개별회사들의 홈페이지를 확인하여 바이어가 될 만한 회사인지를 확인

- 유의 사항
가. 검색엔진의 Map 메뉴 원래 기능은 전 세계에 위치한 기업체의 위치를 알려주는 것. 그러나 바이어 발굴 시에도 유용하게 사용
나. Key-Word 입력시 'Buyer'라는 단어 이외에도 Importer, distributor, wholesaler, Vendor 등을 추가로 입력하면 더 많은 바이어 검색 가능
다. 다만 검색된 회사들이 모두 바이어가 될 수는 없으므로 모든 회사들의 홈페이지를 반드시 확인
라. 화면에 나와 있는 미국 지도에 커서를 움직이면 지역이동이 가능하므로 지도를 옮겨 가며 전 세계의 바이어를 검색

② 거래알선사이트를 활용한 검색 방법

- 개요: 인터넷의 무역관련 e Market Place(Trade Leads)를 활용하여 바이어를 검색하는 방법 (Alibaba.com, ec21.com, tradekey.co 등)
- 거래알선사이트: 거래알선사이트란 상품(제품)을 팔고 자 하는 수출업자와 상품(제품)을 사고자 하는 수입업자가 사자와 팔자 Offer를 교환하는 사이버 무역시장. (Cyber Market Place) 현재 거래알선사이트는 전 세계적으로 수백 개 이상이 개설. 대개 유료 운영
- 거래알선사이트 주소확인방법: www.google.com 첫 화면의 입력창에 Trade Leads 라고 입력하면 거래알선 사이트가 수 백 개 나타난다.
- 거래알선 사이트 적합성 확인
가. 유·무료 확인
나. 무료사이트일 경우는 바이어 정보량 확인
예) 1일, 1주일, 1개월 단위 당 바이어 숫자 확인)
다. 무료사이트일 경우 회원가입 요령 확인
라. 유료사이트일 경우 가입비 및 부가서비스 확인
마. Posting 하는 방법확인
바. Buyer를 검색하는 방법 확인

사. Buyer에게 Circular Letter을 보내는 방법 확인

아. List Up 되는 바이어들의 국가를 확인한다.

- 거래알선 사이트 활용 방법

가. 유효한 사이트를 선정하여 즐겨 찾기에 수록

나. 인터넷 거래알선사이트가 대체로 유료화 되는 추세에 있으므로 유용한 무료사이트는 그다지 많지가 않다. 또 한 무료사이트의 경우 제공되는 바이어 정보도 많지 않으므로 유료사이트를 1개 정도는 보유하는 것이 좋으며 무료사이트의 경우는 대략 10개 정도를 완벽 하게 사용할 수 있어야 한다.

- 바이어를 찾는 방법

자신의 아이템에 대한 해당 바이어를 '검색'하는 방법과 자신의 아이템을 'Posting' 하는 방법이 있다.

가. 검색하는 방법

가) Offer to Buy(혹은 Buyer)를 클릭

나) 아이템 이름 입력　　예) Cosmetics

다) 바이어 확인

나. Posting 하는 방법

가) Post an Offer(Offer Posting)를 클릭

나) 아이템 소개 입력

다) 바이어의 Reply

다. Posting(포스팅)이란 무엇인가?

Posting이란 자신이 수입 또는 수입하고자 하는 상품(제품)에 대한 설명 및 자신의 거래조건을 거래알선사이트에 홍보해 놓는 것을 의미한다. Posting을 해 두면 그 상품(제품)을 수입 또는 수출하고자 하는 무역업체가 동 상품(제품)을 검색할 경우 자사품의 정보가 거래 상대방에게 자동으로 전달되는 것이다.

마치 낚시 밥을 끼어 낚시 대를 물에 담겨 두는 것과 같다.

(7) Circular letter 발송

가능하면 해당국 언어로 보내는 것이 바이어로부터 회신을 빨리 받을 확률이 높으므로 가장 바람직하다. 그러나 불가능 할 경우 영어로 하여도 무방하다. 매일의 발송 목표숫자를 정해놓고 보내는 것이 중요하다. 보통 하루에 10-20개 정도 매일 보내면 1-2주 후부터 바이어로부터 답장이 오기 시작한다.

(8) Reply 입수: 회신을 받았을 시 행동요령

진정성이 있는 메일인지 사기성이 있는 메일인지 여부를 정확히 파악해야한다. 바이어가 보내온 메일의 내용 및 의미를 정확히 파악한다. 만일 메일의 내용이 정확히 해석 또는 이해가 되지 않거나 단어의 의미를 정확히 이해하기 어려운 경우 즉시 메일을 보내 정확한 내용을 다시 요청해야 한다. 바이어가 보내온 메일의 내용이 정확히 파악 되었다면 어떻게 대응 할지를 결정해야 한다. 바이어 요청내용을 토대로 제조업체와의 협의 내용 및 방향을 결정해야 한다. 상품(제품)에 관한 세부내용 및 거래조건에 관한 바이어에게 어떻게 통보할지 제조업체와 업무협의를 해야 한다. 바이어에게 통보할 내용을 작성 한다. 가능한 빠른 시일 내에 바이어의 문의 사항에 대한 회신을 한다. 만일 바이어의 요청 내용에 대한 회신이 시간이 소요될 것으로 예상되는 경우에는 바이어에게 즉시 회신에 따른 소요기간을 알려 주어야 한다.

(9) 무역조건 협상

바이어로부터 회신이 들어오게 되면 그 즉시로 무역조건에 관하여 바이어와 협의하도록 하고 무역조건 협의 시에는 품질, 수량, 가격, 대금결제, 선적, 보험, 포장, 클레임해결 방법 등에 관하여 반드시 협의해야 한다.

(10) 무역계약 체결

수출상과 수입상 사이에 무역조건협상 결과 양 당사자가 무역조건에 합의한 후 합의한 내용대로 무역계약을 체결한다. 무역계약 체결절차는 무역조건 협상 → 무역조건 합의 → 계약서의 종류 결정 → 계약서의 작성자 결정 → 청약 → 반대청약 혹은 승낙 → 계약의 성립이다. 실무적으로는 청약을 하기 전에 계약서 초안을 먼저 수출상과 수입상이 교환하여 검토하는 것이 바람직하다.

(11) 상품(제품)인도 및 대금결제

상품(제품)인도 단계는 수출상이 수입상에게 수출물품을 인도해 주는 일련의 절차를 의미한다. 통상 수출통관 단계, 운송 단계, 보험단계를 거치게 된다. 대개의 경우 수출통관단계는 관세사를 통하여 운송단계는 포워더를 통하여 보험단계는 보험회사를 통하여 진행한다. 대형 포워더의 경우는 운송뿐만이 아니라 통관, 보험업무도 일괄하여 같이 진행한다. 대금결제는 수출상이 수입상으로부터 상품(제품)대금을 회수 하는 단계이다. 양 당사자가 이미 계약 체결당시 결정했던 시기와 방법으로 결제한다. 결제방법은 선불결제 및 후불결제로 나뉜다. 선불이란 양당사자가 계약을 마친 후 수입상이 수출상에게 물품대금을 즉시 결제하는 것이다. 후불이란 양 당사자가 계약을 체결한 후 수출상이 수입상에게 제품을 먼저 인도 하고 나중에 대금을 결제 받는 방법이다. 실무적으로는 대금결제 시 선불과 후불을 병행하는 경우가 많다.

4. 해외시장개척 영업활동-Circular Letter 작성법

인터넷 해외영업활동을 위한 가장 중요한 단계는 상품(제품)을 상대방에게 알리는 것이며 이때 가장 효율적인 방법은 이메일을 활용하는 것이다. Circular Letter란 이메일을 활용하여 자신이 발굴한 바이어에게 보내는 첫 번째 상품(제품) 및 회사에 대한 소개서인 것이다. 이 Circular Letter 하나에 의해 자신의 회사 및 상품(제품)에 대한 평가를 받는 것이다.(If it looks good, you look good if it looks bad ,you look bad). 사람간의 만남에서도 첫인상이 다음의 만남을 결정 하는 중요한 역할을 하듯이 반듯하게 작성된 Circular 하나가 해외영업 성공의 중요한 연결고리 역할을 하는 것이다. 따라서 Circular Letter를 작성할 때 상품(제품) 특징, 장점, 차별성을 확실히 어필할 수 있도록 상품(제품) 콘셉트(Concept)를 잘 표현해야 하고, 형식적인 면에서도 세심한 주의를 기울여야 한다. Circular Letter를 통한 마케팅은 시간 및 비용면에서도 매우 효과적인 초기 마케팅 방법이다. 동시에 많은 노력이 요구되는 과정이기도 하다. 상품(제품) 콘셉트를 확실하게 잡은 후 매일의 Circular Letter 발송목표를 정하여 바이어에게 꾸준히 보낸다면 바이어와의 협상을 통하여 해외영업을 성공하는 기쁨을 맛볼 수 있는 날이 반드시 올 것이다.

1) Circular Letter 정의

Circular Letter란 바이어를 발굴한 수출상이 수입상에게 거래 희망 의사를 밝히면서 자사제품 및 회사 소개를 하는 거래제의 서한이다. 미국에서는 특별히 Circular Letter라는 용어를 쓰기 보다는 광범위하게 Sales Letter라고 쓰는 경우가 일반적이다.

2) Circular Letter 발송 목적

(1) 자사 상품(제품) 및 회사에 대한 바이어 관심 유발

상품(제품) 특징, 장점, 다른 상품(제품)과의 차별성을 강력히 나타내고 회사의 안정성 및 신뢰성을 홍보하여 바이어로 하여금 상품(제품)에 흥미를 유발토록 한다.

(2) 새로운 거래선 발굴

자사 상품(제품)에 흥미를 느낀 바이어로부터 회신이 오면 해외영업 협상을 통하여 거래를 성사시킬 수 있다.

3) Circular Letter 특징 및 중요성

(1) 온라인 수출 마케팅의 시작이다

인터넷 수출마케팅 전체 과정을 출발하는 작업이므로 다음 단계의 마케팅이 진행될 수 있도록 (바이어로부터 회신을 받을 수 있도록) 최선의 정보를 효과적으로 전달해야 한다.

(2) 바이어와의 첫 만남이다

Circular Letter는 바이어와의 첫 만남이므로 좋은 인상을 줄 수 있도록 신중히 작성해야 한다.

(3) Circular Letter 하나가 회사 및 제품의 이미지를 결정한다

미국의 수입업자협회에서는 Circular Letter의 중요성을 이렇게 표현하고 있다.
'If it looks good, you look good if it looks bad, you look bad.'

Circular Letter가 내용 및 형식면에서 제대로 잘 작성되어 있으면 회사 및 상품

(제품)에도 믿음이 가고 그렇지 않으면 회사 및 상품(제품)도 신통치 않게 보인다는 의미인 것이다.

(4) 영어 전문가가 아니어도 쉽게 작성 할 수 있다

비교적 짧은 문장으로 구성이 되고 전문 용어도 많이 사용할 필요가 없으며 바이어가 바뀌어도 같은 내용으로만 보내면 되므로 비교적 쉽게 작성할 수 있다.

(5) 비용 대비 효과가 좋다

대개의 경우 이메일 혹은 팩스로 보내게 되므로 큰 비용이 발생하지 않는다.

(6) 온라인에서도 다양한 경로로 바이어에게 접근이 가능하다

Circular letter를 발송할 때도 바이어의 이메일 주소뿐만이 아니라 바이어 회사의 홈페이지, 조합이나 협회의 게시판, MSN등을 활용 할 수도 있다.

(7) 시간과 공간의 제약이 없이 제품의 이미지 홍보가 가능하다

인터넷을 활용하게 되므로 필요할 때 언제나 발송이 가능하고 국가간의 지리적 차이도 문제가 되지 않는다.

(8) Circular Letter 보냈을 때 바이어로부터 회신 받을 확률은 1% 정도이기 때문에 가능한 많은 숫자의 Circular Letter 발송해야 한다

4) 작성 언어

영어로 작성하는 것을 기본으로 하되 해당국 언어가 가능하다면 해당국 언어로 작성 하는 것이 좋다. 해당국 언어로 작성했을 때 회신이 오늘 확률도 높고 회신이 오는 기간도 영어로 보냈을 때에 비해 좀 더 나은 경우가 많다.

5) 효과적인 Circular letter 작성 요령

(1) 바이어에게 강하게 어필할 수 있도록 첫 문장을 작성해야 한다.

미국수입업자협회의 조사에 따르면 대개의 바이어들은 바이어에게 전달되는 Sales Letter 그들이 읽어보는 레터는 3%에 불과하고 읽더라도 첫 문장만 보고 관심이 있으면 곧바로 해당 회사의 홈페이지를 방문한다고 한다. 따라서 첫 문장을 어떻게 작성하느냐가 성패를 좌우한다.

(2) 제품에 대한 확실한 이해를 바탕으로 작성해야 한다.
상품(제품)의 특성, 기능, 효능, 구조 등 다양면에서 상품(제품)에 대한 정확한 이해가 선행되어야 하고 특히 상품(제품)의 차별성을 효과적으로 표현하여야 한다.

(3) Circular letter를 바이어가 처음 봤을 때 이 상품(제품)이 내가 찾던 상품(제품)이구나 내가 이 상품(제품)을 수입하면 잘 팔리겠구나라는 인식을 심어줄 수 있게끔 명확하게 작성하여 C/L 발송자 측에서 수신자 측과 거래를 하고 싶다는 생각이 들도록 해야 한다.

(4) 여러 가지 다른 Circular letter들을 참고, 검토해보는 것도 중요하다.
인터넷을 활용하여 국내 및 외국회사의 Circular letter를 검색하며 작성 시 구성 및 내용 등을 참고하는 것이 중요하다.

(5) 명확하게, 간단하게, 짧게 쓰면서 하고자 하는 얘기가 빠짐없이 들어가야 한다.

(6) 문법과 철자법이 틀리지 않도록 주의 하여야 한다.
Circular letter를 내국인이 작성했을 경우 영어 원어민의 검토를 반드시 거치는 것이 좋다.

(7) 바이어로 하여금 PUSH 받는다는 느낌을 받지 않도록 해야 한다.
예를 들면 "at your earliest convenience", "As soon as"

(8) 너무 아첨하는 투의 단어는 삼가야 한다.
예를 들면 "Esteemed" "Respeted" 등의 단어는 삼가는 것이 좋다.

(9) 단어를 사용 할때 약어를 사용하는 것은 좋지 않다.
예를 들어 "B. Rgds" for "Best Regards" and "Tkx" for "Thank You" 라고 하는 것은 삼가는 것이 좋다.

(10) 바이어가 자사의 웹 사이트를 쉽게 찾을 수 있도록 해야 한다.
바이어가 자사의 웹 사이트를 찾는데 어려움을 겪도록 해서는 안 된다.

(11) 너무 진부한 표현, 지나치게 격식을 갖춘 표현은 사용하지 않는 것이 좋다. 지나치면 넘치거나 또는 바이어로 하여금 조롱당한다는 느낌을 받게

할 수도 있다.

(12) 다양한 버전을 만들어 상황에 맞게 쓴다.
Circular Letter를 2-3가지 형태로 작성하여 다양한 상황에 맞춰 사용토록 해야 한다.

(13) Circular Letter 제목을 잘 선택해야 한다.
제목을 잘못 작성하게 되면 바이어가 읽지도 않고 스팸메일로 처리하는 경우가 있으므로 신중해 제목을 정해야 한다.
바람직한 예) Circular Letter for Cosmetics from Korea

6) Circular Letter 작성방법

Circular Letter는 Letter Head, 수신인 연락처, 본문 4문장 등으로 구성하면 된다.

(1) 첫 번째 문장

상대방의 흥미를 유발 할 수 있도록 작성해야 한다.(Attracting Attention)
미국수입자협회의 보고서 따른 대개의 바이어들은 Circular Letter를 읽으면서 흥미가 있다 없다 라고 판단하는데 평균 7초 정도를 소요한다고 한다. 따라서 바이어들의 흥미를 끌 수 있도록 첫 문장을 강렬하게 작성한다.

(2) 두 번째 문장

상품(제품) 상세 정보를 줘야 한다.(giving the basic details)
수출상이 Circular Letter를 보내는 목적은 자사 상품(제품)이 믿을 만한 것이고 또한 만일 상품(제품)을 구매한다면 쉽게 되 팔수 있다는 확신을 주는데 있다. 따라서 차별성 있는 내용으로 상품(제품) 정보를 줘야 한다.

(3) 세 번째 문장

바이어를 설득한다.(Convincing The Reader)
자사 상품(제품)을 구매했을 때 바이어가 취할 수 있는 이득에 관하여 논리적으로 설명해야 한다.

(4) 네 번째 문장

바이어에 대한 제의(Request for Action)

이 문장은 짧게 구성한다. 이 문장의 주요 목적은 의문 사항이나 추가적 정보가 필요하면 연락해 달라 그리고 자사 회사 홈페이지를 꼭 방문해 달라는 내용으로 작성하면 된다.

7) 바이어로 부터 회신 시 대응 방법

(1) 회신 방법

수입업자로부터 회신을 받으면 그 내용을 검토하여 즉시 회신할 수 있는 점은 지체 없이 회신하고 시간을 요하는 사항은 언제까지 조치해 주겠다고 통보한다. 중요한 것은 바이어로부터 회신을 받으면 지체 없이 당일 날 회신을 해줘야 한다. 일반적인 업무연락일 경우도 마찬가지이다. 또한 반드시 사기성 있는 메일인지 여부도 확실히 확인해야 한다.

(2) 작성 시 유의사항

회신에 대해 감사의 표시를 하고 조회 내용의 골자를 기술함으로써 상대방의 기억을 새롭게 한다. 확실치 않은 내용에 대해서는 재확인을 요청한다. 자기 상품(제품)의 설명 또는 특징을 설명할 때에는 지나친 과장을 하지 않고 간결하게 표현한다. 조속한 주문이 유리하다면 그 점을 강조한다. catalog나 price list를 보낼 경우 필요한 사항이 있으면 우편으로 보내 준다.

(3) 바이어의 무응답 시 대응방법

우선 1주일 정도는 기다려 본다. 기다려도 회신이 없을 경우 1-2차례 정도 Circular Letter 다시 보내 본다. 다시 보낼 경우 "혹시 지난번에 보낸 메일이 잘 전달이 되지 않은 것 같아 다시 보낸다"는 말을 붙여서 보내도록 한다.

[해외마케팅 관련 유용한 사이트]

1. 미국무역기구: http://www.fita.org/tradehub.html
2. 이스라엘 무역업자:

http://www.export.gov.il/Eng/_Lexicon/Articles.asp?CategoryID=351

3. 일본바이어 검색: www.tokyo-trade-center.or.jp
4. 관세청: http://www.customs.go.kr/
6. 코트라 바이어 찾기: http://www.kotra.or.kr/wps/portal/dk
7. 전시산업진흥회: http://www.kei.or.kr/main02/index.jsp

8. 콤파스: http://www.kompass.com/
9. 시장조사: www.marketresearch.com
10. 미국무역통계: http://dataweb.usitc.gov/scripts/user_set.asp
11. 시장조사-미국: http://www.export.gov/tradedata/index.asp
12. e-무역상담회 등: http://www.buykorea.org/buykorea/front/main.jsp
14. 무역종합정보: http://www.kita.net/
15. 유료사이트: www.alibaba.com
16. 해외전시회: www.gep.or.kr
17. 수출전문가 활용: www.esnet.go.kr
18. 무역실무Q&A 및 기업정보: www.digitalsme.com
19. 홍콩무역청: www.hktdc.com
20. 거래알선 사이트 찾기: www.yahoo.com → trade leads
21. 검색엔진 바이어 찾기: www.google.com → MAPS 활용
22. 해외바이어 찾기 무료사이트: www.swissinfo.net

제7장 연습(토론)문제

01. 심층개척 정보수집에 대해 논하시오.

02. 심층개척영업 준비와 추진에 대해 논하시오.

03. 기존 고객·거래처 포트폴리오분석에 대해 논하시오.

04. 그룹별 고정고객화의 영업작전에 대해 논하시오.

05. 해외시장개척 시장조사에 대해 논하시오.

Chapter 08

영업활동관리

제1절 영업활동계획 효과적 수립

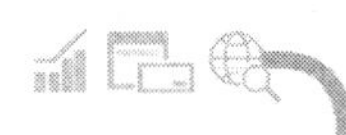

1. 영업활동계획 중요성

영업인이 전략에 의하여 설정한 매출목표나 전술로써 입안한 영업계획 또는 영업작전은 구체적인 실행계획인 영업활동계획에 의하여 비로소 달성하기 위한 뒷받침이 되는 것이다. 영업활동계획이란 「매출목표나 영업계획을 달성하기 위한 실행계획을 행동단계에서 효율적으로 계획」하는 것이며 그 목표는 영업인이 설정한 영업목표를 100% 달성하기 위한 수단으로써 영업활동 단위 시간당 매출액을 보다 효과적·효율적으로 상승시키는 것이다. 그러나 영업활동이라는 업무는 제조현장이나 경리사무 등 사내적인 업무와 달라서 활동현장 태반이 사외업무이다. 더욱이 단독행동이 주가 되며 1일 활동시간 운영은 거의 영업인 개인 자유재량에 위임하고 있다. 따라서 영업인이 자기 영업목표를 달성하여 실적 향상을 도모하기 위해서는 항상 면밀한 영업활동계획을 입안하는 것이며 그에 의한 자기관리 실천이 특히 중요한 역할을 한다. 만전의 활동계획과 그에 의한 상황이 있음으로써 전략적 영업활동은 결실을 맺는 것이다. 보통 「계획은 업무의 반」이라고 하며 이것은 실행하기 전에 계획이 확실하게 되면 업무는 반 이상이 끝난 것과 같다는 의미이다.

영업인의 하루, 1개월 또는 1년간 자기 업무(직무)를 결정하는 것이며 자기 자신의 업무계획은 하나의 직무이다. 따라서 당연하지만 업무와 책임이 수반하는 것이다. 영업활동을 세우는 것은 완전히 수행하여 성과를 올림으로써 영업이라는 직무를 완수하는 것이다. 즉 「계획 = 성과(실적)」으로써 인식하는 것이 중요하며 보통 「영업계획을 작성하여 계획대로 되지 않으니 필요 없다…」라는 영업인이 있으며 「왜 계획대로 되지 않는가, 어떻게 하면 계획대로 활동할 수 있을까?…」라고 생각하면서 지혜를 짜내는 영업인도 있다. 전자와 후자 영업인의 차이는 연수가 경과할수록 「그 차이는 커진다」는 것이다. 영업인이 자기 영업활동계획을 수립하기 위하여 그 전제가 되는 여러 가지 목표에 대하여 충분히 인식하여야 하며 입안할 영업활동계획 종류와 그 내용에 대하여도 충분히 인식할 필요가 있다.

1) 영업목표 확인

영업인 영업활동계획의 전제가 되는 주요 목표는 다음과 같은 항목을 들 수 있다.

(1) 시장 목표 → 목표점유율(시장점유율, 거래처점유율, 수주점유율), 목표, 시장확대율, 목표예상객수, 목표고객・거래처수 등
(2) 매출 목표 → 월별, 상품(제품)별, 지역・시장별, 고객・거래처별 등 매출액 목표와 매출수량 목표, 목표신장률 등
(3) 이익 목표 → 상품(제품)별 매출이익액목표 또는 한계이익액목표, 매출이익률목표 또는 한계이익률목표 등
(4) 회수 목표 → 고객・거래처별 회수액목표(현금, 어음 내역별), 회수율목표, 회수기간목표 등
(5) 영업활동 목표 → 목표영업건수, 목표영업회수(빈도), 목표영업호수, 목표신규개척수, 목표신규개척영업호수 등

이상과 같은 목표를 달성하기 위하여 각 영업인은 자기 영업활동계획을 면밀히 검토하여 그 계획을 달성하기 위한 구체적인 행동을 하게 된다.

2) 영업활동 종류 내용

영업인이 설정하는 영업활동은 크게 구분하여 “기간별 계획”과 “과제별 계획”이 있다.

(1) 기간별 영업활동계획

A. 중기 계획

보통 2년 이상 매출목표나 활동계획이나 판매예측 가능성에서 고려하더라도 3년 정도의 기간이 설정된다.

B. 연간 계획

중기 계획의 최초 1년 계획이며 이 계획의 달성상황 여하에 따라 중기 계획을 수정한다. 따라서 가장 중요한 데이터가 되므로 대개 기업이 이 1년간을 단위로 하여 계획설정을 하고 있다. 영업계획, 활동계획의 가장 기본이 되는 것이 이 연간 계획인 것이다.

C. 반기 계획

1년간을 전기 · 후기 반년간 단위로 계획입안하는 것이며 연간 계획을 반기씩 세분화한 것이다. 반기 결산 기업은 이 반기 계획이 영업계획, 활동계획의 기준이 된다.

D. 4반기 계획

1년을 4등분한 기간이며 3개월간 단위로 설정하는 영업계획, 활동계획이다.

E. 월간 계획

가장 일반적인 영업활동으로 설정되는 기간은 1개월간을 단위로 한 것으로 월별 영업계획과 같이 가장 중요한 계획기간이 된다.

F. 주간 계획 또는 순간 계획

월간 계획을 기준으로 하여 주간에 영업할 활동지침을 구체적으로 설정하는 것이며 월간 계획을 주간 단위로 세분화한 활동계획이라 할 수 있다. 기업에 있어서는 「주간행동계획」을 기본적인 활동계획으로 하는 곳이 많다. 또한 주간행동계획 대신에 1개월의 활동계획을 상순, 중순, 하순으로 10일간씩 세우는 기업도 있다. 이와 같은 주간 계획이나 순간 계획을 세우는 경우에는 1개월간 영업계획이나 활동계획을 세분화한 주간 계획・순간 계획이라는 것을 충분히 인식하여야 한다.

G. 일정 계획

주간 계획, 순간 계획에서 대체적인 행동계획을 세워 그것을 다시 매일 활동 단위로 세분화한 계획이 일정 계획이며 본래 영업인은 매일같이 영업활동을 전개하기 때문이다. 즉 월간 행동계획이나 주간 행동계획 중에서 오늘 하루 영업 예정처를 선정하고 유통경로, 판매용구, 설득프로그램, 프레젠테이션 방법을 구체적으로 검토하여 영업계획을 세우게 된다. 따라서 이 일정계획이 영업인에게는 가장 친근한 활동계획이며 구체적인 실행계획으로써 중요하다.

이상과 같은 영업활동계획 기간은 모두 유기적인 관련을 갖는다. 즉 따로따로 세우는 것이 아니고 중기 계획에 최종적인 일정 계획으로 하나의 활동계획 시스템으로 세워야 한다. 따라서 영업인으로서는 먼저 기본이 되는 월간 영업활동을 세워 그것을 기준으로 하여 순간 계획이나 주간 계획을 세우며 다시 일정 계획으로 세분화하여 활동계획을 구체적으로 명확히 하는 것이 중요하다.

(2) 과제(프로젝트)별 영업활동계획

영업인의 활동계획에는 통상적인 영업계획 이외에 "과제(프로젝트)별 계획"이라는 것이 있다. 예를 들어 지역・시장별 점유율향상계획이나 신규개척계획, 중점고객・거래처계획, 캠페인계획, 행사계획 등이 이와 같은 과제별 계획이 된다. 계절이나 그때그때에 여러 가지 테마를 설정하여 그 테마를 달성하기 위하여 과제별 활동계획을 구성하게 된다. 현실적 영업인 영업활동은 매출・영업이익・대금회수가 3대 목표가 된다. 영업계획 중에는 이 목표의 달성수단으로 반드시 기간별 활동계획과 과제별 활동계획을 포함시켜야 한다.

2. 영업활동 기본 개념

전략적 영업에서 영업성과에 직결하는 영업인의 활동은 도대체 무엇인가. 즉 영업인이 본래 실행하여야 할 활동이란 무엇인가 하는 것이다. 그것은 말할 것도 없이 고객·거래처를 영업하여 상품(제품)을 팔기 위한 상담절충을 하는 것이며 수주를 획득하기 위한 활동이다. 수주(영업)실적은 1일의 총상담절충시간에 비례한다고 한다. 아무리 우수한 전략적 발상을 갖고 있는 영업인이라 하더라도 사내에만 있다면 수주 실적을 올릴 수 없을 것이다. 데스크·워크 시간이나 이동시간 등이 많아서는 수주(영업)실적이 올라가지 않으며 더욱이 영업목표 100% 달성은 생각할 수 없다. 따라서 이와 같은 이동시간이나 사내체제시간을 어떻게 줄일 수 있는가. 그 단축을 도모하고 그 시간 분을 고객·거래처로 상담절충시간에 충당하거나 유효영업호수 증가에 충당하는 등 1일의 고객·거래처 총상담절충시간 향상에 창의의 연구를 도모하는 것이 중요하다. 고객·거래처에 대한 총상담절충시간은 다음 공식으로 표시할 수 있다.

1일 고객·거래처 총상담절충시간 = 평균상담절충시간 × 1일평균유효영업건수

그러나 이 상담절충시간과 유효영업건수는 이율배반의 관계에 있다. 즉 상담절충시간이 길면 유효영업건수는 적어질 가능성이 있으며 유효영업건수가 많으면 상 절충시간을 짧게 하여야 한다. 그렇다면 영업인은 어느 쪽을 중시하여야 할 것인가. 그것은 우선 유효영업건수 증가를 도모하여야 하며 유효영업건수를 증가시키므로써 상담절충 기회를 증가시킬 수 있기 때문이다. 고객·거래처와 인간관계 조성의 기본은 커뮤니케이션 빈도에 의해서도 결정되며, 만나는 회수에 따라 친밀도나 신뢰관계가 늘어난다. 다만 만나서 상담절충 진행내용에 달렸지만 기본적으로는 영업빈도(回數)가 인간관계를 조성하는 포인트가 된다. 이와 같은 영업빈도를 증가시키는 것은 유효영업건수를 어떻게 증가시키는가 하는 것이 중요하다. 따라서 영업활동계획을 세우기 전에 영업활동일수를 표준화하고 단시간에 상담체결을 할 수 있도록 영업인으로서 상담력이라는 질적 향상을 도모하는 것이 중요하다. 수주(영업)실적을 올리는 영업인의 활동상황을 분석하면 통상적인 영업활동으로는 상담절충시간을 포함하여 체재시간이 짧은 반면 수주·계약에는 시간

이 걸린다. 성적이 나쁜 영업인의 경우 총영업건수는 모르지만 유효영업건수나 영업빈도가 낮은 경향이 있다. 또한 고객·거래처 당 체재시간이 길면서 상담절충시간이 짧다. 효율적인 영업활동은 「유효영업건수」를 증가시키기 위한 계획을 어떻게 세우느냐에 달려 있다. 유효영업건수 증가는 영업빈도 향상으로 생기는 것이므로 상담절충시간과도 관계가 된다. 영업인의 활동에 있어서 특히 이점을 중시하여 계획 입안에 창의 연구를 도모하는 것이 중요하다.

3. PDCA에 의한 영업활동계획 수립

수주실적이나 영업성과는 영업인의 활동결과이다. 일반적으로 나와 버린 결과에 대하여 운운하는 경우가 많다. 나온 결과에 대하여 아무리 평가나 검토를 하더라도 실적 데이터가 오르지 않는다. 이것을 「결과관리」라 하며 이렇게 진행하여서는 모두가 늦어지게 된다. 또한 영업활동도 1개월을 전반·후반으로 구분하여 15일 이후 후반활동에 비중을 두는 경향을 많이 볼 수 있다. 이와 같은 영업활동을 하는 영업인 태반은 월간목표를 달성하지 못한다. 이와 같은 영업인이나 영업소·과장 등은 타사와 경쟁에서 이기기 위한 전략적 영업활동과는 거리가 멀다고 할 수 있다. 좋은 실적이나 성과를 거두기 위해서는 계획단계에서 사전에 진행방법을 고려하는 일이 중요하며 「프로세스관리」나 「선행관리」를 하도록 해야 한다. 따라서 영업활동 입안에 있어서 과학적 방법을 활용하는 것과 활동계획을 달성 가능한 단계까지 세분화하는 일이 중요하다.

1) 영업활동 PDCA 사이클 회전

영업인의 영업활동 입안에 있어서 과학적 방법을 응용하는 PDCA 관리사이클을 확실하게 회전하도록 계획을 편성하여야 한다.

(1) P = 계획 → 영업활동계획을 세운다.
(2) D = 실시 → 계획대로 실행(행동)한다.
(3) C = 검토·평가 → 결과가 계획대로인가를 확인한다.

(4) A = 대처 · 처리 → 실행결과와 계획의 차이가 크면 그 원인을 파악하여 대책수립과 처리를 한다.

위의 네 가지 사이클을 원과 같이 회전시킨다. 영업활동계획(P)을 세우기 전에 현상분석(C → A)을 정확히 하고 그 분석 결과를 계획에 반영하며 어디까지나 활동계획(P)은 실행(D)을 하기 위하여 입안하는 것이다. 따라서 C → A → P → D → C → A …… 와 같이 회전하면서 영업활동을 진행하도록 편성하는 것이 중요하다.

2) 월간 활동계획

영업활동계획 중에서 가장 기준이 되는 것은 일반적으로 이 월간 활동계획이다. 이 계획은 월간 매출목표를 달성하기 위한 구체적 실행계획이므로 기업 마감일에 따라 다르나 월말 또는 월초에는 결정하여야 한다. 월간 영업활동계획을 수립할 경우 다음과 같은 점을 충분히 검토하고 그 과제와 대책도 확인하는 것이 중요하다.

(1) 중점 지역 · 시장 선정과 구체적인 공략 방법
(2) 중점 고객 · 거래처 선정과 영업활동 표준화
(3) 중점 상품(제품) 선정과 그 세일링 포인트 활용 방법
(4) 신규 예상객 개척과 진척상황 파악 방안
(5) 신상품(제품) 시장개척과 PR 방법
(6) 캠페인 등 판촉책
(7) 확보할 시장점유율
(8) 고객 · 거래처와 인간관계 조성 개선 · 향상 방법

월간 계획은 월간 영업건수, 판매처별(유지고정처, 심층확대처, 신규개척처 등) 영업건수 등이 기본 데이터가 된다. 또한 월간 활동계획이 적절한가 하는 것은 순간 또는 주간 활동 패턴과의 관계를 고찰하여야 한다. 예를 들어 상순, 중순, 하순별로 1일당 평균 영업건수를 비교한다. 또한 주간에는 제1주, 제2주, 제3주,

제4주 …와 같이 주간 단위로 고찰한 1일 평균 영업건수를 비교한다. 이와 같은 비교로 상순 대시형인가, 중순 대시형인가, 하순 맹렬 추적형인가 등 자기 활동 패턴을 파악할 수 있다(주 단위도 같다). 일반적으로 월초는 겨우겨우, 중간은 보통, 월말은 맹렬추적형의 영업인을 많이 볼 수 있으며 이와 같은 활동 패턴으로 하는 이상 영업목표 100% 달성은 불가능에 가깝다. 적어도 월간 영업건수의 반(50%)은 월초(상순)에 집중하고 매출목표의 60% 정도 달성하는 활동계획을 편성하는 것이 이상적이다. 특히 월말은 채권회수 작업에 있는 기업이 많으므로 채권회수 업무도 포함하여 월말(하순)은 신규개척의 파종으로 영업하는 활동계획을 세운다.

3) 주간(순간) 활동계획

월간 활동계획을 1주간 단위로 세분화한 것이 주간 활동계획이며 10일 단위로 세분화한 것이 순간 활동계획이 된다. 즉 월간 영업활동계획을 베이스로 하여 1주간 또는 10일간으로 영업할 고객·거래처와 신규개척처를 일별로 명확히 하는 것이다. 따라서 주간 활동계획은 전 주말에 설정하고 순간 활동계획은 월말, 10일, 20일에 설정하게 된다. 주간 활동계획 입안에 있어서 월간 영업건수에서 주간 단위로 영업건수, 요일별 영업건수와 판매처 또는 월간 매출목표를 1주간 단위로 어느 정도 달성하는가를 검토한다. 주간 활동계획에 있어서는 항상 경쟁 타사보다도 빨리 그리고 타이밍을 고려한 활동계획이 필요하다. 선수필승으로 경쟁 타사 보다 먼저 행동하고 빨리 주간 매출목표를 달성하도록 계획을 편성하는 것이 중요하다.

1주간 활동계획은 당연히 요일별로 계획을 세우는 것이며 이 경우 주간 목표는 요일별 영업 지역·시장을 명확히 하고 월요일부터 수요일까지 70% 가까이 달성하도록 계획을 편성하는 것이 바람직하다. 주말 추적형으로는 주간 실적이 계획을 밑돌 때 그 차이 분이 달성하지 못한 채 다음 주로 상승하게 됨으로써 월간 매출목표도 달성하지 못할 가능성이 있다. 따라서 주간 활동계획을 수립하는 경우에도 자기의 활동패턴을 충분히 파악하여 목표달성을 향하여 항상 자기 행동 개선, 향상을 도모하도록 노력하는 일이 중요하다. 순간 활동계획도 주간 활동계획과 같은 방법을 적용할 수 있다. 다만 다른 점은 월간 활동계획과 월간 매출목표를 달성하기 위하여 10일 단위 계획이므로 적어도 10일까지는 50% 달성률, 20일까지 90% 달성률, 25일까지 100% 달성한다는 세분화된 활동계획을 편성하는 것이 목표달성을 위하여 매우 중요하다.

4) 매일 활동계획(일정계획)

영업인에 있어서 가장 직접적 활동은 매일 영업활동이다. 매일 영업활동 누적을 중시하는 것이 영업활동의 기본이 된다. 매일 활동계획은 월간 영업활동에서 주간(순간) 영업활동계획으로 세분화한 것을 다시 매일 구체적인 실행계획으로 하여 명확히 한 것이다. 따라서 매일 활동계획에는 오늘 하루 영업건수, 영업지역·시장, 판매처와 면담자, 영업시간 배분, 유통경로, 영업목적 등을 구체적으로 명확히 하는 것이 중요하며 이들 항목은 전일중에 주간(순간) 활동계획과 실적과의 차이를 수정하면서 명확히 할 필요가 있다. 매일 활동계획을 세우는데 있어서 가장 중요한 것은 시간을 어떻게 유효하게 활용하고 집중력을 발휘할 것인가에 있다. 영업인에게는 「아침형 인간」도 있으며 「야간형 인간」도 있다. 같은 인간이라도 그때그때의 건강 상태나 요일에 따라서 생활 리듬도 미묘하게 다를 것이며 생활 습관도 가지각색이다. 그러나 자유로이 활동하는 것이 아니라 자기가 가장 효과적으로 활동할 수 있는 시간을 찾는 것이 중요하다. 가장 중요한 고객·거래처는 반드시 이 시간에 대응한다거나 중점활동이 가능한 이 유효시간 내에 하도록 계획을 세운다. 즉, 아침형 사람은 오전 중에 1건이라도 많은 유력고객·거래처를 영업한다. 야간형 사람은 오후에 1건이라도 많은 중점 고객·거래처를 영업하는 중점 영업계획을 편성하도록 연구한다. 그러나 고객·거래처 입장에서 보면 중요한 상담이나 상품(제품) 발주 등은 오전 중에 하는 일이 많을 것이다. 전임의 매입 담당자가 있고 면담일 등이 결정되어 있는 고객·거래처의 경우 특히 시간 규제는 없으나 역시 기분이 신선한 시간인 오전 중에 중점 고객·거래처나 중점 상담을 하기 위한 영업 등을 적극적으로 진행하는 것이 좋다. 그러므로 1분이라도 빨리 회사를 출발하여 오전 중에 성과를 올리는 상담절충시간을 늘리거나 하루 매출목표를 100 으로 하여 오전 중에 70 정도의 수주를 획득하도록 하는 등 창의의 연구된 일정계획을 구체적으로 세우는 것이 영업목표 달성과 영업성과 향상을 목적으로 하는 영업인에게 있어서 반드시 필요한 과제가 된다.

4. 5W3H에 의한 영업활동계획 수립

전략적 영업을 효과적으로 진행하기 위하여 영업활동을 구체적으로 수립하려면 다음과 같은 5W3H 개념을 활용하여 세울 수 있다.

① Where(어디) ··························영업 지역·시장
② Who(누구) ····························영업 대상 고객·거래처
③ When(언제) ···························영업 시간
④ Why(왜) ·······························영업 목적
⑤ What(무엇) ···························영업 내용
⑥ How to(어떻게) ······················수단, 방법, 절차, 영업 경로 등
⑦ How many(어느 정도) ··········매출, 매출이익, 회수, 영업건수, 빈도 등
⑧ How much(얼마) ····················가격, 경비 등

즉 영업인의 자기 영업활동계획을 수립하기 위해서는 첫째로 「영업할 지역·시장」을 검토하여야 한다. 다만 오늘은 ○○지역·시장의 고객·거래처를 영업한다는 막연한 것이 아니라 담당 지역·시장 중 "어디(Where)의 지역·시장(중점 지역·시장)"을 영업한다는 것을 명확히 할 필요가 있다. 중점 고객·거래처가 소재하는 지역·시장에서 우선순위를 결정하여 효율적으로 영업을 하기 위한 계획을 세우는 것이다. 이 때문에 당연히 그 지역·시장의 특성 정보 데이터를 파악하여 크게 활용할 필요가 있다. 둘째는 「영업 대상 선정」이다. 즉 "누구(Who)에게 영업할 것인가(중점 고객·거래처)". "누구와 면담할 것인가(구매 결정권자)" 등을 검토하는 것이다. 따라서 여기에 판매처 고객·거래처 특성과 면담 대상자에 대한 특성 등 정보를 수집할 필요가 있다. 셋째는 「영업 시간」 즉 영업 타이밍을 검토하는 것이고 이것은 "언제(When) 영업하는가" 그 영업 일시를 구체적으로 계획하는 것이며 매일 활동 스케줄을 명확히 하도록 한다. 넷째는 "왜(Why) 영업하는가"를 검토하는 것이다. 아무리 총영업건수나 횟수가 많더라도 하나의 영업에는 확실한 목적이 없다면 유효한 영업이 될 수 없다. 또한 영업활동 결과의 체크(C), 액션(A)도 불가능하다. 신규개척인가, 심층개척인가, 재영업, 서비스영업, 정보수집 등 각 판매처별로 영업 목적을 명확히 하는 것이 중요하다. 다섯 번째는 영업

대상(표적)을 설정하면 "무엇을(What) 파는가?", 「팔아야 할 상품이나 제품」에 대한 계획을 세운다. 어디의, 누구를, 언제, 어떤 목적으로 영업하고 무엇을 팔 것인가 등 계획을 세웠다면 「어떻게 설명할 것인가」 「어느 정도의 수주를 예상할 수 있는가」 「어느 정도의 견적 가격을 제시할 것인가」, 여기에는 「어느 정도의 영업경비가 드는가」 등을 계획하도록 해야 한다. How to, How many, How much에 해당하는 항목을 검토하는 것이다. 따라서 여기에는 광고선전 방법이나 판촉책, 교제접대 방법, 상사와 동행영업 등 어떤 수단, 방법을 강구하여 고객·거래처나 예상객을 설득하여 수주성과를 올리는가 하는 과제를 검토하여 활동계획을 편성하는 것이 중요하다. 이와 같은 〈5W3H〉 개념을 기초로 하여 먼저 「월간 영업계획」을 구성하고 다시 「주간 또는 순간 활동계획」으로 세분화하는 것이 전략적인 영업활동을 설정하는 작업으로써 중요하다. 특히 생산재 기업이나 수주생산 기업 등은 매일 영업활동은 반드시 그날 매출과 연동하는 것은 아니다. 수개월 후 또는 수 년 후의 수주·계획을 목표로 매일 영업활동을 진행하여야 한다. 따라서 이와 같은 기업의 영업활동계획은 중·장기적인 영업활동계획을 기초로 하여 단기적인 월간 활동계획, 주간(순간) 활동계획, 일정 계획으로 활동계획을 세우고 영업하는 것이 중요하다.

제2절 영업활동계획 효율적 관리

1. 순회경로계획

영업인이 자기 수주(영업)실적이나 성과에 결부하는 영업활동을 효율적으로 진행하기 위해서는 무엇보다도 5W3H를 활용한 정확한 영업계획을 세워야 한다. 그러나 영업활동은 다만 세우기만 하면 되는 것이 아니다. 고객·거래처의 중요도나 우선도, 완수할 과제 등으로 영업건수나 회수(빈도)나 상담절충시간 등을 표준화하여 효율적인 순회경로를 설정함으로써 자기의 영업활동을 관리할 필요가 있다. 담당 고객·거래처에 따라 영업회수나 상담시간을 표준화하는 목적은 무엇보다도 영업효율을 올리는데 있다. 또한 영업활동에 계획성이 없거나 하기 쉬운 고객・거래처에 영업을 집중하거나 반대로 몇 개월이나 영업하지 않는 고객・거래처가 발생하여 어느 사이에 주문이 끊어지고 경쟁 타사에 빼앗기는 경우가 생긴다. 순회경로를 설정하는 목적은 무리, 낭비, 차질이 없는 활동을 전개함으로써 활동효율을 거두기 위한 것이다. 즉 어떠한 영업순서로 고객・거래처를 영업하면 효율적으로 할 수가 있는가, 어떠한 영업루트를 구성하면 이동시간이 적어 활동효율을 올릴 수가 있는가 등 순회경로계획을 명확히 할 필요가 있다. 따라서 이 영업활동을 정확하게 수립하기 위해서 다음 상황을 충분히 인식하는 것이 중요하다.

- 매일 영업계획(매출액, 매출수량, 매출이익액・매출이익률, 한계이익액・한계이익률, 회수액・회수율 등)
- 월간 최저 영업 가능일수(월간 가동일수)
- 월간 최저 영업 가능건수와 영업 가능회수
- 당월 영업 예정처

특히 월간 영업 가능건수와 영업 가능회수를 담당 테리토리 특성이나 영업인 특성 등에 따라 차이가 생긴다. 즉 담당 테리토리의 광협, 시장성 대소, 교통기관 양부와 거리, 영업인 경험, 능력, 기타 활용하고 있는 판매 용구의 양부나 상품(제품) 요소를 충분히 고려하여 영업인의 특성에 맞도록 영업활동 표준을 작성하는 것이 중요하다. 영업인의 영업활동시간을 분석하면 대개 기업의 영업인은 고객・거래처까지 교통이동시간이 큰 비중을 점유하고 있다. 우리나라 영업인의 교통이동시간을 조사하면 17.5%~38%로 큰 비중을 점유하고 그 결과 실제 영업시간은 21.2%~47%로 된다는 것이다. 물론 생산재, 소비재 또는 업종, 업태에 따라 다르지만 평균적으로 교통이동시간은 30% 정도이며 순 영업시간은 25% 정도이다. 이와 같은 결과는 예를 들어 1일 10시간 가동하는 영업인의 경우 3시간이나 교통이동시간에 빼앗겨 순 상담 영업시간은 2.5시간이 된다. 이 비율의 데이터는 영업인에 따라 큰 차이가 있지만 앞으로 점점 교통 사정이 악화되는 경향에 있다는 것을 생각할 때 교통이동시간은 증가하고 수주(영업)활동에 직접 영향을 미치는 상담절충시간이 점점 감소하는 것이 눈에 보인다. 그러므로 효율이 좋은 영업활동계획을 세워 고객・거래처간 이동거리, 이동시간을 최단・최소로 하여 상담절충하기 위한 영업시간을 어떻게 증가할 수가 있는가를 생각하여 순회경로를 설정할 필요가 있다.

1) 순회경로 효율화 검토

자기 영업활동 순회경로를 생각하기 전에 스스로 1일 행동방법을 지도상에 그려보는 것이 좋다. 자기로서는 효율적으로 순회하고 있는 것 같지만 의외로 비효율적 활동을 하고 있다는 것을 파악할 수 있다. [그림 8-1]은 영업인의 순회경로를 전형적인 패턴별로 표시한 것이다. 아래 그림의 ①은 무계획형이다. 이것은 영업활동이나 순회계획 등을 세우지 않고 생각나는 대로 또는 발상에 의하여 고객·거래처를 돌아다니는 경우이다. 때로는 효율이 좋아지거나 나빠지거나 하여 매우 굴곡이 높은 순회방법이다. ②는「흡식형」 또는「별형」이라고 하는 패턴이다. 이것은 신인 영업인에 많으며 1호의 거래처를 영업하고 회사에 돌아오고 또한 2호 영업하고 돌아오는 경우이다. 회사를 중심으로 동으로 가고, 서로 가고, 남으로 가고, 북으로 가고, 마치 별과 같이 돌아가는 영업인이 있다. 이것은 이동시간이 길어지며 매우 효율이 나빠지고 경비도 든다. ③은「클로버형」또는「소용돌이형」이라고 하는 패턴으로서 가장 효과적인 순회경로 설정방법이다. 이동시간도 적으며 보다 많은 고객·거래처 영업이 가능하다. 이 경우는 회사로부터 가장 먼 고객·거래처에 영업을 개시하여 차츰 회사와 가깝게 돌아오는 순회방법을 채택하는 것이 좋다. 담당지역 백지도를 활용하여 고객·거래처 소재지를 중점 구분에

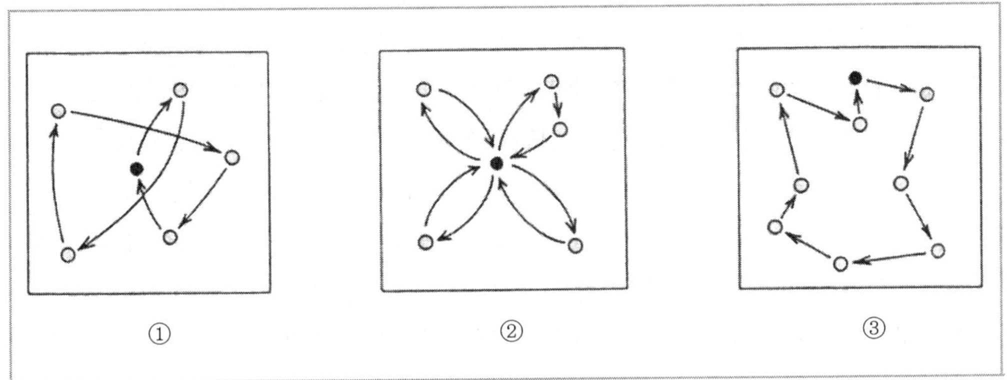

[그림 8-1] 순회경로 패턴

의하여 사인펜 등으로 표시를 하고 거래처 분포를 작성한다. 그리고 고객·거래처 영업회수에 맞추어 1일 순회경로를 구성하고 영업 예정일별로 작성하는 것이 좋다. 이 경우 특히 주의할 점으로 회사에 돌아오는 것을 원칙으로 1일 1회로 하고 도로사정(공사, 정체상황이나 협도 등) 등을 충분히 검토하여 순회경로를 구성하는 것이 중요하다.

2) 효율적 순회경로 결정

영업활동계획을 월 단위로 하면 순회경로는 영업 가능일수분이 필요하다. 예를 들어 영업 가능이 20일이라면 최대 20의 순회경로를 계획하여야 한다. 순회경로 계획을 세우기 위해서는 다음 3가지 조건을 검토하여야 한다.

(1) 담당 지역·시장을 검토한다

특히 담당 테리토리가 한정되어 있지 않은가, 한정되어 있더라도 넓은 지역·시장인 경우 세분화한 지역·시장 전략 맵을 작성하여 중점 지역·시장을 명백히 하고 그 지역·시장의 중점 고객·거래처에 영업활동을 집중시킨다. 그러므로 평소부터 세분화한 지역·시장 특성을 잘 파악하여 효율적인 영업순서나 순회경로를 연구하여 두는 것이 중요하다.

(2) 중요한 고객·거래처와 긴급 상담이 있는 지역·시장부터 순회하는 것을 검토한다

중요한 고객·거래처와 긴급 상담이 있는 지역·시장은 영업인이 가장 충실한 시간에 적극적으로 영업하는 것이다. 「아침형」 영업인은 오전 중에 「야간형」 사람은 오후 A타임에 자기가 구성하기 쉬운 시간대를 설정하여 순회 경로를 계획한다. 다만 상담은 의욕이 있는 오전 중에 결단력이 빠르고 충실하여 순조롭게 된다. 오후가 되면 구매 담당자들도 회의나 외출이 빈번하여 상담절충도 대충 대충하게 된다. 오전 중이 상담절충 성공률이 높고 수주단가도 높아진다고 하는 데는 이유가 있다. 따라서 중요한 고객이나 긴급도가 높은 상담 등은 상호 충실한 오전 중에 적극적으로 하여야 하며 그러기 위해서는 회사를 빨리 출발하여 오전과 오후의 영업건수가 동등하게 되도록 순회경로계획을 입안하여 실행하는 자세가 필요하다.

(3) 가장 먼 고객 · 거래처부터 영업할 것을 검토한다

보통 영업인은 원격지부터 순차로 영업하면 다른 중요한 고객·거래처를 영업할 수 없게 된다고 하기 쉽다. 그러나 최초에 먼 고객·거래처를 영업하면 다음은 차례로 돌아오게 되는 순회경로를 선정하는 것이므로 당연히 다른 고객·거래처도 영업할 수 있도록 정하는 것이 좋다. 인간은 피로하면 아무래도 자기에게 관대하게 된다. 멀리 있는 고객·거래처를 뒤로 한다면 점점 소원하게 될 가능성이 있으므로 그 결과 경쟁 타사에 공략되기 쉽기 때문이다.

2. 영업활동 효율화 관리

1) 영업활동 효율화 관리 목적

영업인이 영업활동에서 가장 중요한 과제는 상담체결 활동(수주활동)에 있어서 양과 질 강화가 될 것이다. 이 문제는 경쟁 타사에 승리하기 위한 「영업활동 차별화」 요소가 되는 것이다. 따라서 상담절충 활동을 위한 「양과 질」을 강화하기 위한 핵심을 고려하여 보기로 하자. 다만 「양적 문제」는 활동시간이 그 기반이며 1일 24시간 이라는 시간은 누구에게나 공평하게 주어진 시간이며 한정되어 있다. 그만큼 영업인이 자기에게 주어진 시간을 유효하게 활용하여 효율적으로 영업활동을 진행할 것을 염두에 두고 영업활동을 전개하여야 한다. 또한 「질적 문제」는 영업활동 내용이나 상담절충력이며 영업인에 대한 자사에서의 교육연수(OFFJT나 OJT) 강화나 영업인 자신의 능력이나 자세와 같은 질(Quality) 등을 어떻게 향상시키고 영업 경쟁에서 승리하는 강한 영업인이 되도록 항상 자기연마를 도모하는 것이 큰 과제가 된다. 따라서 영업인은 자기 영업활동이 매출목표를 달성하기 위한 중요한 수단으로써 어떻게 효율적으로 추진하여 활동성과를 올릴 것인가가 궁극적인 목적이 되어야 한다.

■ 상담체결 활동(수주 활동)의 양 · 질 강화

- 영업 양 증가 ※ 가동일수 · 가동시간 증가
  - 체재시간 증가

- 영업건수나 회수 차질 시정
- 신규개척영업 증가
- 말단 고객·거래처의 적극적인 영업 … 등
  (유통점·상사 등 간접영업의 경우)

★ 총영업건수(회수) 증가

• 영업 질 향상 ※ 영업인으로서 역할 인식 강화
  - 영업인의 직무내용 명확화
  - 정보수집과 제공력 강화
  - 신규개척·심층개척 영업프로세스 명확화
  - 고객·거래처와 인간관계조성 강화
  - 상담절충력 강화
  - 영업준비물 등 지원체제 강화 … 등

  ★ 세일즈 기술 강화(상담체결력 향상)

• 영업 효율화 ※ 계획적 영업 촉진
  - 영업빈도(회수) 중점화
  - 유효영업건수(회수) 증가
  - 순상담절충시간 증대
  - 영업시간 적절화
  - 정일, 정시 영업 촉진 … 등

  ★ 수주율 향상
  ★ 수주단가 향상

2) 영업활동 효율화 관리 내용과 기본 순서

영업인이 자기 영업활동 효율화 관리를 도모하기 위해서 주로 다음과 같은 내용이 적절한가 점검하는 것부터 출발하여야 한다.

① 입안한 영업활동계획 중 영업 예정처와 실제로 영업한 고객·거래처를 점

검한다.

② 영업 예정처에 대한 영업내용과 영업목적을 점검한다.

③ 영업활동이 계획대로 성과를 올렸는가 점검한다.

④ 영업활동이 효율적이었는가 점검한다.

⑤ 영업활동에 있어서 영업준비물이나 관리자료 등 활용상황은 적절하였는가 점검한다.

이상과 같은 점검에서 자기 영업활동 효율화를 도모하기 위해서 다음 [그림 8-2]와 같이 효율화를 도모하기 위한 구체적 내용을 명확히 하여야 한다. 이와 같은 효율화 내용이 명확하다면 영업인은 자기 영업활동에 있어서 「왜 효율화가 되지 못 했는가(Why)」 「무엇을 효율화 테마로 할 것인가(What)」 「어떻게 효율화를 도모할 것인가(How to)」등을 검토할 수 있다.

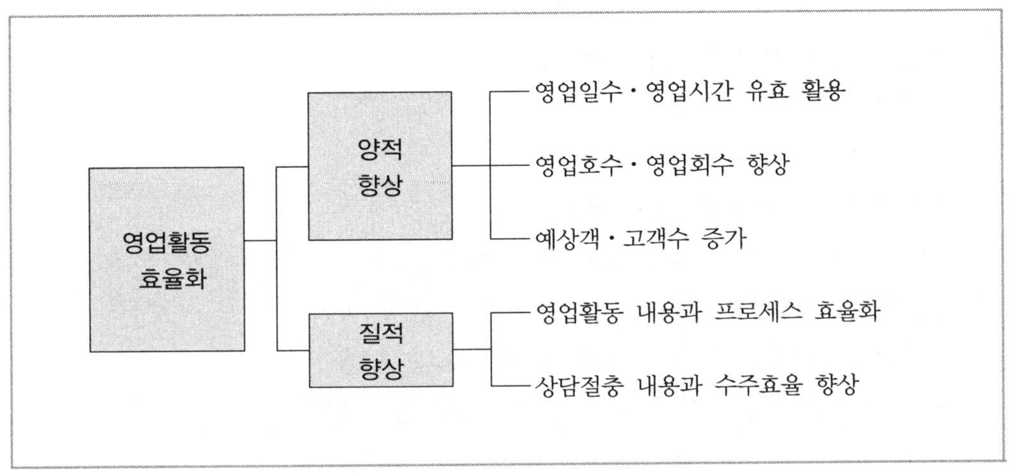

[그림 8-2] 영업활동 효율화 내용

그러므로 이 영업활동 효율화를 영업인 누구나 활용할 수 있도록 순서를 명확히 표준화하는 일이 중요하다. 영업활동 효율적 관리를 위한 순서를 표준화한 예를 들면 다음과 같다.

〈순서 : 1〉 [영업성과 목표와 그것을 달성하기 위한 프로세스 목표를 체크한다]

① 연간・월간 매출액 목표와 진척상황 체크
② 신규예상객 개척가능성 체크
③ 매출액 목표를 달성하기 위하여 최소한 필요한 예상객수 설정
④ 예상객 평가 항목과 분류 기준 명확화
⑤ 필요로 하는 최저 영업호수

〈순서 : 2〉 [월간 영업계획과 주간 행동계획(또는 일정계획) 내용을 체크한다]

① 예상객별 월간 영업빈도(回數) 타당성 체크
② 영업 예정처 지역별, 시장(업종)별 집중도 체크
③ 월간 총영업호수, 총영업회수 타당성 체크
④ 영업 순회경로 합리성 체크
⑤ 1일 영업호수, 영업회수(訪問件數)와 그 경로 체크

〈순서 : 3〉 [실행으로써 매일 활동상황을 체크한다]

① 당일 영업 예정처와 영업목적 확인
② 영업 예정처 면접자 확인
③ 유통경로와 영업시간 체크
④ 영업건수와 상담절충 상황 체크
⑤ 영업 예정처와 실제 영업처와 차이 체크
⑥ 영업처별 상담절충, 앞으로 수주 가능성 전망 파악
⑦ 영업활동과정에서 각종 정보수집 상황과 그 내용
(특히 신상품(제품) 정보, 경합 타사 정보 등) 체크

〈순서 : 4〉 [월간 목표 중간점에서 영업성과(實績)를 체크한다]

① 주간 행동계획 주 1회 평가 활동 실시
② 주간 계획과 실적을 검토하여 차이 여부 파악
③ 계획과 실적 차이가 발생한 경우 그것을 문제점으로 하여 Why(왜)로 원인을 규명(패인 분석)
④ 계획과 실적 차이가 많을 때에는 예상객별 수주 가능성을 다시 확인하여 앞으로 대책 조치를 구체적으로 입안

⑤ 계획과 실적의 차이는 다음 주 이후 영업활동에서 구체적으로 대책을 수정, 조정을 도모

⑥ 실적이 계획 이상인 경우에는 그 원인을 규명(승인 분석)

〈순서 : 5〉 [월간 최종 활동결과에 대한 체크·평가회의와 다음 월 계획 설정에 대한 회의를 한다]

① 월간 활동계획에 대한 최종 성과(實績) 체크나 평가회의를 실시

② 익월 계획설정을 중심으로 한 전략회의 실시

이상과 같은 순서에 의한 체크 방법은 먼저 영업인의 자기체크가 중심이 된다. 이를 다시 영업소·과내의 멤버에 의한 상호체크와 소·과에 의한 상사 체크를 실시한다. 영업인의 자기체크는 매일 활동 중에서 주간 회의나 월말 회의에서 상호체크나 상사체크를 한다.

3) 영업활동 효율화 관리 진행

(1) 영업활동시간 효율적 활용

영업인의 영업활동 효율화 관리에 있어서 [그림 8-2]에서와 같이 영업활동의 양적 면과 질적 면을 균형 있게 향상하도록 하여야 한다. 영업활동 내용을 양적으로 향상시킨다는 것은 매월 영업호수나 영업회수를 올리는 것이다. 또한 질적으로 향상시킨다는 것은 1호 또는 1회 영업 내용을 충실히 하여 영업인의 상담절충력을 향상시키기 위한 것이다. 예를 들어 영업호수나 영업회수 등이 영업성과 향상과 상관이 되므로 단순히 생각하면 영업호수나 회수를 늘리는 것이 핵심이 될 것이다. 그러나 영업건수(호수·회수)를 늘리는 것은 당연히 시간적, 물리적 한도가 있다. 따라서 영업건수 향상에 한계가 있다면 영업성과 향상을 도모하기 위해서는 영업내용을 충실히 함으로써 중점적 영업활동을 전개하는 것이 중요하다. 영업내용 충실을 도모하는 기반은 무엇보다도 영업인의 상담절충력이나 상품(제품) 지식, 달성의욕, 자세 등에서 생긴다. 또한 영업내용 충실은 상담절충력 등이 향상되면 1회당 상담절충시간을 단축하여 수주 성과와 결부시킬 수 있으며 결과적으로 영업건수를 올리는 요인이 된다. 또한 하나의 상담을 마무리하는데 필요

한 영업회수를 적게 하는 요인이 된다. 따라서 상담절충시간을 단축하고 영업회수를 크게 하여 수주 성과를 올릴 수 있다면 보다 많은 고객·거래처나 예상객을 영업할 기회가 생길 가능성이 있다. 영업활동 효율화 관리의 기본은 「상담절충활동의 양·질 강화」 포인트와 [그림 8-2]에서와 같이 영업활동내용을 충실히 하여 1건당, 1회당 상담절충시간 단축을 도모하고 시간당 영업건수를 늘려 수주 성과를 향상시키는데 있다. 이상과 같은 방법에 의하여 영업활동 효율화를 도모하기 위해 다음과 같은 항목을 구체적으로 검토하여야 한다.

① 영업활동시간 효과적 활용
② 상담절충 효율화
③ 1일당 영업건수 증대
④ 유효 영업건수 향상
⑤ 영업 진척도 관리

영업인에게 있어서 영업활동시간은 매우 중요한 자산이다. 이것은 영업인만이 아니고 인간적으로도 중요한 것이다. 이 시간은 누구에게나 평등하게 주어져 있으며 이것을 잘 활용함으로써 결과는 크게 차이가 생긴다. 영업활동에서 시간활용에 따라 영업성과에 크게 영향을 미치게 된다. 영업인의 활동 중에는 가장 중요한 시간은 담당 고객·거래처와의 상담절충시간이며 판매촉진활동시간이다. 이 활동시간이 고객·거래처로부터의 체재 시간수가 되어 나타난다. 따라서 이 시간이 1일 활동시간 중에서 어느 정도 비율을 점유하고 있는가에 따라서 영업활동 효율화의 하나의 판정기준이 된다. 영업인이 자기 활동시간을 관리하여야 하는 것은 영업성과와 관계없는 낭비되는 시간을 줄이고 성과와 연결되는 1일당 고객·거래처 영업에 있어서 총체재시간을 늘리는 것이다. 즉 영업활동 효율화이며 영업 생산성을 올리게 된다. 따라서 우선 자기 영업활동 가동상황 내용을 분석하고 행동시간을 분석하여야 한다.

① 가동상황 내용 분석

첫째는 자기의 영업일수, 영업시간 등 가동상황을 파악하여 분석할 필요가 있으며 월간 영업일수가 많으면 그만큼 많은 고객·거래처나 예상객을 영업할 수 있다. 또한 영업인에게 있어서 고객·거래처를 영업하여 상담하기 위한 절충시간이 많다면 그만큼 생산적인 활동을 할 수 있다. 따라서 영업활동에 있어서 가동상황을 고찰하기 위하여 다음과 같은 항목을 명확히 하여 그 데이터를 파악하고 분석하여야 하며 이 분석으로 자기 영업활동현황을 인식하는 일이 중요하다.

- 월간 기준일수(취업일수), 실동일수, 가동일수(영업 수)
- 상담절충(면접)시간
  A. **상담절충시간** … 어프로치, 상품(제품)설명, 조건제시, 판매촉진, 상담체결, 수주계약 등에 사용된 시간
  B. **서비스영업시간**… 정보수집, 제공, 납품, 설치, 대금회수, 아프터서비스, 고충처리 등에 사용된 시간
- 교통, 가동시간
- 대기시간
- 사내체재시간(사내업무시간)
  영업활동 작성, 영업준비, 예상객과 어포인트, 견적서 작성, 사무처리보고·연락·상담, 영업소·과내 회의 등에 사용된 시간
- 휴게, 기타 시간 : 이 데이터에서 먼저 다음과 같은 분석을 할 수 있다.

출근율 = (실동일수/취업일수) × 100
영업일률 = (영업일수/실동일수) × 100

이 두 데이터는 최대가 100이 된다. 그러나 현실적으로 영업일률은 사내업무나 회의·교육연수 등에 소비된 시간이 있으므로 100%가 되지 않고 80%가 보통이다. 영업인의 가동상황 내용분석은 위의 활동시간에 대하여 어느 정도 비율로 소비하였는가를 고찰할 필요가 있다. 더욱이 생산적 활동시간은 상담 절충이다. 그 중에서도 직접 상담절충에 소비한 시간 비율이 높을수록 자기 영업성과 향상과 연결된다. 이 시간의 비율은 업종·업태에 따라 다르지만 통상적으로 1일의 전 활동시간에 대하여 40% 정도이면 양호하다고 볼 수 있다.

② 행동 분석에 의한 시간관리

영업인이 자기 영업실적을 확실하게 올리기 위해서 1일 활동시간 중에서 몇 호 고객·거래처를 영업하여 상담절충시간을 얼마나 늘릴 수 있었는가에 달려 있다. 따라서 하기와 같은 [그림 8-3]과 같이 「영업활동시간 분석표」에 의하여 자기의 매일 활동상황에 대하여 조사하고 분석하여 현상을 파악할 필요가 있다. [그림 8-3]과 같은 분석표는 영업인이 자기의 1일 활동시간을 어떠한 비율이나 분포로 활용하고 있는가, 그 시간의 활용을 한눈으로 파악할 수 있도록 할 필요가 있다. 또한 이와 같은 행동시간 조사는 최저 1개월간 행동을 조사하여 주간 단위로 실시하며, 가능하다면 3개월 단위로 실시하는 것이 자기 영업활동 특성을 명확하게 파악할 수 있다. [그림 8-3]의 영업인의 1일 행동시간을 분석하면 다음과 같다.

- 사외업무는 6시간 45분을 소비, 총가동시간(총노동시간)의 71.0%를 점유하고 있으며 그 내역은 다음과 같다.
  - 영업(상담절충) ········· 2시간(120분)
  - 판매촉진 ················· 45분
  - 정보수집 ················· 15분
  - 대금회수 ················· 15분

  (위 네 항목) 총체재시간 : 3시간 15분(195분)
  (총노동시간의 34.2%)

  - 이동시간 ················· 3시간 30분(210분) (총노동시간의 36.8%)
- 사내업무시간은 2시간이며 총가동시간(총노동시간)의 21.1%이며 그 내역을 살펴보면 다음과 같다.
  - 미팅 ····························· 15분(2.6%)
  - 전화연락 ······················ 30분(5.3%)
  - 내부협의 ······················ 15분(2.6%)
  - 서류의 작성 ·················· 1시간(10.5%)
- 식사·휴게 시간은 45분이며 총가동시간(총노동시간)의 7.9%이다
- 총가동시간(총노동시간)은 9시간 30분이다. 즉 총 570분이다.
- 유효 영업면접건수는 7건이며 1거래처당 체재시간은 28분이 된다.

이상과 같은 분석결과를 살펴보면 영업성과에 직결되는 거래처로부터의 총체재

시간은 전체의 34.2%이고 나머지 65.8%는 거래처간의 이동 등으로 사용되고 있다는 것을 알 수 있다. 이 나머지의 65.8%의 시간이 문제이다.

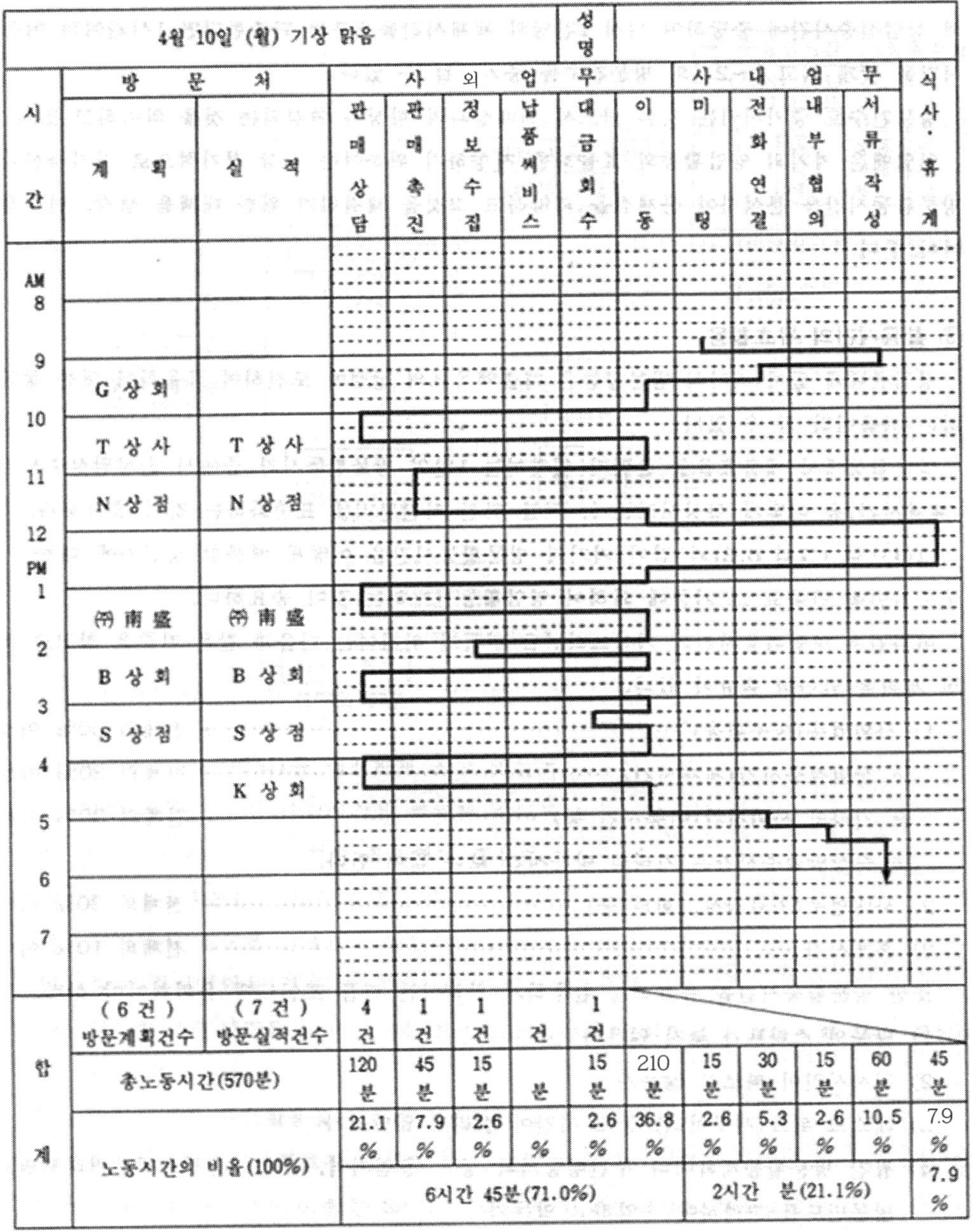

4월 10일 (월) 기상 맑음								성명					
시간	방문처		사외업무						사내업무				식사·휴계
	계획	실적	판매상담	판매촉진	정보수집	납품써비스	대금회수	이동	미팅	전화연결	내부협의	서류작성	
AM 8													
9													
10	G상회												
11	T상사	T상사											
12	N상점	N상점											
PM 1													
2	㈜南盛	㈜南盛											
3	B상회	B상회											
4	S상점	S상점											
5		K상회											
6													
7													
합계	(6건) 방문계획건수	(7건) 방문실적건수	4건	1건	1건	건	1건						
	총노동시간(570분)		120분	45분	15분	분	15분	210분	15분	30분	15분	60분	45분
	노동시간의 비율(100%)		21.1%	7.9%	2.6%	%	2.6%	36.8%	2.6%	5.3%	2.6%	10.5%	7.9%
			6시간 45분(71.0%)						2시간 분(21.1%)				7.9%

[그림 8-3] 영업활동시간 분석표

영업건수를 증가시키는 것은 반드시 영업성과 향상과 연결되는 것을 의미하고 있다. 영업인은 자기 영업활동 효율화를 지향하기 위해서 항상 정기적으로 자기 자신의 영업활동시간을 분석하여 문제점을 파악하고 그것을 해결하기 위한 대책을 연구하여야 한다.

3. 영업활동시간 유효활용

영업인에게 있어 자기 영업활동은 매출액 목표 달성에 도전하며 효율화에 대한 끊임없는 싸움이라 할 수 있다. 영업활동에서 매출효율을 올리기 위해서는 1일 영업활동시간에서 순상담절충시간(체재시간)을 어떻게 향상시키는가, 이를 위한 시간관리를 표준화하는 것이 중요하다. 자신 영업활동을 어떻게 배분할 것인가에 대한 가이드 라인을 만들고 그 기준에 의하여 영업활동을 전개하는 것이 중요하다. 이와 같은 영업활동시간의 가이드 라인을 만들기 위해서는 다음과 같은 기준을 참고로 하여 계획을 입안할 필요가 있다.

(1) 사외업무(영업활동) …… → 전체의 60% 이상
- 상담절충(체재시간) ………………………………… → 전체의 30% 이상
- 기타 사외시간(이동시간 등) ………………………… → 전체의 30% 이상
- 순상담절충시간은 기타 영업시간 보다 많이 한다.

(2) 사내업무(자료작성, 회의 등) ……………………………… → 전체의 30% 이하
(3) 휴게시간 …………………………………………………… → 전체의 10% 이하

또한 영업활동을 유효하게 활용하기 위해서 다음 포인트에 유의하여야 한다.

(1) 영업 스타트가 늦지 않은가
(2) 귀사 시간이 빠르지 않은가
(3) 데스크 워크(사무처리) 등에 시간이 걸리지 않았는가
(4) 월간 영업활동이나 주간 행동계획 등은 중점 지역시장, 중점 고객·거래처별로 영업빈도를 고려하고 있는가
(5) 전일의 행동계획과 내일의 영업 예정처를 다시 체크하고 있는가

(6) 어포인트(사전예약)를 적절하게 잡고 있는가
(7) 항상 영업을 위한 출발시간을 빠르게 하도록 노력하고 있는가
(8) 오전 중을 A타임으로 하여 유효하게 활용하고 있는가
(9) 중점 집중영업을 시행하고 있는가
(10) 현지에서 영업을 실행하고 있는가
(11) 항상 정시 연락을 잊지 않고 실시하고 있는가
(12) 가능한 가동시간을 단축하도록 연구하고 있는가(순회 경로나 교통상황 등 확인이나 재검토 등)
(13) 대기시간 유효활용을 도모하고 있는가

4. 영업활동 효율지표 분석과 진척도 관리

1) 상담절충시간 효율화

영업인의 영업활동시간 에서 가장 중요한 것은 상담절충시간이다.

영업활동 시간에 대한 상담절충 시간비율이 높을수록 수주(영업)성과를 향상시킨다. 따라서 상담절충시간 효율화를 도모하기 위해서 다음과 같은 내용에 의하여 영업활동에 대한 자기분석을 하도록 해야 한다.

(1) 1일당 평균 실동시간 = 월간 총실동시간 / 월간 실동일수
(2) 1일당 평균 영업시간 = 월간 총영업시간 / 월간 영업일수
(3) 1일당 평균 상담영업시간 = 월간 총상담영업시간 / 월간 영업일수
(4) 영업준비시간율 = (총영업준비시간 / 실동시간) × 100(%)
(5) 영업시간율 = (영업시간 / 실동시간) × 100(%)
(6) 상담영업시간율 = (상담영업시간 / 실동시간) × 100(%)
(7) 서비스영업시간율 = (서비스영업시간 / 실동시간) × 100(%)
(8) 이동・대기시간율 = (이동・대기시간 / 실동시간) × 100(%)
(9) 사내체재시간율 = (사내체재시간 / 실동시간) × 100(%)
(10) 기타 시간율 = (기타 시간 / 실동시간) × 100(%)

이상과 같은 데이터에서 영업활동시간의 유효활용 포인트와 앞으로의 영업활동 중에서 상담절충을 어떻게 효율적으로 진행할 수 있는가에 대한 기본적 지표를 작성하여 표준화를 도모하도록 해야 한다. 상담절충 효율화는 총체적으로는 총영업시간 중 상담절충에 소비한 시간을 어떻게 증가시킬 것인가가 과제이다. 그리고 각 호의 절충시간을 어떻게 하면 적은 시간으로 수주(영업)와 결부시키느냐가 과제가 된다. 즉 각 호의 상담절충시간을 단축하여 그 만큼 상담절충호수를 증가시킴으로써 수주(영업)성과 향상을 도모하느냐가 효율화와 연결되는 것을 의미한다.

중요한 점은 상담절충내용의 질을 떨어뜨리지 않고 단시간으로 요령있게 상담을 체결하여 수주성과를 획득하는 것이 영업활동효율화 진행이다. 따라서 상담절충효율화를 도모하면서 다음과 같은 포인트를 유념하는 것이 중요하다.

① 영업 사전예약 또는 예고를 한다.
② 상담절충 사전 검토 : 수주촉진을 위한 사전준비를 한다.(예를 들어 설득 프로그램이나 설득 화법, 응수 화법 등)
③ 상담절충에 관하여 판매처의 각 부서를 사전에 조사한다.
④ 수주(영업)촉진을 위한 판매도구(메뉴얼이나 어프로치・북, 팸플릿 등)를 준비한다.
⑤ 이동시간, 대기시간 등을 적극적으로 활용하여 낭비가 없도록 한다.
⑥ 기타 예상객의 진척도 또는 중점관리도 등에 의하여 상담절충이나 1일당 방문건수 등 표준을 작성하도록 해야 한다.

2) 1일당 영업건수(회수) 향상

영업인의 1일당 평균 영업건수 향상을 도모하기 위해서는 먼저 다음과 같은 점을 검토할 필요가 있다.

$$\text{월간 영업건수} = \text{월간 영업호수} \times \text{1호당 영업빈도(회수)}$$

즉 영업호수는 월간 영업할 예상객수 또는 영업인의 담당 고객・거래처 수이다. 또한 영업 빈도는 각 예상객 또는 고객・거래처에 대한 영업회수이다. 따라서 영업건수는 영업호수×영업회수가 되어 월간에 영업할 총수가 된다. 이와 같은 데이터와 영업일수와의 관계에서 다음과 같은 분석을 할 수 있다.

(1) 1일당 평균 영업건수 = 월간 총영업건수/월간 영업일수
(2) 1호당 평균 영업회수 = 월간 총영업건수/월간 영업호수

이 두 가지 데이터에서 영업인이 자기의 영업 활동량을 파악할 수가 있고 따라서 영업인은 자기의 수주성과 향상을 도모함에 있어 먼저 1일당 평균 영업건수 향상이 무엇보다도 중요하다. 또한 1호당 평균 영업회수 연관 관계 강화를 도모하는 것이 반드시 필요한 조건이다.

3) 유효 영업건수와 회수 향상

영업인의 영업활동효율중에서 가장 중요한 사항은 유효 영업건수와 유효 영업회수 향상을 도모하는 것이며 영업활동내용을 분류하면 다음과 같다.

- 총영업
  - 유효영업
    - 상담절충 영업
    - 순회·서비스 영업
  - 무효영업 …… 부재, 면담하지 못하는 것

즉 상기와 같은 분류에서 유효영업과 무효영업의 데이터를 파악하여 자기 분석을 할 필요가 있다. 그러므로 다음과 같은 공식에 의하여 비율을 산출한다.

(1) 유효영업률 = (유효영업건수/총영업건수) × 100(%)
또는, (유효영업회수/총영업회수) × 100(%)
(2) 무효영업률 = (무효영업건수/총영업건수) × 100(%)
또는, (무효영업회수/총영업회수) × 100(%)
(3) 상담영업률 = (상담영업건수/총영업건수) × 100(%)
또는, (상담영업회수/총영업회수) × 100(%)
(4) 순회서비스영업률 = (순회서비스영업건수/총영업건수) × 100(%)
또는, (순회서비스영업회수/총영업회수) × 100(%)
(5) 1일당 평균유효영업건수 = 월간 유효영업건수/월간 영업일수

(6) 1일당 평균유효영업회수 = 월간 유효영업회수/월간 영업일수
(7) 1일당 평균상담절충영업건수 = 월간 상담절충영업건수/월간 영업일수
(8) 1일당 평균상담절충영업회수 = 월간 상담절충영업회수/월간 영업일수

따라서 이상과 같은 데이터를 파악하여 유효영업 특히 상담절충을 어떻게 증가시킬 것인가는 영업인에게 있어서 영업활동의 질적 향상을 도모하는데 중요한 포인트가 된다. 영업활동 효율관리에 있어서 궁극적 목적은 영업인의 영업활동을 질적으로 향상시켜 영업(수주)성과 향상을 더 한층 도모하는데 있다. 따라서 항상 다음과 같은 체크 포인트에 의하여 자기 향상을 도모하는 것이 중요하다.

① 1개월(또는 1일당) 어느 정도의 영업건수와 영업회수를 올리고 있는가
② 그 영업건수나 영업회수는 동료 또는 경쟁 타사의 영업인과 비교하여 평균 이상인가, 평균 이하인가
③ 1회 수주(영업)실적을 올리기 위하여 고객·거래처를 몇 번 정도 영업하고 있는가
④ 1개월(또는 1일당) 유효 영업건수와 유효 영업회수는 어느 정도인가
⑤ 1개월(또는 1일당) 영업 건수와 영업회수 중 신규개척과 심층개척영업의 비율이 어느 정도인가
⑥ 순회나 서비스영업은 1개월(또는 1일당)당 몇 건 정도인가
⑦ 매일 유통경로를 충분히 검토하여 낭비, 차질, 무리가 없는 영업에 유념하고 있는가
⑧ 고객·거래처 특성이나 경영내용 등을 충분히 파악하여 영업하고 있는가
⑨ 영업활동은 모두 직접적으로 고객·거래처를 영업하고 있는가
⑩ 중점 고객·거래처의 우선순위를 정하여 적극적, 중점적으로 영업하고 있는가
⑪ 전화나 DM, FAX,이메일 등을 활용하여 직접 영업에 대한 지원을 적극적으로 하고 있는가
⑫ 매일 영업 예정처에 맞게 영업준비를 하고 있는가
⑬ 영업활동을 세워 그대로 영업하도록 유념하고 있는가
⑭ 항상 영업활동과 활동실적을 파악하여 그 원인을 규명하고 대책, 조치를 강구하고 있는가

⑮ 전략적으로 중요한 고객・거래처로부터의 영업이나 결정적일 때 소・과장이나 부장 등 상사의 동행을 활용하고 있는가

이상과 같은 체크 포인트를 충분히 활용하여 전략적 영업의 일환인 영업활동 효율화 촉진을 적극적으로 전개하여야 한다.

4) 영업활동 진척도 관리

영업인이 자기 영업활동을 효율적으로 진행함에 있어서 무계획적으로 영업활동을 전개하는 것이 아니라 진척도 관리를 철저히 할 필요가 있다. 영업활동 진척도 관리란 「영업인이 입안한 영업활동계획에 의해 영업준비에서 수주에 이르기까지 영업활동 프로세스를 관리한다」는 것이다. 특히 신규개척에 있어서 막연히 영업활동을 전개하는 것이 아니라 자기가 보유하는 고유 기술을 구사하여 영업(수주)성과를 확실히 올려 경쟁 타사와 점유율 경쟁에서 승리해야 하는 중요한 업무이다. 영업활동 진척도 관리는 어디까지나 영업인의 수주 성과를 올리기 위한 수단이므로 신규개척 경우와 심층개척 경우로 구분하여 다음과 같은 포인트에 유의하여 체크하여야 한다.

(1) 신규개척 진척도 관리 체크포인트

① 사전에 신규개척처 특성을 충분히 파악하여 확인하고 있는가
② 공략 포인트를 찾고 있는가
③ 구매담당자나 구매결정권자 등이 당사에 주목하고 인정하는 상태를 조성하고 있는가
④ 구매담당자나 구매결정권자 등이 당사에 관심을 갖고 있는가
⑤ 구매담당자나 구매결정권자와 언제라도 면담할 수 있는 상태를 조성하고 있는가
⑥ 신규개척처의 기술자 등이 언제라도 면담에 응하는 상태를 조성하고 있는가
⑦ 신규개척처의 기술자 등이 당사의 기술력에 관심을 갖고 있는가
⑧ 구매담당자나 구매결정권자 등이 당사의 상품(제품)이나 기술 채용을 검토하는 상태를 조성하고 있는가
⑨ 당사 상품(제품)이나 기술 채용에 있어서 신규개척처의 사내적인 합의를 적

극적으로 유도하기 위한 상태를 조성하고 있는가
⑩ 거래개시 결의를 표시하는 상태를 조성하였는가
⑪ 수주계약에 이르게 되는 상태를 조성하고 있는가
⑫ 초기 납입품에 대하여 부적합한 문제가 발생하지 않도록 하고 있는가
⑬ 납입 상품(제품)에 대하여 구매담당자나 구매결정권자가 만족할 수 있는 상태를 조성하고 있는가
⑭ 계속 수주가 가능한 상태를 조성하고 있는가

(2) 심층개척 진척도 관리 체크포인트

① 구매 담당자나 구매결정권자 등 인간관계나 신뢰관계를 더욱 깊게 하는 상태를 적극적으로 조성하였는가
② 당사 상품(제품)이나 기술 등에 대하여 보다 한층 높은 신뢰관계를 조성하였는가
③ 당사를 이해하고 인식하는 사원이 거래처 중에서 증가하는 상태를 조성하였는가
④ 신상품(제품)의 필요한 정보를 우선적으로 입수할 수 있는 상태를 조성하였는가
⑤ 거래처로부터 신상품(제품)개발단계에서 특별 주문할 수 있는 상태를 조성하였는가
⑥ 경쟁 타사 등 정보를 우선적으로 입수할 수 있는 상태를 조성하였는가
⑦ 거래처로부터 생산계획이나 설계변경 등에 대한 정보를 신속히 입수할 수 있는 상태를 조성하였는가
⑧ 구매 담당 임원 등이 당사를 적극적으로 지지하는 상태를 조성하였는가
⑨ 구매결정권자 등이 항상 당사를 지지하는 상태를 조성하였는가
⑩ 항상 당사 상품(제품)이나 기술을 우선적으로 채용하도록 상태를 조성하였는가
⑪ 항상 계속 수주가 가능하도록 여건을 조성하였는가
⑫ 경쟁 타사가 침범할 수 없는 상태를 조성하였는가

이상과 같은 진척도 관리에 있어서 체크는 영업인이 자기체크를 하는 동시에 영업소·과내로부터의 영업 동기에 의한 상호체크와 소·과장에 의한 상사체크를 실시한다면 효과를 올릴 수 있다.

제3절 『귀곡자(鬼谷子)』 영업활동관리 10단계술

귀곡자(鬼谷子)는 기원전 4세기에 전국시대를 살았던 정치가로 제자백가 중 종횡가(縱橫家)의 사상가이다. 그는 역시 종횡가에 속한 소진과 장의의 스승으로 귀곡에서 은거했기 때문에 귀곡자 또는 귀곡선생(鬼谷先生)이라 불렸다. 그의 이름과 성씨 및 향리까지 모두 알 수 없지만 전설에 따르면 성(姓)은 왕(王)씨고 이름은 후(詡)로, 제(齊)나라(일설에는 초나라) 사람이라 전해진다. 아이는 부모나 주위 사람이 무조건 자기편이라 생각한다. 아이가 하려는 것을 말리거나 뭐라고 하면 말의 내용보다는 자신과 생각이 다르다는 것 때문에 더 서러워한다. 아이는 설혹 부모나 친구일지라도 자신과 생각을 달리할 수 있다는 일을 겪으면서 타자를 인정하게 된다. 이렇게 타자가 있다는 것을 알게 된 이래로 사람은 다른 사람의 마음을 알고자 했다. 사랑하는 이는 알 듯 모를 듯 미묘하게 내보이는 연인의 마음을 알지 못해서 답답해한다. 장군은 마주한 적의 전략과 정보를 안다면 전쟁을 쉽게 치를 것이라 생각한다. 협상가는 경쟁자의 구상을 엿보고 상대의 의중을 꿰뚫을 수 있다면 자신이 100% 성공하리라 확신한다. 선거에서 후보자는 다수의 마음을 얻어야 정권을 획득할 수 있다. 심리학에서도 비언어적 누설 행위처럼 말하지 않지만, 행위에 드러나는 사람의 속마음을 연구한다. 이처럼 사람의 마음은 일상, 사회, 산업, 학문 모두에서 주목받는 주제이다. 사람의 마음을 알 수만 있다면 우리는 그것을 모르는 데에서 오는 답답함, 불안, 초조, 안타까움 등을 겪지 않을 것이다. '귀곡자' 하면 사람들은 으스스한 분위기와 어울리는 '귀곡 산장'을 떠올리기 쉽다. '귀곡'은 흔히 귀신이 살거나 귀신의 울음소리가 들리는 으스스한 납량물의 흔한 주제로 널리 쓰이기 때문이다. 하지만 제자백가의 일원으로서 귀곡자(鬼谷子)는 앞에서 말했듯이 비폭력적인 방식으로 다른 사람의 마음을 훔쳐서 상대가 나와 같은 생각을 하도록 하는 설득술의 대가이다.

1. 한비 '세난(說難)'을 넘어서

오늘날 정치인이 유권자들 앞에서 자신의 정견을 밝힐 때 우리는 '유세 한다'고

한다. 유세는 춘추전국시대에 처음으로 나타난 정치 현상이다. 당시 사상가들은 자신의 재능을 써줄 군주를 찾아가서 자신의 식견을 펼쳤다. 이 중 사상가와 군주가 의기투합해서 한 나라가 강국으로 떠오르기도 했지만 찾아온 인재를 알아보지 못하고 내치기도 했다. 맹자는 유세 현상에 이중적인 태도를 보였다. 그는 농가와 법가 그리고 종횡가와 같은 유세객을 강하게 비판했지만, 자신도 유세에 열의를 쏟았기 때문이다. 그는 당시 이러한 역설을 지적받고서 자신은 유세를 싫어하지만 시대적 소임 때문에 어쩔 수 없이 한다고 변명하기도 했다. 그는 공손연(公孫衍)과 장의(張儀) 등 종횡가를 비판의 대상에 포함시켰다. 그가 생각하기에 종횡가는 군주를 위해 동맹을 추진하고 전쟁을 승리로 이끌어서 당시 '양신(良臣)'이라 말하지만 '민적(民賊)'에 불과하다. 왜냐하면, 그들은 군주를 도리로 이끌지도 않고 사랑의 길에 뜻을 두지 않으며 위험을 무릅쓰고 전쟁을 일으키기 때문이다. 이는 폭군으로 알려진 걸을 도와주는 것일 뿐이다. 우리는 그의 말을 통해서 맹자가 호변(好辯)이라는 점을 여실히 알 수 있다. 하지만 편견을 내려놓고 공정하게 생각한다면 유세술은 제자백가가 공통으로 탐구하던 주제라고 할 수 있다. 제자백가 중에서 아마도 한비가 유세의 문제를 가장 심각하게 고려한 것으로 보인다. 그는 「난언(難言)」과 「세난(說難)」 두 편에 걸쳐서 유세의 어려움을 참으로 사실적으로 묘사하고 있다. 글을 읽다 보면 한비가 바로 옆에 있다고 착각이 들 정도이다. 한비의 말을 직접 들어보자.

"유세의 어려움은 다음이 아니다. 내가 가진 지식으로 상대를 설득하는 어려움이 아니고 나의 뛰어난 변론으로 나의 뜻을 분명하게 하는 어려움이 아니고 내가 거리낌 없이 자유자재로 생각을 펼치는 어려움이 아니다. 유세의 어려움은 유세 대상의 속마음을 알아내서 나의 주장을 거기에 합치시키는 데에 있다. 유세의 대상이 명예와 절개를 높이 치는데 커다란 이익으로 유세한다면 그는 절개를 낮춘다고 보아 비천하게 대우하고 반드시 멀리하게 된다. 유세의 대상이 커다란 이익을 바라는데 명예와 절개로 유세하면 생각이 없고 실정에 어둡다고 보아 반드시 받아들이지 않는다. 유세의 대상이 속으로 커다란 이익을 바라면서 겉으로 명예와 절개를 알리려고 하는데 명예와 절개로 유세한다면 겉으로 받아들이는 척하면 실제로 꺼리게 된다. 커다란 이익으로 유세한다면 속으로 그 말을 받아들이면서 겉으로 베 버리는 척한다. 이러한 사정을 자세히 살피지 않을 수 없다."

한비는 유세의 성공과 실패가 정체를 알 수 없는 상대의 마음에 달려있다고 보았다. 서로가 서로를 모르는 상황에서 유세객이 군주의 의중에 일치하여 성공하기란 쉽지 않았던 것이다. 한비는 유세가 가진 실패의 가능성과 그 결과를 '역린(逆鱗)'과 '여도지죄(餘桃之罪)'로 설명하고 있다. 역린은 상상의 동물인 용의 턱밑에 직경 한 자 정도로 거꾸로 박힌 비늘을 잘못 건드리는 것을 말한다. 여도지죄는 위나라 영공과 총신 미자하(彌子瑕) 사이에 일어난 고사를 말한다. 둘의 사이가 한참 좋을 때 미자하가 과수원에서 복숭아를 반쯤 먹다가 나머지를 영공에게 주었다. 그때 영공은 미자하가 자신을 사랑하니까 맛있는 것을 다 먹지 않고 준다고 생각했다. 둘의 사이가 멀어지자 영공은 먹다 남은 것을 주었다고 생각했다. (「세난」) 또 오자서(伍子胥)는 오나라가 중원을 넘볼 정도로 국력을 키웠지만 결국 오왕 부차(夫差)에 의해 비극적인 죽음을 맞이했다. (「난언」) 이처럼 유세의 어려움을 알았던 한비 자신도 진나라의 옥중에서 비극적인 최후를 맞이했다. 이런 맥락에서 보면 『귀곡자』는 한비가 고민했던 세난(說難), 즉 유세의 어려움을 극복하려는 시도로 볼 수 있다. 즉 『귀곡자』는 제자백가들이 태생적으로 가질 수밖에 없었던 근원적인 문제, 즉 완전한 설득술을 찾기 위해서 나올 수밖에 없던 지적 결실이라고 할 수 있다.

2. 심리전과 언어놀이

'귀곡'은 예나 지금이나 그 정체가 미스터리한 인물로 남아있다. 제자백가는 보통 이름, 자(字), 호(號)가 있다. 예컨대 공자는 이름이 공구(孔丘)이고 자가 중니(仲尼)이다. 귀곡은 지명에서 유래된 호이지 그의 이름과 출신 등이 전혀 알려지지 않고 있다. 훗날의 해명에 따르면 '귀곡'은 부풍(扶風)군 지양(池陽)현(오늘날 산시(陝西)성 징양(涇陽)현)과 영천(穎川)군 양성(陽城)현(허난(河南)성 치(淇)현) 두 곳에 있는 지명인데 종횡가의 활동 지역을 보면 후자에 해당된다. 오늘날 치현에 소재한 윈멍산(雲夢山) 자락에는 곳곳에 귀곡자와 관련되는 각종 유물이 남아있어서 그의 자취를 기리고 있으며 '중국 제일의 고대 군사 학교'(中華第一古軍校)라는 평판을 받고 있다. 오늘날 중국에서는 학계나 관광업계에서 '귀곡'의 존재를 당연시하고 숭앙하는 분위기를 만들고 있다. 과연 귀곡은 실제로 존재했을까? 선진시대의 문헌에 '귀곡'이 나타나지는 않지만 한 제국 이후의 문헌에 귀곡이 여러 곳에 등장하고 있다. 『사기』 「소진열전」에 소진이 "동쪽으로 가서 제나라에서 귀곡을 스승으로 모시고 그에게 익혔다."라고 하고 「장의열전」에 장의가 "처음에 소진과 함께 귀곡선생을 모시고 설득술을 배웠다."라고 한다. 그 뒤 『법언』, 『설원』 「선세(善說)」, 『논형』 등에서도 소진, 장의와 귀곡의 사제 관계를 증언하고 있다. 귀곡의 실재와 관련해서 유리한 정보도 있지만 불리한 정보도 있다. 유향의 『별록(別錄)』과 반고의 『한서』 「예문지(藝文志)」는 예나 지금이나 중국 고전의 실재 여부를 판가름하는 중요한 문헌이다. 이들은 한 제국에 전해진 도서를 정리하면서 작성한 최초의 서지 목록을 담고 있기 때문이다. 책으로서 '귀곡자'는 이들의 문헌에 전혀 보이지 않다가 『수서』 「경적지(經籍志)」에 처음으로 보인다. 여러 가지 상황을 종합하면 시대의 난제를 해결하는 설득술의 이론화를 위해 '귀곡'의 인물은 필연적으로 존재할 수밖에 없다. 이론적인 필연성에도 불구하고 그의 신원이 지명을 딴 귀곡으로 될 수밖에 없는 측면도 있다. 한비의 「세난」에서 말했듯이 설득술에서 살아남은 기술의 소유는 용의 비늘을 건드리는 위험스럽기 그지없는 행위가 된다. 이런 측면에서 보면 이론을 내놓고 신원은 감추는 '귀곡'으로 정리되지 않았을까 생각해본다. 귀곡자가 설득술을 펼칠 때 어떤 위험천만한 상황을 그리고 있는지 알아보자. "자신이 함께 어울리면서도 하는 말이 데면데면하면 사이가 멀어진다. 자신이 따로 겉돌면서도 하는 말이 자극적이면 위험스러워진다. 상대가 바라지 않는 것을 그에게 강요하지 않는다. 상대가 전혀 모르는 것을 그에게 가르치지 않는다. 상대가 솔깃하면 그것을 배워서(캐서) 따라간다. 상대가 거북해하면 그것을 피하고 다루지 않는다. 따라서 몰래 길을 찾고 공공연하게 동조한다. 이 때문에 누군가를 없애려면 풀어놓는다. 풀어놓으면 틈을 노릴 수 있다." 귀곡자는 유세를 유세객과 상대의 심리전을 전제로 한 언어놀이로 파악하고 있다. 군주와 유세객은 의기투합할 때 절대적 신뢰 관계를 구축할 수 있지만, 그 이전에는 고객과 상인의 관계와 마찬가지로 절대적 경쟁 관계에 있다. 유세가 실패했을 때 유세객은 군주와 만남에서 다양한 정보를 취득할 수 있으므로 군주는 치명적 손실이 될 수 있다. 상황이 좀 다르지만 『삼국지』에서 조조와 유비가 한중(韓中)을 두고 겨룰 때 양수의 계륵(鷄肋) 고사를 생각해보자. 연이은 전투에서 조조가 유비에게 몰렸을 때 하후돈이 조조에게 군호를 묻자 조조가 무심결에 '계륵'이라고 말했다. 양수(楊修)는 이 군호를 전해 듣고 조조가 철군을 염두에 둔다고 해서 철수 준비를 하다가 사령관의 마음을 엿본 죄로 조조에게 처형을 당하게 된다. 조조로서는 양수가 자신의 마음을 읽고 있는 게 단순히 꺼림칙한 것을 넘어서 그가 어떠한 일을 할지 모른다고 생각했기 때문에 살려둘 수 없었을 것이다. 귀곡자의 설득술도 한비의 죽음이나 양수의 처형을 피하려고 하는 것이다. 결국 유세객은 군주와 의기투합하면 자신의 지혜에다 날개를 날아 온갖 지략을 펼칠 수 있지만 반대의 경우 지략 때문에 불행한 사태를 맞이할 수 있다. 유세객 또는 전문가(신하)는 유세의 위험을 피하는 설득술 또는 독심술을 가지려고 하겠지만 군주는 그러한 기술을 가진 사람을 좋아할 수는 없는 노릇이다. 더욱이 그런 기술을 가르치는 스승이 있다면 군주는 그 사람을 가만히 두고 보지는 않을 듯하다. 왜냐하면 그가 있다면 천기가 언제나 누설될 수 있기 때문이다. 전쟁을 벌인다면 시작하기 전에 질 수밖에 없다.

3. 반대의 의지를 녹이는 설득 마법

유세와 토론은 같으면서도 다르다. 둘 다 합리성을 바탕으로 한다. 하지만 토론은 참여자의 이해로부터 자유로운 진리의 가능성을 인정하지만, 유세는 철저하게 당사자의 이해관계에 복종한다. 아울러 유세는 현실적으로 미묘한 정보와 치명한 결과를 가져올 수 있으므로 죽음을 건 검투장의 분위기를 연출할 수 있다. 귀곡자는 상대의 속마음을 읽어내는 기술로 췌정을 제시한다. 췌정은 드러나지 않고 숨겨진 속마음을 헤아리는 방법이다. "어떤 사람이 반드시 아주 기뻐할 때 접근해서 그 욕망을 극대화시킨다. 사람이 욕망을 느낄 때 자신의 실정을 숨길 수 없다. 반드시 아주 두려워할 때 접근해서 그 증오를 극대화시킨다. 사람이 증오를 품을 때 자신의 실정을 숨길 수 없다. 감정과 욕망을 통해 반드시 사람의 미묘한 변화를 알아야 한다." 귀곡자는 인간적 약점을 예리하게 포착하고 있다. 환희로 들뜬 사람과 두려움에 사로잡힌 사람에게 그에 맞는 자극을 하면 대상은 감정에 도취되어 경계심을 풀고서 자신의 속마음을 털어놓게 된다. 나아가 귀곡자는 감정과 욕망의 자극에 움직이지 않는 경우를 상정한다. "감정을 자극했지만 변화를 알아차리지 못하면 잠시 유세 대상을 내버려둔 채 이야기하지 않고 그와 가까운 사람을 탐문해서 그가 안정된 원인을 알아낸다. 감정이 안에서 바뀌면 그 모습이 밖으로 드러나기 때문에 늘 반드시 드러나는 지점(대상)을 통해 감추어진 것을 알아내야 한다." 여기까지 이르면 우리는 첩보영화를 보는 듯하다. 귀곡자는 사람이 마음을 털어놓든지 감추든지 어떠한 상황에서 그 변화를 읽어낼 수 있는 지도를 그리고 있다. 유세객이 동의를 받으려면 반드시 상대의 속마음에 들어맞아야 하는데, 귀곡자는 이를 불은 마른 나무에 먼저 옮겨 타고 물은 축축한 곳으로 흘러가는 자연 현상과 연결시키면서 "사물은 동류끼리 어울린다"거나 "사물은 동류끼리 서로 호응한다"는 일반론을 끌어내고 있다. 춘추전국시대는 정세가 늘 변하지만 유세객과 군주의 신뢰와 나라와 나라의 동맹이 지속 가능하기를 희망했다. 어떻게 하면 불안한 신뢰나 동맹을 안전한 관계로 전환시킬 수 있을까? 이와 관련해서 귀곡자는 저희(抵巇)와 비겸(飛鉗)을 제시하고 있다. 저희는 작은 틈을 막는다는 뜻으로 관계에 위기와 모순이 생겨날 수 있는 가능성을 제거하는 것을 말한다. 비겸은 상대를 띄워 줘서 같은 편으로 묶어둔다는 뜻으로 다른 생각을 하지 못하고 지속적인 견제를 하는 것을 말한다. 이렇게 보면 귀곡자는 유세객과 유세객의 의뢰인에게 자기 보존의 탁월한 기술을 전수한다고 할 수 있다. 여기서 귀곡자는 존재의 이기성을 전제하고 있다. 사람이 이타성을 드러낼 수 있겠지만 그것도 결국 이기성의 실현을 위한 방법일 뿐이다. 이렇게 보면 귀곡자는 춘추시대와 더불어 등장한 소인(小人)의 철학을 마무리하는 종결자라고 할 수 있다. 이제는 우리는 왜 맹자가 귀곡자에게 배웠던 종횡가를 극도로 증오했을까 생각해보자. 우리는 생명의 존엄성을 믿는다. 하지만 묻지마 범죄, 아동 성폭행범 등 잔인한 범죄가 발생하면 사람들은 사형제를 철폐해서 안 된다고 말하고 잔혹한 범죄자의 인권을 보장해야 하느냐는 의문을 제기한다. 보호받기를 포기한 사람의 인권을 보장해야 하느냐는 질문을 던진다. 귀곡자가 지키고자 했던 자기 보존의 기술이 처벌받아야 할 악의 생명을 연장시켜주지 않았을까? 그렇다고 한다면 맹자의 종횡가 비판도 비판을 위한 비판이 아니게 된다. 마지막으로 『귀곡자』와 『전국책』의 관계를 알아보자. 둘은 춘추전국시대에 벌어진 약육강식의 상황에서 자기 보존의 기술을 탐구했던 점에서 공통점을 갖는다. 이 중 『귀곡자』가 기술의 이론적 측면에 초점이 있다면 『전국책』은 그 기술의 현실적 적용과 실천에 초점이 있다고 할 수 있다. 따라서 둘을 같이 읽으면 서로 도움을 줄 수 있다. 『전국책』은 『귀곡자』의 주장이 어떻게 구체적으로 실현되는지를 알게 해주고, 『귀곡자』는 『전국책』의 실례가 어떤 이론적 바탕 위에 있는지를 알게 해준다.

《귀곡자》에는 상대의 심리에 맞추어 그의 신임을 얻고 친밀한 관계를 유지해야 한다는 내용도 있고, 기회를 틈타 상대의 약점을 장악해서 그가 빠져나가지 못하도록 붙잡아 둬야 한다는 내용도 있으며, 상대를 잘 위무해 그의 진심을 끌어내 확인함으로써 상황을 추측하고 파악해서 책략을 세워야 한다는 내용도 있다. 요컨대《귀곡자》는 유세할 때 유의해야 할 사항들을 종합적이고 체계적으로 이론화한 중국 최초의 심리학 전문 서적이라 말할 수 있다.《귀곡자》는 학자들의 관점에 따라 비판을 당하기도 했다. 일부 법술은 어리석은 군주에게만 운용될 뿐 명군(明君)과 치세(治世)를 만나서는 쓸데가 없고 바른 사람을 만나서는 통용될 수 없다는 것이다. 그러나 전국시대 이래로 천하의 법도가 사라지고 어지러운 상황에서 살아남기 위한 방편으로 계모를 쓸 수밖에 없는 현실을 고려한다면 달리 평가할 수도 있다. 세 치 혀를 통해 이뤄지는 유세는 비즈니스 협상과 여러모로 닮았다. 대화를 주도하며 상대의 속셈을 헤아린 뒤 원하는 바를 교묘히 관철하는 게 그렇다. 동양 고전 가운데 이를 집대성해 놓은 것이 '귀곡자(鬼谷子)'이다. 귀곡자는 외교학파에 해당하는 종횡가(縱橫家)의 시조로 알려져 있다. 전국시대 중기를 화려하게 수놓은 대표적인 종횡가 소진(蘇秦)과 장의(張儀) 모두 귀곡자의 제자이다. '전국책'은 이들의 활약을 기록해 놓은 것이다. '귀곡자'가 총론이라면, '전국책'은 각론에 해당한다. 중국인은 병법가 손빈(孫賓)과 방연(龐涓)도 귀곡자의 제자였다고 믿고 있다. 북송대의 사마광은 '자치통감'에서 두 사람 역시 귀곡자 밑에서 병법을 배웠다고 기록해 놓았다. 현재 귀곡자의 은거지로 알려진 중국 허난성 운몽산(雲夢山) 일대에 "중화제일 고군교(古軍校)" 깃발 아래 거대한 규모의 관광단지가 조성돼 있다. 유학자들은 '귀곡자'를 음모의 집대성으로 간주하고 오랫동안 금서로 취급했다. 그러나 '손자병법' 등의 병서가 궤계(詭計)를 통한 승리를 역설했듯이 '귀곡자' 역시 음모를 통해 뜻하는 바를 관철하라고 주문했을 뿐이다.

"성인은 은밀히 일을 도모하는 까닭에 신묘하다는 칭송을 듣고, 밝은 곳에서 그 공을 드러내는 까닭에 명민하다는 칭송을 듣는다. 사람들이 성인의 정치와 용병을 신명하다고 칭송하는 이유다." '귀곡자' 〈마의〉

어떤 사물이든 대립되는 현상이 병존하기 마련이다. 사물을 관찰할 때 정면(正面)만 보지 말고 반면(反面)을 읽어야 하는 이유다. 나라를 다스리거나 군사를 지휘할 때 반드시 속마음을 철저히 숨기는 음도(陰道)를 행해야만 대공을 이룰 수 있다고 지적한 것이다. '대통령짓 못해 먹겠다'며 속마음을 그대로 드러내 놓는 극단적인 양도(陽道)와 대비된다. 유가의 '맹자'가 정면을 응시한 것이라면, '귀곡자'는 병가의 '손자병법'과 법가의 '한비자'와 마찬가지로 반면의 작용에 주목했다. 모택동은 '모순론'에서 반면의 중요성을 이같이 강조했다. "염결(廉潔)이 있으면 반드시 탐오(貪汚)가 있고, 탐오가 있으면 반드시 염결이 있기 마련이다. 이게 바로 '대립물의 통일'이다. 세상사 모두 대립물의 통일이다." 경제 전쟁에서 승리하려면 위정자와 기업 CEO 모두 사안의 반면을 읽을 줄 알아야 한다. 그런 점에서 '귀곡자'보다 더 좋은 이론서도 없다.

4. 《귀곡자》 목차

권상(卷上)

제1편 열고 닫음[捭闔]

제2편 반대로 대응함[反應]

제3편 내면적인 상호 결합[內揵]

제4편 틈새를 막음[抵巇]

권중(卷中)

제5편 칭찬하여 옭아맴[飛鉗]

제6편 배반과 결합[忤合]

제7편 헤아림[揣篇]

제8편 어루만짐[摩篇]

제9편 자세히 살펴봄[權篇]

제10편 모략을 세움[謀篇]

제11편 결단함[決篇]

제12편 부합하는 말[符言]

언사를 원활(圓滑)하게 굴림[轉丸] (분실됨)

혼란을 열어놓음[胠亂] (분실됨)

권하(卷下)[외편(外篇)]

근본적인 다스림 은밀하게 들어맞음[本經陰符] 7편

(1) 정신을 왕성하게 함[盛神]
(2) 의지를 기름[養志]
(3) 생각을 충실하게 함[實意]
(4) 위세를 발휘함[分威]
(5) 위세를 발산함[散勢]
(6) 계모를 원활하게 굴림[轉圓]
(7) 잡념을 줄여 마음을 집중시킴[損兌]

관건을 장악함[持樞]
내심으로 다스림[中經]

5. 『귀곡자(鬼谷子)』 영업활동관리 10단계술

여기에 소개된 10가지 비책은

(1) 마음을 여닫으며 대화를 이끄는 패합(捭闔)
(2) 얘기를 뒤집으며 상대의 반응(反應)을 유인하는 반복(反覆)
(3) 상대와 굳게 결속하는 내건(內揵)
(4) 벌어진 틈을 미리 막는 저희(抵巇)
(5) 상대의 형세에 올라타는 오합(忤合)
(6) 상대가 속마음을 털어놓게 만드는 췌마(揣摩)
(7) 칭송하며 옭아매는 비겸(飛箝)
(8) 자세히 살펴보는 권(權)
(9) 모략 계책을 세우는 모(謀)
(10) 결단하는 결(決) 등

중국의 역사를 바탕으로 많은 지혜를 얻을 수 있는 책이라는 생각이 든다. 물론 누굴 속이고 이용하고 제압하고 이기는 식으로 받아들일 필요 없이 역사 안에서 지혜를 배우는 수준으로 받아들이고 이해하는 것이 좋을 듯하다. 귀곡자가 말하는 핵심은 "일을 시작한다면 그것은 반드시 주도적으로 해야 한다"는 것이다.

1) 총론

(1) 열고 닫음[捭闔] 패합: 나아가서는 반드시 이긴다

'과연 할 수 있는 일인가''를 생각하고 일 전체를 가늠해 보는 것이다. 결국 일 전체를 가늠한 후 주도적으로 진퇴를 결정하는 것이 패합이다. 객관적인 상황을 보고 자연스럽게 정해야 한다. 양으로 음을 구할 때는 덕으로써 감싸고, 음으로 양과 맺을 때는 전력을 다 보여준다. 이는 유리한 상황에서 일을 할 때는 상대방을 포용하여 자신의 주변을 넓히고, 열세에 처했을 때는 모든 자원을 투입해 전력을 다하라는 뜻이다. 나갈 때는 주도면밀함이 가장 중요하고, 가만히 있을 때는 기밀을 유지하는 것이 관건이다. 실패 앞에서 완전히 좌절할 필요도 없고, 성공 후에 교만해져서는 안 된다. 중요한 것은 성공에 교만하지 않는 것이다. 기회가 항상 있는 것도 아니지만 완전히 없는 것도 아니고, 위기가 상존하더라도 역전의 기회가 또 있는 것이다. 이는 전쟁의 기술(로버트 그린)이라는 책을 봐도 거의 유사하게 나온다. 전략적 전사가 되려면 감정적인 대응을 피해야 하는데 이를 위해 감정에 이끌리는 게 어쩔 수 없음을 깨닫고 보완하는 것이라 말한다.

- 성공을 거둔 경우, 각별히 신중을 기해 행동하라
- 화가 난 경우 마음이 가라앉기 전에는 결코 행동을 취해서는 안 된다고 한다.

하나, 형세를 읽고 출사한다.
둘, 결정권자들의 마음을 읽고 출사한다.
셋, 계획이 완전히 섰을 때 출사하고, 출사하기 전에는 기밀을 유지한다.
넷, 성공과 실패는 고정된 것이 아니다.

2) 준비단계

(2) 반대로 대응함[反應] 반응 : 일에 관계된 사람의 진심을 파악한다

첫째, 이 단계에서 가장 중요한 것은 남의 말을 정확히 듣는 것이다.
- 나의 말은 주장을 펼치기 위해 필요한 것이 아니라 상대의 뜻을 알아내기 위해 필요하다. 상대의 진의를 파악하기 위해서는 매우 신중하게 반복해서

들어야 한다.

- 상대의 말을 듣고자 하면 오히려 침묵하고,
- 뜻을 펼치고자 하면 오히려 움츠리며,
- 높이고자 하면 오히려 낮추고,
- 취하고자 하면 도리어 주어야 한다고 이야기 한다.

둘째, 과거에 일어난 유사한 일을 예로 들어 상대의 진의를 알아보는 것이다.

"적벽대전에 나가기 전 주유와 제갈 공명이 적절한 비유를 들어 손권의 의중을 파악한 것이다."

셋째, 자기 자신을 알고, 먼저 기본을 세우라는 것이다.

나의 목표가 명확하지 않으면 남을 설득할 기준점이 없어서 말에 힘이 없어진다. 그리고 질문의 기준이 없으면 대화중에 심기가 흔들려 말의 방향을 잃는다. 내가 기준이 없는데 어떻게 일을 장악할 수 있겠는가?

(3) 내면적인 상호 결합[內揵]내건 : 함께 할 사람의 마음을 얻는다

세 가지 조건 : ① 자신을 투자할 것, ② 실력을 갖출 것, ③ 평소에 할 것.

모든 일은 사람이 제일 중요하다. 이는 너무나 원론적이며 가장 중요한 성공 요소이다. 이를 위해 상대방, 특히 나와 운명을 함께 한 사람의 마음 안으로 들어가 빗장을 채우듯이 잠근다는 것이다. 일을 하면서 가장 중요한 역할을 하는 사람과 떼려야 뗄 수 없는 공동운명체 같은 관계를 맺는 것 이것이 내건이다. 내건은 단 한 번에 이루어지는 것이 아니라 평소에 하나하나 만들어 가는 것이다. 도덕으로 맺거나, 당을 지어 친구가 되거나 등이다. 강태공은 상대가 어려웠을 때 힘을 빌려주면서 내건을 시작하고, 상대가 힘을 얻은 후에는 철저히 자신의 실력을 증명함으로써 내건을 강고하게 만들었다. 내건을 시작하기 가장 좋은 방법은 어려움에 처한 사람에게 해답을 주는 것이다. 진정한 내건을 이루려면 반드시 자신의 일정 부분을 투자해야 한다. 누군가에게 내건을 시도하려고 한다면 상대가 자신의 인생을 투자할 만큼 가치 있는 사람인가, 그리고 그를 위해 공을 세울 수 있을 만큼 자신의 기량을 신뢰할 수 있는가를 물어봐야 한다. 내건을 못하면 오히려 물러나 자신의 몸을 안전하게 하는 것이 큰 도리이다. 내건이 되지 않았을 때 진실한 마음이 도리어 화를 초래할 수 있다.

(4) 틈새를 막음[抵巇] 저희 : 틈이 작을 때 미리 제거한다

저희란 작은 틈을 미리 감지하여 사전에 그 틈을 없애는 것을 말한다. 하지만 효과가 큰 만큼 위험하므로 사용할 때는 매우 신중해야 한다. 조조는 원소와 내통한 문서를 찾아냈지만 문서가 조조와 부하 간에 틈을 만들 거라고 생각하여 모두 불태워 없애 버린다. 즉, 갈등의 씨앗을 없애버린 것이다. 대결에서 가장 중요한 것은 상대의 틈을 적극적으로 이용하는 것이다. 저희술은 좋은 인재를 못 쓰게 만들고 자기의 욕심을 채우기 위한 것이 아니다. 저희를 남용하는 것은 시기심 때문이다. 저희의 방법을 쓰려고 한다면 자신이 시기심에 빠져있지 않은지 꼭 한 번 살펴야 한다. 나보다 뛰어난 사람을 용인하라

3) 실행 단계

(5) 배반과 결합[忤合] 오합 : 형세를 살피고 기세를 탄다

어떤 사람과 함께 하거나 헤어지는 것이다, 어떤 사태의 추이와 함께 하든지 아니면 거스르든지를 결정하는 것이다. 오합이란 폐합과 동일한 의미로 천시를 제대로 살펴 그 천시가 변하는 형세를 타고, 일단 그 형세를 탄 후에는 최선을 다하라는 내용이다. 천시는 어떤 도덕의 명에 의한 것이 아니고 실제로 벌어지고 있는 현상을 통해 관찰 할 수 있는 것이다. 전국시대에 진나라를 제외한 육국이 합종을 선택하지 않은 것은 오합을 제대로 하지 못한 좋은 예이며 결코 시류에 기회주의적으로 영합하자는 뜻이 아니다.

(6) 어루만짐[揣摩] 췌마 : 정보에서 상대를 앞선다

췌란 헤아린다, 추측한다라는 뜻이고 마란 추측을 하기 위한 방법인데 그 본뜻은 만져본다는 것이다. 상대에게 지혜를 쓰기 전에 상대를 면밀하게 탐색하는 것이 핵심이다.총체적인 역량을 저인망식으로 알아보는 것이다. 조선시대의 통신사는 이러한 췌마에 실패한 대표적인 예이다. 내가 지혜를 쓰는 것을 상대와 제3자까지도 몰라야 한다. 자공이 노나라를 구하기 위한 유세에 성공한 이유는 무엇일까? 그것은 각 국가의 군주들이 자공을 유세객으로 보지 않았기 때문이다.

(7) 칭찬하여 옭아맴[飛鉗] 비겸 : 상대를 높여 상대를 제압한다

비란 띄운다 칭찬한다는 뜻이며 겸은 쇠사슬로 묶는다는 의미이다. 즉 높이 띄워 한마디로 꼼짝 못하게 잡는다는 뜻이다. 상대를 높이는 것이 상대를 제압하는 것이다.

내가 높은 지위에 있다면 상대를 겸손하게 대해서 마음을 얻고, 내가 지식이 뛰어나면 상대의 지식을 인정하여 그의 경계심을 없애고, 내가 부유하면 상대가 더 부유해질 수 있음을 알게 해서 계층의 거리감을 없앤다는 뜻이다. 자신보다 못한 사람이 있다면 그를 높여서 긍지를 심어주고, 어떤 방면에서 자신보다 더 나은 사람은 그 점을 인정해서 마음의 벽을 넘어서는 것이 바로 띄운다는 것이다. 칭찬하는 빈말을 던지면 상대는 본심을 드러내서 자신의 행동을 스스로 제약하는 말을 한다. 이를 놓치지 말고 상대의 말을 자세히 탐구하면 자기 마음대로 사람을 이끌 수 있다.

(8) 자세히 살펴봄[權] 권 : 말의 힘으로 상대를 제압한다

권이란 저울추를 의미하며 여기서의 권이란 상황에 따른 말의 변화를 의미한다. 상대방의 말을 꺾으려 해서 힘을 낭비하지 말라는 것이다. 일단 상대방이 필요로 하는 것을 주어야 한다. 말의 힘을 빌린다는 것은 어떤 것은 빼고 어떤 것은 늘려서 말을 만든다는 뜻이다. 말을 할 때 결단을 보여주는 것과 말을 통해 스스로를 보완하는 것 또한 반드시 배워야할 점이다. 결단은 의심을 하지 않는 것이며 결정이 있은 후 의심하지 않는 것을 결단이라고 한다. 그러면 말에 힘이 생긴다. 결정이 오락가락하면 말이 힘을 잃는다. 결점을 보완한다고 하는 것은 상대방의 말에서 보충할 것을 얻는다는 것이다. 귀를 열어 상대의 말을 정밀하게 듣고 눈으로는 상대의 마음을 읽어야 한다. 고려시대의 서희가 좋은 예이며 상대를 꺾지 말고 상황에 맞게 활용하여야 한다.

말로 남을 꺾지 말라는 것이 설득의 핵심 요결이다. 물론 남을 꺾을 수 있으나 이것이 목적이 아님을 잊어서는 안 된다. 상대의 의도와 나의 의도의 공통점을 찾아 목적을 성취하라는 것이다. 나의 기준을 상대방에게 강요하지 말아야 한다. 상대가 관심 있어 하는 욕구를 채워 주고 극단으로 달리지 않는 것이 중요하다. 항우는 아랫사람과 실력을 다투었기 때문에 모든 유능한 사람이 떠났다. 나의 장점을 이용하는 것은 상대의 장점을 이용하는 것보다 못하다. 끊임없이 나를 피로하게 만들기 때문이다.

지혜로운 사람과 이야기할 때는 박식함을 쓰고,
어리석은 사람과 이야기할 때는 명쾌하게 판단하고,
판단이 좋은 사람과 이야기 할 때는 그 요점을 잡는 것에 의지하고,
신분이 귀한 사람과 이야기할 때는 기세를 유지하고,
부유한 사람과 이야기 할 때는 고상함을 지키고,
가난한 사람과 이야기 할 때는 그 이익을 제시하고,
천한 사람과 이야기 할 때는 겸손하고,
용감한 사람과 이야기 할 때는 과단성을 보여주고,
허물이 있는 사람과 이야기 할 때는 예리하게 지적해야 한다.

병든 말, 원망하는 말, 걱정에 떠는 말, 분노하는 말, 기쁨에 들뜬 말은 신중하게 하여야 한다.

(9) 모략 계책을 세움[謀] 모 : 사람을 움직여 일을 성사 시킨다

품격이 높은 인간이라면 그가 가진 것을 쓰게 하고, 기백이 있는 자라면 그 기백을 꺾지 말고 어려운 일을 시키고, 비범하고 센스 있는 자면 트릭을 쓰기 보다는 높은 목표를 주어 공을 세우게 하여야 한다. 주위에 인재만 있는 것은 아니다. 하지만 어리석은 이는 속일 수 있고, 유약한 자는 겁줄 수 있고, 탐욕이 있는 자는 쉽게 유혹할 수 있다. 이러한 사람이 있는 것을 하소연 해보아야 소용없다. 이런 상대는 오히려 내가 제어할 수 있는 가장 고마운 상대이다. 제갈량이 일을 주도하는 방식은 항상 상대의 지혜에 대항할 지혜를 내고, 상대보다 한 수 더 멀리 보고 준비하는 것이다. 사실 대단히 기이한 지혜를 쓴 것이 아니라, 상황을 예측하여 치밀하게 지혜를 배치한 것이다.

4) 최종 단계

(10) 결단함[決] 결 : 마지막 결단으로 성과를 얻는다

대개 남을 위해 결단을 내릴 때는 반드시 상대가 의심하는 바를 해결해야 한다.

상대에게 이득이 되는 것을 잘 이용하고, 걱정거리와 손해를 피해야 한다. 무릇 본심을 확정하고 의심되는 일을 해결하는 것은 모든 일을 할 때 가장 중요한 일이다.

〈정리〉

1. 패합(捭闔)-나아가서는 반드시 이긴다.
   하나, 형세를 읽고 출사한다.
   둘, 결정권자들이 마음을 읽고 출사한다.
   셋, 계획이 완전히 섰을 때 출사하고, 출사하기 전에는 기밀을 유지한다.
   넷, 성공과 실패는 고정된 것이 아니다.
2. 반응(反應)-일에 관계된 사람의 진심을 파악한다.
   하나, 상대의 말을 경청한다.
   둘, 상징과 비유를 써서 상대를 유도한다.
   셋, 먼저 자신의 기준을 세워라.
3. 내건(內揵)-함께 할 사람의 마음을 얻는다.
   하나, 내건이란 결정권자와 한 몸이 되는 것이다.
   둘, 내건이란 두 사람의 욕망을 일치시키는 단계적인 과정이다.
   셋, 내건이 되지 않는다면 미련 없이 물러나라.
4. 저희(抵戲)-틈이 작을 때 미리 제거한다.
   하나, 작은 틈을 미리 막으면 큰 힘을 줄일 수 있다.
   둘, 상황에 따라 틈을 막는 방법은 달라진다.
   셋, 틈을 막을 수 없으면 멀리 물러나라.
5. 오합(忤合)-형세를 살피고 기세를 탄다.
   하나, 오합의 기초-반복된 관찰로 대세를 읽어라.
   둘, 오합의 요결-천시는 대세와 윤리가 결합한 것이다.
   셋, 오합의 전제조건-주도하는 판세를 만들어라.
6. 췌마(揣摩)-정보에서 상대를 앞선다.
   하나, 췌마의 정의-상대방의 힘의 크기와 방향을 파악한다.
   둘, 췌마의 요결-상대가 모르게 상대의 욕망을 건드려야 진심이 나온다.
7. 비겸(飛箝)-상대를 높여 상대를 제압한다.

하나, 비겸의 사전조건-객관적 상황, 결정권자의 능력과 진심을 파악한다.

둘, 비겸의 요소-칭찬을 이용한다.

8. 권(權)-말의 힘으로 상황을 주도한다.

하나, 말의 힘을 믿어라.

둘, 상대를 꺾지 말고 상황에 맞게 활용하라.

셋, 스스로를 위험에 빠뜨리는 말을 삼가라.

9. 모(謀)-사람을 움직여 일을 성사시킨다.

하나, 모든 사람을 다 쓸 수 있다.

둘, 객관적인 형세를 정확히 설명하는 것이 주장을 펼치는 것 보다 중요하다.

셋, 일이 완성되기 전에는 기밀을 유지하라.

넷, 유연함과 변화가 지혜의 힘을 배가시킨다.

다섯, 지혜는 전술이 아니라 전략적 사고다.

여섯, 상황에 휘둘리지 말고 상황을 주도하라.

10. 결(決)-마지막 결단으로 성과를 얻는다.

하나, 결단의 목적은 나와 결정권자의 실질적 이익이다.

둘, 자신의 실력과 객관적인 상황에 맞는 결단을 내려라.

셋, 최고결정권자는 이익에 명분과 책임을 더하여 결단한다.

제8장

연습(토론)문제

01. PDCA에 의한 영업활동계획 수립에 대해 논하시오.

02. 5W3H에 의한 영업활동계획 수립에 대해 논하시오.

03. 순회경로계획과 영업활동 효율화 관리에 대해 논하시오.

04. 영업활동 효율지표분석과 진척도 관리에 대해 논하시오.

05. 『귀곡자(鬼谷子)』 영업활동관리 10단계술에 대해 논하시오.

PART 03

영업성과평가 (CHECK)

Chapter 09

영업 클레임 처리

제1절 컴플레인과 대응기법

컴플레인이나 클레임 사항은 영업인의 시간과 사정에 관계없이 자주 발생한다. 영업인은 이 사실을 냉정히 받아들여 고객 불만을 그대로 경청하여 대처함으로써 차차 숙련된 영업인으로 성장하는 것이다. 이러한 고객 불만은 고객 상호간에는 말해도 영업인한테는 말하지 않는 것도 있고 다른 사람에게는 말하지 않으나 고객 마음속에 불쾌하게 생각하고 있는 경우도 있으므로 항상 고객 마음상태를 읽을 줄 아는 자세가 필요하다.

1. 컴플레인 정의

컴플레인이란 고객이 상품(제품)을 구매하는 과정에서 또는 구매한 상품(제품)에 관하여 품질, 서비스, 불량 등을 이유로 불만을 제기하는 것으로 종종 발생하는 상황이다. 고객 불만, 오해, 편견 등을 풀어주는 일을 컴플레인 처리라고 하며, 이것은 영업인의 중요한 임무 중 하나이다. 영업인들 중에는 컴플레인 처리를 귀찮은 일, 영업후의 뒤치닥거리로 인식하는 경우가 있는데 이는 크게 잘못된 생각이다. 성의를 다하는 컴플레인 처리는 회사 신용을 더 높여 주고 고객과의 관계를 효과적으로 유지시켜 주는 지름길이 되기도 한다. 그러나 근래 영업인들의 부주의, 무성의로 인한 고객 컴플레인이 점차 증가하는 추세에 있지만 사실은 소비자 의식이 변화하고 있고 요구가 점차 다양해지고 있는 데서 그 원인을 찾을 수 있다. 즉 소비자 스스로 소비생활을 보호하고 권리를 주장, 관철하려는 소비자 의식 변화와 함께 정부 정책이 공정거래법 및 소비자보호법과 제조물책임법에 의거 소비자 보호운동에 주력하고 있다. 따라서 영업인들의 의식 변화로 컴플레인 발생 원인과 처리 방법 및 예방책을 숙지하여 컴플레인 발생에서부터 마무리까지 과정 하나하나에 최선을 다해야 한다.

2. 컴플레인 유형과 중요성

1) 컴플레인 유형

불만족한 고객이 취하는 행동으로 다음과 같이 네 가지로 유형화 할 수 있다. 첫째, 기업에 직접 말하는 고객(Voicer : 37%)이다. 둘째, 수동적인 고객(Passive : 14%)이다. 즉 전혀 자신의 불평을 적극적으로 처리하지 않는 경우다. 이것을 가멘(gamen)이라고도 하는데 이는 불평하지 않고 구매의 결과를 운명의 결과로 생각하는 것이다. 셋째, 분노하는 고객(Irates : 21%)이다. 즉, 실질적인 불평 정도가 정도를 넘는 경우라고 할 수 있다. 넷째, 불평 뿐 아니라 적극적으로 불평행위를 취하는 고객(Activists : 28%)이다. 대부분 불만족한 경우는 불평을 외부에 표출하게 되는데 이렇게 불평하는 고객의 유형은 크게 3가지로 구분된다. 첫째, 해당 업체에 직접 항의를 한다. 즉 기업에 직접 배상을 요구한다. 둘째, 친지나 가족 개인적으로 관계가 있는 소비자에게 자신의 불만 사항을 이야기한다. 즉 자신과 관련이 있는 소비자에게 경고하거나 구매 중지나 구매 보이 코트 등 사적인 행동을 취한다. 셋째, 전혀 자신과 관계없는 3자에게 불만을 토로하는 것이다. 즉 공식기관(소비자보호원, 정부기관 등)이나 조직(민간단체 등)에 불평을 토로함으로써 자신의 불만을 해소하거나 배상을 요구하는 것이다.

2) 컴플레인 중요성

고객 컴플레인을 이해함으로써 고객에 대한 정확한 사실을 얻을 수 있다. 첫째,

불평은 고객이 원하는 것이 무엇인지 가르쳐 준다. 아무리 고객서비스를 잘하고 있어도 내가 알지 못하는 부족한 부분이 있게 마련이다. 따라서 소비자의 불평을 오히려 장려하여 불평에 귀 기울이는 노력이 필요하다. 둘째, 불평하지 않는다고 우리의 서비스와 고객에 대한 욕구충족이 다 이루어졌다고 생각할 수 없다. 일반적으로 불만족한 고객의 94%이상은 말없이 떠나고 있다. 즉 불평에 대한 관리 원칙으로 불평하지 않는 사람도 항시 통계자료에 넣어야 한다는 것이다. 이렇게 말없는 고객으로 하여금 말을 시켜 그 마음의 진실을 이해하도록 노력해야 할 것이다. 이렇게 불평은 적극적으로 개발하고 처리하는 긍정적인 업체만이 얻을 수 있는 커다란 보상이다. 다시 말해 컴플레인 처리를 잘하는 기업이 계속 고객 불평을 이끌어 낼 수 있기 때문에 항상 고객의 입에 귀를 기울여야 하는 것이다.

3. 컴플레인 발생 원인

컴플레인은 상품(제품)의 품질불량, 잘못된 가격표시, 미흡한 접객태도 및 상품(제품)지식 결여, 배달사고 등 다양한 이유로 발생한다.

1) 영업인측의 잘못에 의한 발생 원인

(1) 품질불량 : 영업인의 고객에 대한 인식 부족

불량품이나 불만족스런 상품(제품)을 구매한 고객은 불만과 더불어 교환을 요구한다. 이 당연한 요구를 무시하거나 교환을 회피하려 할 때 컴플레인은 발생한다.

(2) 불친절 : 무성의한 고객 접객

영업인의 거만스런 언행, 고객 질문에 답변 회피, 고객 요구에 대한 일방적 무시 행위, 불친절 등은 컴플레인을 발생시킨다.

(3) 정보제공 미흡 : 상품(제품)지식 결여

영업인의 부족한 상품(제품)지식으로 인한 잘못된 상품(제품)설명은 상품(제품) 사용상의 문제점을 야기시킴은 물론 컴플레인을 발생시킨다. 또한 영업인은 상식으로 여기고 고객에게 상품(제품) 설명을 생략한 것이 고객이 예상외로 몰라서 문제가 발생되는 경우도 컴플레인 원인이 된다.

(4) 상품(제품)관리 미흡 : 상품(제품)관리 소홀

상품(제품) 이동, 진열 중에 불량품이 발생할 수 있다. 이러한 불량품을 최종 점검 없이 판매할 경우 컴플레인이 발생한다.

(5) 강권, 강매 : 무리한 영업 권유

무리한 강매나 강권은 고객의 즐거움 감소는 물론 유통점과 본사에 대한 신뢰감을 떨어뜨리고 컴플레인을 발생시킨다. 이때 영업인의 품위와 겸손이 특별히 요구된다.

(6) 교환, 환불 지연 : 단기간 이해 집착

단기간 이해에만 집착하여 교환이나 환불을 회피할 경우 컴플레인을 발생시키고 고정고객을 잃게 된다.

(7) 약속 불이행 : 지키지 않는 고객과의 약속

영업인의 약속은 회사를 대표로 한 것이다. 따라서 고객은 약속 불이행으로 인한 시간 및 금전적 손실에 대하여 보상을 요구하게 된다.

2) 고객측의 잘못에 의한 발생 원인

(1) 상품(제품), 브랜드, 매장, 회사 등에 대한 고객의 잘못된 지식과 인식
(2) 고객의 기억착오로 인한 마찰
(3) 고객의 고압적 태도와 감정적 반발
(4) 고객의 성급한 결론과 독단적인 해석
(5) 할인, 거래중단, 교환 등 이유로 고의나 악의에서 제기하는 불만

이와 같이 고객 잘못이나 고객 착오 등에 의한 컴플레인 발생은 고객이 잘 납득할 수 있도록 설명하여 이해시킨다. 이때 고객을 일방적으로 밀어붙이는 설명은 고객의 반발을 야기시킬 수가 있다. 따라서 고객이 빠져나갈 길을 터놓고 자

존심을 상하지 않게 한다. 비록 영업인의 잘못이 없다 하더라도 잘못된 대응은 고객을 적으로 만들 수 있으므로 겸손하고 정감어린 설명으로 설득해야 한다.

3) 컴플레인 발생 시 고객과 영업인 심리

컴플레인 발생 시의고객과 영업인 심리를 비교하면 〈표 9-1〉과 같다.

〈표 9–1〉 컴플레인 발생 시 고객과 영업인 심리

고객 심리	영업인 심리
① 난처하다. 문제해결에 대해 초조하다. ② 피해자 의식이 있다. ③ 불신감. '다른 회사도 있다'라는 선택의식이 있다. ④ 자존심 상하고 싶지 않다. ⑤ 친절, 공정하게 대접받고 싶다. ⑥ 신속하게 처리해 주길 바란다. ⑦ 규칙, 법률 등을 잘 모르므로 불안감이 있다. ⑧ 대자본 즉 회사에 대한 열등감이 있다.	① 바쁘다, 귀찮다. ② 규칙이나 관례를 어기기 싫다. ③ 어느 한 고객에게만 특별 취급은 안 된다. ④ 업무는 정확히 했다. ⑤ 만약 과실이 있다면 신용문제나 회사의 책임문제로까지 미칠까 두렵다. ⑥ 전문가라는 우월감이 있다.

제2절 컴플레인 처리와 컴플레인 마케팅

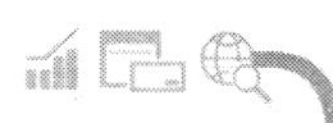

1. 컴플레인 처리

모든 컴플레인은 영업인이나 서비스맨 또는 매장 책임자, 회사에게 매우 중요한 의미를 지니고 있다. 영업인이 컴플레인 처리를 귀찮게 여기고 회피하려 해서는 안되며 오히려 긍정적 자세 영업증진 기회로 이해하는 것이 중요하다. 성의를 다하는 컴플레인 처리는 고객과의 관계를 더욱 돈독히 해 주기도 하고 유력한 단골고객으로 만들어지는 경우도 이외로 많다는 것을 알아야 한다.

1) 컴플레인 일반적 처리방법

(1) 컴플레인 원인파악

고객이 컴플레인을 제기할 때 고객은 대체로 차분한 상태가 아니기 때문에 조금이라도 대응이 잘못되면 분쟁으로 연결되기가 쉽다. 고객이 컴플레인을 제기하면 차분하게 그리고 죄송스러워하는 태도로 컴플레인 원인을 파악해야 한다. 컴플레인 원인은 대체로 복합적인 현상으로 나타나기 때문에 청취하는 과정에 변명을 하지 말고 처음부터 끝까지 적극 경청을 하는 것이 중요하다. 그래야 컴플레인 원인을 명확히 규명할 수 있다. 그리고 중요한 것은 적극적인 경청의 태도만으로도 문제의 70% 이상이 해결된다는 사실이다. 고객의 격한 감정, 불만사항 등은 적극적 경청으로 상당 부분 해소된다는 것을 명심해야 한다.

(2) 컴플레인 처리방법

컴플레인을 처리할 때는 어떤 순서에 의해 해결해야 하는지를 살펴보면 다음과 같다. 첫째, 고객 불평사항을 잘 듣는다. 고객이 말하는 것을 성의를 가지고 메모를 하면서 듣고 고객과는 의견 대립을 하지 않으며 불평사항을 긍정적으로 받아들인다. 둘째, 원인을 분석한다. 요점을 파악하여 고객 착오는 없었는지를 검토한다. 또한 과거의 예와 비교하여 어디에서 책임을 져야 할 문제인가 또는 즉시 대답할 수 있는가를 생각한다. 셋째, 해결책을 마련한다. 회사의 방침과 결부하여 결정하며 자신의 권한 밖에 있을 때는 이관하되 진행은 자신이 한다. 넷째, 해결책을 전달한다. 신속하게 해결책을 마련하여 처리하고 친절하게 해결책을 납득시킨다. 다섯째, 결과를 검토한다. 결과를 검토·반성하여 두 번 다시 동일한 컴플레인이 발생하지 않도록 유의한다. 또한 컴플레인 고객은 특별하게 관리하여 단골고객으로 유도한다.

① 컴플레인 고객은 반드시 고객카드를 만들어 고객 이름·주소·전화번호·컴플레인 내용·처리결과 등을 반드시 기록으로 남긴다.
② 고객 제언이나 아이디어도 물어서 기록해 둔다.
③ 고객카드를 컴퓨터에 입력하고 수시로 DM을 보내며 전화와 방문 등 인간관계를 맺음으로서 평생 단골손님이 될 수 있게 노력한다.

한편 즉각적으로 컴플레인을 처리가 어려울 경우 컴플레인 처리 3변주의를 활용한다.

① **사람을 바꾼다** : 상급자에게 보고(예 : 영업인에서 고객만족담당이나 책임자)
② **장소를 바꾼다** : 대화분위기 변화(예 : 유통점에서 사무실이나 응접실, 고객 상담실)
③ **시간을 바꾼다** : 즉답을 피하고 잠시 냉각시간을 가진다.

(3) 컴플레인 처리시 유의사항

컴플레인을 처리시 반드시 지켜야 유의사항을 몇 가지 제시하면 다음과 같다.

① 고객은 독특성을 지닌 인간으로서 존중하는 태도를 갖는다.
② 고객은 근본적으로 선의를 가지고 있다고 믿는다.
③ 고객 입장에서 성의 있는 자세로 임한다.
④ 고객에 대한 선입견을 갖지 않는다.
⑤ 상대방에게 동조해 가면서 긍정적으로 듣는다.
⑥ 친절하고 상냥하게 침착하게 응한다.
⑦ 고객 잘못을 책망하지 않는다.
⑧ 품위를 지키며 평이한 언어를 사용한다.
⑨ 감정적 표현 노출을 피하고 냉정하게 검토한다.
⑩ 논쟁이나 변명은 피한다.
⑪ 잘못된 점을 솔직하게 사과한다.
⑫ 설명은 사실을 바탕으로 명확하게 한다.
⑬ 내부사정을 이유로 말하지 않는다.
⑭ 신속하게 처리한다.

2) 컴플레인 예방 선행지침

컴플레인이 발생하면 최선을 다하여 대응 처리해야 하지만 더욱 중요한 것은 컴플레인이 발생하지 않도록 사전에 각별히 주의하는 것이다. 컴플레인이 발생했을 때 들어가는 비용이나 노력은 사전에 예방을 위하여 들어가는 그것보다 훨씬 크다. 따라서 영업인들은 고객지향적인 태도로 단기적 이익보다는 장기적 안목으로 고객을 응대하며 회사 대표로서 긍지를 가지고 고객과의 약속사항을 필히 지키고 상품(제품)지식을 보완하며, 상품(제품)관리를 철저히 해야 한다.

2. 컴플레인 마케팅

1) 컴플레인 마케팅 중요성

고객만족관리 보다 더 중요한 것은 고객 불만족을 관리하는 것이다. 이러한 이유는 크게 3가지로 정리할 수 있다. 첫째, 문제점을 일찍 파악하고 해결해야 하기 때문이다. 고객에 대한 욕구를 이해하는데 있어 컴플레인을 통해 새로운 기회를 발견하고 문제점을 파악할 수 있기 때문이다. 둘째, 부정 구전효과를 최소화시키기 위한 것이다. 불만족한 사람의 구전효과는 만족한 사람의 3배 효과를 가지고 있다. 따라서 기업에게 직접 컴플레인을 하도록 유도해야 한다. 셋째, 컴플레인을 제기한 고객이 조용한 만족 고객보다 오히려 기업에 중요한 역할을 한다. 조용한 고객은 만족한 고객과 불만족했으나 불평하지 않는 고객으로 분류된다. 하지만 〈표 9-2〉와 같이 불만족 고객의 96%가 불평을 직접 토로하지 않는다. 따라서 고객이 말이 없다고 고객이 만족했다고 생각하는 것은 잘못된 생각이다. 이처럼

〈표 9-2〉 컴플레인 고객 구매행동

유 형	설 명
① 불평 토로	• 불만을 갖고 있는 4%는 거래기업에 불평을 토로 한다. • 96%의 고객은 불만이 있지만 말하지 않는다.
② 거래 단절	• 불만을 품은 고객 중 91%는 거래가 단절된다. • 91%의 거래 단절 고객의 이유를 알지 못한다.
③ 이웃에게 불평 전달	• 불만을 품은 고객은 16명에게 불만을 전달한다.
④ 불평하는 사람의 재거래	• 불평을 호소하는 사람은 하지 않는 사람보다 재거래율이 높다
⑤ 불평이 해결되면 재거래	• 불평이 해결된 사람의 54-75%는 재거래 된다. • 불평을 신속하게 처리할수록 재거래율이 높다
⑥ 만족한 불평 해결은 이웃에게 전달	• 불평을 만족스럽게 해결 받은 고객은 그것을 평균 5명에게 전달한다.

컴플레인을 제기한 고객을 유심히 파악하여 다른 고객들 보다 특별한 관심을 보일 경우 오히려 컴플레인을 제기 했던 바로 그 고객의 만족도는 그 이전의 다른 고객들에 비해서 훨씬 높게 나타나 단골고객이 되는 경우가 많다. 따라서 반복되는 컴플레인과 고객 불만을 제기하는 고객을 데이터베이스화하여 하나의 마케팅 수단으로 활용하는 컴플레인 마케팅 전략을 실시해야 한다.

2) 컴플레인 유도방법

가장 접근하기 용이한 방법은 불평 토로의 통로를 공식적으로 제공하고 그것을 고객이 이용하기 쉽게 한다. 예를 들면 고객직통전화선(hot line)을 마련하는 것이다. 직통전화선의 유용성은 불만고객의 변화가능성의 기회를 제공하는 것이다. 왜냐하면 불만고객의 4%만이 불평하며 나머지는 상품(제품)구입중단, 상표전환, 비방하기 때문이다. 특히 기업을 인간적으로 느끼게 함으로써 잃어버린 인간관계를 돌이키고 친근감 있는 고객관계를 유지할 수 있다. 이는 비용절감의 효과가 있다. 이밖에도 소비자 건의함, 상품(제품)/서비스 구입시 제공하는 수취인 부담 엽서, 고객초청 간담회, 화난 고객의 불평을 토로할 수 있는 비디오 카메라 설치방 등의 방법을 적용할 수 있다.

3) 컴플레인 마케팅

첫째, 기본적으로는 컴플레인이 발생하기 이전에 적극적으로 이를 관리해야 할 것이다. 이를 위해서는 고객지향적인 마케팅과 항상 고객을 최우선으로 하는 서비스를 제공함으로써 〈표 9-3〉, 컴플레인 발생을 제거하여 고객만족 경영을 이루어야 할 것이다. 둘째, 컴플레인을 실시 한 고객에게 감사 표현으로 그들만을 위한 특별한 대우(친필로 엽서 보내기, 분기별로 홍보내용이 인쇄된 이 머니카드 발송, 고객사은 특별행사 우대권 발송, 음악회 초대권 발송, 특별 사은품지급 등)를 해 주는 것이다. 컴플레인 고객과 장기적으로 긴밀한 관계 유지를 통하여 평생고객화하고 고객생애가치(LTV : Life Time Value)를 향상시켜 고객 및 기업만족을 극대화시키는 고객관계마케팅(Customer Relation- ship Marketing)을 적극적으로 도입해야 한다. 결국 컴플레인을 제기했던 고객들을 오히려 감동시켜서 까다로운 고객을 영원한 자기편으로 만들어 나갈 수 있다.

〈표 9-3〉 고객 지향적 마케팅

① 고객 입장에서 생각하라
② 고객이 하고 싶어하는 대로 하라
④ 고객을 존경하라
⑤ 고객에게 초점을 맞춰라 (반응하라, 감정이입하라, 행동을 하라, 고객을 안심시키고 재확신 주어라, 곧 바로 행동하라)
⑥ 고객 기대를 뛰어 넘어라

제3절 영업 클레임 협상

1. 협상 정의와 3대 주요 변수

협상(協商)이란 자기가 원하는 것을 타인으로부터 얻어내기 위하여 그의 호감을 얻어내는 방법에 초점을 둔 지식과 노력의 집합체이다. 협상의 3대 결정적 주요 변수는 다음과 같다.

1) 영향력(POWER)

영향력은 사람들이나 사건들, 기타 주변상황이나 자기 자신 위에 통제력을 발휘하는 것이며 그것 자체만으로는 좋은 것도 나쁜 것도 도덕적인 것도 비도덕적인 것도 또한 윤리적인 것도 비윤리적인 것도 아니며 가치중립적인 것으로 그 자체가 목적이 아니라 수단이며 주종관계를 포함하는 어떠한 위치에서 다른 위치로 움직이게 할 수 있는 방법이다.

2) 시간(TIME)

대부분의 양보행위와 협상의 결말은 마감시간에 임박해서나 또는 직후에 이루어지게 되므로 인내심을 갖고 임하여야 한다. 가장 좋은 전략은 상대방에게 진짜 마감시간을 은폐하는 것이다.

상대방이 아무리 냉정하고 침착하게 보일지라도 그들 역시 항상 마감시간이 있게 마련이다. 일반적으로 좋은 결과를 급하게 서둘러서 얻어낼 수는 없으며 천천히 끈기 있게 해야만 최상의 결과를 얻어낼 수 있다.

3) 정보(INFORMATION)

협상이란 하나의 우발적인 사건이 아니라 계획된 하나의 과정이며 협상이 실제로 진행되는 도중에는 협상의 일방 또는 모두는 각자의 진정한 욕구나 관심거리, 우선순위 등을 공개하지 않으려 함이 일반적이다. 그 이유는 정보가 큰 힘을 의미하기 때문이며 특히 상대방을 신뢰하지 못하는 상황에서는 더욱 그러하다.

2. 소비에트 협상방식 - 어떠한 희생을 치르더라도 쟁취

1) 소비에트 방식 의의(자기중심적 협상방식)

경쟁적인 방법 (승리 아니면 패배)은 어떤 사람이나 집단이 이미 알고 있는 상대방을 패배시킴으로써 자기들의 목적을 달성하고자 할 때 사용되는 수단이며 그 수단은 협박과 같은 행동에서부터 교활한 속임수의 형태에 이르기까지 여러 형태로 나타난다.

2) 소비에트 방식 사용 협상가의 협상 태도

(1) 터무니없는 초기자세

항상 상대방의 기대수준을 낮추기 위해 감당 못할 요구나 터무니없는 제안으로 협상을 시작한다.

(2) 제한된 권한

협상가 그 자신은 양보를 할 수 있는 권한을 거의 또는 전혀 가지고 있지 않다.

(3) 감정적 진술

얼굴을 붉히고 목청을 높이면서 화가 난 듯이 행동하여 상대방을 공포에 몰아넣는다.

(4) 상대방의 양보를 나약함의 소치로 간주

소비에트 협상가에게 어떤 것을 내준다거나 양보한다고 하더라도 그들은 쉽사리 그에 대응한 양보를 하지 않는다.

(5) 인색한 양보

양보하는 행동을 극히 더디게 하며 어쩌다가 양보하더라도 아주 미미한 정도에 불과하다.

(6) 마감시간 무시

그들은 대체로 느긋한 태도를 취하며 마치 시간은 그들에게 전혀 중요하지 않다는 듯이 행동한다.

3) 소비에트 협상에 대한 대처 방법

(1) 항상 다른 대안이 있는 법이므로 당장 협상 중지하고 퇴장한다.
(2) 만약 시간적으로 여유가 있고 그 일에 어느 정도 관심이 있다면 직접 소비에트 방식으로 대응한다.
(3) "이기지 않으면 진다"라는 경쟁적인 관계로부터 쌍방 모두가 만족할 수 있게 되는 협동적인 관계로 교묘하게 전환시킨다.

3. 상호만족을 위한 협상방식 – 협조적 협상

1) 욕구를 만족시키기 위한 과정 활용

(1) 부드럽고 유연한 행동으로 입장을 온건한 방법으로 전달한다.
(2) 상대방의 견해나 입장에서 그 문제를 볼 수 있도록 하고 성의있게 공감을

하듯 상대방의 말을 들어 주어야 한다.

2) 욕구의 조화 또는 조절

서로 같은 목표를 갖고 있으면서도 그것을 어떻게 얻어낼 것인가 하는 방법에서, 즉 수단이나 접근방법의 차이에서 갈등이 발생할 수 있다. 기본적으로 상대방의 협조를 얻기 위해 필요한 첫째 단계는 두 사람이 각기 그 문제와 관련하여 어떠한 처지에 있는지 확인 해 본다. 두 번째 단계는 견해의 차이가 어떻게 생기게 되었는지를 유추해 본다. 일반적으로 우리가 어떤 문제를 놓고 서로 의견 충돌을 일으키는 큰 원인은 경험, 정보, 역할이라는 3대 부문의 차이점에서 발생한다. 성공적이고 협동적인 협상의 관건은 자기 자신의 욕구를 충족시키는 한편 상대방이 진정으로 원하는 것을 알아내서 그에게 그것을 성취할 수 있는 방법을 제시할 수 있느냐에 달려 있다.

4. 협동적 협상방식 - 둘 다 이기기 위한 협상

1) 신뢰관계 형성

최상의 방책은 신뢰관계이며, 서로 믿고 의지하는 상호의존 관계를 통하여 양측이 모두 이기게 되는 협동적인 협상을 두 단계로 나누어 보면 다음과 같다.

(1) 준비 단계

상대방의 태도에 가장 효과적으로 영향을 줄 수 있는 시기는 갈등이 구체화되기 이전의 시점이며 협상이 아직 공식적인 단계에 접어들기 전에는 협상의 행동과 행위들이 액면 그대로 받아들여 질 수 있다.

(2) 공식적 단계

공식적인 단계에 접어든 시초부터 공통의 기반을 구축하고 신뢰를 형성하여 모든 면에 관하여 곧바로 상호 합의 할 수 있는 긍정적인 자세를 가지고 시작한다. 토의에서 제일 먼저 초점을 맞춰야 할 부분은 논의할 문제점의 일반적인 인식에 관한 서로의 일치이다. 방법이 아닌 목적자체를 강조함으로써 관련된 사람들의 욕구를 수용할 수 있는 여러 대안이나 새로운 방법을 찾아내는데 노력함으로써 전반적인 불일치로부터 일반적인 합의 상태로 바꿔 나갈 수 있다.

2) 도움 획득

어느 누구도 고립된 존재로 여기지 말고 다른 사람들이 그 주위를 감싸고 있는 한 가운데에 영업인이 설득하고자 하는 사람이 있다는 것을 알아야 하며 그 주위 사람들의 지지를 얻어야 가운데 있는 사람의 위치와 움직임에 영향을 줄 수 있다.

3) 반대의견 처리

협상에서 원하는 것을 얻으려면 반드시 반대의견에 부딪치게 되며 문제가 되는 것은 당신이 반대의견에 부딪치겠는가 하는 것이 아니라 "반대의견이 어디에서 오는가"하는 데에 있다. 반대는 두 가지 형태로 의견 대립자와 감정 대립자가 있다.

(1) 의견 대립자

어떤 문제나 방안에 대하여 당신의 견해와 다른 견해를 가지고 있는 사람을 뜻하며 의견의 차이란 이론상의 문제이다. 의견대립이 생기는 이유는 양측이 서로 신뢰 관계를 형성하고 이를 기초로 하여 해결해야 할 문제에 대해 합의를 이루는데 실패하기 때문으로 양측은 정보를 상호교환하고 방식을 재구성함으로써 마침내 서로가 승리를 거둘 수 있도록 하여야 한다.

(2) 감정 대립자

당신의 견해에 반대하고 있을 뿐만 아니라 당신이라는 인간자체에 대해서도 반감을 품고 있는 감정적인 반대자이다. 감정적인 대립자로 만들게 되는 가장 큰 원인은 상대방의 「체면」을 손상시키는 것이라고 보며 어떻게 하면 감정적인 대립자를 만들지 않을 수 있겠느냐 방법은 첫째 자신의 마음가짐이 갖는 힘을 잊지 말아야 하며 둘째 남들의 행동이나 그 동기에 대해 함부로 판단을 내리지 말아야한다.

5. 타협적 협상방식

1) 타협 의의

양측 모두가 정말로 자기가 원하고 있는 것 중의 일부를 포기한 상태의 합의를 뜻하는 것으로 어느 쪽도 자기의 요구를 완전히 만족시키지 못하는 상태가 된다.

2) 타협 전제조건

타협이라는 것은 대개 상대방의 욕구와 나의 욕구가 항상 상반한다고 하는 잘못된 전제에서 비롯되므로 상호만족을 얻어낸다는 것은 거의 불가능하다.

3) 타협방식 사용 대상

타협책은 교착 상태를 타개하기 위한 해결책이며 만약 타협적 접근 방법이 "모든 경우에 대해 전반적으로" 사용된다면 이로 인해 널리 인정된 전술적인 수단이나 최후통첩, 자기중심적인 행동 등만을 수반하는 경쟁적인 게임이 증가 할 것이다. 따라서 타협이란 막다른 골목에 이르지 않도록 하기 위해 최후에 가서 사용하게 되는 마무리 작전이다.

6. 원칙론적 협상방식(PRINCIPLED NEGOTIATION)

어떠한 협상 방법도 다음과 같은 3가지 기준에 따라 판단해볼 수 있다. 첫째로 만약 협상이 가능한 경우라면 현명한 협상이 되어야 하고 둘째로 효율적인 것이어야 하며 세째로 당사자들 사이의 관계를 증진시키거나 적어도 현재보다 악화시키지는 말아야 한다. 가장 일반적인 협상의 유형은 계속하여 연속적으로 산출하지 못하며 비능률적이고 지속적인 상호관계를 위태롭게 한다. 유연한 방식이든 강경한 방식이든 입장을 놓고 하는 협상은 바람직하지 않으며 효과적이고 우호적이면서 현명한 결과를 산출하기 위해 하버드 대학 협상 프로젝트에서 개발한 원칙론적 협상(PRINCIPLED NEGOTIATION) 또는 실질 문제에 관한 협상(NEGOTIATION ON

THE MERITS) 방법을 활용하여야 한다. 이 방법은 다음의 4가지 기본적 요점으로 표현 할 수 있다.

- 사람 : 사람을 문제와 분리하라.
- 이해관계 : 입장이 아니라 이해관계에 초점을 맞춰라.
- 선택 : 무엇을 할 것인가 결정하기 전에 다양한 가능성을 창출하라.
- 기준 : 궁극적인 결과는 객관적 기준에 입각하여야함을 강조하라.

원칙론적 협상 방법의 4 가지 기본적 요소들은 협상을 계획하는 시점부터 합의에 도달하거나 더 이상 협상하지 않겠다고 결정하는 시기까지 관심을 가져야 한다. 이 기간은 분석(ANALYSIS), 기획(PLANNING) 및 토의(DISCUSSION)의 세 단계로 나눌 수 있다.

1) 사람을 문제와 분리한다

협상가이기 전에 사람이다. 모든 협상 참여자들은 문제의 실체와 상호관계라는 두 가지 이해관계를 갖는다. 상호관계와 문제의 실질이 혼동되는 경향이 있다. 입장의 흥정은 상호관계와 문제의 본질을 충돌시킨다. 문제의 실질과 상호관계를 분리한다. 사람의 문제를 곧바로 다룬다.

상대방의 입장에서 현실을 본다. 사람의 문제로 인한 복잡한 상황 아래에서 해결의 실마리를 찾기 위해서는 인식(PERCEPTION), 감정(EMOTION), 의사소통(COMMUNICATION)이라는 세 가지 기본적 범주에 따라 고려한다.

(1) 인식

- 당신이 두려워하는 바로부터 상대방의 의도를 추측 말라.
- 당신의 문제로 인하여 상대방을 책망하지 말라.
- 각자의 인식에 관해 충분히 논의하라.
- 상대방의 인식과 달리 행동할 기회를 찾으라.
- 상대방이 협상과정에 참여하였음을 확실히 함으로써 협상의 결과에 공동의 이해관계를 갖도록 하라.
- 체면 세우기 : 당신의 제안을 상대방의 가치관과 일치시켜라.

(2) 감정

- 먼저 상대방과 당신 자신의 감정을 인정하고 이해하라.
- 감정을 분명히 하고 그것을 정당한 것으로 인정하라.
- 상대방으로 하여금 감정을 토로하도록 하라.
- 상대방의 감정폭발에 대꾸하지 말라.
- 상징적 제스처를 사용하라.

(3) 의사소통

- 열심히 듣고 들은 바를 인정하라.
- 이해가 되도록 이야기하라.
- 상대방보다는 당신 자신에 대해 이야기하라.
- 목적을 위해 이야기하라.
- 예방이 가장 효과적이다
- 유기적인 상호관계를 형성하라.
- 사람이 아니라 문제 자체를 대하라.

2) 각자의 입장이 아닌 이해관계에 초점을 맞춘다

현명한 해결 방안을 찾기 위해서는 이해관계 자체는 타협을 하되 입장에 관해서는 타협을 하지 않아야 한다. 이해관계는 문제를 분명히 한다. 서로 대립하는 입장의 이면에는 상충하는 욕구뿐 아니라 상호화합, 공존할 수 있는 이익들도 존재한다. 이해관계를 확인하는 방법은 다음과 같다.

- "왜?"라고 물어본다.
- "왜 이렇게 하지 않습니까?"라고 물어본다. 그들의 다른 선택의 여지에 관해서 생각한다.
- 각 협상 당사자는 다양한 관심 사항들을 가진다는 사실을 알아야 한다.
- 가장 영향력이 있는 관심사는 기본적인 인간의 욕구이다.
- 관심사항에 대한 일람표를 만들도록 한다.

이해관계에 관한 논의는 영업인의 이해관계를 생동감이 넘치도록 한다. 상대방의 이해관계들을 공통 문제점의 일부로 인정한다. 대답하기 전에 문제점을 부각시킨다. 앞을 향하여 바라보고, 뒤를 돌아보지 말아야 한다. 좀 더 구체적이면서도 유연성 있도록 한다. 문제에 관하여는 강경하되 사람에 대하여는 부드러워야 한다.

3) 상호 이득을 위한 대안을 개발한다

대부분의 협상에 있어 충분한 선택방안을 만들어 내기 어렵게 하는 장애요인에는 성급한 판단, 한 가지 해답만을 찾는 것, 파이의 크기가 고정되었다는 전제, 자신의 문제해결만이 자신의 문제라고 생각하는 것 네 가지가 있다. 이러한 장애요인을 극복하고 창조적인 대안 선택 방안을 찾아내기 위해서는 다음과 같은 것이 필요하다.

(1) 선택 방안을 창안하는 행위와 그 선택 방안을 판단하는 행위를 분리한다

① 브레인스토밍 회의를 통한 선택방안 창안

가) 브레인스토밍 이전 단계

- 목적을 규정한다.
- 참가자를 선택한다.(5 ~ 8명 적정)
- 환경을 변화시킨다.(일반토론과 구분)
- 비공식적인 회의 분위기를 만든다.
- 진행 담당자를 택한다.

나) 브레인스토밍 기간 동안

- 참가자들을 나란히 앉힌다.
- 서로 비판하지 않는다는 등 기본규칙을 명시한다.
- 자유롭게 다양한 의견을 개진토록 한다.
- 모든 관점에서 아이디어를 기록한다.

다) 브레인스토밍 이후

- 가장 유망한 아이디어를 뚜렷이 내세운다.
- 유망한 아이디어에 대해 개선 방안을 생각해 본다.
- 아이디어를 검토하고 결정할 시간을 정한다.

② 상대방과의 브레인스토밍을 고려해 본다.

(2) 선택의 폭을 넓힌다

① 특수한 것과 일반적인 것을 적절히 교차시킴으로써 선택의 폭을 늘린다.
② 다른 전문가의 시각을 통해서 본다.
③ 다른 강도의 합의를 찾아낸다.
④ 제안된 합의의 범위를 바꾸어 본다.

(3) 상호이익을 모색한다.

① 공통된 이해관계를 찾아낸다.
② 다른 이해관계를 서로 잘 연결시킨다. 가장 잘 연결 될 수 있는 서로간의 차이는 이해관계, 생각, 시간에 두는 가치, 예측 및 위험에 대한 혐오감에 있어서의 차이이다.
③ 그들이 선호하는 것이 어떤 것인지 물어본다.
④ 상대방으로 하여금 결정을 쉽게 하도록 한다.

4) 객관적 기준의 사용을 주장한다

현명한 협상 접근 방법은 압력이 아니라 원칙에 기초하여 해결에 이르러야 한다는 것이며 당사자의 개성보다도 문제의 실체에 관심을 집중해야 하며 합리적이되 위협 앞에서는 단호해야 한다. 모든 쟁점은 객관적인 기준을 찾기 위한 공동노력으로 구성한다. 논리적으로 판단하고 합리성에 대하여 개방적 태도를 취한다. 압력에 굴복하지 않는다.

제9장 연습(토론)문제

01. 컴플레인 유형과 중요성에 대해 논하시오.

02. 컴플레인 발생 원인에 대해 논하시오.

03. 컴플레인 처리와 컴플레인 마케팅에 대해 논하시오.

04. 협동적인 협상 방식–둘 다 이기기 위한 협상에 대해 논하시오.

05. 원칙론적 협상(PRINCIPLED NEGOTIATION) 방법에 대해 논하시오.

Chapter 10

거래처 신용조사

제1절 신용조사 방법과 유의점

1. 신용조사 목적과 방법

우리들이 상행위를 행함에 있어 일반적으로 현금거래는 적고, 이른바 기업간 신용을 배경으로 하는 거래가 이루어지고 있다. 「기업간 신용을 배경으로 하는 거래」는 납입한 상품(제품) 대금(외상매출채권)이 약정대로 결제기일에 지불될 것인가라는 여신 리스크가 발생한다. 상행위 최대 목적은 이윤 추구이나 이 이익은 상품(제품)대금이 현금으로 회수됨으로써 실현된다(회계학적으로는 발생주의가 원칙으로 상품이 납입된 시점에서 이익이 계상된다). 이 이익을 확실한 것으로 하기 위해서 거래를 할 때 거래처 신용상태를 사전에 조사하는 것이 필요하다.

- 거래처 업태를 조사하여 현재 및 장래 지불능력을 예측한다.
- 부실발생 방지 및 만일 그것이 발생한 경우에도 그 부담을 줄이고자 한다.
- 우량 거래처를 확보하고 채권 질적 향상을 꾀한다.
- 수익성·안전성 개선을 꾀하고 자사 재무체질을 강화시키고자 한다.

거래처를 조사할 때에는 정보수집이 가장 중요하다. 정확한 정보를 어떻게 많이 얼마나 빠르게 수집하느냐가 거래 승부를 결정한다고 해도 과언이 아니다. 이 정보수집은 하루 아침에 되는 것이 아니고 평상시 꾸준한 노력과 문제의식 축적이 필요하다. 거래처 신용상태를 판단하기 위해서는 결산서(재무제표)의 분석(정량분석)만으로는 불충분하며 오히려 유기체인 기업의 평상시 활동변화를 보고(정성분석) 정량·정성양면을 봄으로써 기업 실태가 보다 확실해진다. 그리고 수집한 정보는 막연하게 축적해 놓는 것만으로는 아무 효과도 없고 이것을 정리 정돈하는 것이 필요해진다. 또 거래처의 좋고 나쁨을 판단하는 방법으로서는 크게 구분하여 다음 2가지가 있다.

- 정량분석 : 기업의 양적 측면으로부터 분석하는 방법 〈재무분석〉 - 금전적인 면
- 정성분석 : 기업의 질적 측면으로부터 분석하는 방법 - 인적·물질적인 면

기업은 사람, 물자, 돈 3요소로 성립된다고 하나 이중 사람. 물자를 중심으로 신용조사를 할 때에 기본적으로는 이 정도는 조사해야 됨을 설명하고자 한다.

자료의 수집－정리－분석－판단/예측순으로 전개하며 수집한 정보는 꼭 정확하게 진실을 의미한다고는 할 수 없다. 수집한 정보는 자신의 지식·경험·영업으로 인해 얻어지는 정보 등 나아가 한 곳으로 만이 아니라 몇 군데로부터 뒷받침할 수 있는 정보를 입수하여 비교·검토한 후 취사선택하여 그 정보의 진실성과 판단 가치를 볼 수 있어야 한다. 어떠한 정보라도 적극적으로 보다 많이 모으는 것이 기본이며 입수하는 정보량이 적으면 선택 여지도 없어진다. 판단으로부터 한 걸음 더 나아가 예측까지 하지 못하면 정보가 충분히 활용되었다고 할 수 없다.

2. 신용조사 유의점과 자료 종류

- 우선 어떤 분석을 어떤 순서로 할지를 계획한다.
- 가능한 많은 문제점을 수집한다.
- 문제점을 중심으로 기업 분석을 파고 들어간다. 장점·단점을 파악한다.
- 이상의 결과에서 결론을 도출한다.

1) 외부자료

- 결산서

- 흥신소 조사서
- 업계지, 전문지
- 거래처(매입처, 판매처), 하청업체
- 거래은행
- 감독관청 등 공적기관

2) 내부자료

- 거래실적표
- 회수상황표

2)는 자사가 직접 작성한 자료이며 타인의 작위성이 개입되지 않아 신뢰성 면에서는 가장 높다고 볼 수 있다.

제2절 신용조사 종류와 구체적 방법

1. 신용조사 종류

(1) 직접조사

- 면담조사
- 방문조사/현장조사

(2) 간접조사

- 흥신소 조사서
- 은행・동업자・거래처・하청 등 관계처 문의
- 등기사항조사(상업등기・부동산 등기)

(3) 징후조사

- 거래실적 변화 (거래량 급증)
- 회수상황 변화(결산조건 변경, 외상매출금 연령조사)
- 영업상황 변화(매입처, 판매처 변경, 설비 변화)

또 목적에 따라 사전조사, 계속조사로 나누어진다. 그러면 구체적인 조사사항과 그 체크포인트에 대하여 언급하겠다.

① 회사 연혁/역사
② 사업목적/업계에서의 지위
③ 주주
④ 경영자
⑤ 종업원
⑥ 설비
⑦ 상품(제품)·상품재고 등
⑧ 매입처·판매처·하청
⑨ 부동산 담보설정 상황
⑩ 관계회사
⑪ 금융기관과의 거래상황
⑫ 그 외 제 3자 평가
⑬ 경제환경/경영환경

조사의 기본은 이상한 점을 발견하는 것이다.

2. 거래처 신용 구체적 조사방법

1) 회사 연혁/역사

- 조사내용
  - 회사 설립 년수와 설립 경위
  - 경영상 변화

일류 대기업의 자회사를 제외한 그 회사의 역사가 어느 정도인가가 여신상의 큰 포인트가 된다. 그 기업이 창업기인가, 성장기인가, 쇠퇴기인가 등 역사가 길다는 것은 호·불황을 겪어 왔고 거래 기초도 확립되어 있을 경우가 많다. 일반적으로 역사가 5년 미만인 회사의 도산이 많다. 그러나 최근에는 오래된 회사도 도산을 하고 있기 때문에 시대 흐름 변화에 대응할 수 없어 도산하는 경우도 증가하고 있어 어떻게 시대 흐름에 대응할 것인가 하는 대책을 세우고 있는지를 조사할 필요가 있다. 오래된 회사가 꼭 안정적이지도 않다는 경향은 앞으로 더더욱 강해질 것이다. 과거에 도산 경력이 있는지 없는지 어떠한 변천을 겪어 오늘에 이르렀는지 과거 경영에 중대한 영향을 미치는 사건·사고는 없었는지 있었다면 어떻게 그것을 극복하였는지 또 그 후유증은 남아 있지 않는지 등등 중소기업임에도 불구하고 회사명에 지나친 허세를 보이지 않는가. 규모에 맞지 않는 큰 이름의 회사는 문제를 일으키기 쉬운 경향이 있다는 점에 유의할 필요가 있다.

2) 사업목적/업계에서의 지위

- 조사내용
  - 사업내용 및 특징
  - 업계에서의 지위

사업목적이 분명한지 특히 메이커인 경우 상품(제품) 특징은 있는지 경쟁력이 있는 상품(제품)인지 어떤지 조사한다. 사규에 여러 가지 사업목적을 다 기재해 놓은 중소기업은 사업 목적이 분명하지 않은 경우가 많다. 이러한 회사는 일반적으로 사업내용에 특색·특징이 없고 경쟁력이 없는 회사가 많다. 취급상품(제품)이 사양산업이라서 생존을 위해 다른 분야로 진출하는 기업도 많으나 그 전환이 제대로 이루어지고 있는지도 문제가 된다. 또 본업 이외로 손대고 있지는 않는가 본업 이외의 것에 손대고 있는 회사는 어쨌든 본업에 소홀해지기 쉬우며 그 결과 본업이 위험해지는 경우가 많다. 최근의 이른바 "재테크도산"이 좋은 예이다. 사업 내용이 제조업이라면 수주생산이 주인지 생산하는 것이 주인지 예상하여 수주생산이 주체라면 수주잔고는 어느 정도 가지고 있는지도 중요하다. 수주잔고의 크고 작음에 따라 장래 업적이 어느 정도 예상된다. 또 취급품목에 계절성은 있는지 계절성 있는 상품(제품)이라면 시즌이 끝나도 재고로 남아 있으면 팔고 남은 상품으로서 자금면 수익면에서 압박의 원인이 된다. 업계에서의 지위(매출·이익 면에서)는 어떠한지 업계에서 톱 클레스를 유지하고 있다는 것은 그 나름대로의 경영노력 경영이념이 있어야 가능하며 신용면에서는 양호하다고 판단한다.

3) 주주

- 조사내용
  – 주주명 및 주수

대주주가 누구이며 몇 주를 소유하고 있는가를 조사한다. 이에 의해 경영모체를 파악한다. 큰 우량회사가 지배주주인 경우 계열 자회사로서 위험에 처했을 때 지원을 기대할 수 있다. 일반적으로 큰 우량회사의 자회사라는 것은 신용상의 플러스 자료이다. 과거에 우량회사의 자회사였으면서도 충분한 지원을 받지 못하여 도산한 경우는 몇 있으나 예외로 보아도 좋다. 또 대주주의 이동에도 주의할 필요가 있다. 대주주가 바뀐다는 것은 경영모체의 이동으로 이어진다. 왜 대주주의 이동이 생겼는지 그 이동이 신용면에 플러스로 작용하는지 마이너스로 작용하는지를 조사할 필요가 있다. 또 주주 중에 정체를 알 수 없는 회사나 개인이 들어있는 경우는 그 의도가 무엇인지 조사할 필요가 있다. 이런 인물이나 회사가 주주로 들어온다는 것은 이미지 다운으로 이어지며 그 회사의 경영상 마이너스로 작용하는 경우가 적지 않다.

4) 경영자

- 조사내용
  – 이름・연령・경력・도산경력
  – 건강상태・후계자
  – 사생활・성격
  – 소유자산
  – 경영자질 / 경영능력

경영자는 회사의 얼굴, 대기업인 경우 경영자(사장)가 바뀌어도 경영상에 큰 변화는 거의 없으나 중소기업—특히 동족회사—의 경우 경영자가 사고를 당한다든지 하여 사업에 전념할 수 없게 되면 바로 도산으로 이어지는 경우도 많다. 또 경영자의 경영이념이 회사 존속을 좌우하는 일도 있다. 그렇기 때문에 중소기업

신용조사에서는 경영자 조사가 가장 중요하다고 할 수 있다. 대기업을 제외하고 중소기업에서는 경영자 자질·경영능력이 회사 장래 존속을 좌우한다고 해도 과언이 아니다. 일반적으로 중소기업의 경우 오너 경영자이며 아무리 우수한 설비 자금력이 있어도 경영자의 경영방침 여하에 따라서 회사의 미래가 좌우된다. 경영자는 경영방침을 결정하여 이를 달성하기 위한 방침 세우기, 조직 만들기를 하나 그 실행력이 요망된다. 결과는 미래에 나타나는 것이고 또 그 결과가 나타난 뒤에는 이미 늦어버리는 경우가 많다. 따라서 경영자에게는 앞을 내다보는 능력 또 만일 도중에 궤도수정이 필요해진 경우에는 그것에 유연하게 대응할 수 있는 용기가 요망된다. 도산경력 유무를 조사하는 것도 중요하다. 도산의 쓰라린 경험을 살려서 제기한 사람도 있으나 도산경력이 있는 사람은 다시 회사를 망치는 경우가 많다. 자금조달 때문에 고생하는 것보다 잃는 것이 적으면 회사 문을 닫는 것이 편하기 때문이다. 회사를 도산시킨 일이 있는 사람은 표면에 나올 수 없어 사장직에는 나서지 못하나 이사로 되어 있는 경우가 많다. 이 경우 실질적인 권한을 쥐고 있는 경우가 많기 때문에 사장뿐만이 아니고 경영자중에도 도산경력이 있는 사람이 있는지도 함께 조사할 필요가 있다. 본업을 소홀히 하고 공직 정치 종교 도박 등에 열심이라면 저절로 본업에 나쁜 영향을 미치게 되는 경우도 많다. 고생한 보람이 있어 상당한 재산과 여유가 생기면 다음은 명예직에 열중하게 되는 것이 일반인들의 경향이지만 본업 이외의 것에 시간과 노력을 다 소비하여 경영자 부재로 되어 잘된 케이스는 매우 적다. 특히 2대째 경영자는 창업 시의 고생을 모르기에 명예직으로 눈을 돌리는 경우가 많다. 사생활이 문란하지는 않은지 가정생활이 원만한지 어떤지도 주의해야 한다. 밤놀이가 지나치다든지 여자가 생긴다든지 하는 것은 개인적인 일로 생각되지만 술과 여자란 경영의욕에 마이너스로 작용하며, 심지어는 종업원의 사기에도 영향을 미친다. 가정에 불화가 있으면 경영에 전력투구할 수가 없는 것이다. 경영자가 건강하지 못하여 큰 병을 앓으면 지침을 잃은 것과 마찬가지로 그 회사의 신용에 금이 갈 수 밖에 없다. 특히 후계자가 육성되어 있지 않은 동족회사에서의 사장의 사망은 바로 도산으로 이어질 수밖에 없다. 경영이 잘되지 않으면 융통어음 유통자, 고리업자 등 무조건적으로 회사를 잡아먹으려고 하는 사람들이 모여들기 마련이다. 정체를 알 수 없는 인물이 출입하는 곳은 주의해야 한다. 경마, 골프, 도박 등으로 인해 이런 인물들이 출입하게 되는 케이스도 많다. 중소기업, 특히 동족회사인 경우 후계자가 누구인가는 중요한 요소이다. 후계자를 육성한다는 것은 경영자의 큰 책임 중 하나이다. 또 동족회사인 경우 후계자는 사장의 자식인 경우가 많은데 단순히 사장의 자식인 것만으로 후계자로서의 자질 능력에 상관없이 사장이 되는 경우가 많아 누가 후계자이며 그 후계자가 경영수단이 있는지 어떤지도 파악해야 한다. 그 외 부재가 잦고 독불장군식이고 다른 사람의 말을 듣지 않거나 또 숫자에 약한 경영자도 경영자질에 문제가 있다고 할 수 있다.

5) 종업원

- 조사내용
  - 퇴직률・연령구조・경력구조
  - 조직건강 상태・근무태도
  - 규율・기강 문란

경영이 흔들리게 되면 종업원 퇴직도 늘어난다. 종업원 연령구성이 어떠한지 평균연령이 높다는 것은 활기찬 장래의 성장성 면에서 불안으로 남는다. 종업원 정착율이 낮다든지 종업원 사이에 내분이 있다든지 불평불만이 많은 기업은 기업 그 자체에 문제가 있는 케이스가 많다. 종업원의 입으로부터 예상치 못한 진실을 듣게 되는 경우도 있다. 종업원의 횡령, 불온한 발언, 빈둥거림, 규율・모럴 저하, 출근이 늦다든지 등에는 각각 이유가 있으며, 종종 경영내용 악화가 원인인 경우가 많다. 인력부족 도산이 증가하는 경향이 많은 요즘 종업원 움직임에 특히 주의할 필요가 있다.

6) 설비

- 조사내용
  - 소재지
  - 설비 개요와 그 능력
  - 설비 이용상황/가동률
  - 설비계획

공장 사무소 입지조건의 좋고 나쁨은 기업 업적과 큰 관계가 있다. 사무소는 아무리 돈을 들여 훌륭하게 해 놓아도 수익으로 이어지지는 않는다. 오히려 자금 고정의 원인이 된다. 공장 설비 기계는 직접 수익으로 이어진다. 어떤 최신 기계를 도입해도 가동율이 나쁘면 기계를 작동시킬 기술자 수가 모자라던가 기계를 작동시킬 만큼의 업무량이 없든가 회사에 상응하지 않은 설비투자를 하였다든지 중의 하나이다. 어느 경우이든지 기계가 가동되고 있지 않으면 설비자금의 변제가 어려워지게 된다. 메이커를 방문하여도 공장을 둘러보는 경우는 적다고 생각되나 가능한 한 공장의 외형이라도 보고자 노력해야 한다. 그 경우의 체크포인트는 아래와 같다.

- 공장의 정리정돈은 되어있는가? 쓰레기가 산처럼 쌓여있지는 않는가? 불량품이 많지는 않은가?
- 종업원은 예의 바른가? 복장은 단정한가? 채광 조명은 어둡지 않은가?
- 통로가 정비되어 있는가?
- 가동률은 좋은가?
- 납기일은 맞추고 있는가?

7) 상품 · 제품 등

- 조사내용
  - 취급품 · 상품(제품)과 수량
  - 시장상황
  - 생산방식
  - 보관 · 수송수단

취급상품(제품)의 수요는 어떠한가 또 경쟁력은 있는가 등을 조사한다. 수요변화가 빠른 현재에 단일 상품(제품)에 의존한다는 것은 위험하다. 타사의 경쟁 상품(제품)의 출현은 어떠한가. 또 그것에 이길 수 있는 힘이 있는지도 조사한다. 수주 생산품 이라면 수주 상황은 어떠한지 계절성 있는 상품(제품)을 취급하고 있다면 재고의 추이에 특히 주의해야 한다. 시즌이 지난 후에 가지고 있는 재고는 장부 가격대로 처분한다는 것은 우선 불가능하며 데드스톡(사장재고)이 될 수밖에 없으며 자금계획에 차질이 생기는 결과가 초래된다.

8) 매입처 · 판매처 · 하청

- 조사내용
  - 매입처·판매처와 상품(제품)명
  - 결제조건
  - 매입처 담보상황
  - 판매처 불량 유무

안정된 매입처를 가지고 있는지 대금을 미리 지불하지 않는 한 일반적으로 매입처에 대하여 채권을 가지지는 않으나 매입처가 약하면 안정된 상품(제품)의 공급을 받을 수 없게 되어 그 결과 단골고객을 잃게 된다. 또 무리한 결제조건을 강요받고 있지는 않은지, 어느 날 갑자기 담보를 잡히고 있지는 않은지 등 무리한 결제조건에 담보를 잡힌 것은 매입처가 신용상 불안을 느꼈다는 증거이다. 거래처에 불량거래처가 포함되어 있지는 않은가 거래처가 안정되어 있는가. 회수상황은 어떤가, 불량채권, 장기채권이 있다고 하면 그 만큼 수익을 압박하게 된다.

9) 부동산 담보설정 상황

- 조사내용
  - 물건명세와 담보설정 상황

물건의 소재가 명확하면 제3자가 담보설정상황을 조사할 수가 있으나 언제 누가 얼마나 담보를 설정했는가를 정기적으로 조사함으로써 상대의 자금상황을 어느 정도 추측할 수 있다. 특히 담보권자가 개인명의인 경우 지금까지 거래가 없었던 회사가 새롭게 담보를 설정하고 있는 경우는 고리대금인 경우도 있으니 특히 주의해야 한다. 물건 가치와 담보설정액을 비교하여 담보여력을 조사함으로써 자금조달력에 여유가 있는지 한계에 왔는지 어느 정도 판단할 수 있다. 담보가치를 조사할 때 중소기업인 경우는 특히 대표자의 개인 자산도 함께 조사할 필요가 있다.

10) 관계회사

- 조사내용
  - 회사명과 사업목적
  - 거래관계

중소기업 특히 동족회사인 경우 설립취지가 명확하지 않은 경우가 많다. 중소기업이 과분하게 자회사를 거느린다는 것은 경영력의 분산을 초래하며 본체 경영에도 악영향을 미친다. 또 적자를 자회사에 떠넘긴다든지 불명확한 거래에 이용하는 경우도 있으며 자회사와의 관계, 채권·채무 등을 조사할 필요가 있다.

11) 금융기관과의 관계

- 조사내용
  - 금융기관명과 거래 상황

위험에 처했을 때 믿을 곳은 주거래은행이다. 주거래은행이 있는지 없는지, 있는 경우는 어느 정도의 거래경력이 있는지를 조사한다. 주거래은행 변경, 거래은행의 빈번한 변경은 잘 조사할 필요가 있다. 특히 주거래은행이 바뀐다는 것은 중대한 변화이며 주거래은행 지원태도에 변화가 있었음을 의미한다.

12) 제3자 평가

- 조사내용
  - 매입처·거래처
  - 동업자
  - 시중금융업자
  - 금융기관
  - 흥신소

매입처 · 판매처 · 하청 등으로부터 의견을 수집하는 것은 직접 거래를 통하여 일상적으로 접촉하고 있는 사람으로부터의 의견이며 의외의 사실을 알 수가 있다. 동업자를 통하여서도 중요한 의견을 입수하는 경우도 있으나 동업자는 종종 라이벌 기업이기 때문에 "자신의 이익"을 위한 정보를 흘릴 수도 있어 그대로 받아들이는 것은 위험하다. 금융기관의 의견도 참고는 되나 자신의 거래처 평을 나쁘게 하는 경우는 거의 없다. 금융기관의 특징인 빙빙 돌려서 말하는 경우도 있으며 금융기관 이용법은 연구를 더 해야 한다. 흥신소의 조사도 꽤 참고가 되나 사실 조사원의 질에 따라 내용이 많이 차이가 나며 이에 유의해야 한다. 단지 막연한 의뢰방법으로는 좋은 조사서를 얻을 수 없다. 의뢰자로서도 흥신소의 이용법을 공부해야 된다고 생각한다. 시중 금융업자의 이른바 할인정지 정보는 매우 중요한 정보 중 하나이다. 어음을 할인하여 금리를 버는 업자가 그 어음을 할인해주지 않았다는 것은 여러 가지 이유가 있었지만 결국은 신용상의 불안을 느꼈기 때문이다. 모 금융업자의 추적조사에서 할인을 거절한 곳에서 첫 번째 부도를 낸 경우는 업종에 따라 다르기는 하나 20 ~ 90%라는 매우 높은 비율이었던 것은 크게 주목할 가치가 있다.

13) 경제환경/경영환경

이상에서는 사람 · 물건을 중심으로 언급하였으나 이것만으로는 불충분하며 그 기업이 놓여 있는 경영환경 · 업계동향 · 국내경제 나아가서는 국제경제의 동향에도 눈을 돌릴 필요가 있다. 어떤 중소기업이라도 이들 경제의 큰 흐름, 움직임과 무관할 수는 없기 때문이다. 경영환경 · 경제환경의 변화가 해당 기업에 어떠한 영향을 미칠지는 항상 염두에 둘 필요가 있다.

14) 환경

- 거래 동기

영업활동을 적극적으로 하여 개척한 거래는 별도이나 거래처로부터 부탁받아 모기업 자회사간의 개입 거래, 기존 거래 루트로의 개입 거래에 쉽게 편승하는 것은 위험하다. 신용이 있는 어음을 갖기 위해 짜는 경우가 많기 때문이다.

• 거래 급증

상대가 사주기 때문에 거래량이 증가하는 것을 좋게만 생각하여 상대로부터의 주문에 급히 응하는 것은 위험하다. 메이커의 경우는 특히 그러하다. (도매상의 경우도 같이 생각해도 괜찮다고 생각하나) 월매출액으로 보아 필요한 자재는 정해져 있고 그것이 급히 증가한다는 것은 셰어를 먹어버리는 것이다. 적극적으로 셰어를 증가시키는 경우는 별도로 해도 거래량이 증가한다는 것은 다른 거래처로부터 충분한 신용을 얻을 수 없게 되어 마음먹은 대로 재료를 충당할 수 없게 된 것을 생각할 수 있다. 타인의 리스크까지 다 감당해야 될지도 모른다.

• 회수기일 연장. 회수된 어음에 새로운 이름 등장(배서인)

지불기일이 연장된다는 것 또 외상매출금이 약정대로 지불되지 않는다는 것은 자금변통에 변화(클레임으로 인해 지불되지 않는 경우)가 있었음을 의미한다. 종래에 볼 수 없었던 배서인이 나오는 경우 융통어음일 수도 있기에 상품(제품)의 흐름을 조사하여 사채업자인지 어떤지 조사할 필요가 있다. 종래는 환어음 결제이었던 것이 단명 어음으로 바뀐 경우는 약정대로 어음이 회수되지 않았든지 자금사정으로 회수한 어음을 사용할(할인한다) 필요가 생겼기 때문에 돌릴 수 없게 된 것으로 자금면의 변화를 나타내고 있는 것이다.

제3절 신용조사와 부실징후 판별 실제

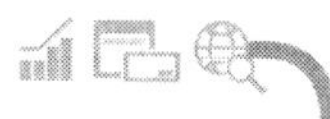

채권 관리와 회수를 하다보면 일단 부실화 된 채권은 아무리 회수하려고 노력해도 회수하기가 쉽지 않음을 경험하게 된다. 가령 거래처와 거래를 하다가 문제

가 생기는 경우가 종종 있는데 이는 미리 그 거래처의 신용에 대하여 알아보았더라면 충분히 막을 수 있었을 일을 이를 등한히 하여 어려움을 겪게 되는 것이다. 따라서 거래를 할 때에는 그 거래처의 신용을 미리 파악하여 적절한 조치를 취해야 손실을 예방할 수 있다.

1. 신용조사 시기와 방법

신용사회가 발전하면서 기업 간의 거래는 물론 개인과 기업 간의 거래에서도 외상거래와 할부거래가 빈번히 이루어지고 있다. 따라서 새로운 거래처와 거래를 시작하기 위해서는 먼저 그 거래처의 신용을 조사하여 거래를 할 것인지 그리고 신용거래 한도는 어느 정도로 할 것인지를 결정해야 한다. 가령 거래처의 내・외부 환경이 급격히 변했다든지 주문량이 급격히 달라진 경우 또는 결제일이 늦어지거나 거래조건을 변경해줄 것을 요구하는 경우에는 거래처의 신용에 문제가 생길 가능성이 높으므로 이에 대해 조사해 보아야 한다. 거래처 신용은 항상 변할 가능성이 있으므로 신용을 조사할 때는 한두 번 하고 끝낼 것이 아니라 정기적으로 그리고 수시로 할 필요가 있다. 그런데 신용을 조사하는 데는 많은 인력과 비용이 소요되므로 정기적으로 해야 할 항목과 수시로 해야 할 항목을 정해서 하는 것이 효율적이다. 신용조사 방법으로는 거래처의 공적장부의 열람을 통한 방법과 비재무적 요인 에 대한 신용조사 방법, 재무적 요인에 대한 신용조사 방법이 있다.

2. 공적장부 열람을 통한 신용조사

'공부의 열람을 통한 신용조사'란 회사와 대표자의 소재지 및 거주지에 대한 부동산 등기부등본, 자동차 등록원부, 법인 등기부등본, 주민등록초본 등을 열람하여 신용상태를 파악하는 것을 말한다. 부동산 등기부등본과 법인 등기부등본은 대법원 홈페이지의 인터넷 등기소를 통해 열람할 수 있으며, 자동차 등록원부는 시・군・구청에서 발급받을 수 있다. 그리고 주민등록초본은 주민등록법 시행규칙의 서식 11호(금융기관은 서식 10호)에 이해관계사실확인을 받아 동・면사무소(주민센터)에 신청하면 열람하거나 발급받을 수 있다. 이해관계사실확인을 받으려면 변호사나 법무사・행정사. 세무사(금융기관은 기관장)에게 계약서, 세금계산서 등 상대방과의 이해관계를 증명할 수 있는 서류를 제시하고 받는다.

1) 사업장과 대표자의 소재지 · 거주지에 대한 부동산 등기부등본 열람

부동산 등기부등본에 소유자가 모두 회사와 대표자로 되어 있다면 비교적 신용이 좋다고 할 수 있다. 최소한 사업장이나 대표자의 거주지 부동산 중 하나는 자기 소유이어야 하며, 만약 사업장과 대표자의 거주지 부동산 모두가 타인의 명의로 되어 있다면 일단은 신용에 문제가 있는 것으로 보아야 한다. 그리고 자기 소유이든 임차이든 간에 그것이 어떤 물건인지를 파악해야 하는데, 가령 사업장이 자기 소유라 하더라도 사업장의 평수가 20평이 안 되는 경우와 임차이되 2,000평이 넘는 경우가 있다면 이때는 후자 쪽이 오히려 신용이 좋다고 볼 수도 있기 때문이다. 또 자기 소유라고 하더라도 부동산 등기부등본에 권리관계가 복잡하게 나타나 있는 경우에도 신용이 좋지 않은 것으로 보아야 한다. 현재 살아있는 권리관계 뿐 아니라 말소된 권리관계도 복잡하게 나타나 있다면 신용에 문제가 있다고 보아야 한다. 예를 들어 부동산 등기부등본에 과거에 가압류가 등기되었다가 말소되고, 가압류가 등기되었다가 말소되고 한 경우가 2건 이상 있다면 그 거래처의 신용은 결코 좋다고 볼 수 없다. 따라서 대법원 인터넷 등기소를 통해 부동산 등기부등본을 열람할 때는 말소사항까지 포함해서 열람해야 한다. 그리고 부동산 등기부등본의 권리관계에서 권리자, 즉 가압류의 채권자, 근저당권의 채권자가 제3금융권이나 개인인 경우에는 자금조달에 문제가 있는 거래처라고 보아야 한다. 신용조사란 결코 어려운 것이 아니다. 이렇게 부동산 등기부등본만 잘 열람해도 거래처의 신용을 어느 정도는 파악할 수 있는 것이다.

2) 자동차 등록원부 열람

자동차 등록원부를 열람할 때도 부동산 등기부등본과 마찬가지로 물건이 어떤 물건인지의 여부와 권리관계 그리고 권리자(채권자)가 누구인가를 보아야 한다.

대개 한 회사의 신용이 부실화되는 징후는 부동산 등기부등본보다 자동차 등록원부에 더 빨리 나타난다. 가령 고의로 부도를 내는 경우는 보통 6개월 이상의 준비기간을 거쳐 내는 경우가 대부분인데 이 준비기간 중에는 남에게 줄 돈은 안주고 자기가 챙길 돈은 다 받아내는 형태를 띤다. 이때는 세금도 거의 내지 않는다.

그럼 지방세가 체납되었을 때 지방자치단체에서 압류하기 제일 간단한 물건은 무엇일까(지방자치단체는 법원을 거치지 않고 자체적으로 압류를 한다). 그것은 바로 자동차이다. 자동차 등록원부는 시・군・구청에서 관할하기 때문이다. 따라서 거래처에서 고의로 부도를 내려고 준비하고 있다든지 신용이 악화되고 있을 때 자동차 등록원부를 열람하거나 발급받아 보면 지방자치단체 등에서 압류한 근거를 확인할 수 있다.

3) 법인 등기부등본의 열람

법인 등기부등본도 부동산 등기부등본과 마찬가지로 말소사항을 포함하여 열람해야 하며, 사업력과 자본금 그리고 이사의 변동에 관한 현황도 파악해야 한다.

개인의 경우 카드연체자의 상당수는 카드를 발급받은 지 3년 이내인 경우가 많다고 한다. 즉, 카드를 오랜 기간 사용한 경우일수록 연체되는 경우가 비교적 적은 것이다. 이와 마찬가지로 거래처도 오랜 기간 사업을 해왔거나 거래를 해온 경우라면 비교적 신용이 좋다고 볼 수 있다. 자본금은 재무상태표와 법인 등기부등본에서 확인할 수 있는데, 자본금이 매출액의 10% 정도이면 튼튼한 회사라고 볼 수 있다. 그리고 이사에 관한 변동사항도 법인 등기부등본에서 확인할 수 있는데 이사의 변경이 빈번하다면 신용에 문제가 있다고 할 수 있으며, 거래처가 부실화될 때는 이사나 대표이사가 바뀌는 경우가 많다.

4) 주민등록초본 열람

주민등록초본을 열람할 때는 과거에 주민등록이 말소된 적이 있는지 여부와, 주민등록의 변경 빈도를 본다. 과거에 주민등록이 말소된 적이 있는 사람이라면 신용에 문제가 있다고 보아야 하며, 주민등록을 너무 자주 변경하는 경우 역시 문제가 있다고 보아야 한다.

3. 비재무적 요인에 대한 신용조사

현재 우리의 기업 환경이나 거래형태로 볼 때 재무적 요인에 대한 신용조사보다는 비재무적 요인에 대한 신용조사가 더 유용한 경우가 많다. 따라서 거래를 시작하고자 할 때는 물론 거래를 하는 중에도 거래처의 비재무적 요인에 대해 관심을 가지고 거래를 한다면 채권이 부실화되는 경우를 상당 부분 예방할 수 있다.

1) 기업체에 대한 개략적인 조사

법인 등기부등본, 부동산 등기부등본, 사업자등록증, 거래처의 홈페이지 등을 근거로 회사의 전반적인 현황을 조사하는 것으로, 주로 소재지, 연락처, 설립일자, 기업규모, 업종 및 업태, 주요 매출품목, 주거래은행 등을 파악하는 것이다. 여기서 업종이나 주요 매출품목이 사양산업인지 성장산업인지 그리고 기업규모는 동종 업계에서 어느 정도의 위치를 차지하고 있는지 등을 파악할 수 있다.

2) 사업력에 대한 조사

법인 등기부등본, 사업자등록증, 정관을 근거로 조사한다. 카드채권이나 금융거래에서 카드회원이 된 기간이나 거래기간이 짧은 경우 연체자가 되는 확률이 높은데, 어느 거래처든 그 업종에서의 사업력이 짧다면 아직은 신용이 검증되지 않은 만큼 부실화될 확률이 비교적 높다고 보아야 한다. 그 업종에서의 사업력이 길면 길수록 안정된 기업으로 보며 사업력이 7년 이상이면 비교적 신용상태가 양호하다고 할 수 있다. 그러나 사업력만 길다고 무조건 신용이 양호하다고 볼 수 있는 것은 아니다. 사업력을 조사할 때는 설립일로부터 현재까지의 자본·매출액의 변화 추이를 파악해야 한다. 즉, 사업력도 길고 자본과 매출액이 증가추세라면 신용상태가 좋다고 할 수 있지만, 사업력만 길고 자본과 매출액이 감소추세라면 결코 좋게 평가할 수 없는 것이다. 신용상태는 한 항목만을 보고 좋고 나쁨을 평가할 수 있는 것이 아니며 여러 항목을 가지고 전반적으로 판단해야 한다.

3) 사업장에 대한 조사

사업장이 자기 소유인지 임차인지를 파악해야 하는데, 사업장이 자기 소유인 경우는 비교적 안정적이라고 볼 수 있다. 생산·판매시설의 규모와 청결성도 파악해야 한다. 생산·판매시설이 잘되어 있고 정리·정돈도 잘되어 있다면 비교적 안정적이고 성장성·수익성도 높은 기업이다. 사무실을 방문하거나 하면 습관적으로 게시판이나 책상, 컴퓨터와 프린터, 파일박스의 정돈상태, 책꽂이에 꽂혀 있는 책의 종류와 발행년도 등 만 보아도 그 회사의 신용과 전망을 어느 정도는 파악할 수 있다. 게시판에 적힌 내용이 발전적이고, 책상과 컴퓨터·프린터가 사용한 지 오래된 것과 구입한 지 얼마 안 되어 보이는 것이 함께 있고, 파일도 좀 오래된 파일과 최근에 새로 정리한 파일이 있으며, 책도 오래된 책과 최근에 구입한 책이 함께 있다면 이러한 회사는 신용이 좋은 회사로 볼 수 있다. 그만큼 사업력도 있고 재투자를 꾸준히 해온 회사이기 때문이다. 마찬가지로 생산·판매시설 역시 수년 전에 설치한 것도 있고 최근에 설치한 것도 있다면 그 회사는 신용이 비교적 좋은 회사라고 볼 수 있는 것이다. 사업장의 입지조건이 좋을수록 신용이 좋은 기업으로 본다. 사업장의 가치가 높고 재무상황이 양호한 업체만이 입지조건이 좋은 사업장을 차지할 수 있고 또 사업을 하는 데도 유리한 입지를 선점하는 것이기 때문이다. 실무에서는 신용조사를 위해 거래처를 실사하는 경우 그 날만 다른 회사의 사업장을 자기 사업장인 것처럼 위장하여 실사를 받는 경우도 있으므로 주의해야 한다.

4) 경영자에 대한 조사

비재무적 요인 중에서 가장 중요한 것이 경영자에 대한 조사이다. 경영자에 대해 조사를 할 때는 우선 실제 경영자와 명의상의 경영자가 동일한지 여부를 조사해야 하는데, 대기업인 경우 전문경영인이 회사를 경영한다면 신용이 좋다고 보아야 한다. 그러나 중소규모의 거래처인 경우 실제 경영은 소유자가 하면서 명의만 배우자나 친인척의 명의로 하는 등 타인의 명의로 하는 경우가 있는데 이렇게 운영되는 거래처는 신용에 문제가 있을 가능성이 높다. 거래처가 법인인 경우 법인등기부등본상에서 대표이사의 변동이 심한 기업은 부실화될 가능성이 높으며, 실제로 기업이 부실화되는 과정에서 대표이사가 변경되는 경우가 많다. 그 다음으로는 경영자의 경력을 조사해 보아야 한다. 대표자가 동 업계에서 오랜 경력을 가지고 있다면 경영능력도 있고 신용도 비교적 좋다고 할 수 있다. 경영자에 대한 동종 업계 및 주위의 평판 또한 반드시 파악해야 한다. 그러나 실무에서는 이를 소홀히 하는 경우가 많은데, 동종 업계 및 주위의 평판만 정확히 파악해도 신용조사의 50%는 완료했다고 할 수 있다. 경영자에 대한 정보를 가장 많이 알고 있는 사람은 그 거래처 담당자, 동종 업계 경영자나 근무자이다. 따라서 이 사람들을 통해 경영자에 대한 내용을 조사해 보면 경영자에 대한 웬만한 조사는 다 할 수 있다. 경영자의 과거 부도경력, 건강상태 등도 조사해 보아야 하는데, 이들 정보 또한 거래처 담당자, 동종 업계 경영자나 근무자를 통해 파악되는 경우가 많다.

5) 영업현황에 대한 조사

매출액과 손익추이 등 영업현황에 대한 조사를 한다. 추세분석을 해서 증가추세를 보이면 신용이 양호하다고 보고 감소추세를 보인다면 사양산업인지 여부를 파악해 보아야 한다. 수주잔액도 파악해 보아야 한다. 수주잔액이 크면 당분간 경영이 안정적으로 운영될 전망이 크다고 볼 수 있기 때문이다.

6) 주요 거래처에 대한 조사

그 거래처의 주요 거래처를 조사해 보아야 한다. 주요 거래처가 우량한 업체라면 우리의 거래처도 비교적 신용이 좋다고 볼 수 있지만, 신용도가 취약한 업체들이라면 우리의 거래처도 신용에 문제가 생길 가능성이 높다고 할 수 있다. 즉, 연쇄적으로 부실화를 초래할 가능성이 높은 것이다. 주요 거래처에 대한 결제조건도 알아보아야 하는데, 이를 통해 우리 거래처의 자금사정이나 현금흐름을 대략적으로 파악할 수 있다.

7) 금융기관 거래현황에 대한 조사

보통은 한국기업데이터의 CRETOP, NICE신용평가정보(주)의 KIS 등 신용정보라인을 통해 거래처의 금융거래 현황을 조사한다. 주로 거래하는 금융기관은 어디이며 금융기관으로부터의 차입금 규모와 신용불량 등재 여부, 부도사실 유무 등을 파악한다.

8) 종업원에 대한 조사

조직의 분위기와 종업원의 사기 정도를 조사한다. 종업원이 친절하고 정문에서부터 사무실까지 방문하기 편하고 좋은 기업이면 신용이 양호한 기업이다. 거래처 종업원이 전화 받는 태도만 보아도 그 거래처의 신용을 어느 정도는 파악할 수 있다. 종업원의 급여수준이 동종 업계 이상이고 종업원의 평균근속연수가 7년 이상이면 신용이 좋은 것으로 보며, 종업원의 평균근속연수가 2~3년 이하이면 조직의 안정성이 낮은 것으로 본다. 즉, 사람이 자주 바뀌는 기업은 신용이 좋지 않은 것으로 본다. 종업원이 회사에 오래 근무하지 못하는 기업은 그만큼 근무여건이 좋지 않다는 것을 의미하며 또 그러한 기업은 조직도 안정화되지 못해 정상적인 경영을 하기가 어렵다.

9) 노사관계에 대한 조사

거래처의 노사관계에 대한 조사가 이루어져야 한다. 노사분규의 빈도수 등을 조사하여 신용의 정도를 파악하는데, 노사관계가 원만하지 못하면 그만큼 기업에 많은 손실을 초래할 수 있다.

4. 재무적 요인에 대한 신용조사

재무적요인에 대한 신용조사란 재무제표를 바탕으로 한 재무분석을 통해 신용을 조사하는 것을 말한다. 재무제표에는 재무상태표, 손익계산서, 자본변동표, 현금흐름표, 주석이 있는데 재무분석에는 재무상태표와 손익계산서가 주로 이용된다.

1) 재무상태표

재무상태표는 일정 시점에서의 기업의 재무 상태를 나타낸 것으로, 기업의 재무구조와 자본구조에 대한 정보와 함께 기업의 유동성 및 안정성에 대한 정보를 제공한다.

재무상태표

자 산	부 채
Ⅰ. 유동자산	Ⅰ. 유동부채
(1) 당좌자산	Ⅱ. 비유동부채
(2) 재고자산	
Ⅱ. 비유동 자산	자 본
(1) 투자자산	Ⅰ. 자 본 금
(2) 유형자산	Ⅱ. 자본잉여금
(3) 무형자산	Ⅲ. 자본조정
(4) 기타 비유동자산	Ⅳ. 기타 포괄손익누계액
	Ⅴ. 이익잉여금
자산총계	부채와 자본총계

2) 손익계산서

손익계산서는 일정 기간 동안의 경영성과를 나타낸 것으로 기업이 경영활동을 통해 그 회계연도에 어느 정도의 이익을 냈는지 현금흐름은 어떠한지에 대한 정보를 제공한다. 즉, 수익성・성장성에 관한 정보를 제공한다. 아래의 손익계산서는 중단사업 손익이 없는 것으로 작성된 것이다.

손익계산서

손익계산서
Ⅰ. 매 출 액 Ⅱ. 매출원가
Ⅲ. 매출 총이익
Ⅳ. 판매비와 관리비
Ⅴ. 영업이익 Ⅵ. 영업 외 이익 Ⅶ. 영업 외 손실
Ⅷ. 법인세 비용 차감 전 순이익
Ⅸ. 법인세 비용
Ⅹ. 법인세 비용 차감 후 순이익

재무상태표와 손익계산서 구조

- 여기에 나타낸 재무상태표와 손익계산서는 일반기업회계기준에 의하여 작성된 재무상태표와 손익계산서의 구조를 나타낸 것이다.
  한국채택국제회계기준(K-IFRS)에 의해 작성된 재무상태표와 손익계산서는 구조가 다를 수도 있다.
- 일반기업회계기준에서는 본 교재에 나타낸 구조대로 재무상태표와 손익계산서를 작성하게 되어 있지만 한국채택국제회계기준(K-IFRS)에서는 재무상태표와 손익계산서에 필수적으로 나타낼 항목이나 계정과목만을 명기하고 있고 세부적인 내용은 개별회사의 판단에 따라 재무제표를 작성할 수 있게 되어 있다.

3) 재무 분석

재무분석은 재무제표를 기준으로 하여 기업의 신용상태를 분석하는 것으로, 재무제표에 나타난 내용을 재무비율로 분석하기 때문에 보통은 재무비율분석이라고도 한다. 일반적으로 각 재무비율이 의미하는 바에 의하여 유동성 비율, 안정성 비율, 수익성 비율, 활동성 비율, 성장성 비율, 생산성 비율, 시장가치비율로 구분하며, 표준비율로는 보통 동종 업계 산업평균비율을 많이 활용한다. 재무분석을 위한 재무제표는 기업으로부터 직접 구할 수도 있고, 직접 구하기 곤란할 경우 금융감독원 홈페이지의 전자공시시스템(DART)을 이용하면 쉽게 구할 수 있다. 그리고 한국기업데이터의 CRETOP, NICE신용평가정보(주)의 KIS 등의 신용정보라인을 통해서도 구할 수 있다. 표준비율로 쓰이는 동종 업계 산업평균비율은 한국은행 홈페이지의 경제통계시스템을 통해 알 수 있다.

(1) 유동성 비율

유동성은 단기채무를 갚을 수 있는 능력을 말하는 것으로 기업의 단기채무 지불능력을 나타낸다. 유동성은 자산을 적절한 가격으로 현금화시킬 수 있는가 1년 이내에 현금화가 가능한가의 정도에 따라 결정되는데 이러한 유동성 비율은 채권자가 가장 주의 깊게 봐야 할 비율이다. 일반적으로 유동성 비율로는 유동비율, 당좌비율이 많이 활용되고 있다.

$$유동비율=\frac{유동자산}{유동부채}\times 100$$

$$당좌비율=\frac{당좌자산}{유동부채}\times 100$$

(2) 안정성 비율

안정성 비율은 장기적으로 기업이 채무를 갚을 능력이 있는가를 알 수 있는 비율로서 기업의 장기적인 지불능력을 나타낸다. 일반적으로 안정성 비율로는 부채비율, 비유동비율, 비유동장기적합률, 자기자본비율, 차입금의존도가 많이 활용되고 있다.

$$부채비율=\frac{부채}{자기자본}\times 100$$

$$비유동비율=\frac{비유동자산}{자기자본}\times 100$$

$$비유동장기적합률=\frac{비유동자산}{자기자본+비유동부채}\times 100$$

$$자기자본비율=\frac{자기자본}{총자본}\times 100$$

$$차입금의존도=\frac{차입금}{총자본}\times 100$$

(3) 수익성 비율

수익성 비율은 기업의 경영활동의 결과가 어떻게 나타나고 있는지를 알 수 있는 비율로서 기업의 수익성을 판단하는 지표이다. 일반적으로 수익성 비율로는 총자본순이익률, 총자본영업이익률, 매출액영업이익률, 자기자본순이익률이 많이 활용되고 있다.

$$총자본순이익률 = \frac{순이익}{(기초총자본+기말총자본)/2} \times 100$$

$$총자본영업이익률 = \frac{영업이익}{(기초총자본+기말총자본)/2} \times 100$$

$$매출액영업이익률 = \frac{영업이익}{매출액} \times 100$$

$$자기자본순이익률 = \frac{당기순이익}{(기초자기자본+기말자기자본)/2} \times 100$$

(4) 활동성 비율

활동성 비율은 기업이 소유하고 있는 자산들이 얼마나 효과적으로 이용되고 있는가를 측정하는 비율로서 총자본이 이용되는 효율성 정도를 나타내는 지표이다. 일반적으로 활동성 비율로는 총자본회전율, 자기자본회전율, 매출채권회전율, 재고자산회전율이 많이 활용되고 있다.

$$총자본회전율 = \frac{매출액}{(기초총자본+기말총자본)/2}$$

$$자기자본회전율 = \frac{매출액}{(기초자기자본+기말자기자본)/2}$$

$$매출채권회전율 = \frac{매출액}{(기초매출채권+기말매출채권)/2}$$

$$재고자산회전율 = \frac{매출액}{(기초재고자산+기말재고자산)/2}$$

(5) 성장성 비율

성장성은 기업이 적정하게 성장하고 있는지를 나타내는 것으로 기업의 경영 상태가 적절히 유지되는지를 나타내는 지표이다. 일반적으로 성장성 비율로는 매출액증가율, 순이익증가율, 유형자산증가율, 총자본증가율이 많이 활용되고 있다.

$$매출액증가율 = \left(\frac{당기매출액}{전기매출액} - 1\right) \times 100$$

$$순이익증가율 = \left(\frac{당기순이익}{전기순이익} - 1\right) \times 100$$

$$유형자산증가율 = \left(\frac{당기유형자산}{전기유형자산} - 1\right) \times 100$$

$$총자본증가율 = \left(\frac{당기총자본}{전기총자본} - 1\right) \times 100$$

(6) 생산성 비율

생산성 비율은 경영합리화가 잘 이루어지고 있는가 경영활동이 어느 정도 능률적으로 이루어지고 있는가를 나타내는 지표로서 생산성 향상으로 얻은 성과를 이해관계자 집단에게 적절히 분배하기 위한 기준이 되기도 한다. 일반적으로 생산성 비율로는 부가가치율, 설비투자효율, 인당 부가가치(노동생산성), 총자본투자효율(자본생산성)이 많이 활용되고 있다.

$$부가가치율 = \frac{부가가치}{매출액} \times 100$$

* 부가가치 = 매출액 − 직・간접비용 중 모든 중간소비
= 매출액 − (임금+감가상각비+임차보증금+제세공과+순이자비용+세전 순이익)

$$설비투자효율 = \frac{부가가치}{유형자산 - 건설중인\ 자산} \times 100$$

$$인당\ 부가가치 = \frac{부가가치}{근로자수}$$

$$총자본투자효율 = \frac{부가가치}{(기초총자본 + 기말총자본)/2} \times 100$$

(7) 시장가치비율

시장가치비율은 투자자가 기업의 과거 성과와 미래 전망에 대하여 어떤 생각을 가지고 있는지를 나타내는 지표이다. 시장가치비율로는 주당이익(EPS), 주가이익비율(PER), 주가 대 장부가치비율(PBR)이 많이 활용되고 있다.

$$\text{주당이익(EPS)} = \frac{\text{당기순이익}}{\text{발행주식수}}$$

$$\text{주가이익비율(PER)} = \frac{\text{주가}}{\text{주당이익}}$$

$$\text{주가 대장부가치비율(PBR)} = \frac{\text{주식시장가격}}{\text{주당장부가치}}$$

4) 재무신용평가

일반 기업에서 재무분석을 통해 재무신용평가를 하는 경우 지수평가법을 활용하면 쉽게 할 수 있다. (주)그린 지수평가법에 의한 재무신용평가표를 가지고 재무신용평가 방법에 대해 살펴보도록 하자. (주)그린의 재무신용평가를 위해서는 우선 평가할 재무비율의 항목과 중요도에 따라 가중치를 정한다. 그런 다음 재무비율을 산정하고, 한국은행 홈페이지 등을 통해 동종 업계 산업평균비율을 구하여 기재한다. 관계비율은 재무비율 중 높으면 높을수록 좋은 비율의 경우에는 (주)그린의 재무비율/산업평균비율)이 되고 낮으면 낮을수록 좋은 비율의 경우에는 (산업평균비율/(주)그린의 재무비율)이 된다. 관계비율이 산정되면 관계비율 × 0.7(조정계수)를 하여 조정관계비율을 구한다. 그리고 조정관계비율이 100이상인 경우에는 100으로 한다. 평점은 (가중치 × 조정관계비율)이 되는데 이때 조정관계비율은 소수로 바꾸어 곱하여 주어야 한다. (주)그린의 경우는 평점이 조정계수와 유사한 70.9로 신용은 중간정도로 볼 수 있다. 평점 70을 보통(중간)으로 하여 평점이 70보다 어느 정도 높고 낮고에 따라 신용을 평가할 수 있다.

■ (주)그린 신용평가표

구 분	평 가 항 목	가중치 (A)	(주)그린 (B)	산업평균 (C)	관계비율 (D)	조정관계 비율(E)	평점 (E)×(A)
유동성	유동비율	6	82.3	96.9	84.9	59.4	3.6
	당좌비율	10	67.2	70.5	95.3	66.7	6.7
안정성	자기자본비율	10	30.5	42.8	71.3	49.9	5.0
	비유동장기적합률	8	63.2	101.7	160.9	100.0	8.0
	차입금의존도	6	40.3	37.3	92.6	64.8	3.9
수익성	총자본순이익률	10	5.3	5.1	103.9	72.7	7.3
	총자본영업이익률	5	4.3	5.0	86.0	60.2	3.0
	매출액영업이익률	5	10.2	10.7	95.3	66.7	3.3
	자기자본순이익률	6	4.9	5.8	84.5	59.2	3.6
생산성	총자본투자효율	5	24.5	22.1	110.9	77.6	3.9
	부가가치율	6	28.2	25.4	111.0	77.7	4.7
활동성	총자본회전율	6	1.5	0.9	166.7	100.0	6.0
	매출채권회전율	6	7.3	6.4	114.1	79.9	4.8
성장성	매출액증가율	6	5.3	4.9	108.2	75.7	4.5
	총자본증가율	5	0.9	1.2	75.0	52.5	2.6
합 계		100					70.9

5. 거래처 부실화 징후 파악 및 대처방법

거래를 하기 전이나 거래 중에 거래처 부실화 징후를 알아보았더라면 충분히 막을 수 있는 채권사고를 이를 등한시하여 회수활동에 많은 비용을 들여가며 어려움을 겪게 되는 경우를 흔히 보게 된다. 따라서 거래처의 부실화 징후를 적기에 파악하고 그에 따른 적절한 대처를 하여 나감으로서 채권사고에 따른 손실을 예방하여 나가야 한다. 거래처의 부실화 징후를 파악하는 방법으로는 공적장부와 비재무적 요인을 가지고 파악하는 방법과 재무제표를 분석하여 보고 파악하는 방법이 있다.

1) 공적장부와 비재무적 요인에서는 이렇게 파악한다

공적장부와 비재무적요인으로 거래처의 신용을 파악하는 방법은 앞에서 다루었다. 공적장부나 비재무적 요인에서 파악할 수 있는 불량판정 고려 대상 거래처와 부실화 징후는 아래와 같다.

(1) 인적 측면

- 경영자의 평판이 좋지 않다.
- 기업 이사의 변경이 과도하게 빈번하다
- 경영자가 무단 전출에 의한 주민등록 말소 경험자이다.
- 실소유자와 실제 경영자가 상이하다.
- 특별한 사유 없이 대표자나 경리직원이 변경 되었다.
- 경영자가 과거 어음, 수표 부도경력, 사기, 횡령, 유용 등 형사처벌 경험자이다.
- 종업원들이 자주 바뀌고 종업원들이 회사비판을 자주한다.
- 회사의 수위나 안내양이 불친절하고 .회사종업원 들의 전화응대가 불친절하다.

(2) 영업 측면

- 경영자가 사업보다는 정치 등 사업 외의 활동에 적극적이다.
- 경영자의 사생활이 불안정 하다.
- 사업경력이 미천한 기업이다.
- 과다한 사업 확장이나 너무 심한 공격경영을 한다.
- 특별한 사유 없이 주문량이 증가한다.
- 거래조건(특히 결제조건)의 변경이나 담보교체를 요구한다.
- 대표자나 재경 담당임원이 갑자기 자리를 많이 비운다.
- 거래처나 거래은행을 늘려간다.
- 주요거래처가 자주 바뀌고 거래선 변동이 심하다.
- 업계나 금융기관에서 신용에 문제가 있다는 소문이 돈다.
- 회사게시판에 게시된 내용들이 부정적이다.

(3) 재산 측면

- 기업명의의 재산이 거의 없다.
- 생산설비, 판매설비가 부실하게 갖추어 졌다.
- 매출채권, 차입금, 재고자산이 급증하고 있다.
- 기업 명의의 부동산의 권리 관계가 복잡하다.
- 대표자 거주지가 타인명의이다.
- 화장실에 악취가 나는 등 회사의 주위 환경이 불량하다.
- 재고가 급격히 감소한다.
- 공장을 축소하거나 폐쇄하였다.
- 갑자기 부동산을 처분한다.

일반적으로는 거래처가 부실화 될 때는 위의 사항이 중복적으로 나타나는 경우가 많다. 위의 내용들이 거래처에 나타나고 있다면 심층조사를 하고 그 결과에 따라 바로 대처해 나가야 한다.

2) 재무제표에서는 이렇게 파악한다

여기서는 재무제표에 나타나는 내용을 가지고 거래처의 부실화 징후를 파악하는 방법을 다루어 본다. 재무제표를 분석한 결과 다음과 같은 내용이 발생되고 있는 거래처는 부실화 징후를 의심해 보아야 한다.

- 매출액이나 이익이 감소추세 이거나 손실이 나는 경우는 부실화 가능성이 있는 거래처이다.
- 이익은 나는데 재고가 과다하거나 매출채권이 과다하고 차입금이 증가추세에 있는 경우는 분식의 우려가 있거나 흑자도산의 우려가 있는 거래처이다. 특히 단기차입금이 증가추세에 있으면 부실화 가능성이 있는 거래처이다.
- 비유동장기적합율이 100%이상 과다한 경우는 무리한 사업 확대를 하고 있는 거래처이다. 이런 거래처는 유동성에 문제될 가능성이 높은 거래처이다.
- 재무구성비율은 재무상태표에서는 자산총계(총자본)에서 각 항목이나 계정과목이 어느 정도의 %를 구성하고 있는 가로 분석하고 손익계산서에서는 매출액 대비 각 항목이나 계정과목이 어느 정도의 %를 구성하고 있는 가로 분석

한다. 재무구성비율의 변동이 심한 추세를 나타내거나 동종업계에 비하여 차이가 큰 경우에는 분식의 가능성이 있는 거래처이다.

- 이익이 소폭씩 증가하는 회사는 분식을 하여오고 있는 기업일 가능성이 높으며 부실화 가능성이 큰 기업이다. 일반적으로 이익은 부침이 있는 것이지 매년 거의 일정하게 소폭씩 증가히는 경우는 드물다.
- 주임종대여금, 선수금, 전도금, 선급금 등이 과다한 기업은 분식의 가능성이 있는 기업이다.
- 이자비용/차입금+사채 가 동종업계보다 과도하게 높다면 자금조달에 문제가 있는 거래처일 가능성이 크다.
- 매출액대비 매입채무규모가 큰 기업은 부실화 가능성이 크다.
- 현금. 예금이 거의 없거나 급격히 감소하는 거래처는 유동성에 문제가 발생할 가능성이 큰 거래처이다.
- 매출채권의 구성비율이 20% 이상인 거래처는 유동성에 문제가 발생할 가능성이 큰 거래처이다. (유통업종은 동종업체 평균 구성비율과 비교한다.)
- 재고자산의 구성비율이 20% 이상인 유동성에 문제가 발생할 가능성이 큰 거래처이다(유통업종은 동종업체 평균 구성비율과 비교한다).

거래처의 재무제표를 분석한 결과 위의 사항이 나타나고 있다면 비재무적 요인을 포함한 심층조사를 하고 그 결과에 따라 대처해 나가야 한다.

3) 거래처에 부실화 징후가 있을 때에는 이렇게 대처하라

거래처 부실화 징후가 나타날 때는 우선 채권증서의 확보에 신경을 써야 한다. 실제 실무에서도 부실화 된 거래처에 대하여 법 조치 등을 하고자 할 때 채권 확정을 할 채권증서의 부재 또는 부실로 실행이 어려울 때가 종종 발생하고 있다.

거래처의 부실화 초기 단계에는 판매 축소 또는 정지로 채권 규모를 최소화하여야 한다. 그러나 실무에서는 부실화 시까지 이러한 조치를 하지 않아 채권규모가 오히려 평상시보다 커져 있는 경우를 많이 보게 된다. 그러므로 부실화 초기 단계부터 담보나 보증 등으로 채권 확보가 되지 않는 한 필히 채권 규모 최소화에 중점을 두어야 한다. 거래처 부실화 징후가 있을 때에는 영업부서와 채권관리 부서가 공동으로 채권회수 시나리오를 작성하여 공동으로 대처를 하여 나가야 한다. 채권회수 시나리오의 내용에 따라, 현실적으로 어려움은 있겠지만 담보나 연대보증 확보에 최선을 다해야 한다. 특히 법인 대표이사와 재경담당 임원의 개인 연대보증은 꼭 확보하여야 한다. 그리고 채무자가 받을 채권을 양도 받거나 재고 회수에 최선을 다해야 한다. 이와 병행하여 채무자의 재산조사와 가압류, 지급명령신청, 강제집행 등을 진행한다. 거래처에 부실화 징후가 있을 때 시간을 지연하다가 부실화를 키우는 경우가 많다. 따라서 이때 결단은 신속하게 이루어져야 한다.

제10장 연습(토론)문제

01. 신용조사 목적과 방법에 대해 논하시오.

02. 신용조사 유의점과 자료 종류에 대해 논하시오.

03. 신용조사 종류에 대해 논하시오.

04. 재무적 요인에 대한 신용조사에 대해 논하시오.

05. 거래처 부실화 징후 파악 및 대처 방법에 대해 논하시오.

Chapter 11

부실채권예방과 채권관리

제1절 기업 부실화 진단과 채권사고 예방

1. 사전적 거래처 진단과 채권사고예방

1) 기업 부실화 원인

(1) 내부적 요인

① 영업부진, 판매대금 회수지연 및 부진
② 무리한 설비투자, 기업 확장
③ 타인자본에 대한 과도한 의존
④ 예산 및 자금계획의 결여
⑤ 매출이나 매입을 특정거래처에 의존(다양한 거래처 개발에 소홀)
⑥ 경영자 자질 및 경험부족

(2) 외부적 요인

① 관련 기업 도산
② 강력한 경쟁사 출현
③ 전반적인 경기침체, 불황, 사양화

(3) 일본에서의 사업실패 원인

① 외부적 원인

㉠ 조세부담 증가
㉡ 임금인상, 급료 증가에 대한 인건비 증가
㉢ 공공요금 인상 및 물가등귀에 따른 구입자금 증가
㉣ 외상매출금 회수부진
㉤ 은행 대출 제한
㉥ 매출 부진
㉦ 징세 강행
㉧ 모공장 지불지연
㉨ 현금수입 감소
㉩ 현금 선 지급 증가
㉪ 확장에 필요한 자금증가
㉫ 받을 어음 증가와 은행할인이 원활하지 못한 점
㉬ 대손금 증가
㉭ 은행 대부금 회수 강행

② 내부적 원인

㉠ 경영자의 능력 및 경험부족과 성격상 결함
㉡ 규모 부적정
㉢ 기술 졸렬
㉣ 자기자본 부족
㉤ 재무관리 부적당
㉥ 기업조직 노무관리 결함
㉦ 영업, 구매기술 졸렬
㉧ 사업 외 투기 실패

2) 기업도산, 부실화 예측과 징후발견 체크리스트

(1) 기업도산, 부실화 예측 방법론

① 전통적인 방법

㉠ 원인 분석법 : 기업부실을 초래하는 원인을 살펴보고 관찰함으로써 예측한다.

㉡ 부실화 과정 분석 : 부실기업이 걸어가는 궤적을 추적하여 시뮬레이션에 의해 파악한다.

㉢ 재무 비율 분석 : 재무비율을 변수로 하여 계량적인 예측을 한다.

㉣ 부실 징후 분석 : 부실화 이전에 경영진의 행태에 초점을 맞춘다.

② 통계적인 방법

㉠ 재무자료 중심의 평가나 전문지식 및 경험에 의존한 평가로 객관성이 결여된다는 문제점에 대응한다.

㉡ 재무자료 및 비재무 자료까지 포괄한 평가 모델이다.

㉢ 재무DB에 의한 상대평가 기준을 확보

㉣ 통계기법인 다변량 해석을 적용하여 과학적 평가결과 추출

㉤ 부도예측모형, 신용평점모형

2. Z-도표에 의한 외상금 종합관리방법

백문불여일견이란 말이 있고 한 장의 그림은 몇 만의 말보다 낫다는 말이 있다. 숫자에 약한 사람도 그래프로 옮겨 놓으면 한눈에 그 추세가 오르고 있는지 또는 내리고 있는지 곧 알 수가 있다. 이에 모든 보고서에는 도표화할 수 있는 것이라면 전부 이를 도표로 고쳐 첨부하는 것이 알아보기 쉽다. 여기에서 다루고자 하는 도표는 도표의 형태가 Z자와 비슷하다 하여 Z도표라고 한다. 이 Z도표를 통해서 알 수 있는 것은

- 판매경향 예측 가능
- 외상금 잔액, 결제 채권 잔액
- 수금기간이나 회수기간 등 계획과 실적 대비
- 반품이나 어음개서의 이상치

등과 같이 영업관리면에서 파악해야 할 일체의 일을 한 눈으로 볼 수 있는 경영무기가 바로 Z도표이다. 이에 다음 자료로서 Z도표를 만들어 본다.

〈표 11-1〉 전년도 총매출액 실적

(단위 : 만원)

월	1	2	3	4	5	6	7	8	9	10	11	12
금액	18	25	28	25	20	28	32	24	20	25	33	39

〈표 11-2〉 Z도표용 워크시트(1)

(단위 : 만원)

	총매출	반품	할인	순매출	받을 어음	현금 수금	어음 결제	개서	외상 잔액
2016년									
12					25				20
2017년									
1	20	2	1	17	20	2	20		15
2	25			25	15	5	25		20
3	30	5	2	23	20	3	15		20
4	30			30	20	5	20	5	25
5	25	1		24	25	4	18		20
6	30		2	28	20	4	20	5	24
7	30			30	24	5	15		25
8	25	1		24	10	5	20		20
9	25			25	15	3	23		20
10	30			30	20	3	13		25
11	40			40	20	5	15		25
12	45			45	25	5	15		30

〈표 11-3〉 Z도표용 워크시트(2)

(단위 : 만원)

선별 / 월별	매출액이동연계선		월별매출액선		매출액누계선	
	산 출 법	수치	산 출 법	수치	산 출 법	수치
기점	전년 1~12월+이월분	362	이월액	45	이월액	45
1월	〃 2 ~ 연 1월+ 〃	361	〃 + 1월순매출액	62	〃 + 1월매출액	62
2	〃 3 ~ 〃 2월+ 〃	361	〃 + 2월순매출액	70	〃 + 1 ~ 2매출액	87
3	〃 4 ~ 〃 3월+ 〃	356	〃 + 3월순매출액	68	〃 + 1 ~ 3매출액	110
4	〃 5 ~ 〃 4월+ 〃	361	〃 + 4월순매출액	75	〃 + 1 ~ 4매출액	140
5	〃 6 ~ 〃 5월+ 〃	365	〃 + 5월순매출액	69	〃 + 1 ~ 5매출액	164
6	〃 7 ~ 〃 6월+ 〃	365	〃 + 6월순매출액	73	〃 + 1 ~ 6매출액	192
7	〃 8 ~ 〃 7월+ 〃	363	〃 + 7월순매출액	75	〃 + 1 ~ 7매출액	222
8	〃 9 ~ 〃 8월+ 〃	363	〃 + 8월순매출액	69	〃 + 1 ~ 8매출액	246
9	〃 10 ~ 〃 9월+ 〃	368	〃 + 9월순매출액	70	〃 + 1 ~ 9매출액	271
10	〃 11 ~ 〃 10월+ 〃	373	〃 + 10월순매출액	75	〃 + 1 ~ 10매출액	301
11	〃 12 ~ 〃 11월+ 〃	380	〃 + 11월순매출액	85	〃 + 1 ~ 11매출액	346
12	금년1월 ~ 〃 12월+〃	380	〃 + 12월순매출액	90	〃 + 1 ~ 12매출액	386

〈표 11-4〉 Z도표용 워크쉬트(3)

(단위 : 만원)

수금누계선		회수누계선	
산출법	수치	산출법	수치
이월 받을 어음잔액	25		10
〃 + 1월 수금	47	1월 현금 + 어음결제분	22
〃 + 1~2 〃	67	1~2 〃 + 〃	52
〃 + 1~3 〃	90	1~3 〃 + 〃	70
〃 + 1~4 〃	115	1~4 〃 + 〃	95
〃 + 1~5 〃	144	1~5 〃 + 〃	117
〃 + 1~6 〃	168	1~6 〃 + 〃	141
〃 + 1~7 〃	197	1~7 〃 + 〃	161
〃 + 1~8 〃	212	1~8 〃 + 〃	186
〃 + 1~9 〃	230	1~9 〃 + 〃	212
〃 + 1~10 〃	253	1~10 〃 + 〃	230
〃 + 1~11 〃	278	1~11 〃 + 〃	250
〃 + 1~12 〃	308	1~12 〃 + 〃	270

1) 각 실적선 프롯드 수치표 작도

Z도표를 작성하기 위해서 먼저 다음과 같은 각 실적선의 프롯드 수치표를 작성한다. 이 수치를 그대로 그래프에 옮겨 놓은 것이 바로 Z도표이다.

2) 각 실적선 설명

(1) 매출액 이동연계선

횡선인 a선이 이동연계선이다. 이는 이동 1계년(移動 1計年) 매출누계선이라고도 한다. 매월의 매출액의 1년 합계를 한 달 씩 늦추어서 합계하여 나간 것으로 매출액에 대한 대국적인 경향을 나타내는 것이다. 이것은 장기예측을 하는 하나의 지표가 되는 것으로 대금회수와 직접적인 관계는 없다. 또한 목표선은 작도상 상향성의 직선으로 한다. 이것은 다른 경우에도 같은 요령이다. 수치의 산출법은 전술한 바와 같이 그래프의 세로축의 좌단을 12월로 놓는다면 그 때까지의 과거 12개월분(당년 1월 ~ 12월까지)의 매출액을 취하고 1월의 경우는 1월부터 거슬러 올라가서 12개월분, 즉 전년 2월 ~ 12월까지 에다가 금년 1월분을 합친 합계 매출이 된다. 이 요령은 이하에도 같다. 그러나 작도상으로는 전년의 이월분(여기에서는 45만원)을 언제나 각월의 이동 연계액에 가산하여 프롯드해야 한다. 그렇지 않으면 매출액 누계선의 전후의 12월에서 맞지가 않는다.

(2) 월별 매출액선

가장 밑에 있는 가로선 e가 매월의 매출액을 그대로 프롯드한 것이다. 이것은 단기예측용의 실적기록이 된다. 이때에는 전년도의 이월액(여기서는 45만원 = 받을 어음 + 외상잔액)을 가산해야 하며 이것이 기점이 된다. 즉, 1월은 이월액 45만원에 1월의 순매출액 17만원을 가산한 62만원을 프롯드해야 한다. 2월은 45만원에 2월분인 25만원을 가산한 수치이다.

(3) 매출액누계선

중앙에서 위를 향해 그어진 선이 누계선으로 가장 위에 있는 사선 b가 매출액누계선이다. 기점은 월별 매출액선의 1월부터이며 2월은 2월분 매출액 25만원을 합한 것이다.

(4) 수금누계선

중앙의 사선 c가 매월의 받을 어음과 현금입금을 합친 것이 누계의 수금선이다. 기점은 전년에 이월한 받을 어음잔액 25만원부터이며 1월은 1월의 회수액 22만원(받을 어음 20만원, 현금 2만원)을 가산한 47만원을 프롯드한다. 따라서 2월은 여기에 20만원(받을 어음+현금)을 가산한 67만원이 된다.

(5) 회수누계선

중앙의 사선 d가 매월의 현금입금과 어음의 결제분을 가산한 누계의 회수선이다. 이 선의 기점은 원점인 0이다.

(6) 이상선

곳곳에서 볼 수 있는 수직으로 세워진 짧은 선이 이상 상태를 나타내는 선으로 총매출액과 순 매출액과의 사이에 차가 생겼을 경우에 그려지는 것이다. 즉, 반품이 있다든가, 깎거나 할인을 해 주었다든가, 또는 회수에 있어 어음의 개서를 한

다든가, 기일을 연장하는 경우 등에 이러한 이상선이 그려지는 것이다. 작도 요령

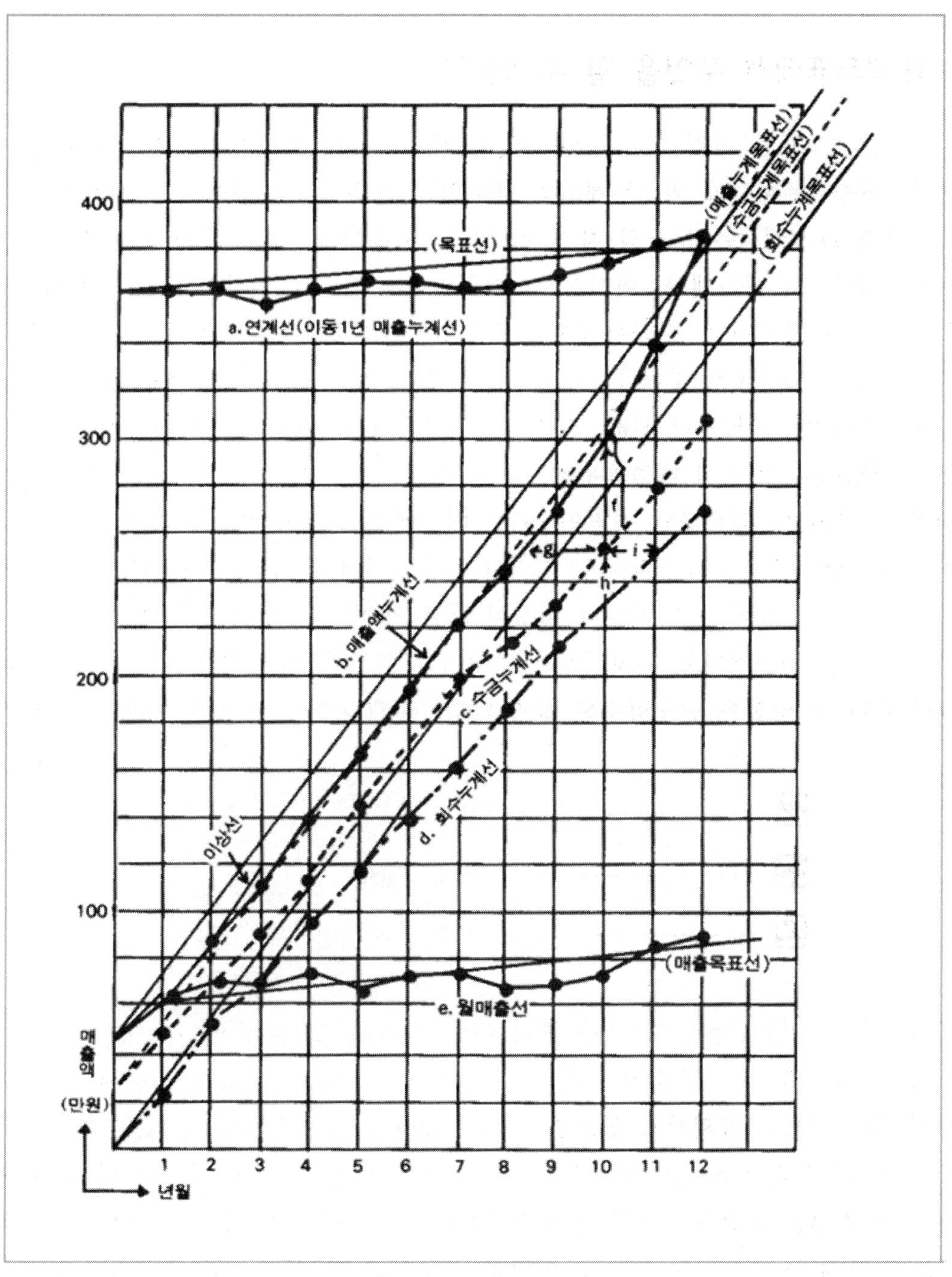

[그림 11-1] Z도표

은 순매출액의 눈금에 반품이나 할인을 해 준만큼 프롯드하여 전월의 눈금과 연결시키는 것이다. 회수 누계선에서도 같은 요령으로 한다.

3) Z도표에서 무엇을 알 수 있나?

이러한 Z도표를 그려 봄으로써 무엇을 알 수 있을 것인가 그 몇 가지를 들어 본다. 매출액누계선과 회수누계선의 세로의 간격은 f의 도표에서는 매출액 잔액을, [그림 11-1]에서는 눈금의 차가 48로서 48만원이다. 같은 선의 옆으로의 간격 g는 수금기간을 나타낸다. 여기서는 1개월과 2/3 정도로 외상금의 수금기간은 50일 정도라고 보아진다. 수금누계선과 회수누계선의 세로의 간격 h는 미결제의 어음의 금액을 나타내는 것이다. 여기서는 33만원 정도이다. 같은 선의 옆으로의 간격 i는 어음의 기간을 나타내는 것이다. 여기에서는 1개월과 3/5정도이므로 47~48일 정도이다. 따라서 매출액누계선과 회수누계선의 세로의 간격인 f+h는 매출채권을 나타내며 옆으로의 간격인 g+i는 매출액의 회수기간을 나타낸다. 또한 이러한 매출액누계선과 수금누계선 그리고 회수누계선이 서로 평행이든가, 또는 서로 오므라드는 형태가 되어야지 이것이 서로 벌어지는 형태가 되면 수금액이나 기간이 점점 늦추어지고 외상거래가 많아지는 현상이 되는 것이니 그 폭을 주시해야 한다. 이상선은 난립할수록 좋지 않다. 전체적으로 본 Z의 형태로 보아,

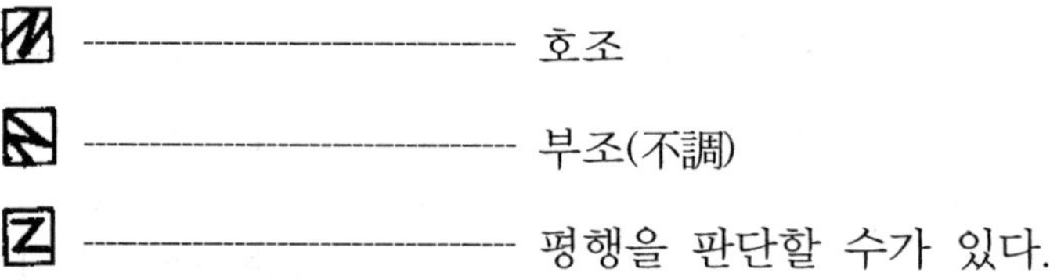

위에서 본 바와 같이 Z도표를 통해 여러 가지를 알 수가 있다. 이에 Z도표를 그려 보는데 몇 가지 보충할 것은 목표선을 직선으로 그려 넣는 것은 편의상 그렇게 하는 것으로 계획서가 있으면 그것을 그대로 그려 넣어도 좋다. 또한 1개월을 30mm의 그래프용지를 쓰는 등 쉽게 판독할 수 있도록 구간을 잡아야 하며 또한 각 누계선을 색으로 식별하는 것도 좋다. 이 Z도표는 영업인은 각 담당거래처별로 작성해 가지고 다시 이것을 종합한 것을 만든다. 또한 영업과장이나 부장은

전체적으로 종합한 것을 만들어 이용하면 더욱 편리하다.

3. 도산, 부실위험징후 정성 진단

1) 경영진

(1) 독재형 사장의 건강악화 소문이 있다.
(2) 임원교대가 빈번해지고 있다.
(3) 경영자가 본업 이외의 일, 내기・투기에 손을 댔다는 소문이 있다.
(4) 지금까지 거래에 소극적이며 의욕도 보이지 않았는데 갑자기 적극적으로 거래확대를 요구해왔다.

2) 상거래방식

(1) 긴급 구매와 거래 대형화의 경향이 있다.
(2) 재고는 러닝스톡(running stock) 범위를 넘어서 데드스톡(dead stock)에 속하는 양이다.
(3) 안이하게 재고를 폐기처분하는 듯하고 처분횟수가 지나치게 많다.
(4) 하청업자에 대한 체불소문이 유포되고 있다.
(5) 최근 건물, 상품(제품)에 화재보험을 들기 시작했다.

3) 자금조달문제

(1) 주거래은행이 없고 규모에 비해 거래은행의 수가 너무 많다.
(2) 지불태도가 나쁘고, 어음을 발행하지 않는다. 발행할 때는 소액지불까지 어음으로 한다.
(3) 지불어음기일이 크게 연기되었다.
(4) 할인 가능한 받을 어음 잔액이 줄어들고 있다.
(5) 지급이자액이 영업이익액에 비하여 높다.

4) 기타 자금관련

(1) 담보를 일시 대체하게 해달라고 요청하고 있다.
(2) 최근 거액의 외상매출금 회수불능 클레임이 발생했다는 소문이 나돌고 있다.
(3) 세금체납 또는 급료지급이 지연되고 있다는 소문이 있다.
(4) 사회보험료, 직원적금, 원천징수금 등 예수금을 다른 곳에 유용하고 있는 흔적이 있다.
(5) 기타 동업 타사와 은행 주변에서 석연치 않은 소문이 나돈다.

4. 재무비율분석에 의한 정량 진단

1) 재무비율분석 장점

- 업적을 측정하는 기준점을 제공
- 미래의 목표를 설정하는 기준점을 제공
- 잠재적 위험을 파악하는 도구
- 전년실적, 예측치, 산업평균과 비교해야 의미 있음

2) 유동성 비율

〈표 11-5〉 유동성 비율

구 분	공 식	의 미
유동비율	유동자산 / 유동부채	유동부채를 보상할 수 있는 유동자산의 정도를 나타낸다.
당좌비율	당좌자산 / 유동부채	당좌자산을 제외한 유동자산이 항상 유동적이지 못하기 때문에 생겨난 채권자 보호의 보수적 관점의 지표이다. 당좌자산이 유동부채를 초과할 때 양호한 유동성을 지니게 된다.
운전자본	유동자산 - 유동부채	회사의 유동성과 성장능력을 직접적으로 나타냄
재고자산 對 운전자본비율	재고자산 / 운전자본	운전자본 중에서 재고자산이 차지하는 비율로 이 수치가 높다는 것은 영업상 문제가 있다는 의미이다.
유동자산 회전율	매출액 / 유동자산	유동자산이 비용을 부담하기 위해서 회전되어야만 하는 횟수를 나타낸다.
재고자산 對 유동부채비율	재고자산 / 유동부채	유동부채를 갚기 위해 재고자산에 의존하는 정도를 나타낸다.

3) 수익성 비율

〈표 11-6〉 수익성 비율

구 분	공 식	의 미
매 출 총이익률	매출총이익 / 매출액	매출원가와 가격정책에 대한 통제수준을 반영한다.
매 출 액 영업이익률	영업이익 / 매출액	판관비를 관리할 수 있는 회사의 능력을 나타낸다. 매출액 증가와 매출총이익 변화와 관련지어 검토되어야 한다. 영업마진을 나타낸 것으로 볼 수 있다.
매 출 액 세전이익률	세전이익 / 매출액	기업의 경영활동의 성과를 총괄적으로 표시하는 가장 대표적인 지표로써 기업의 주된 영업활동 뿐만 아니라 재무활동에서 발생한 경영성과를 동시에 포착할 수 있다.
자기자본 이 익 률	당기순이익 / 자기자본	주주에게 돌아가는 이익을 측정하여 주주의 수익성지표를 나타낸다.
유동자산 회 전 율	매출액 / 유동자산	한 회사의 수익력과 회사내 모든 자원의 효율적 사용여부를 나타낸다.
총 자 산 이 익 률	당기순이익 / 총자본(자산)	기업에 투하 운용된 총자본이 어느 정도 수익을 올렸는가를 나타내는 지표이다.
총 자 본 이익률	(세전이익 / 매출액) × (매출액 / 총자본)	매출액세전이익률은 높으나 총자본회전율이 낮은 경우에는 영업마진은 높으나 기업의 영업활동이 부진하였음을 나타낸다.
	(세전이익 / 자기자본) × (자기자본 / 총자본)	자기자본 세전이익률이 비록 높더라도 타인자본 의존도가 높은 기업에서는 총자본이익률이 낮아진다는 것을 의미한다.

4) 활동성 비율

〈표 11-7〉 활동성 비율

구 분	공 식	의 미
매출채권 회 전 율	매출액 / 평균매출채권	연간 매출채권의 현금화 횟수를 나타낸다. 외상조건, 청구절차, 산업평균에 유의하여야 한다.
매출채권 회수기간	365일 / 매출채권회전율	매출시점에서 현금화 시점까지의 평균소요 기간을 나타낸다.
재고자산 회 전 율	매출원가 or 매출액 / 평균재고자산	재고자산이 매출화되는 속도를 나타낸다. 이 비율이 높을수록 자본수익률이 높아지고 매입채무가 감소되며 상품의 재고손실을 막을 수 있고 보험료, 보관료를 절약할 수 있게 된다. 그러나 과대하게 높을 경우 원재료 및 상품 등의 부족으로 계속적인 생산 및 영업활동에 지장을 초래할 수 있다.

구 분	공 식	의 미
재고자산 보유기간	365일 / 재고자산회전율	재고자산을 처분하는데 걸리는 기간을 나타낸다.
영업순환 주 기	매출채권회수기간 + 재고자산보유기간	재고자산을 현금으로 전환하는데 걸리는 기간을 나타낸다. 이 비율이 증가한다면 영구적인 운전자본이 보다 많이 필요하게 된다.
운전자본 회 전 율	매출액 / 운전자본	매출을 뒷받침하기 위해 요구되는 운전자본액을 나타낸다. 이 비율이 증가한다는 것은 매출성장을 지탱하기 위한 운전자본이 불충분하다는 것을 나타낸다.
비유동 (고정)비율	비유동자산 / 자기자본	비유동자산에 투입되어 영업자금으로 사용될 수 없는 자본액의 비율을 나타낸다.

5) 재무제표에 나타난 일반적인 부실화 징후

① 매출채권과 재고자산 비정상적인 증가

② 비유동자산에 대한 과도한 투자

③ 단기차입금 과도한 증가

④ 높은 부채비율 및 차입금 질 저하

⑤ 장기부채를 단기차입금으로 차환

⑥ 매출액 대비 금융비용 계속적인 증가 추세 및 급격한 증가

⑦ 매출액 대비 매출원가율 및 판매관리비율 계속적인 증가 추세 및 급격한 증가

⑧ 성장성지표는 우수하나 수익성지표가 극히 나쁨

⑨ 수익성 지표 계속적인 하락

⑩ 매출증가율이 총자산증가율에 비해 현저히 낮음

⑪ 유동비율, 당좌비율이 극히 나쁨

제2절 예방, 사후적 채권관리

1. 채권관리 개요

1) 채무자 채무불이행사유 및 이에 관한 사전 · 사후 대책

- 변제자력결여
  - 확실한 신용조사
  - 충분한 담보취득 - 인적담보, 물적 담보
- 변제의사결여 — 상계 · 담보권실행 · 강제집행 · 타인의 집행절차참가
- 채무존재부인 — 유효한 거래계약의 체결

2) 계약 단계별 채권관리

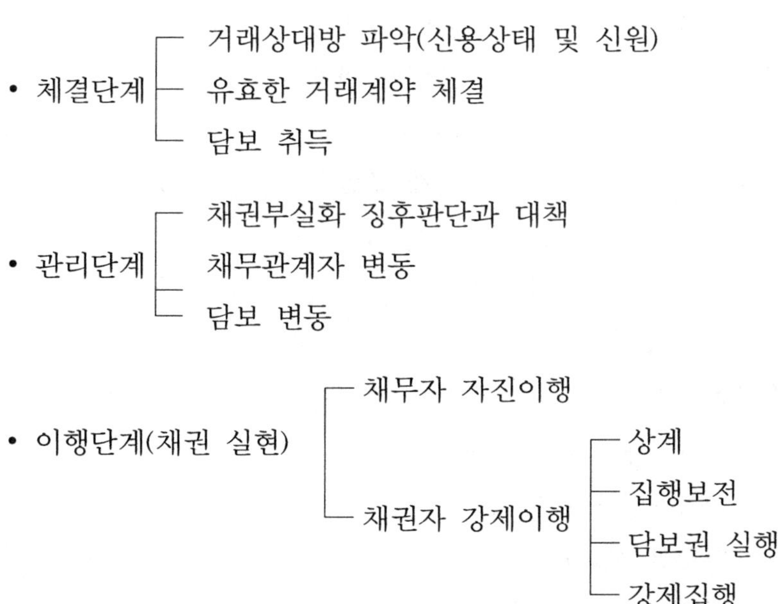

2. 예방적 채권관리

1) 거래상대방 파악

(1) 거래상대방 신용상태파악

① 재산조사
- 재산세납부영수증
- 등기 · 등록부등본

〈주의를 요하는 경우〉
- 가등기 등 설정과 말소 등이 빈번한 경우
- 타인과의 법률적 분쟁이 있는 경우

② 거래상대방 내부동향

- 회계장부를 통한 파악
  - 각종 재무비율분석
  - 영업성과 분석
  - 회계분식여부 검토
- 기타
  - 동업 관계
  - 종업원 관계
  - 외부평가
  - 사채 조달

③ 동일업계 동향
- 시장성 조사 : 지역적 특성, 인적 특성
- 다른 유사업체와의 관계

④ 금융기관 거래현황
- 조사대상
  - 불량거래처 해당 여부
  - 단기차입금 과다
  - 빈번한 지급유예 신청
  - 빈번한 원리금상환 연체

(2) 거래상대방 신원파악

① 본인과의 거래

- 본인 확인
- 거래능력 확인

② 대리인과의 거래

- 대리권 확인
- 대리인 확인

③ 계약체결 귀속주체

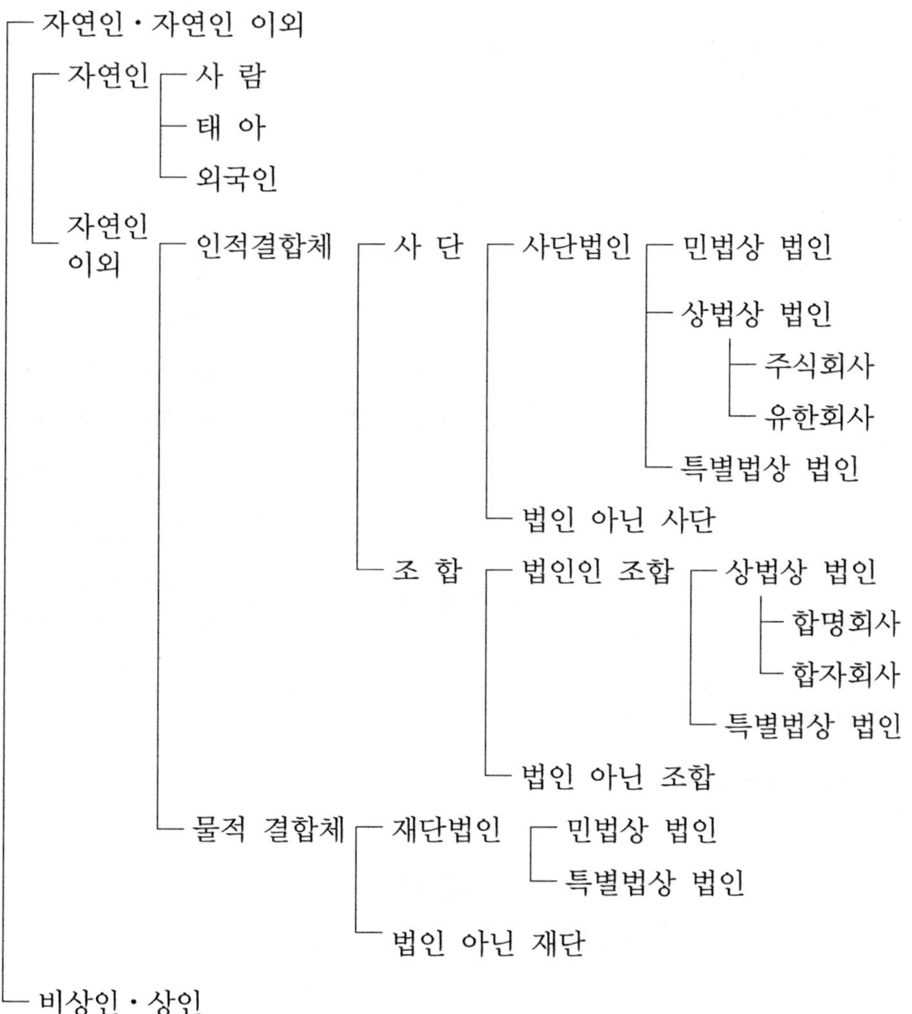

④ 계약체결 실행주체

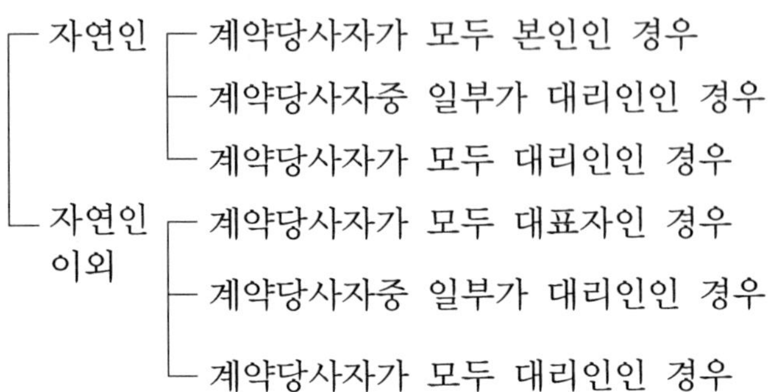

참고1 대표자 종류

- 통상 대표자
- 직무 대행자
- 일시 대표자

참고2 대리인 종류

- 임의 대리인
- 법정 대리인
  - 본인과의 특별관계인
    - 친권자
    - 후견인
    - 부 부
  - 본인 이외의 자가 지정한 자 : 지정 후견인
  - 법원이 선임한 자
    - 부재자 재산관리인
    - 상속 재산관리인
    - 유언 집행자
- 특수대리인
  - 상업사용인, 선장, 선박관리인
  - 계약대리상

⑤ 무권대리

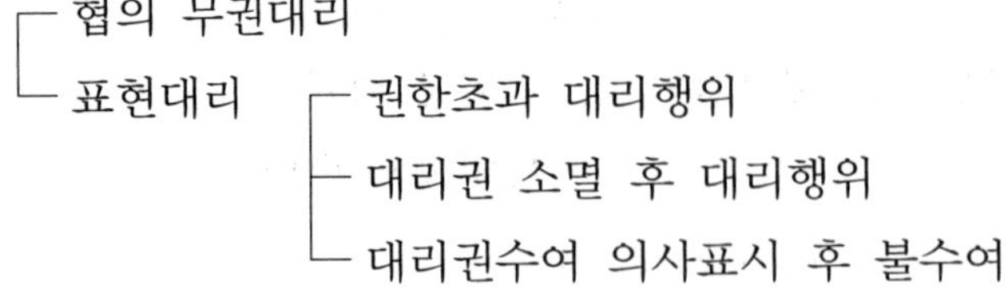

〈표 11-8〉 대리권 확인수단

구 분	대리인의 자격
임의대리인	본인의 위임장
법정대리인	
• 행위무능력자	–무능력자 호적등본
• 부재자	–법원 선임심판서등본 법원 권한초과행위허가심판서등본
• 사망자	–사망자 유언
• 유언집행자	–법원 선임심판서등본
• 상속재산관리인	–법원 선임심판서등본
• 배우자	–배우자 호적등본
특수대리인	
• 상업사용인	–상업등기부등본
• 지배인	–본인 선임확인서
• 기타	
• 선장	–선박소유자 선임확인서
• 선박관리인	–선박등기부등본

• 법인 대표자인 경우

- 대표권 없는 대표행위 : 대리에 관한 규정 준용
- 표현 대표이사

〈표 11-9〉 각종 법인 대표기관과 확인수단

구 분	대표기관의 명칭	확 인 수 단
민법상 비영리법인	이 사	법인등기부등본
• 상법상의 회사 – 합명회사 – 합자회사 – 주식회사 – 유한회사	• 무한책임사원 • 업무집행사원 • 대표사원 – 대표이사 – 이사	• 법인등기부등본 • 상업등기부등본
특별법상 법인	총재, 사장, 이사장, 조합장 등	법인등기부등본, 설립 근거법

2) 유효한 거래계약 체결

(1) 일반적인 경우

① 계약서 작성요령

- 기본원칙
- 계약서 구성내용
- 계약당사자 표시
- 문언 수정
- 계약당사자 서명·날인
- 인지첨부

② 계약관계 입증자료 확보

(2) 특수한 경우

① 약관에 의한 계약체결

② 계약내용의 공증

③ 확정일자의 구비

3) 담보 취득

(1) 인적 담보

① 인적 담보 의의

채무자의 채무불이행시 채권자가 강제 집행하여 변제받을 수 있는 책임재산의 범위를 채무자 이외의 제3자의 재산에까지 확대함으로써 채권을 강화하는 수단으로 되는 것이다.

- 특징

  담보제공절차의 간편 채권변제를 담보 주체의 장래의 인적 신용에 의존

② 인적 담보 종류

- 보증의 내용에 따른 분류
  - 일반보증
    - 보통보증
    - 공동보증 : 수인이 동일한 채무를 보증
    - 연대보증 : 주채무자와 연대하여 채무부담
    - 근 보증 : 증감·변동하는 불특정·다수의 채무보증
    - 구상보증 : 보증인의 주채무자에 대한 구상채무를 보증
    - 배상보증 : 주 채무자로부터 이행 받지 못한 부분만 보증
    - 부보증 : 보증 채무를 다시 보증
    - 신원보증 : 피용자의 사용자에 대한 손해배상채무를 보증
  - 어음·수표 보증
  - 물상보증 : 채무부담 없이 물적유한책임만 부담
- 보증인이 누구인가에 따른 분류
  - 일반인보증
  - 금융기관보증
  - 국가·지방자치단체보증

(2) 물적 담보

어느 특정채권자가 채무자 또는 제3자의 소유에 속하는 특정재산의 가치로부터 다른 채권자보다 우선변제를 받도록 함으로써 채권을 강화하는 수단으로 되는 것이다.

- 특징
  - 채무명의 없이도 담보목적물의 강제환가에 의한 채권실현 가능
  - 담보목적물의 소유권이 제3자에게 이전된 후에도 강제환가 가능(추급력)
  - 담보목적물의 환가대금으로부터의 우선변제

① 담보물권(제한물권) 법리에 의한 것

- 질　권 : 질권자가 채권의 담보로서 채무자 또는 제3자로부터 인도받은 물건을 점유하고 있다가 채무불이행시에 그 물건을 환가하여 다른 채권자에 우선하여 변제받는 것을 내용으로 하는 담보물권
- 저당권 : 채무자 또는 제3자가 채무의 담보로 제공한 부동산 기타의 목적물을 채권자가 직접 점유함이 없이 그 교환가치만을 관념상으로 지배하고 있다가 채무불이행시 환가하여 다른 채권자보다 우선하여 변제받는 것을 내용으로 하는 담보물권
- 전세권 : 전세금을 지급하고서 타인의 부동산을 그 용도에 따라 사용·수익하다가 전세권이 소멸한 후 전세금의 반환이 없으면 목적 부동산을 환가하여 다른 채권자보다 우선변제 받는 것을 내용으로 하는 용익물권 겸담보물권

② 소유권이전 법리에 의한 것

- 가등기담보
- 양도담보
- 매도담보

③ 물적 담보 대상 목적물

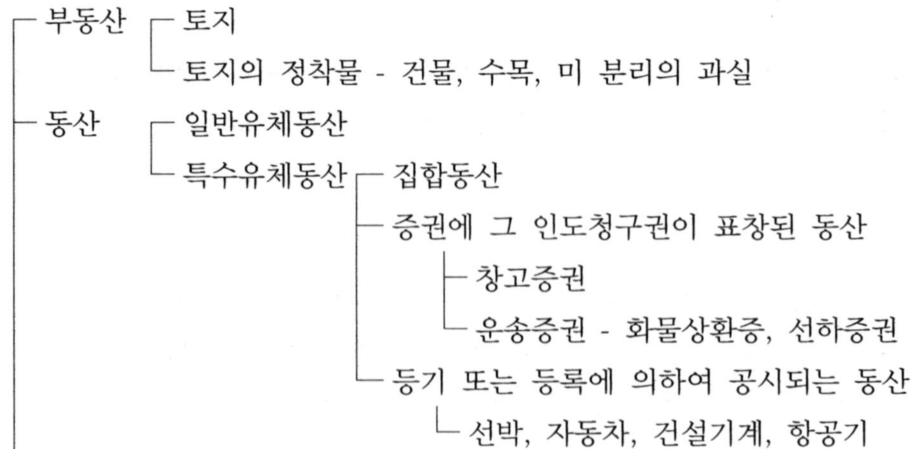

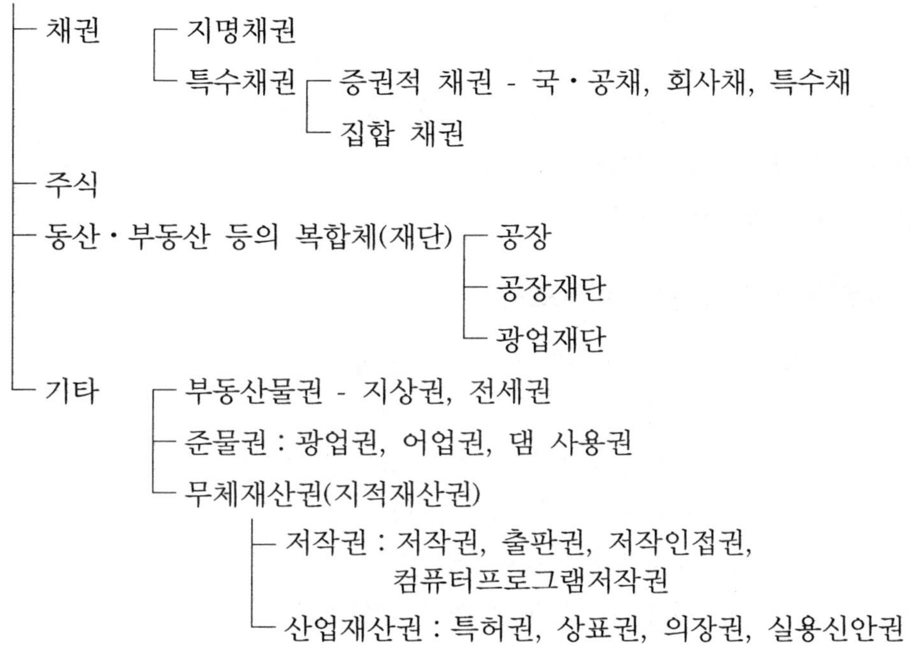

3. 사후적 채권관리

1) 사후적 채권관리 개요

- 부실화징후탐지
- 채권회수가능성 파악
- 채권회수대책 수립
- 채무자, 연대보증인 등의 재산조사
- 가압류, 가처분
- 재산도피에 따른 대응방안 수립
- 담보권실행 및 강제집행

(1) 채권회수대책 수립

- 반대채무와의 상계
- 담보권실행으로 변제받을 수 있는 금액 파악

- 채권자소유 채무자점유 재산의 점유회복대책수립
- 강제집행을 통하여서 회수하여야 할 채권액 파악
- 자력집행의 가능성 및 그에 따른 문제점 파악
- 형사처벌제도의 이용가능성 검토
- 강제집행의 제 방안 수립

(2) 채무자, 연대보증인 재산조사

- 전문신용조사기관에 의뢰하여 조사하는 방법
- 스스로 조사하는 방법
  - 부동산조사
    - 주민등록지 및 본적지 등기부 조사
    - 관할세무서에 대한 조사
    - 재무제표를 통한 조사
    - 기타 주변인물에 대한 탐문조사
  - 유체동산조사
  - 채권, 기타 재산권 조사
- 민사소송법상의 재산관계명시제도 활용

(3) 재산도피에 따른 대응방안

- 형법상의 강제집행면탈죄 소추
- 민사소송법상의 채권자취소(사해행위취소)소송 제기

(4) 채권자소유, 채무자점유 재산 점유회복 대책

- 점유이전금지 가처분명령 신청
- 소유권에 기한 반환청구소송 제기
- 제3자에게 점유 이전되었거나 매각된 경우의 대책
  - 제3자의 선의취득 문제
  - 불법행위 또는 부당이득반환청구의 문제
  - 횡령죄로 채무자 고소
- 채무자의 다른 채권자가 강제 집행하는 경우의 대책
  - 강제집행의 배제요청

- 강제집행정지가처분신청
- 제3자의 소제기

2) 채무자 재산에 대한 가압류

(1) 가압류 소송절차

① 가압류 신청

- 관할법원 : 가압류할 물건 소재지 관할법인 또는 본안의 관할법원
- 신청방식
  - 서면제출
  - 목적물 표시 : 유체동산, 부동산, 채권 등에 따라 상이
  - 소명자료 첨부

② 심리와 재판
  - 일방심리가 보통
  - 소명과 담보제공
  - 가압류해방금액 기재

③ 가압류가 허용되지 않는 경우

- 채권자가 충분한 담보를 가지고 있는 경우
- 채권자가 채무명의를 가지고 있어 즉시 강제집행을 할 수 있는 경우
- 상당한 기간 후에 변제기가 도래하는 경우

* 가압류 신청서상의 가압류채권 목록작성요령

가압류채권목록

1. 가압류할 목적채권과 그 한도

채무자가 제3채무자(지점)에 대하여 가지는 예금반환
청구채권 중 금 원정

2. 가압류의 순서

(1) 수종 또는 수계좌의 예금 중에서 선행의 질권설정 또는 압류, 가압류 있는 경우에는 다음의 순서에 의한다.

① 질권설정 및 압류, 가압류 없는 것

② 압류, 가압류 있으나 질권설정 없는 것
③ 질권설정 있으나 압류, 가압류 없는 것
④ 질권설정 및 압류, 가압류 있는 것
(2) 수종의 예금이 있는 경우는 다음의 순서에 의한다.
① 보통예금 ② 당좌예금 ③ 저축예금 ④ 정기예금
⑤ 정기적금 ⑥ 별단예금
(3) 동종류의 예금이 수계좌 있을 때는 변제기가 빠른 순서에 의한다.
(4)변제기가 같으면 계좌번호의 순서에 의한다.

(2) 가압류 집행절차

- 집행문 부여절차 불요(다만 당사자의 승계가 있는 경우는 제외)
- 선고나 송달이 있은 때로부터 14일내에 집행하지 않으면 실효
- 각종 목적물에 대한 가압류의 집행

(3) 가압류채무자 대응

- 이의신청 : 변론을 열고 당사자 쌍방을 소환하여 가압류 허부에 관하여 재심리
- 본안제소명령의 신청
- 사정변경 등에 의한 취소신청
- 가압류해방금액의 공탁

(4) 가압류 효력

- 피보전채권액을 한도로 하는 상대적 효력
- 개별상대적효력설과 절차상대적효력설

제3절 부실채권 회수와 강제집행

1. 임의적 수단에 의한 채권회수

1) 독촉

(1) 독촉 정의

채권의 회수에 있어서 채권자가 초동적 회수 수단으로 이용하는 것이 독촉이다.

독촉이란 채무자가 채무의 변제기가 지났는데도 변제를 하지 않을 경우에 채권자가 그 채무자에 대하여 변제를 하여 달라고 재판외의 청구를 하는 것을 말한다. 이것을 최고라고도 한다. 독촉(督促)은 변제기 후에 채무자에게 최고하는 것인 점에서 채권자가 채권의 변제 전에 채무자에 대하여, 변제기에 있어서의 이행을 확보하기 위하여 하는 "기일의 예고"와 다르며, 또 재판 외에 청구인 점에서 재판상의 청구절차인 독촉절차와도 다르다.

(2) 독촉 법률적 효과

독촉을 하면 최고의 효과가 생긴다. 따라서 다음의 효과가 있다.

① 채권의 소멸시효의 중단
② 변제기의 정함이 없는 채권의 이행지체책임(履行遲滯責任)이 발생
③ 계약해제권의 발생 등이다.

(3) 독촉 기법

채권회수에 관하여는 기본원칙이 있다. 즉 첫째 채무자의 지불능력을 추구하는 것과 둘째 채무자의 지불의사를 일으키는 것이다. 독촉은 채무자의 지불의사를 일으키게 하는 수단이다. 그러므로 독촉의 효과는 채무자로 하여금 지불의사를 일으킴으로써 나타나는 것이다. 선량하고 성실한 채무자에 대하여는 일반적이며 정상적인 독촉방법을 취하기만 하여도 효과가 나타나지만 교활하고 악질적인 채

무자에 대하여는 그러한 정상적인 방법에 의한 독촉으로는 별로 효과가 없는 것이 사실이다. 따라서 이러한 채무자에 대하여는 좀 더 강력하고, 효과적인 독촉방법을 써서 지불의사를 일으키도록 하여야 한다. 일반적으로 이용되고 있는 독촉방법으로는 다음과 같은 여러 방법이 있다.

① 기일예고장을 보낼 것.
② 전화에 의하여 독촉을 할 것.
③ 주 채무자에게 서면(독촉장)으로 독촉할 것.
④ 채무자를 방문하여 구두독촉을 할 것.
⑤ 보증인 및 담보제공자에게도 독촉을 할 것.
⑥ 내용증명 최고서에 의하여 독촉을 할 것.
⑦ 변호사 또는 법무사의 명의를 이용하여 독촉장을 발부하는 방법(사전에 변호사 또는 법무사와 협의가 있어야 한다.)
⑧ 사기(詐欺)를 한 채무자에 대하여는 고소를 하거나 또는 고소를 한다고 위협하여 심리적 압박을 가할 것.

2) 채무자 및 제3자의 협력에 의한 채권회수

(1) 주 채무자 여러 가지 변제 방법

① 변제(辨濟)
② 대물변제(大物辨濟)
③ 변제공탁(辨濟供託)
④ 경개(更改)

(2) 채권양도

① **채권양도(債權讓渡)**
채권양도라 함은 채권을 그 동일성을 유지하면서 이전하는 계약을 말한다.

② 어떤 경우에 채권양도가 채권회수의 방법이 될 수 있는가?
㉠ 채무자의 제3채무자에 대한 채권을 채무자가 변제에 갈음하여 채권자에게 양도하는 경우

㉡ 채권자가 채무자에 대하여 가지고 있는 채권을 제3자에게 양도하고, 그 제3자(양수인)로부터 대가(對價)를 받아 채권을 회수 정리하는 경우 등이다.

③ 지명채권 양도

㉠ 지명채권(指名債權)

지명채권이라 함은 채권자가 특정되어 있는 채권을 말하며, 증권적 채권에 속하지 않는 보통의 채권을 말한다.

예를 들면, 금융기관의 대출금채권, 기업의 물품외상영업 대금채권 등은 모두 지명채권이라고 볼 수 있다.

㉡ 채무자에 대한 대항요건(통지 또는 승낙)

지명채권의 양도에는 채권자의 채무자에 대한 통지, 또는 채무자의 승낙이 있어야만 채무자에 대하여 대항할 수 있다.

㉢ 채무자이외의 제3자에 대한 대항요건

양수인이 채무자이외의 제3자에 대해서 자기의 양수효과(讓受效果)를 우선 시키려면 양도인으로 하여금 확정일자 있는 증서로 채무자에게 통지하거나 또는 채무자의 승낙을 얻도록 하여야 한다.

(3) 채무인수

① 채무인수

채무인수(債務引受)라 함은 채무를 그의 동일성을 유지하면서 그대로 인수인에게 이전하는 것을 목적으로 하는 계약을 말한다. 이것을 면책적 채무인수(免責的 債務引受)라고도 한다. 채무인수가 채권회수의 방법으로 이용되는 경우는 담보부동산을 매수한 사람이 매도인이 부담했었던 피담보채무를 인수하여 그 채무를 채권자에게 지불하는 경우 등이다.

② 채무인수 요건

㉠ 채무에 관한 요건

- 채무의 유효성이 있어야 한다.
- 채무의 이전성(移轉性)이 있어야 한다.

㉡ 인수계약 당사자

- 채권자, 채무자, 인수인간의 삼면계약(三面契約)으로 할 수 있다.

- 채권자, 인수인간의 계약으로 할 수 있다.
- 채무자, 인수인인의 계약으로도 할 수 있으나 채권자의 승낙이 있어야 효력이 생긴다.

㉢ 채무인수 효과

- 채무 이전
- 항변권 이전
- 담보 이전(단 보증과 제3자가 제공한 담보는 소멸된다)
- 채무인수 소급효(단 제3자의 권리는 침해할 수 없다)

3) 채권자 일방적 권리행사에 의한 채권회수

(1) 상계

① 상계

상계(相計)라 함은 채무자가 채권자에 대하여 자기도 또한 동종의 목적을 가진 채권을 가진 경우에, 그 채권과 채무를 대등액에 있어서 소멸시키는 것을 목적으로 하는 일방적 의사표시를 말한다. 이는 민법에 규정되어 있으므로 법정상계(法定相計)라고 한다. 상계라고 할 때에는 보통 이 법정상계를 가리키지만, 때로는 상계의 개념을 광의로 해석하고 상계계약까지 포함할 때가 있다. 상계계약(相計契約)이라 함은 두 사람이 서로 채권을 가진 경우에 쌍방의 채권을 대등액에 있어서 소멸시키는 것을 특약하는 것을 말한다. 상계계약을 할 때에는 법적상계요건을 완화하는 내용의 계약을 할 수가 있다. 그리고 당사자간의 계약으로 당사자 쌍방 또는 일방에게 상계권을 부여할 수 있으며, 이 경우에는 상계권을 가지는 당사자가 일방적인 의사표시에 의하여 상계할 수 있다. 이와 같이 장래에 하게 될 상계에 있어서 미리 상계권을 확보하는 것을 목적으로 한 계약을 "상계의 예약"이라고 한다.

② 법정 상계 요건(상계적상)

기업(채권자)은 채권의 변제기가 도래하면 상계에 의하여 채권을 회수할 수 있다. 기업이 상계를 하려면 상계의 요건을 갖춤으로써 상계를 할 수 있는 상태에 놓여야 한다. 이와 같이 상계의 요건을 갖춘 상태를 상계적상(相計適狀)이라고 한다.

법정상계의 요건으로서는 다음과 같은 것이 있다.

㉠ 양 채권은 같은 종류의 목적을 가질 것.
㉡ 양 채권의 대립이 있을 것.
㉢ 양 채권의 이행기가 도래할 것.
㉣ 채권의 성질이 상계를 허용하는 것 일 것.
㉤ 법률 또는 계약에 의하여 상계의 금지가 안 되어 있을 것.

③ **상계 방법**

상계는 상대방에 대한 의사표시로써 한다. 이는 불요식(不要式)의 단독행위이다. 상계의 의사표시에 조건 또는 기한을 붙이지 못한다. 상계의 의사표시, 즉 상계의 통지는 그 통지가 상대방에게 도달되었을 때에 그 효력을 발생한다.

④ **상계 효과**

㉠ 대등액의 소멸

상계를 하면 수동채권(受動債權)과 자동채권(自動債權)은 대등액에 있어서 소멸한다.

㉡ 상계의 소급효

민법에 의하면 상계를 하면 양 채권이 상계를 할 수 있는 때, 즉 상계적상이 된 때에 대등액에 관하여 소멸한 것으로 본다. 이를 상계의 소급효(遡及效)라 한다. 따라서 상계적상이 된 후에는 상계에 의하여 소멸하는 채권에 관하여는 약정이자, 지연손해금 등은 생기지 않는다. 그러나 판례에 의하면 상계의 소급효에 관한 위 민법의 규정은 강행규정은 아니므로 그 예외를 당사자 간의 특약으로 정할 수 있다고 한다(일본동경고재 1968. 5. 29 판결). 그리하여 우리나라의 금융계는 상계를 하는 시점(詩點)까지의 이자·손해금을 모두 받을 수 있도록 하는 특약을 하고 있는 것이 보편화되어 있다. 즉 상계의 소급효에 대한 예외를 특약으로 정하고 있는 것이다.

(2) 어음·수표 지급제시

① 지급제시

어음·수표는 제시증권이므로 소지인이 어음·수표의 지급을 받기위해서는 어음·수표를 제시하여 지급을 청구하지 않으면 안된다. 이와 같이 소지인(所持人)이 지급을 받기 위하여 어음·수표를 제시하는 것을 「지급을 받기 위한 제시」, 또는 「지급제시」라고 한다.

② 어음·수표 제시기간

㉠ 어음 제시기간

확정일 출급(確定日出給)어음, 발행일자후 정기출급(發行日字後 定期出給)어음, 일람후정기출급(一覽後定期出給)어음의 경우에는 지급의 제시는 원칙적으로 지급을 할 날 및 이에 이은 2거래일(합하여 3일간)내에 하여야 한다. 그러나 만기가 공휴일인 때에는 지급을 할 날은 그 다음날이 되므로 지급을 할 날을 포함하여 3거래일내에 지급제시를 하면 되는 것이다., 예를 들면 만기일인 1월20일이 법정휴일인 경우에는 이에 이은 제1거래일, 즉 1월21일이 지급을 할 날이고, 1월22일과 1월23일이 이에 이은 2거래일이므로 1월23일에 한 지급 제시는 유효하다. 그런데 위 제시 기간 내에 어음을 제시함에 있어서는 은행의 영업시간 내에 제시를 하여야만 지급제시의 효과가 있다는 것이 통설·판례의 태도이다.

㉡ 수표 제시기간

국내에서 발행되고 지급할 수표는 10일내에 지급을 위한 제시를 하여야 한다. 그리고 제시기간에 있어서는 발행일자, 즉 초일은 산업하지 아니하므로(이것을 “초일 불산입원칙”이라 한다.), 결국 제시기간에 초일을 가산하여 11일간이 된다. 그런데 제시기간의 말일이 법정휴일인 경우에는 그 기간의 만료일에 이은 제1의 거래일까지 제시기간이 연장된다.

그러나 기간중도의 법정휴일은 기간에 산입된다.

③ 어음·수표 제급제시 방법과 제시장소

㉠ 수표 및 은행도 어음인 경우

은행도 어음, 수표의 소지인은 지급장소(어음면에 기재된 은행영업점)의 당좌계에 어음을 지참하여 지급제시를 할 수 있다. 그러나 실제에 있어서는 소지인이 어음수표를 지급장소에 가지고 가서 창구 제시하는 일은 별로 없고, 자기가 거래하는 은행의 예금계좌에 입금(예금)함으로써, 거래은행으로 하여금 어음교환소에 지급 제시하는 것이 보통이다.

그것은 지급장소인 은행이 어음교환소 가맹은행인 때에는 어음교환소에서의 지급제기는 지급제기로서의 효력이 있기 때문이다.

㉡ 비 은행도 어음인 경우

은행에서 교부한 용지로 작성(발행)되 약속어음이 아니고, 문방구에서 구입한 용지로 작성(발행)한 약속어음에는 지급지의 기재만 있고, 지급장소(또는 지급담당자)로서의 은행명이 기재되어 있지 않은 것이 보통이므로,(또 설사 지급장소로서 은행명이 기재되어 있다 하더라도), 이러한 약속어음의 소지인은 발행인의 주소에 가서 지급제시를 하여야 하며, 발행인의 거래은행에 가서 지급제시를 하거나, 어음교환소를 경유한 지급 제시는 할 수 없다.(서울어음교환소 규약 제12조)

2. 강제적 수단에 의한 채권회수

1) 집행보전절차

집행보전절차라 함은 장래의 강제집행의 불능 또는 곤난을 예방하기 위하여 국가권력에 의한 현상보전을 목적으로 하는 절차를 말한다. 이것을 "보전처분"이라고도 한다. 보전처분절차는 확정판결의 집행보전을 위한 절차라는 목적의 특수성으로 인하여 일반의 민사소송절차에 비하여 ① 잠정성 ② 긴급성(신속성) ③ 부수성(附隨性) ④ 밀행성(密行性) ⑤ 자유재량성의 특질을 갖고 있다. 보전처분은 보전명령절차(보전소송절차)와 보전집행절차의 두 개의 절차로 구성되어 있다. 그것은 마치 민사소송절차가 판결절차와 강제집행절차의 두 절차를 이루고 있는 것과 같다. 따라서 보전명령절차에는 원칙으로 판결 절차가 준용되고, 보전집행절차에는 원칙으로 강제집행절차가 준용된다.

〈민사소송과 보전처분절차의 유사성 비교〉

민사소송절차 ←→ 보전소송절차

강제집행절차 ←→ 보전집행절차

보전처분에는 가압류와 가처분의 두 가지가 있다. 이하에서 상술하기로 한다.

2) 가압류

(1) 가압류

가압류는 금전채권이나 금전으로 환산할 수 있는 채권에 대하여 장래에 실시할 강제집행이 불능하게 되거나 현저히 곤란하게 될 염려가 있는 경우에 미리 채무자의 현재 재산을 압류하여 확보함으로써 강제집행을 보전하는 보전절차이다.

(2) 가압류명령 요건

가압류에 의하여 보전될 권리는 재산상의 청구권으로서 반드시 금전채권이나 금전으로 환산할 수 있는 채권에 한한다. 보전의 필요성이 있어야 한다. 가압류는 이를 하지 아니하면 판결의 집행을 할 수 없거나 판결의 집행이 현저히 곤란할 염려가 있는 때에 이를 할 수가 있다. 가압류조각사유(假押留阻却事由)가 없어야 한다. 예를 들면 채권자가 피보전채권(被保全債權)에 관하여 충분한 담보권을 취득하고 있거나, 채무명의를 얻어 놓았거나, 동일 청구권에 관하여 이미 가압류 명령을 얻어 놓은 경우 등은 가압률를 조각하는 사유가 된다.

(3) 가압류소송절차

① 관할법원

가압류명령사건은 가압류할 물건의 소재지를 관할하는 지방법원 또는 본안의 관할법원이다.

② 가압류 신청절차

가압류명령을 구하려면 소(訴)의 형식에 의하지 않고 신청의 방법에 의하여 구하여야 한다.

③ 사건의 심리

심리는 구두변론(口頭辯論)없이 할 수 있다. 급박한 경우에는 구두변론 없이 하는 재판에 한하여 재판장 단독으로 할 수 있다. 실무상으로는 가압류 신청에 대한 재판은 원칙적으로 변론 없이 서면심리로써 행하고 있으며, 채권자 본인 또는 대리인이 법관을 만나서 소명서류의 원본을 제출하여 신청서상의 불비점을 석명(釋明)하고 그 자리에서 보증금액(담보금액)을 결정 받아

오는 것이 예이다. 그러나 법원은 채권자 본인이나 대리인이 제출하는 소명서류원본을 확인하거나 석명(석명)시키지 않고, 서면심사를 한 후 바로 보증금액을 결정하여 담보제공명령(공탁명령)을 하는 일도 많다.

④ 보증(담보)의 종류와 수액(數額)의 결정

보증 즉 담보의 종류와 그 액을 어떻게 정할 것인가 하는 문제는 법원의 자유재량에 속한다.

(4) 가압류집행절차

① 가압류집행 의의와 특색

"가압류의 집행"이라는 것은 가압류명령을 채무명의로 하여 집행하는 것을 말한다. 가압류의 집행은 장해의 강제집행의 보전을 목적으로 하는 것이므로 압류 단계에 그치며 환가절차로 들어가지 않는 것을 원칙으로 하며, 만족절차를 결하는 것을 특색으로 한다. 집행절차에는 강제집행에 관한 규정이 준용되나, 그 특질상 약간의 특칙이 규정되어 있다. 보전처분명령은 채무자에 대한 결정의 고지, 판결의 선고와 동시에 집행력이 생기고, 그 확정을 기다릴 필요가 없으므로 가집행선고를 붙일 필요가 없다. 그리고 집행문의 부여도 원칙적으로는 필요가 없다.

② 가압류 집행기간

보전처분 명령의 집행은 선고 또는 채권자에게 송달되 때로부터 14일간의 기간을 초과하면 할 수 없게 된다.

③ 가압류의 경합

가압류중의 재산에 대하여 다른 채권자도 다시 가압류할 수 있다. 또한 가압류중의 재산에 대하여 본 압류를 할 수 있으며, 반대로 본 압류중의 재산에 대하여도 가압류를 할 수 있다.

④ 동산에 대한 가압류 집행

채무자가 점유하는 유체동산에 대한 가압류는 집행관이 그 물건을 점유함으로써 한다.

채무자가 제3채무자에 대하여 가지고 있는 채권(債權)에 대한 가압류집행은 집행법원이 제3채무자에 대하여 채무자에게 지급함을 금하는 채권가압류 명령을 제3채무자에게 송달함으로써 집행한다.

⑤ 부동산에 대한 가압류집행방법

부동산에 대한 가압류의 집행방법으로는 압류결정이 있었다는 취지를 등기부에 기재하는 방법과, 가압류의 집행으로서의 강제관리를 하는 방법의 두 가지가 있다.

⑥ 선박에 대한 가압류 집행방법

선박에 대한 가압류 집행은 가압류 당시에 정박하고 있는 항구에 목적선박을 정박케 함으로써 행해진다. 그리고 법원은 채권자의 신청에 의하여 선박을 감수(監守)하고 보존하기 위한 필요한 처분을 할 수 있다.

3) 가처분

(1) 가처분

가처분이란 특정의 목적물에 관한 급부 청구권(給付請求權)의 집행을 보전하기 위하여 또는 쟁의 있는 권리나 권리관계에 대한 현재의 위험을 피하기 위하여 가처분을 명하는 재판을 말한다. 전자를 계쟁물에 관한 가처분이라 하고, 후자를 임시의 지위를 정하는 가처분이라고 부른다.

(2) 계쟁물에 관한 가처분

계쟁물(係爭物)에 관한 가처분은 특정한 급여(급부)를 목적으로 하는 청구의 장래의 강제집행을 보전할 필요가 있을 때, 즉 현상(現狀)의 변경으로 당사자의 권리를 실행하지 목하거나 이를 실행함에 현저히 곤란하게 될 염려가 있을 때에 실시되는 가처분을 말한다. 그러므로 이 가처분은 가압류와 유사한 효과를 가지는 것이다. 계쟁물에 관한 가처분의 예를 들면 부동산의 매매계약이 체결되어 매수인이 그 대금을 완불하고 소유권이전등기의 청구를 하고 있음에도 불구하고, 어떤 이유로 매도인이 이전등기에 협력을 거부하고 있을 때에, 매수인이 그 소유권이전등기 청구권을 보전하기 위하여 당해 부동산에 대한 처분금지의 가처분을 신청하는 경우나 또는 계쟁물의 인도나 명도청구권을 보전하기 위하여 당해 부동산에 대하여 점유이전금지가처분(占有移轉禁止假處分)을 하는 경우 등이다.

4) 채무명의 구득

(1) 통상 민사소송

① 민사소송

일반적으로 민사소송이라고 함은 사법상(사법상)의 권리 또는 법률관계의 존부를 확정하는 재판상의 절차(판결절차)를 말한다.

② 민사소송은 어떤 경우에 할 필요가 있는가?

- 시효중단을 위하여 제소하는 경우
- 분쟁의 해결을 위하여 제소하는 경우
- 채무명의를 얻기 위하여 제소하는 경우

③ 소장(訴狀) 작성 제출

소장이란 소(訴)를 제기 하기 위하여 제1심법원에 제출하여야 할 서면을 말한다. 당사자가 작성하는 소송서류의 용지규격에 관하여는 법원공문서규칙 규정을 준용한다. 소장에는 필요적 기재사항과 임의적 기재사항을 기재한다.

④ 우리나라 법원 3심제도와 관할

㉠ 민사소송사건에 대한 3심제도

'우리나라의 법원조직은 사실심(事實審)으로서의 제1심법원(민사지방법원 및 지방법원지원)과 제2심법원(지방법원본원 및 고등법원) 및 법률심(법률심)으로서의 제3심법원(대법원)의 3심제도로 구성되어 있다.'라고 한다. 관할은 당사자의 입장에서 보면 어느 법원의 재판권에 복종하는가의 문제이고, 법원의 입장에서 보면 그가 행사할 수 있는 재판권의 범위의 문제가 있다.

㉡ 채권자(원고) 소장 제출방법

- 당초 관할에 관한 합의가 있는 경우 채권자(원고)의 사무소 소재지의 지방법원 또는 지방법원지원(합의관찰)
- 피고의 주소소재지 법원(보통재판적)
- 어음채무에 관하여는 지급지법원(어음의 특별재판적)

- 사물관할 : 소가(訴假)가 5천만원을 초과하는 경우에는 민사지방법원 또는 지방법원지원의 합의부에 소장을 제출하여야 하고, 5천만원이하일 때에는 민사지방법원 또는 민사지방법원지원의 단독부에 소장을 제출하여야 한다.
- 소액사건에 관하여는 채권자(피고)의 주소 소재지의 시, 군법원

⑤ **소송수행자**

소송수행자라 함은 소송행위를 하는 자 또는 소송실시를 하는 자를 말한다. 다음과 같다.

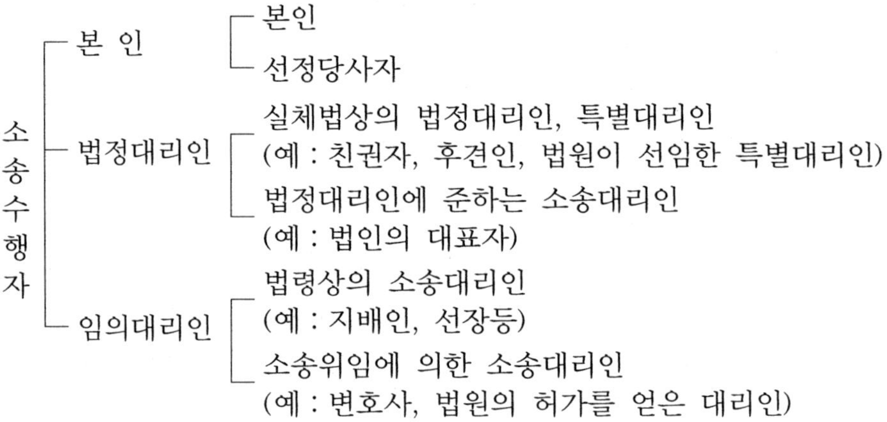

(2) 소액사건심판

① **소액사건심판**

소송물(訴訟物)의 가액이 2,000만원을 초과하지 아니하는 민사단독사건을 "소액사건"이라고 하고, 이 소액사건을 소액사건심판법이 정하는 특례규정을 적용하여 간편한 절차에 따라 신속하게 해결하는 민사소송을 소액사건심판(少額事件審判)이라고 한다.

② **소액사건심판법의 특례규정의 내용**

소액사건심판은 민사소송절차이므로 원칙적으로 민사소송법이 적용되지만 아래와 같은 특례규정이 있다.

- 구술(口述)에 의한 소의제기로 할 수 있다.
- 임의출석에 의한 소의제기도 할 수 있다.

- 채권자는 청구를 분할하여 그 일부만을 청구할 수 없다.
- 소장이나 제소조서는 지체 없이 피고에게 송달하여야 한다.
  - 판사는 소장 등을 송달하여야 한다.
  - 판사는 소장 등을 송달함에 있어서 피고에 대하여 그 송달을 받은 날로부터 10일 이내에 원고의 주장에 대한 답변서를 제출할 것을 명하여야 한다.
- 판사는 지체 없이 변론기일을 정하여야 하며, 되도록 1회의 변론기일로 심리를 종결하도록 하여야 한다.
- 법원은 소장, 준비서면 기타 소송기록에 의하여 청구가 이유 없음이 명백한 때에는 변론 없이 청구를 기각(棄却)할 수 있다.
- 판사는 필요하다고 인정한 때에는 직권으로 증거조사를 할 수 있다.
- 당사자의 배우자・직계혈족・형제자매・또는 호주는 법원의 허가 없이 소송대리인이 될 수 없다.
- 판결의 선고는 변론 종결후 즉시 할 수 있다.
  - 판결서에는 이유를 기재하지 아니할 수 있다.
- 소액사건에 대한 제2심판결에 대하여는 대법원에 상고 및 재항고를 할 수 없다(단, 예외가 있음).

(3) 독촉절차

① 독촉절차

독촉절차라 함은 금전기타 대체물, 또는 유가증권의 일정한 수량의 지급을 목적으로 하는 청구에 관하여 채권자의 신청으로 서면심리를 거쳐서 채무자에게 대하여 지급명령을 발하고, 채무자가 이에 대하여 일정한 기간 내에 이의를 하지 아니하면 그 명령에 집행령을 부여할 것을 목적으로 사는 특별소송절차이다. 따라서 이를 간략하게 표현하자면 지급명령의 신청과 이에 대한 법원의 재판절차를 독촉절차라고 볼 수 있다. 그리고 "지급명령"이라 함은 채권자의 지급명령신청에 대하여 법원이 이유 있다고 인정하여 채무자를 심문하지 않고 발하는 법원의 재판(결정)을 말한다.

② 지급명령 신청

독촉절차는 지급명령의 신청에 의하여 개시된다. 지급명령의 신청을 할 수 있는 자는 채권자이며, 그 상대방은 채무자이다.

㉠ 지급명령의 신청을 할 수 있는 청구

- 실제적 요건
  - 청구는 금전기타 대체물 또는 유가증권의 일정한 수량의 지급 또는 인도를 목적으로 하는 청구이어야 한다.
  - 즉시 그 지급 또는 인도를 청구할 수 있는 것이어야 한다. 즉 기한이 도래하였거나 또는 조건이 성취된 채권에 한다는 뜻이다.
- 형식적 요건
  - 지급명령은 국내에서 공시송달에 의하지 않고 상대방에게 송달할 수 있는 경우라야 한다.

㉡ 관할법원(전속관할)

지급명령의 신청을 할 수 있는 법원은 첫째 채무자의 보통 재판적 소재지의 지방법원이고 둘째 사무소 또는 영업소에 계속하여 근무하는 자에 대한 신청은 그 사무소 또는 영업소 소재지를 관할하는 법원이며, 셋째 사무소 또는 영업소가 있는 자에 대한 신청은 그 사무소 또는 영업소의 업무에 관한 것에 한하여 그 소재지의 법원에 신청 할 수 있다.

③ 지급명령신청 방식

㉠ 지급명령 신청은 그 성질에 반하지 않는 한 소에 관한 규정이 준용된다.

㉡ 신청은 서면에 의할 것이며 신청서에는 소장과 동일한 내용을 기재하여야 할 것이다.

- 신청서에는 필요적 기재사항으로서 당사자, 법정대리인, 청구의 취지 및 원인을 표시하여야 한다.
- 기타 준비서면에 기재한 사항을 신청서에 기재하는가의 여부는 임의이다. 즉 임의적 기재사항이다.
- 신청서에는 인지를 붙이되, 소장에 첨부할 인지액의 반액으로 족하다.

④ 지급명령정본이 송달 불능된 경우의 법원의 처리

㉠ 독촉법원은 채권자에 대한 지급명령정본이 송달불능 된 경우에 송달 가

능한 채무자의 주소를 보정하도록 하는 보정명령(補正命令)을 채권자에게 송달하여야 한다.

㉡ 독촉법원은 채권자가 보정명령에서 정한 기한 내에 주소보정을 하면 그 보정에 따라 재송달을 하고, 채권자가 제소신청을 하면 소송으로 이행(移行)하는 조처를 하는 동시에 사건기록을 관할 법원에 송부한다.

⑤ **보정명령을 받은 채권자의 처리**

독촉법원으로부터 채무자의 주소에 관한 보정명령을 받은 채권자는 송달가능한 채무자의 주소를 보정하거나 또는 제소신청(提訴申請)을 할 수 있다.

5) 강제집행

(1) 강제집행 정의

강제집행이란 사인(私人)의 신청에 의하여 국가기관이 그 신청인을 위하여 채무명의에 표상(表象)된 상대방의 사법상(私法上)의 급부의무를 국가권력으로 강제적으로 실현하는 법률적 절차를 말한다.

(2) 강제집행 요건

① **채무명의(債務名義)**

㉠ 채무명의

채무명의(債務名義)라는 것은 사법상(私法上)의 급여청구권(이에 대응하는 급여의무)의 존재가 표시되고, 또한 강제집행에 의하여 그 청구권을 실현할 수 있는 집행력이 인정된 공적(公的)인 문서를 말한다. 이것을 집행명의(執行名義)라고도 한다.

㉡ 채무명의의 종류

채무명의는 그 구별의 기준 여하에 따라 여러 가지 종류로 나눌수 있으나, 민사소송법 소정의 채무명의와 민사소송법이외의 법소정의 채무명의로 분류하는 것이 대체적인 분류방법이다. 전자의 예로는 종국판결이 있으며, 후자의 예로는 민사조정서가 있다. 지면관계상 민사소송법 소정의 채무명의만을 나열하면 아래와 같다.

- 확정된 종국판결

- 가 집행선고부 종국판결
- 외국판결에 대한 집행판결
- 집행증서
- 청구 인낙조서
- 소송상 화해조서
- 제소전 화해조서
- 항고로서만 불복을 신청할 수 있는 결정 또는 명령
- 확정된 지급명령
- 가압류, 가처분명령
- 과태료 재판에 관한 검사의 집행명령

② **집행문**(執行文)

㉠ 집행문 정의

채권자가 강제집행을 하려면 전기한 채무명의 외에도 집행문이 있어야 한다. 집행문(執行文)이라 함은 채무명의에 집행력이 있다는 것과 집행당사자를 공증하기 위하여 공무원이 채무명의의 정본의 말미에 부기(附記)하는 공증문언을 말한다. 그리고 집행문이 부기된 채무명의의 정본을 "집행력 있는 정본"이라고 부른다.

㉡ 집행문이 불필요한 채무명의

강제집행은 집행력이 있는 정본에 의하여 실시함을 원칙으로 한다. 그러나 간이와 신속을 요하는 경우에는 집행문을 붙이지 아니한 채무명의에 의하여도 강제집행을 실시할 수 있다. 예를 들면 다음과 같다.

- 가압류, 가처분명령
- 집행력 있는 채무명의와 동일한 효력을 가진 과태료의 재판
- 재산형 등의 재판의 집행을 위한 검사의 집행명령
- 부동산인도명령

㉢ 집행문의 문식(文式)

집행문은 채무명의의 정본의 말기에 부기(附記)되며, 그 문식은 다음과 같다. 「전기정본을 피고 모(또는 원고 모)에 대한 강제집행을 실시하기 위하여 원고 모(또는 피고 모)에게 부여한다.」고 기재하고, 법원서기관 또는 거

기가 서명날인한 후 법원의 인(印)을 찍어야 한다.

㉣ 집행문의 부여기관

- 판결에 대하여는 제1심의 수소법원(受訴法院)서기가 부여한다. 소송이 상급심에 계속 중이면 상급법원의 서기가 판결 중 확정된 부분 또는 가집행선고 있는 부분에 한하여 부여한다.
- 집행증서에 대하여는 그 증서를 보존하는 공증인가 합동법률사무소 또는 공증인이 부여한다.

㉤ 집행문의 부여절차

집행문은 판결에 표시된 채권자 또는 그 승계인이 서면으로 부여를 신청한다. 신청서에는 상당액의 인지를 붙여야 하고, 집행증서일 때에는 수수료를 납부하여야 한다.

(3) 강제집행 개시요건

① **채무명의의 송달**(송달증명 구비)

채권자가 집행을 개시하려면 채무명의가 집행개시전이나 또는 동시에 채무자에게 송달될 것을 요한다. 그리고 채무명의가 채무자에게 송달되었는지의 여부는 집행기관의 조사사항이긴 하지만, 채권자가 "송달증명서"를 제출하는 방법으로써 증명하는 것이 보통이다. 그런데 그 송달증명서는 법원에 신청하여 교부를 받는다. 그러나 채무명의가 공정증서(집행증서)인 경우에 공증인이 그 증서의 정본 또는 등본을 송달한 때에는 채권자는 그 공증인에게 집행문부여신청을 하여야 한다. 그리고 공정증서를 작성할 당시 각 당사자가 각 1통씩 그 증서의 정본 또는 등본을 교부 받은 경우에는, 그 증서의 정본 또는 등본을 송달 받은 것으로 간주하므로 송달증명이 필요 없다.

② 반대의무 이행

반대의무의 이행과 상환(相換)으로 집행할 수 있음을 내용으로 하는 채무명의의 집행은 채권자가 반대의무의 이행 또는 이행의 제공이 있었음을 증명한 때에 한하여 할 수 있다.

(4) 재산관계 명시제도

① 재산관계 명시제도 정의

재산명시제도 또는 재산관계의 명시 제도라 함은 채무자가 확정 판결등 채무명의에 의한 금전지급 채무를 이행하지 아니한 때에, 강제집행을 개시할 수 있는 채권자의 신청에 의하여 1심법원 또는 지급명령이나 조정(調停)을 한 법원의 단독판사가 재산관계의 명시명령을 하고, 만일 채무자가 이를 이행하지 아니하면 형사상의 처벌을 하도록 한 제도를 말한다.

② 재산관계의 명시신청

㉠ 신청권자

- 첫째, 확정판결, 화해·인락·민사조정서, 확정된 지급명령들의 채무명의를 가진 자이다.
- 둘째, 위와 같은 채무명의 외에 집행개시의 요건을 갖춘 채권자라야 한다. 예를 들면 채무명의를 송달했다는 송달증명서를 첨부한 경우라야 이 신청을 할 수 있다.

㉡ 관할법원

재산관계의 명시신청은 제1심 법원 또는 지급명령이나 조정을 한 법원의 단독판사가 관할한다.

㉢ 신청서 내용과 첨부서류

신청취지는 「채무자는 재산관계를 명시한 재산목록을 제출하라」는 재판을 구하는 것이다. 신청이유는, ① 채권자가 확정 판결등의 채무명의를 가지고 있는 사실, ② 채무자가 동 채무명의에 한 금전채무를 불이행한 사실, ③ 채무자의 재산발견이 어렵다는 사실 등을 기재하여야 할 것이다. 첨부서류로는 집행력있는 정본을 첨부하여야 하고, 집행개시의 요건을 충족하는 서류(예 : 송달증명서 등)등을 첨부하여야 할 것이다.

③ 신청에 대한 법원 재판

㉠ 채권자의 재산관계의 명시명령신청이 이유 있는 때에는 법원(단독판사)은 결정으로써 채무자에게 그의 재산관계를 명시한 재산목록을 제출하라는 명령을 할 수 있고, 명시신청이 이유가 없거나, 채무자의 재산발견이 용이하다고 인정할만한 명백한 사유가 있는 때에는 법원은 결정으로 이

를 기각하여야 한다.

㉡ 법원이 위 明示를 命令하는 재판이나, 명시신청을 기각하는 재판을 함에 있어서는 채무자를 심문하지 않고 한다.

④ 명시기일 실시

㉠ 명시기일 지정

재산관계의 명시명령에 대하여 채무자의 이의 신청이 없거나 이를 기각한 때에는 법원은 재산관계의 명시를 위한 기일을 정하여 채무자를 소환하여야 한다. 위 기일을 채권자에게도 통지하여야 한다.

㉡ 재산목록 제출

채무자는 위 기일에 강제집행의 대상이 되는 재산과 민사소송법 및 민사소송 규칙 규정의 재산을 명시한 재산목록을 제출하여야 한다.

(5) 강제집행과 임의경매

① 유체동산에 대한 강제집행

㉠ 유체동산

민법상 부동산 이외의 물건은 "동산"이라고 부른다. 그리고 동산 중에서 전기·열·빛과 같은 무체물(無體物)이 아닌 유체물(有體物), 즉 공간의 일부를 차지하고 유형적 존재를 가지는 물건을 유체동산(流體動產)이라고 부른다. 따라서 유체동산은 대체로 우리 민법상의 "동산"의 개념과 부합하다.

㉡ 압류절차

압류방법은 집달관이 채무자가 점유하는 유체동산을 점유하는 것을 원칙으로 한다. 채무자와 그 배우자의 공유에 속하는 유체동산을 채무자가 점유하거나 그 배우자와 공동점유(共同占有)하는 때에는 집달관이 그 유체동산을 압류할 수 있다. 압류물건에 관하여는 채권자의 승낙이 있을 때, 운반에 곤란한 일이 있을 때에는 봉인(封印) 기타의 방법으로 압류를 명백히 하여 채무자에게 그대로 보관시키고, 집달관은 그의 책임 하에 적당한 보존방법을 강구한다. 집달관의 집행에는 증인입회가 필요하며, 야간·휴일의 집행에는 법원의 허가를 요한다.

㉢ 환가절차

• 유체동산을 압류하였을 때에는 집달관은 원칙적으로 공경매(公競買)의

방법으로 환가한다.

- 집달관은 압류 후 바로 경매기일을 지정한다. 압류일과 경매일간에는 7일 이상의 기간을 두어야 하는 것이 원칙이다(단, 예외가 있다).
- 경매 장소는 압류지의 구・시・읍・면에서 한다. 다만 채권자와 채무자의 합의가 있으면 다른 장소에서 하며, 기일 및 장소는 공고된다.
- 집달관이 이유 없이 경매를 지체하면 이를 최고하고, 그래도 응하지 않으면 집행법원의 명령을 구한다.
- 기일에 집달관은 경매의 신고를 최고한다. 경락은 최고가 경매인에 대하여 허가하며, 집달관은 그 가격을 3회 호창한 후 경락을 결정한다.
- 위 동산의 경매시 배우자는 경매기일에 출석하여 우선 경락할 권리가 있다.
- 경락인은 대금지급일의 정함이 없으면 경매기일이 끝나기 전에 대금의 지급과 상환하여 경락물의 인도를 구한다.
- 대금지급이 없으면 경락은 취소되고 재경매된다.
- 집달관은 압류물의 경매대금으로 채권자에게 변제하고 강제집행 비용에 충분하게 되면 경매는 즉시 중지해야 한다.
- 공유지분을 가진 배우자는 매득금(경락대금)의 지급을 요구할 수 있다.

② 금전채권에 대한 강제집행(추심명령과 전부명령)

㉠ 압류

채무자가 제3자에 대하여 가지는 금전채권(예 : 예금, 입금, 매매대금 등)에 대한 강제집행은 관할법원의 압류명령에 의하여 집행한다. 채권의 압류명령 신청은 이부명령(移付命令)이라 함은 추심명령과 전부명령을 통틀어 지칭하는 말이다.)과 병합하여 신청할 수도 있고, 또 단독으로 신청할 수도 있다.

- 관할법원

  압류명령신청은 채무자의 보통 재판적 소재지의 지방법원, 그 지방법원이 없는 때에는 제3채무자의 보통 재판적 소재지의 지방법원에 신청한다.
- 압류명령신청

  채권압류명령신청서에는 다음사항을 명시한다.

  – 압류할 채권 종류

- 압류할 채권 수액(數額)
- 채권자, 채무자, 제3채무자 및 2대리인의표시
- 채무명의의 표시
- 채무명의에 기한 청구권 일부에 관하여만 압류명령을 신청하거나, 목적채권의 일부에 대하여만 압류명령을 신청하는 때에는 그 범위

㉡ 압류절차

- 집행법원은 신청을 적당하다고 인정하면 압류명령을 말한다.
- 압류명령은 집행법원의 직권으로 제3채무자와 채무자에게 송달한다. 그리고 채권자에게도 그 송달한 것을 통지하여야 한다.

㉢ 압류 효력

- 금전채권에 대한 압류의 효력은 압류명령이 제3채무자에게 송달한 때에 생긴다.
- 압류채권자는 곧 채권에 대하여 추심권이나 처분권을 취득하는 것은 아니고 장차 이부명령을 얻어야 비로소 이 같은 권한을 갖는다.
- 채무자는 압류명령이 제3채무자에게 송달된 날로부터 채권처분, 특히 추심을 할 수 없다.
- 채권이 압류된 뒤에는 제3채무자는 채무자에 대하여 변제를 할 수 없다.

㉣ 환가

환가절차로는 집행법원의 이부명령에 의하여 압류한 채권을 이부하는 원칙적 방법과 특별방법의 두 가지가 있고, 전자는 추심명령과 전부명령의 두 가지로 구분하며, 그 어느 쪽을 선택하느냐는 채권자의 의사에 따를 것이다. 이부명령(移付命令)이란 압류채권의 환가방법으로서의 전부명령 및 추심명령을 총칭하는 말이다.

- 추심명령(推尋命令)

  추심명령이란 압류채권자가 대위(代位)의 절차를 요하지 않고, 채무자에 갈음하여 압류채권자의 목적인 급부(급여)를 직접 제3채무자에게 청구하여 이를 지급 받을 수 있게 하는 집행법원의 명령을 말한다.

  따라서 채권자는 이 명령에 의거 하등의 주장이나 증명을 요하지 않고 제3채무자에게 직접 추심할 수 있다.

• 전부명령(轉付命令)
전부명령이라는 것은 압류한 금전채권을 권면액(卷面額)으로 집행채권의 변제에 갈음하여 압류채권자에게 이전하는 집행법원의 이부명령을 말한다.

• 전부명령이 유효하면
첫째 피압류채권이 채무자로부터 채권자에게로 이전되고, 채권자는 이 전부채권(被轉付債權)의 처분에 관하여 채무자의 간섭을 받지 않는다. 둘째로는 전부명령이 유효하면 집행채권은 변제된 것으로 보기 때문에 피전부채권이 전부명령송달시에 존재한 이상 그 채권의 위험부담은 이후부터 채권자에게 돌아간다. 따라서 채권자가 제3채무자로부터 완전한 변제로 받지 못하더라도 그 부분을 채무자에게 청구할 수 없다.

3. 부실채권 회수 기법

1) 부실채권 회수 기법 활용

매출채권을 관리하는 궁극적인 목표는 기업이 적정한 판매규모를 유지하는 동시에 매출개권 및 부실채권의 규모를 최소화하는 데 있다. 이러한 목표를 달성하기 위해서는 채권사고를 예방하는 것이 중요한데 그 중에서도 회수활동을 어떻게 잘 해 나가느냐가 가장 중요하다. 왜냐하면 제 때에 회수를 못하고 매출채권사고가 발생했을 경우에는 채권회수를 하는데 많은 시간과 비용이 들어가며, 그나마도 법적 절차에 의하여 회수할 수 있는 회수율은 10~20% 수준이 고작이기 때문이다.

(1) 채무이행심리를 항상 염두에 둔다

일반적으로 채무자는 채무를 갚기로 약속한 날로부터 시간이 흐르면 흐를수록 채무를 갚고자 하는 채무이행 의지가 희박해지는데 이를 '채무이행심리'라고 한다. 채무자는 보통 채무를 갚기로 약속한 날로부터 1~2개월 이내에는 채무를 갚아야겠다는 생각을 하다가도, 3개월 정도만 지나면 견딜 때까지 견뎌보자는 심리상태로 바뀌게 된다. 그러다가 6개월 정도가 지나면 채무를 갚을 의지가 더욱 희박해지고

1년이 지나면 거의 소멸한다. 물론 모든 채무자가 그런 것은 아니겠지만 매출채권은 가급적 1~2개월 내에 회수하는 것이 좋으며 6개월이 경과하면 부실채권이 될 우려가 높다. 따라서 채권 회수는 무엇보다도 적기에 하는 것이 중요한데, 이는 채권관리 뿐아니라 거래관계를 원활하게 유지해 나가는데 있어서도 매우 중요하다. 채권규모가 비교적 적은 편이라면 채권자와 채무자 모두 별 부담 없이 거래에 임하게 된다. 그러나 채권규모가 눈덩이처럼 불어난다면 채권자와 채무자 모두 거래관계에 대해 부담을 갖게 되고, 심한 경우에는 채무자가 채무변제와 거래관계를 포기하는 사태에까지 이르게 된다.

(2) 적절한 채권 회수가 판매확대에 도움이 된다

'거래처에 채권을 변제하라고 너무 독촉하면 거래처를 잃을 수도 있다'든가 '납품하자마자 수금 문제로 거래처에 연락을 하게 되면 이미지가 안 좋아질 수도 있으므로 1~2개월 후에나 하는 게 좋다'는 얘기를 종종 듣는다. 이것은 과연 맞는 말인가? 거래처의 감정을 가급적 상하지 않게 하면서 접근한다는 면에서 보면 맞는 말일 수도 있다. 그러나 앞에서 언급한 채무이행심리의 관점에서 본다면 전혀 맞는 말이 아니다. 판매확대를 위하여 또는 경쟁사와의 경쟁에서 우위를 점하기 위하여 채권의 회수를 느슨하게 한다면 채무자는 갚고자 하는 생각이 점점 약해질 것이고, 판매를 확대해야 하는 채권자의 약점이라도 알게 되면 채무이행을 점점 더 지체하게 될 것이다. 그리하여 결국 채권액이 채무자가 감당하기 어려운 수준까지 이르게 되면 채권자, 채무자 모두에게 부담이 된다. 이렇게 되면 채무자인 거래처 쪽에서는 구매를 늘리고자 해도 채권자에게 물건을 달라고 자신 있게 요청하지를 못하게 되고, 그러다 보면 오히려 채권자의 경쟁사에서 물건을 구매하게 되는 결과를 초래하게 된다. 이 같은 경우 채권규모를 적정히 유지했다면 거래처인 채무자는 언제든지 필요한 물건을 채권자에게 요청했을 것이다. 결론적으로 기존 거래처의 유지 및 판매확대를 위하여 채권 회수를 느슨하게 했다가는 채권 회수는 물론 거래처 유지도 어렵게 되어 결과적으로 판매감소로 이어지게 된다. 따라서 채권 회수활동을 잘하여 채권규모를 적절히 유지하는 것이 판매를 확대하는 데도 도움이 되는 것이다.

(3) 변제약정일을 명확히 지킨다

매출채권을 효과적으로 회수하기 위해서는 우선 변제약정일을 명확히 하는 것이 무엇보다 중요하다. 변제약정일은 변제약속을 받는 경우와 계약서 등에 의해서 변제기일이 정해지는 경우가 보통이다. 변제약정일이 정해지면 반드시 변제약정일에 거래처를 방문하든 전화를 하든 거래처와 접촉하여 채무변제를 요청해야 한다. 이것이 매출채권을 회수하는 가장 중요한 포인트이다. 즉, 변제약정일을 지나쳐서는 안 되며 반드시 변제약정일에 거래처에게 변제할 것을 요구해야 한다. 실무적으로는 변제약정일 바로 전후가 되는데, 예를 들어 7월 20일에 1,000만원을 변제받기로 하였다면 직접 거래처를 방문하여 회수하는 경우에는 7월 19일에 연락하여 변제가 가능한지 여부를 타진해야 한다. 그리고 송금을 받는 경우 7월 20일자에 입금이 되지 않았다면 7월 21일에 송금시키지 않은 사유를 알아보아야 한다. 만약 채무자가 1차 변제약정일을 지키지 못하게 되었을 때 채무자들은 보통 어떠한 얘기를 하게 될까? 아마도 '약속을 어겨서 미안하다'든가 '어떠어떠한 사유로 지급할 수 없게 되었으니 변제기일을 연기해 달라'고 요구할 것이다. 준비가 되지 않았다는데 어찌할 것인가, 연기해 줄 수밖에…. 그러나 이때 연기해 주는 기간이 15일이 넘어서는 안 된다. 15일이 넘게 되면 심리적으로 채무변제 의지가 희박해지기 때문이다. 따라서 연기는 해주되 거래처와 잘 협의하여 연기기간을 15일 이내로 제한해야 한다. 어쨌든 이렇게 하여 2차 변제약정일이 정해지면 1차 변제약정일에서와 같이 변제약정일에 변제를 요구해야 한다. 그런데 만약 이때도 채무자가 지급할 수 없는 상황이라면 채무자의 심리 상태는 어떻겠는가? 1차 때보다 심리적 압박감이 더 클 것이고 채권자에게는 아마도 '다음 번(3차 변제약정일)에는 귀사에 대한 채무를 최우선적으로 변제하겠다'는 등의 말을 할 것이다. 3차 변제약정일에도 동일한 방법으로 변제를 요구한다. 이런 방법으로 접근하다 보면 4~5차례 연기 전까지는 회수가 가능해진다. 즉, 변제약정일로부터 1~2개월 내에는 회수가 완료되는 것이다. 그럼 여기서 생각날 때마다 변제를 독촉하는 경우를 살펴보자. 변제약정일과 무관하게 생각날 때마다 변제를 독촉하게 되면 회수기일이 길어지게 된다. 회수기일이 길어지면 앞에서 설명한 대로 채무자는 채무변제의지가 약해지고 이런 상태에 있는 채무자에게 변제를 독촉하게 되면 채무자의 감정만 상하게 된다. 이런 경우 거래처 사장이 자사의 영업사원에게 '당신은 돈을 받으러 다니는 사람입니까 아니면 영업하는 사람입니까? 영업은 안 하실 건가요?' 등의 표현을 하는 경우도 종종 있는데, 이럴 때는 채권 회수도 안 되고 영업도 어려워진다. 더욱이 회수기간이 더 길어지게 되면 채권을 회수하기 위해 무리수를 쓰는 경우도 생겨 거래처와의 관계가 더 악화될 수도 있다. 그러나 앞에서 설명한 회수기법을 활용한다면 채무자로부터 오히려 '우리 사정을 봐주어서 고맙다'는 얘기를 듣게 되는 것은 물론 채권 회수도 1~2개월 내에 할 수 있으며 영업도 활성화될 수 있는 것이다.

(4) 워크시트(Work Sheet)를 활용한다

채권을 회수하는 데 있어 변제약속을 받는 것 외에 워크시트(Work Sheet)를 활용하면 좀 더 체계적으로 회수활동을 할 수가 있다.

[채권 회수 워크시트(Work Sheet)]

거래처	1차		2차		3차		4차		5차		비고
	일자	금액	일자	금액	일자	금액	일자	금액	일자	금액	

1차에는 1차 변제약정일과 변제될 금액을 기재하고, 변제약정일에 변제가 안 되고 연기될 경우에는 연기된 2차 변제약정일과 변제될 금액을 기재한다. 3차, 4차, 5차로 몇 차례 더 연기될 경우 동일한 방법으로 기재한다. 여기서 주의해야 할 점은 변제약정일과 변제될 금액은 명확한 근거를 가지고 작성해야 한다는 것이다. 명확한 근거로는 거래처의 변제 약속이나 거래처에 따라 결제일과 결제금액이 정해져 있는 경우가 있을 것이다. 워크시트가 작성되면 워크시트상의 변제약정일이 동일한 거래처들에 대해 그날그날 변제 요구를 한다. 변제를 요구하는 시간은 오전 10~11시 사이가 좋다. 아침 일찍 하는 것은 자칫 채무자의 감정을 상하게 할 수 있고 또 오후에는 주로 외출을 하는 경우가 많기 때문이다. 그리고 변제의사가 있는 채무자에게는 통화 시간은 3분 이내가 좋다. 통화가 너무 길어지면 무리수가 생길 수 있으며 업무효율이 떨어지기 때문이다. 전화를 하든 방문을 하든 거래처와 접촉하는 경우에는 냉철한 이성을 갖되 인간미를 가지고 접근해야 한다. 변제를 요구하면서 언성을 높이거나 하여 거래처의 감정을 상하게 해

서는 안 된다. 거래처의 감정을 상하게 하면 회수활동 자체가 무의미해질 수 있으며 이렇게 되면 채권 회수가 순탄하게 이루어지지 않기 때문이다. 채권 회수 워크시트(Work Sheet)를 활용하여 적기에 채권을 회수하게 되면 채권자 측에서도 이익이 되지만 거래처도 적정한 채무액을 유지하게 되고 계속적으로 물품을 공급받을 수 있어 양자 모두가 원활한 거래와 이익을 얻을 수 있다.

(5) 최후의 방법도 고려한다

일반적인 경우 앞에서 설명한 회수기법을 활용하면 채권 회수가 정상적으로 이루어진다. 그런데 모든 일이 그렇듯이 채권 회수에도 예외는 있다. 거래처 가운데는 '약속을 어겨서 미안하다'든지 연장을 해준 것에 대해 '배려해 주었다'라는 생각을 거의 갖지 않는 자기중심적인 경우가 간혹 있다. 이런 거래처는 워크시트를 활용한 회수효과를 기대하기 어렵다. 이런 거래처는 부실화 될 가능성이 크며 어떤 면에서는 거래를 중단하는 게 오히려 나을 수도 있는데, 이런 경우는 간접적으로 압박을 해야 한다. 즉, 연대보증인이나 물상보증인이 있다면 이들에게 변제를 청구하는 것이다. 이렇게 되면 연대보증인이나 물상보증인이 채무자에게 간접적으로 변제토록 요구하게 될 것이고 채무자는 연대보증인이나 물상보증인으로부터 압박을 받게 되는 것이다. 간접적으로 압박하는 또 다른 방법으로 수시로 방문하는 방법이 있다. 이 경우 방문은 회사나 가정으로 방문하는 것인데, 아침에 방문하는 게 효과적이다. 물론 이런 방법은 정상적인 거래처에 활용하는 방법은 아니다. 소위 악덕 채무자에게 활용하는 방법으로 보면 되는데, 이런 방법을 쓰게 되면 상당 부분 회수가 가능해진다. 이런 방법으로도 회수가 안 된다면 가압류, 소제기, 강제집행 등 강제회수방법을 고려해야 한다.

2) 최고장 활용

(1) 최고장을 발송하여 보자

채무자가 변제기일이 경과한 채권을 변제하지 않을 경우 채권자는 최고장이라는 명칭으로 채무를 변제해 줄 것을 채무자에게 통지하게 되는데, 이를 '최고장 발송에 의한 독촉'이라 한다. 채무자가 연체를 하고 있는 사실과 변제할 것을 독촉함으로써 채무자로 하여금 지불의사를 갖도록 하는 것이 최고장을 통지하는 첫 번째 목표이다. 최고장에는 변제를 독촉하는 내용 외에 변제를 하지 않게 되면 향후에 가압류, 민사소송 등 법적으로 대응할 것임을 명기한다. 그리고 실제 그 기간 내에 채무자의 반응이 없으면 최고장에 명기한 대로 가압류 등 법 조치를 하여야 한다. 이렇게 함으로써 채무자를 심리적으로 압박하여 채무변제 의사를 이끌어 낼 수 있다. 또한 후에 민사소송을 제기하는 경우 증거 자료로도 활용할 수가 있는데 이것이 최고장을 통지하는 두번째 목표이다. 최고장에 필히 기재해야 할 내용은 다음과 같다.

- 채권의 변제기가 도래하였음을 명기한다. 변제기가 정해져 있지 않은 채권의 경우에는 송달시점이 변제기가 된다.
- 채권자가 받을 채권금액과 연체이자를 명기하고 정해진 기일까지 변제 해줄 것과 그 때까지 변제를 하지 않으면 법 조치를 할 것을 명기한다.
- 대리점 등과 같이 계속적인 거래의 경우에는 일정 기간 내에 채무를 이행하지 않게 되면 거래관계가 종료된다는 사실과 기한의 이익이 상실된다는 사실을 명기한다.

기한의 이익 상실

변제기일이나 만기일이 도래하지 않았지만 계약상대방이 계약을 이행하지 않거나 계약이행을 할 수 없는 상태가 발생할 때 변제기일이나 만기일에 상관없이 이행기일이 도래하는 것을 '기한의 이익 상실'이라고 한다.

기한의 이익 상실 사유가 발생하면 채권을 청구하거나 담보권을 실행하여 채권 회수조치를 취할 수 있다.

[양식]

최 고 장

20××. 10. 15.

문서번호 :

수신 : 경기도 ○○시 ○○동 ○○○번지

○○○○주식회사

대표이사 ○ ○ ○ 귀하

제목 : 채무이행의 최고

1. 귀사의 일익 번창함을 기원합니다.
2. 20××년 5월 30일 당사에서 귀사에 납품한 물품대금 원과 이에 대한 연체이자 ___________%가 당사의 수차례 변제 청구에도 불구하고 변제되지 않고 있습니다.
3. 상기한 채무를 20××년 10월 30일까지 변제하여 주시기 바라며 위 기간 내 변제하지 않을 때에는 부득이 귀사를 상대로 가압류・민사소송・강제집행 등 법적인 조치를 취할 것임을 양지바랍니다.

발신 : 서울시 강남구 ○○동 ○○번지

○○○○주식회사

대표이사 ○ ○ ○ (인)

최고장을 발송할 때는 송달될 주소를 정확히 파악해야 한다. 발송은 일반우편으로 하여도 되지만 내용증명으로 통보하는 것이 보통이다. 그리고 최고장은 먼저 주채무자에게 송달해야 하며, 주채무자로부터 채무변제에 대한 반응이 없으면 연대보증인에게 발송하고 담보제공자(물상보증인)에게 담보권 행사 의사를 통지한다. 이는 채무자를 간접적으로 압박하는 한 방법이기도 하다.

내용증명

내용증명이란 우편물의 특수한 취급제도로서, 발송인이 수취인에게 당해 우편물의 문서내용이 어느 때 송달되었는지를 증명해 주는 우편제도이다. 배달증명부 내용증명으로 하는 것이 보다 확실하며, 어떤 내용의 문서가 송달되었다는 증거로 삼을 수 있고, 또 문서의 확정일자를 부여하는 효력이 있다.

내용증명의 기능

- 송달문서 내용이 증명되는 것이므로 증거를 확실히 할 수 있다.
- 채무자에게 심리적 압박감을 가할 수 있다.

내용증명의 방법

- 송달하고자 하는 내용을 6하 원칙에 의하여 논리적으로 작성한다.
- 발송인과 수취인의 주소・명칭・성명을 명기한 3통의 송달문서를 작성하고 발송인의 날인을 한다.
- 송달문서가 2매 이상인 경우에는 각 장간에 간인을 날인한다.
- 상기 3통의 문서를 우체국에 제출하면 '내용증명 우편으로 제출하였음을 증명한다'는 내용을 명기하고 1통은 우체국에 보관하고, 1통은 수취인에게 발송되며, 1통은 발송인에게 교부해 준다.

(2) 최고장 발송의 효과 및 효력을 활용하라

최고장은 채무자로 하여금 지불의사를 갖도록 하기 위하여 발송하는 것이라고 앞에서 설명한 바 있다. 최고장을 발송함으로써 채무자를 심리적으로 압박하여 채무변제 의사를 이끌어 낼 수 있으며 또 최고장 발송은 향후 민사소송을 진행하게 된다면 민사소송 진행과정에서 채무자에게 변제를 독촉한 입증자료 및 증거자료로 활용할 수도 있다. 이러한 효과 외에 최고장을 발송하게 되면 다음과 같은 효력이 있다.

- 채권의 소멸시효가 중단된다. 이때는 6개월 내에 소제기, 지급명령신청 등 재판상의 청구나 가압류, 가처분 등을 해야 소멸시효가 중단되는 효력이 유지된다.
- 변제기를 정하지 않은 채권에 대해서는 변제기가 도래한 효력이 생기며, 이때부터 채무자의 이행지체 책임이 발생하게 된다.
- 계약의 해제・해지권이 발생한다. 일정한 기간을 두어 계약을 이행할 것을

통보하고 이때까지 이행하지 않으면 계약을 해제·해지한다는 것으로 통보한 경우 이 기간이 경과하면 계약이 해제·해지된다.

- 권리자에게 권리를 행사하거나 신고할 것을 통지한 경우에 권리자가 이를 게을리 하게 되면 권리행사에 제한을 받게 된다.

3) 제3자에 대한 채권을 양도 받아라

채무자에게 채무를 변제할 것을 요구할 경우 채무자 자신도 받을 채권을 변제받지 못하여 지급할 수 없다는 얘기를 종종 듣게 된다. 이럴 때 제3자가 변제할 능력이 있다면 채무자의 제3자에 대한 채권을 양도받아 채권을 확보할 수도 있다.

채권양도란 채권의 동일성을 유지하면서 채권양도 계약에 의하여 채권을 이전하는 것이다. 즉, 채권자와 채무자간의 채권양도 계약에 의하여 채무자가 제3자로부터 받을 채권이, 채권자가 제3자로부터 받을 채권으로 바뀌게 되는 것이다.

(1) 채권양도는 이렇게 한다

채권양도는 양수인(채권자)과 양도인(채무자)간에 채권양도계약을 체결하고 제3채무자가 이를 확정일자 있는 문서로 승낙을 하거나 채무자가 제3채무자에게 확정일자 있는 문서로 채권양도 통지를 함으로써 성립한다. 채권양도 승낙이나 채권양도 통지는 확정일자 있는 문서로 해야 한다.

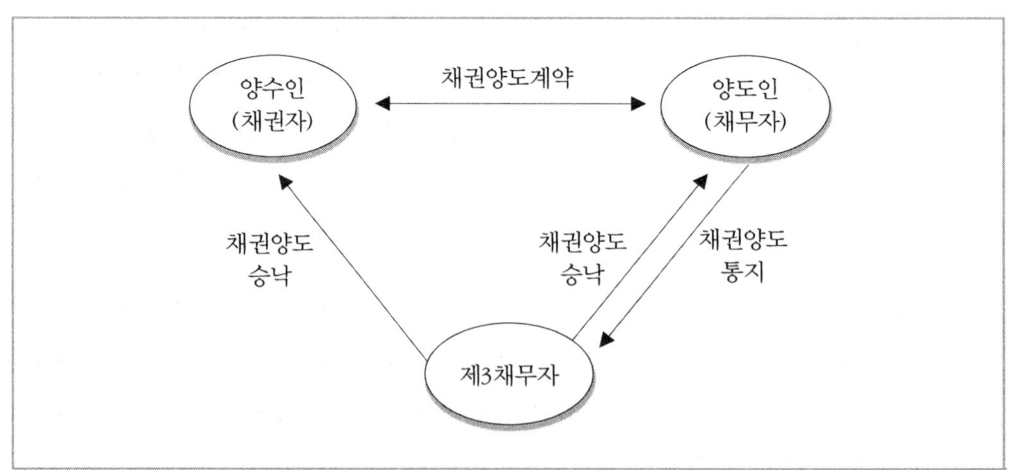

채권양도계약

확정일자 있는 문서로 해야 제3자에게 대항할 수 있기 때문이다. 이때 채권양도 통지는 채무자(양도인)가 제3채무자에게 해야 한다. 실무에서 채권양도 승낙은 공증사무소 등에서 확정일자를 부여받으며, 채권양도 통지는 내용증명 우편으로 통지한다. 내용증명은 우체국에서 문서에 확정일자를 기재한 문서로서 확정일자 있는 문서가 된다. 채권양도 통지를 하는 경우보다는 제3채무자의 채권양도 승낙을 받는 경우가 유리하다. 왜냐하면 채권양도 통지의 방법에 의하는 경우에는 제3채무자가 채권의 불성립, 채권미존속, 변제완료, 상계 등을 주장하는 경우가 종종 발생하기 때문이다.

[양식]

채 권 양 도 계 약 서

채무자(양도인) ○○○와 채권자(양수인) ○○○는 채무자가 채권자에 대해 부담하고 있는 채무 금 ______________원의 변제를 위하여 채무자가 _________년______월 ______일자 물품매매 계약에 의하여 제3채무자 ○○○에게 가지고 있는 채권 금____________원을 채권자(양수인)에게 양도한다.
이 채권양도계약과 관련하여 양도인은 아래 사항을 준수하여야 한다.

- 아 래 -

1. 채무자는 즉시 제3채무자에게 확정일자 있는 문서로 채권양도 승낙을 받거나 양도통지를 하여야 한다.
2. 채무자는 제3채무자가 채무자에 대항할 사유가 없음을 보증한다.
3. 제3채무자에 대한 채권은 타에 양도되거나 담보로 제공되지 않았음을 보증 한다.
4. 채무자는 제3채무자가 채무자에 대해 반대 채권을 가지고 있지 않음을 보증 한다.
5. 채권자가 제3채무자로부터 채권을 추심하여 추심에 소요된 비용, 연체이자, 채무원금 순으로 채무변제에 충당하여도 이의를 제기하지 않는다.

_________년______월 ______일

양도인 주소

△△△△ (주)
대표이사 ○ ○ ○ (인)

양수인 주소

△△△△ (주)
대표이사 ○ ○ ○ (인)

위 채권양도를 이의 없이 승낙함.
제3채무자 주소

△△△△ (주)
대표이사 ○ ○ ○ (인)

확정일자

채 권 양 도 계 약 서

양도인(채무자) ○○○와 양수인(채권자) ○○○는 양도인(채무자)이 양수인(채권자)에 현재 부담하고 있는 채무 금 원의 변제를 위하여 양도인(채무자)가 년 월 일자 통조림 공급계약에 의하여 제3채무자 ○○○에게 가지고 있는 통조림 대금채권 금 원을 양수인(채권자)에게 양도한다.

이 채권양도 계약과 관련하여 양도인(채무자)는 아래의 사항을 준수하여야 한다.

아 래

1. 양도인(채무자)은 제3채무자로부터 채무자에 대항할 사유가 없음을 보증하며 아래5에 의한 통지의 효력 발생에 이르기까지 채권자의 권리 행사를 방해할 수 없다.
2. 양도인(채무자)은 제3채무자에 대한 채권은 타에 양도되거나 담보로 제공하거나 압류 등의 권리가 없음을 보증한다.
3. 양도인(채무자)은 제3채무자가 채무자에 대해 상계할 수 있는 반대 채권을 가지고 있지 않음을 보증한다.
4. 양도인(채무자)은 양수인(채권자)가 제3채무자로부터 채권을 추심하여 추심에 소요된 비용, 손해금 등을 제한 후 채무변제에 충당하여도 이의를 제기하지 않는다.
5. 채권양도 통지는 양도인(채무자) 명의의 확정일자 있는 문서로 양수인(채권자)이 통지할 수 있도록 양도인(채무자)은 양수인(채권자)에게 위임한다.

년 월 일

양도인 주소

△△△△ (주)

대표이사 ○ ○ ○ (인)

양수인 주소

△△△△ (주)

대표이사 ○ ○ ○ (인)

채권 양도 통지

수취인 : 경기도 ○○시 ○○동 ○○번지
주식회사 ○○○○ 대표이사 ○ ○ ○

당사가 귀사에 년 월 일자 공조기 공급계약에 의하여 년 월 일 납품완료한 통조림 대금 금 원의 청구 채권을 서울시 ○○구 ○○동 ○○ 번지 ○○○○ 주식회사에게 양도하였음을 통지하오니 양수인인 ○○○○주식회사에게 대금을 지급하여 주시기 바랍니다.

년 월 일

채권양도인 : 서울시 ○○구 ○○동 ○○번지

○○○○ 주식회사
대표이사 ○ ○ ○ (인)

관련된 판례

채권양도가 있기 전에 미리 하는 채권양도통지는 채무자로 하여금 양도의 시기를 확정할 수 없는 불안한 상태에 있게 하는 결과가 되어 원칙으로 허용 될 수 없다 할 것이지만 이는 채무자를 보호하기 위하여 요구되는 것 이므로 사전통지가 있더라도 채무자에게 법적으로 아무런 불안정한 상황이 발생하지 않는 경우에까지 그 효력을 부인할 것은 아니라 할 것이다. - 2010. 2. 11. 2009다90740 -

확정일자

그 날짜에 그 문서가 존재하였음에 관한 완전한 증거력을 주는 일자를 말하며 공증사무소, 공증인가 합동법률사무소, 법무법인이나 등기소, 동사무소 등 공공기관에서 부여받을 수 있다.

(2) 채권양도가 제한되는 경우

채권양도는 모든 채권이 다 가능한 것이 아니고 법률 등에 의하여 제한되는 경우가 있는데, 법률에 의하여 금지되는 채권은 부양 청구권, 공무원 연금 급여 청구권, 산업재해 보상청구권 등이다. 채권의 특성상 채권의 성질에 의하여 채권양도가 제한되는 경우도 있는데 사용대차의 사용자의 채권, 종신 정기금 채권과 같이 채권자가 바뀌게 되면 권리 행사에 현격한 차이가 나는 채권이 이에 해당된다. 또한 당사자 간 사전약정에 의하여 양도금지 특약이 정해지는 경우가 있는데 이때는 채권양도가 되더라도 당사자 간에는 양도성이 없다. 그러나 이때도 선의의 제3자에게는 대항하지 못하므로 그러한 사실을 모르고 채권을 양도받은 양수자에게는 채권양도의 효력이 유효하게 발생한다.

(3) 채권양도시는 이런 사항을 주의하라

우선 상계적상(자동채권과 수동채권이 모두 변제기에 도래한 때)에 있는 채권인지의 유무를 확인해야 하는데, 여기서 자동채권은 받을 돈을, 수동채권은 줄 돈을 말한다. 그런데 자동채권의 변제기가 채권양도 통지나 승낙일보다 빠르다면 수동채권 변제기가 채권양도 통지 또는 승낙일보다 늦더라도 상계가 가능하다.

실무에서 채권양도 통지에 의하여 채권을 양도 받는 경우에 양도인과 제3채무자가 서로 모의해서 자동채권을 소급하여 만들어 놓는 경우도 간혹 있으므로 유의해야 한다. 따라서 이때는 채권양도 계약 후 양도통지 도달시점에 제3채무자를 만나 채권양도 통지서 수령여부와 채권의 존속여부 등을 필히 확인해야 한다. 채무자(양도인)가 채권을 이중으로 양도하였는지의 여부도 확인해야 한다. 채무자(양도인)는 여러 채권자들로부터 채무변제 독촉을 받게 되면 이중, 삼중으로 채권을 양도하는 경우가 있다. 이중 양도시는 확정일자 있는 문서에 의한 양도승낙일이나 양도 사실을 제3채무자가 송달받은 날의 선후에 의하여 우선순위가 정해진다. 그러므로 채권을 양도받은 채권에 대한 채무자의 채권양도 통지 전에 다른 채권자에 대한 채무자의 채권양도 통지가 먼저 있었는지의 여부를 확인해야 한다. 또 계약, 약정에서 용어나 문구를 잘 구별하여 써야 할 경우가 있는데 그 중 하나가 '~대금의 지급에 갈음하여'와 '~대금 지급을 위하여'라는 문구이다. 이 중 채권양도계약서상에 '~대금의 지급에 갈음하여'라는 문구를 넣어서는 안 된다. 이러한 문구를 넣어 채권을 양도받게 되면 채무자에 대한 원인채권이 소멸하기 때문이다. 따라서 '~대금지급을 위하여'라는 문구를 넣어 채권을 양도받도록 해야 한다. 그리고 채권양도 계약을 할 때에는 채무자와 제3채무자와의 채권발생 증빙을 확보해야 한다. 세금계산서, 거래명세표를 채무자의 원본대조필을 받아 수령해 두는 것이 그 방법이다. 이렇게 되면 제3채무자의 채무 부존재 주장을 예방할 수 있다.

관련된 판례

일반적으로 채권에 대한 가압류가 있더라도 이는 가압류 채무자가 제3채무자로부터 현실로 급부를 추심하는 것만을 금지하는 것이므로 가압류 채무자는 제3채무자를 상대로 그 이행을 구하는 소송을 제기할 수 있고, 법원은 가압류가 되어 있음을 이유로 이를 배척할 수 없는 것이며, 채권양도는 구채권자인 양도인과 신채권자인 양수인 사이에 채권을 그 동일성을 유지하면서 전자로부터 후자에게로 이전시킬 것을 목적으로 하는 계약을 말한다 할 것이고, 채권양도에 의하여 채권은 동일성을 잃지 않고 양도인으로부터 양수인에게 이전된다 할 것이며, 가압류 된 채권도 이를 양도하는데 아무런 제한이 없으나, 다만 가압류 된 채권을 양수받은 양수인은 그러한 가압류에 의하여 권리가 제한된 상태의 채권을 양수받았다고 보아야 할 것이다. - 2000. 4. 11. 99다23888 -

(4) 임차보증금 양도

채권양도는 채무자가 제3자에게 받을 채권을 양도받아 채권을 보전하는데 활용된다. 즉, 채무자가 제3자로부터 받을 물품대금채권, 대여금, 채무자의 임차보증금을 양도받는 경우에 주로 활용된다. 임차보증금의 양도시는 다음 사항을 고려해야 한다.

- 임차보증금은 담보적 성격을 띠며 임대인은 다른 채권자보다 우선적으로 변제받는다.
- 따라서 임대인은 임차보증금에서 월세, 관리비 등 자신이 변제받을 금액을 제하고 양수인에게 지급한다.
- 임차기간 만료 전에는 임차물의 명도와 임대인과 합의가 되지 않으면 양수금이 청구되지 않는다.

4) 채권회수가 어렵다면 재고라도 회수하라

채무자가 채무를 변제할 수 없는 사정으로 가장 많이 얘기하는 것으로 채무자 자신도 받을 채권을 변제받지 못했다는 것과 물건이 팔리지 않아 지급할 수 없다는 것이 있다. 이때 채무자에게 납품한 물건을 반납 받아 잘 팔리는 거래처에 다시 납품하는 방법을 취하게 되면 채권을 변제받은 결과가 될 수 있다. 또 채권자가 직접 납품하지 않은 물품이라도 채무자의 동의를 얻어 양도받음으로써 채권을 회수할 수도 있다.

(1) 재고라도 회수해야 한다

거래처가 부실화되거나 부실화될 징후를 보일 경우에는 채권을 양도받거나 재고를 회수하는 것이 유용한 채권확보 방법이다. 경매 등을 통하여 회수하게 되면 배당이라는 절차를 밟아서 자사가 받을 부분만큼만 회수할 수 있지만, 채권양도나 재고 회수는 환가한 전 금액으로 채권을 변제받을 수 있기 때문이다. 따라서 채권자가 납품한 물품이나 채무자 소유의 물품을 채무자의 동의를 받아 회수함으로써 채권보전이나 채권 회수에 활용하면 유용할 것이다. 계약이 해제되면 계약이 소급적으로 무효가 되는 것이므로 계약 관련 물품은 채권자의 소유가 되며, 채권자는 점유자의 동의 또는 법적 절차를 밟아 회수할 수 있다. 소유권 유보부 물품은 대금지급이 완료되기 전까지는 소유권이 채권자에게 있기 때문에 이 또한 점유자의 동의 또는 법적 절차를 밟아 회수할 수 있을 것이다.

소유권 유보

물품대금의 완납 전까지 물품의 소유권을 매도자에게 유보하는 것을 말한다. 소유권 유보가 되어 있으면 채무자가 물품대금을 변제치 않을 경우 매도자는 그 물품을 절차를 밟아 회수할 수 있다.

앞에서 언급한 대로 거래처의 판매가 부진할 때는 납품재고를 회수하여 판매가 잘 되는 타 거래처에 출하하는 방법도 강구할 수 있다.

(2) 채무자 동의를 받고 회수해야 한다

채권을 회수한다는 명목하에 채무자 소유 및 점유의 재고를 무단으로 회수해 왔다가 채무자의 형사고소로 애를 먹는 경우를 종종 보게 된다. 채무자 소유의 재고를 무단으로 회수해 오게 되면 절도, 강도가 되며 무단으로 주거를 침입하게 되면 주거침입죄가 된다. 소유권 유보조항이 있거나 계약이 해제되어 소유권이 채권자에게 있는 경우라도 법적 절차를 거치지 않고 무단으로 회수해 오면 권리행사방해, 점유강취가 될 수 있다. 따라서 재고를 회수할 때에는 형사적으로 문제가 되지 않도록 각별히 주의해야 한다. 이같은 형사적 문제 없이 재고를 회수하는 가장 안전한 방법은 채무자의 동의를 받고 인수하는 것이다. 그러나 부도가 나거나 회사가 어렵게 되면 채무자가 잠적하거나 도피하는 경우가 많다. 이처럼 채무자의 동의가 불가능할 경우에는 경관이나 성인 2명 이상의 증인을 동반하여 가족, 종업원 등 간접점유자의 동의를 얻어 재고를 회수한다. 또 거래 시작시 거래 기본계약서에 대금지급을 연체한 경우, 계약의 해제・해지한 경우, 기한의 이익 상실사유가 발생한 경우 등에는 채무자는 채권자가 임의로 물품을 회수하는 것에 동의한다는 합의내용을 명기하여 놓게 되면 사후에 재고 회수로 인한 형사문제를 상당 부분 축소할 수 있다.

(3) 회수한 재고 품명, 수량 등을 명확히 해야 한다

채권자가 채무자 금고의 내용물을 확인하지도 않고 회수해 왔고 이때 금고 안에 100만원이 있었다고 가정해 보자. 그런데 나중에 채무자가 금고 안에 1억원이 있었다고 주장한다면 상호간에 문제가 야기될 것이다. 이처럼 재고를 회수할 때는 품명과 수량을 명확히 하여 회수해야 한다. 그래야만 사후에 품명과 수량에 대한 상호간의 분쟁을 방지할 수 있다. 따라서 재고를 회수할 때에는 채무자 본인, 임직원, 가족 등을 입회시켜 품목, 규격, 수량 등을 구체적으로 기재한 확인서를 작성하여 상호확인한 후 수령해야 한다.

(4) 환가 문제를 고려해야 한다

재고를 회수하는 데 있어서 문제가 될 수 있는 것 중의 하나가 환가 문제이다. 채권자는 중고물품이고 가치가 별로 나가지 않는 물건이라고 주장하는 반면 채무자는 포장도 뜯지 않은 상태로 항온항습기가 설치된 창고에 보관하였던 정상품이었다고 주장한다면 어느 금액만큼의 채권을 변제된 것으로 보아야 하는지에 대해 이해가 상충될 것이다. 따라서 재고를 회수할 때에는 환가금액, 환가방법, 환가시기에 대해 명확히 합의하고 회수해야 한다. 실무에서는 보통 채권자가 임의 처분하여 환가하고 환가된 금액에 한하여 변제된 것으로 한다는 내용으로 채무자의 동의를 수령한다. 그리고 이런 경우에도 거래 기본계약서에 채권자의 임의처분 및 환가의 권한을 주는 사항이 명기되어 있다면 향후 민사적인 문제를 상당부분 축소할 수 있을 것이다.

물품 양수도 계약서

제1조 양도인 ○○○은 양도인이 양수인에 대하여 현재 부담하고 있는 채무 중 본 계약 제2조에 의하여 환가한 금액의 변제에 대신하여 다음의 물품을 양수인 ○○○에게 양도한다.

품명	규격	수량	비고

제2조 양도받은 물품은 채권자가 임의 처분하여 환가하고 환가 된 금액만큼만 변제에 충당된 것으로 한다.

제3조 양수인은 제2조의 환가한 금액에 대한 증빙 사본을 환가일로부터 7일 이내에 양도인에게 교부하는 것으로 한다.

년 월 일

양도인 주소

○ ○ ○ (인)

양수인 주소

○ ○ ○ (인)

(5) 소유권 유보, 계약 해제시 재고 회수

소유권을 유보하거나 계약을 해제할 경우 재고를 회수하는 가장 좋은방법은 채무자와의 합의하에 재고를 인도받는 방법이다. 그러나 채무자가 합의해 주지 않거나 채무자가 잠적해 버리는 등 합의를 얻을 수 없는 경우는 정식적인 법 절차를 밟아서 회수해야 한다. 그리고 재고물품이 이미 제3자에게 압류된 경우에는 집행정지가처분신청을 하고 제3자 이의의 소를 제기하여 권리를 행사해야 한다.

5) 상계 활용

(1) 상계처리로 채권 · 채무를 소멸 시켜라

상계 방법 및 효과상계란 동일한 종류의 받을 돈(자동채권)과 줄 돈(수동채권)을 가지고 있는 경우에 일방적인 의사표시에 의하여 대등액에서 그 채권 · 채무를 소멸시키는 것을 말한다. 이러한 상계는 간단한 절차를 통해 채권 · 채무를 소멸시킬 수 있으며, 상대방의 변제능력 여부와 상관없이 채권을 변제받을 수 있는 효과가 있다. 상계를 할 수 있으려면 받을 돈(자동채권)과 줄 돈(수동채권)이 상계할 수 있는 상태인 상계적상에 있어야 한다. 상계적상이란 채권자가 받을 권리가 있는 채권인 자동채권과 채무자에게 지급할 의무가 있는 채권인 수동채권이 모두 변제기에 도래한 상태를 말한다. 실무적으로는 자동채권은 반드시 변제기에 도래해야 하나 수동채권은 반드시 변제기에 도래하지 않았더라도 상계를 할 수 있다. 상계를 하는 채권자는 자신의 기한 내 얻을 수 있는 이익을 포기할 수 있다고 볼 수 있기 때문이다.

(2) 상계 방법 및 효과

상계는 채권자가 상대방에게 받을 자동채권과 채권자가 상대방에게 지급해야 할 수동채권을 상계하겠다는 상계의 의사를 표시함으로써 성립한다. 상계의 의사표시에는 조건이나 기한을 붙이지 못하며 의사표시는 구두로도 할 수 있으나 사후 분쟁을 예방하기 위해서는 내용증명으로 하는 것이 확실하다. 상계의 의사표시는 상대방에게 도달함으로써 효력이 발생한다. 이처럼 상계를 하게 되면 자동채권과 수동채권은 대등액에서 소멸한다. 상계는 상계적상이 된 때에 성립하는 것으로 소급적용이 되므로 약정이자, 지연손해금 등은 발생하지 않는다. 그러나 양 당사자간에 상계시에도 상계시기까지의 약정이자, 지연손해금을 부담하기로 하는 약정이 있는 경우에는 약정이자, 지연손해금이 발생한다.

(3) 상계 금지 및 제한되는 채권

상계가 금지되거나 제한되는 채권으로는 다음과 같은 것들이 있다.

① 당사자간에는 상계를 금지하는 특약을 할 수 있고 이렇게 당사자간에 상계 금지 특약이 있는 경우에는 상계가 금지된다. 그러나 이때 상계금지의 효력은 당사자간에만 발생하는 것이며 선의의 제3자에게는 대항할 수 없다.
② 고의의 불법행위에 의한 손해배상채권은 상계가 안된다. 단, 과실의 불법행위로 인한 손해배상채권은 상계가 가능하다.
③ 압류가 금지되는 채권은 상계가 금지된다.
④ 압류, 가압류, 질권설정채권은 상계가 제한 또는 금지된다.
⑤ 주금납입채권은 상계가 금지된다.
⑥ 근로자의 임금채권은 상계가 금지된다.

제11장 연습(토론)문제

01. 사전적 거래처 진단과 채권사고예방에 대해 논하시오.

02. 예방적 채권관리에 대해 논하시오.

03. 사후적 채권관리에 대해 논하시오.

04. 임의적 수단에 의한 채권회수에 대해 논하시오.

05. 강제적 수단에 의한 채권회수에 대해 논하시오.

Chapter 12

영업효율분석과 유통점 진단

제1절 영업비용과 효율분석

1. 영업비용 효율분석지표

영업비용이라는 것을 분석・연구해보면 의외로 많은 문제가 있다는 것을 알게 될 것이다. 공장의 제조비용에 대한 연구는 충분히 되어 있는데 반해 영업부문의 비용연구는 그다지 진행되지 않고 있는 것이 현실이다. 그 이유 중의 하나는 취급하는 데이터가 분석・연구 목적을 세워서 입력되어 있지 않기 때문이다. 퍼스컴의 보급과 OA화의 추진이 영업비용의 분석을 가능케 했다는 사람도 있다. 그러나 컴퓨터 정보처리의 역사가 급여계산과 재무계산 중심으로 발달했기 때문에 영업효율이라는 발상으로 데이터를 파악하는 사람이 경리부문과 EDP부문에 존재하지 않았던 것이다. 또 영업인들이 자신이 사용한 영업상의 비용을 사용목적별로 구분하여 입력 해주지 않으면 데이터로 정리할 수 없다는 귀찮은 생각 자체도 이 분야의 연구가 뒤떨어진 이유라고 생각한다. 영업인은 그런 귀찮은 일을 싫어하기 때문이다. 그러나 앞으로의 영업전략에서는 소위 블랙박스에 해당하는 분야의 연구에 메스를 가함으로써 비로소 타 기업과의 차별성을 창조할 수 있을 것이다. 그러면 대체 어떤 데이터를 준비하여 영업효율을 측정하면 좋을까. 그것을 밝히기 위해서는 우선 영업비용에는 어떤 것이 있는가를 생각하지 않으면 안된다.

1) 영업비 "목적별 · 고객별" 분류

영업비의 종류를 대강 들어보면 다음과 같은 항목들이 될 것이다.

(1) 변동비(비례비) 성격 비용

① 수송비

매출액에 비례하여 증가하는 비용 중의 하나이다. 고객에게 물품을 전달하는 데 드는 비용으로 이것이 지나치게 많아지면 결국은 적자영업을 하는 것이 된다. 백화점에서 "시내배달을 무료이지만 지방에의 운임은 실비를 받습니다."라고 하는 것은 이런 이유에서이다. 소량 배달품일수록 상품(제품) 1개당 수송비가 많이 들게 되므로, 수송비의 효율을 검토할 때는 고객별로 상품 1개당 수송비를 계산해보면 된다.

② 창고사용료

창고비용을 말한다. 이것은 수송비의 일부로 취급되는 경우가 많다. 상품의 배달 · 납품을 편히 하기 위하여 각지의 거점에 상품(제품)을 저장해두고 있다면, 이 창고 사용료(보관 창고료)를 포함하여 총체적 수송비를 계산할 필요가 있다.

③ 애프터서비스

팔린 뒤에도 드는 경비이다. 애프터서비스가 필요한 상품을 내구소비재와 의료기재 등에 많다. 팔려서 매출이익을 얻게 되면 이것으로 만사가 끝나는 것이 아니라 전화로 수리담당자가 호출되어 비싼 경비를 써가며 서비스를 해주어야 하는 경우도 있게 된다. 1년간의 보증계약이 되어 있기 때문에 고객에게 수리에 든 경비를 청구할 수도 없게 되어 수리비용이 영업이익을 크게 잠식해버릴 수도 있게 된다.

④ 외상매출금 회수비용

외상영업으로 인해 발생되는 비용이다. 외상으로 상품(제품)을 파는 것은 편하지만 그 회수에는 어려움이 따르기 마련이다. 회수율을 영업인 각 개인별로 계산해보고 고객별로 회수율을 산출해볼 필요가 있다. 특히 "회수불능"이 몇 달이나 계속되는 "불량채권리스트"는 금리만 생각해도 분명히 손해이다. 하물며 대손(貸損)이 될 염려가 있다면 더더욱 회수비용이 중요한 경비가 된다.

(2) 고정비적 성격 비용

① 재고금리

창고에 있는 물건은 돈을 잠식한다. 재고상품(제품)의 금리를 직접영업비에 산입하지 않는 계산체계를 취하고 있는 기업에서는 금리부담에 미치는 영향에 대한 관심을 갖지 않게 된다. 잘 팔려서 회전이 빠른 상품(제품)과 잘 팔리지 않아서 장기간 창고에 묵고 있는 상품(제품)과는 비용면에서 대단히 큰 차이가 있다는 것만은 알아두지 않으면 안 된다. 재고회전율・회전일수가 그 관련지표이다. 재고상품(제품)은 이것이 곧 돈이라는 것을 실감해야 되나 그렇지 못할 경우가 많다. 잡지사에서 월간지 1,2권을 기증하는 것을 예사로 생각한다. 주는 이도 그렇고, 받는 이 역시 그런 경우가 많다. 그러나 이것은 곧 돈이 왔다 갔다 한다는 것을 실감해야 할 것이다. 물론 이 경우 정가가 아니라 원가를 생각하게 되니 피차가 큰 부담을 느끼지 않는 것도 사실이다. 하지만 월간지일 경우 그것이 달을 넘긴 것이라면 문제는 좀 달라진다. 아무리 원가가 많이 들고 일정한 정가가 찍혀있다고 해도 그것이 정가대로 거래되지는 않기 때문이다. 재고상품은 곧 투하된 자본이 상품(제품)으로 잠겨 있는 것이기는 하나 그것이 어느 정도의 가치가 있는 것인가를 항상 명확히 해 두어야 할 것이다 이것은 자본의 효율이나 회전율을 측정할 때 필요할 뿐 아니라 다른 불량재고를 처분하고자 할 경우에도 필요하다. 이에 재고대장에 정확히 평가하여 정리해 두는 것이 중요하다.

② 영업인건비

직접 영업활동을 하는 사람의 급여이다. 매출에 비례적인 인건비는 커미션 세일(commission sale)에 의한 실적급이다. 그러나 지금은 거의가 고정급이며 거기에 장려금적인 실적 비례급을 가산하고 있는 것이 일반적인 실태이다. 물론 영업인의 인원수에 비례하여 매출이 증가하는 분야에서는 역시 영업효율을 측정하는 중요한 지표가 된다(1인당 매출액, 인건비 1만원당 매출액 등).

③ 영업 제(諸) 경비

변동비적 성격과 고정비적 성격이 혼재해 있다. 영업인이 한번 행동을 개시하면 당장 경비가 필요하다. 여비・택시비・일당・전화료・숙박료・교제비 등이 한 사람 한 사람 따라 다닌다. 물론 이에 대응하는 매출을 올려준다면 문제는 없겠지만 그리 쉬운 일은 아니다.

- "영업경비 단위당 매출액(혹은 매출이익)"
- "특정고객을 위한 영업경비"
  등을 산출해 분석해보면 이 지표도 퍽 재미있는 결과가 나올 수 있다. 깜짝 놀랄 숫자가 나오는 일도 있다.
- "영업인 각 개인별 사용경비실적"이나 지역별로 전국을 나누어 "지역별 영업경비"라는 각도에서의 분석도 가능하다.

어느 경우든지 비용지불전표에 자세하게 목적요건이 기입되어 있지 않으면 분석할 수 없는 정보이기 때문에, 대부분의 회사가 귀찮게 생각하여 실시하지 않고 그저 대충 계산하고 있는 것 같다. 세밀하게 분할하여 영업비용을 분석해봄으로써 영업효율상의 작전변경이 가능하게 된다. 매출만 올리면 칭찬을 받던 우리의 영업인의 사고방식을 혁신해야 할 가장 중요한 시점에 이르렀다고 할 수 있겠다.

2) 영업효율 연구가치

오늘날과 같이 상품(제품)이 남아 돌고, 더구나 고객이 별로 상품(제품)을 원하지 않는 시대에는 매출액 신장이 좀처럼 쉽지 않다. 그러므로 매출 지상주의가 아니라, 효율 지상주의 혹은 이익 지향주의로 사고방식을 바꾸어가는 것이 타당한 전략이 된 것이다. 변동비와 고정비를 유효하게 사용하는 영업전략을 세우고 또 자신도 알지 못하는 사이에 손해를 보고 있는 어리석은 영업을 하지 않도록 연구할뿐더러 노력해 나가는 것을 중시하게 되었다. 우리의 많은 기업은 매출 지상주의시대에 성장하여 만들면 팔리고 팔리면 버는 그런 패턴에 너무나도 오래 익숙해져 왔다. 그러므로 영업효율 연구는 시작 단계에 불과한 것이다. 공장에서의 생산효율에 대해서는 매우 깊게 연구축적을 해온 우리 기업이지만 영업효율이라는 면에서는 선진국 기업에서 배우는 바가 매우 많으리라 생각한다. 그럼, 여기서 매우 간단한 계산을 한 가지 해보자. 다음 〈표 12-1〉의 사례는 매우 단순한 모델이다. A사는 B사보다 매출액에서는 떨어지지만, 이익액에서는 훨씬 앞서고 있다. 그 원인은 다음 표를 보면 알 수 있을 것이다. 왜냐하면 영업효율에 있어 몇 가지 면에서 B사에는 문제가 있기 때문이다. 그러면 이 표의 A ~ H의 각 항목을 양 사간을 비교하면서 영업효율에 관한 학습을 진행하기로 한다.

〈표 12-1〉 영업효율 분석 비교

		A 사		B 사	
A	매 출 액	150,000천원		180,000천원	
B	매출원가	120,000천원		144,000천원	
C	매출이익액	30,000천원	①	36,000천원	①
D	영업인건비	3인 15,000천원		4인 20,000천원	
E	운 임	근거리 2,000천원		원거리 4,000천원	
F	영업경비	5,000천원		8,000천원	
G	재고금리	3,000천원		5,000천원	
H	영업이익액	5,000천원	②	▲ 1,000천원	②

(1) 이익률 지표

지금부터 영업효율지표에 대해서 이 사례를 가지고 연구하기로 한다. 그러면 (1)부터 하나하나 계산하기 바란다.

〈표 12-2〉 이익률 지표

효 율 지 표	A 사	B 사
① 매출액 매출이익률 $\left(\frac{C}{A}\right)$	$\frac{30}{150}$ = (1) %	$\frac{36}{180}$ = (3) %
② 매출액 영업이익률 $\left(\frac{H}{A}\right)$	$\frac{5}{150}$ = (2) %	▲ $\frac{1}{180}$ = (4) %

이 두 개의 지표를 보면, B사의 업적이 나쁜 이유가 판매가에 있는지 판매가 이외에 원인이 있는지 분명한 답을 나타내고 있다. 매출이익이란 판매가에서 상품(제품)비용 등 변동적 비용만을 뺀 금액이며 그것이 매출액의 몇 %에 해당되는가가 영업효율 지표가 되는 것이다.

(2) 인건비 관련지표

〈표 12-3〉 인건비 관련 지표

효 율 지 표	A 사	B 사
③ 인건비당 매출액 … A/D 매출액/인건비	150/15 = (1) /1천원	180/20 = (5) /1천원
④ 영업인 평균매출액 … A/영업인 인원	150/3 = (2) /인	180/4 = (6) /인
⑤ 인건비당 매출이익액 … C/D 매출이익액/인건비	30/15 = (3) /1천원	36/20 = (7) /1천원
⑥ 노동분배율 … D/C 인건비/매출이익액	15/30 = (4)	20/36 = (8)

앞의 네 가지의 효율지표의 계산을 해보았는가? 효율지표를 보는 법은 둘로 나누어진다. 그 하나는 영업인의 투입효율이 적절한가, 너무 많이 투입되거나 또는 너무 적게 투입되지는 않았는가, 지역별 투입은 적절했는가 등과 같이 영업인 배치의 적・부적(不適)에 대한 판단자료가 된다. 또 다른 견해는 그 지역에서의 영업인의 활동상황이 어느 정도나 되는가에 대한 영업인의 노력도의 지표로 사용한다. 그러나 불행하게도 이 두 가지 견해는 그리 간단히 분리되지 않는다. 그러므로 어떻게 해서든 따로 비교할 수 있는 요소들을 찾아내어 그 분리를 시키려고 애를 쓴다. 예를 들면 같은 지역에서 타사 데이터를 입수하여 비교할 수 있으면 그것은 영업인의 노력도 지표가 된다. 왜냐하면 같은 지역의 일이므로 타사보다 효율이 나쁘다는 것은 어딘가 영업인의 노력이 부족한 곳이 틀림없이 있다고 봐도 좋기 때문이다. 그러나 같은 회사 내의 지표만으로 지역별 데이터를 산출하여 비교해보면 지역간의 차는 노력도 차이라기보다도 전략적 요원배치의 불균형이라든가 타겟으로서의 고객선택의 착오 등을 파악할 수 있는 자료가 되기 때문에 전략상의 기초 데이터로 사용되는 것이다. 안타깝게도 우리나라 기업에서는 전략적 경리 전문가의 수가 많지 않기 때문에 이들 영업효율의 측정지표가 영업인의 노

력도를 측정하는 척도로서만 사용되고 있는 것 같다. 영업인의 노력도를 정확하게 알고 싶으면 전년 같은 기간의 매출비와 매출신장률과 신규고객 개척건수 등을 구체적으로 파악해야 한다.

(3) 고객분류 지표

이 지표에는 좀 더 연구가 필요하다. 고객관련 지표이기 때문에 어떤 목적으로 고객을 분류하는가에 따라서 효율측정의 결과척도가 여러 가지로 달라지기 때문이다. 고객 분류와 분석 중요성에 대해서는 새삼스럽게 말할 필요도 없으리라 생각한다. 왜냐하면 상품(제품)개발이나 마케팅 활동 전반에 있어서 항상 "고객은 누구인가"를 인식해야 하기 때문이다. 그러면 대표적인 고객분류법을 다음에 소개한다.

① 지역별 고객분류

지역에 따라 고객 행동이 상이한 경우가 있다. 또 어느 지역 고객이 효율상 유리한 고객이며 어느 지역의 고객이 적자거래 고객인가를 지역별로 매출·이익지표를 비교함으로써 판단할 수 있다.

② 수송거리별 고객분류

지역에 의한 분류는 다른 각도에서 말하면 그것은 상품(제품)의 수송거리에 의한 분류가 된다. 5Km권내는? 10Km권내는? 하는 식으로 고객을 그룹핑하여 이익지표를 비교해보는 것이다.

③ 용도별 고객분류(품목별 분류)

고객은 상품(제품)을 구입하여 무엇인가의 용도에 사용하는 것이므로 그 고객의 용도별로 상품(제품)의 품목과 사양이 다른 경우가 많으리라 생각된다. 용도별로 분류하여 이익효율과 품목별 이익효율을 조사해보면 매우 유사한 결과가 나온다. 전 품목을 평균하여 이익효율을 조사해도 별로 참고가 되지 않지만 각 품목별 이익효율을 조사해보면 뜻밖에 의외의 결과가 나온다는 것을 알게 된다. 예를 들면 A품목이 이익이 좋은 상품(제품)이고, B품목은 별로 이익이 없는 것이라고 믿어왔는데 계산을 정확하게 해보니 전혀 반대의 결과였다는 예가 흔히 있는 것이다. 1개당 한계이익은 A품목 쪽이 크다고 해도 1일 생산가능량이 B품목이 더 많다고 한다면 1시간당의 한계이익은

B품목 쪽이 더 크다 하는 것이 이 경우에 속한다.

④ 상품(제품)의 영업 Zone별 이익효율

이것은 결국 품목별 이익효율과 같은 것이 아닌가 하고 생각할지 모른다. 대개의 경우는 일치한다. 품목별로 가격에 차이가 있는 경우는 특히 그렇다. 가격이 다른 상품(제품) 하나하나를 계산해보면 당연히 이익률이 각각 다르다는 것을 알게 된다. 이 계산을 함으로써 의외로 유리한 상품(제품)과, 이익폭이 작은 상품(제품)과를 구별할 수 있을 것이다. 특히 이익률을 경향별로 분류해보면 이 Price Zone의 묘미를 확실하게 알게 된다. 고객별 매출액을 계산하여 경비를 분할·배분하고, 이익지표를 취해 보면 다음과 같은 사실을 알게 된다.

- 경비가 지나치게 많이 지불되고 있는 고객은 누구인가.
  원격지이기 때문에 운임서비스료가 지나치게 과다한 것 등을 이것으로 알게 된다. 팔리면 팔릴수록 손해만 커지게 되므로 가능하면 거절하고 싶은 고객이다.
- 더욱 중요한 고객은 누구인가.
  매우 유리한 거래를 해주는 고객은 누구인가, 영업인을 좀 더 방문시킬 가치가 있는 고객은 누구인가 등을 알게 된다.
- 좀 더 고객을 개척해야 할 지역은 어디인가.
  영업인을 투입하는 이상, 좀 더 주문을 늘리지 않으면 채산이 맞지 않는 지역이 반드시 있는 법이다.

(4) 영업경비당 매출이익 지표

영업경비를 여러 가지 형태로 투입하는 것은 그것에 의해서 매출을 늘려서 이익을 많이 올리겠다는 의도이기 때문에 그것이 효과적으로 기능하고 있는가를 알아보기 위해서는 경비당 매출액·경비당 매출이익 등을 봄으로써 판단할 수 있을 것이다. 그 몇 가지를 다음에 소개해둔다.

① 영업인 급료·1단위당 매출액(매출이익) $= \dfrac{\text{매출액(매출이익)}}{\text{영업인 급료}}$

영업인의 투입효과를 파악하는 데 적절하다. 이것을 지역별로 보면 영업인 투입전략을 연구할 수 있다. 이 공식을 역으로 하면 노동분배율이 된다.

$$② \text{ 여비·교통비 단위당 매출액(매출이익)} = \frac{\text{매출액(매출이익)}}{\text{여비·교통비}}$$

이 지표는 다소 생소할지도 모르겠다. 개념은 인건비와 같은 원리이다. 1,000원의 여비를 써서 얼마 매출했는가를 계산하는 것이다. 영업인의 비용 중 원격지에 출장하는 비용은 무시할 수 없기 때문이다. 이 공식을 역으로 하면 경비분배율이 된다.

$$③ \text{ 납품 1ot당 이익률} = \frac{\text{이익액}}{\text{상품(제품)의 납품 1ot수}}$$

이 수치는 1회의 상품(제품)수주의 경제단위가 얼마 정도인가를 가르쳐준다. 너무 미세한 단위로 수주를 하면 상품(제품)단위당 운송료와 경비가 비싸게 들어서 결국은 적자를 증가시키는 데 전력을 기울여온 결과가 될지도 모른다.

$$④ \text{ 투입판촉비당 매출액(매출이익, 매출증가액)} = \frac{\text{매출액(매출이익)}}{\text{판촉비총액}}$$

광고선전비(전단·신문광고), 마네킹 실연료, 할인환불액 등 판촉비가 매출증가에 좋은 영향을 주고 있는지 어떤지를 조사하는 데 사용한다. 투자를 한 것에 비해서는 매출이 신장되지 않았다고 하면, 판촉효과가 적었다는 것을 나타내기 때문이다.

$$⑤ \text{ 수송비에 대한 분배율} = \frac{\text{수송비}}{\text{매출이익(매출액)}} \text{ 또는 } \frac{\text{매출이익(매출액)}}{\text{수송비}}$$

이 지표를 조사함으로써 수송을 합리화해야 할 상품(제품)을 알게 된다.

2. 재고자산 평가법

1) 원가법에 의한 평가법

재고자산 평가방법은 원가법과 저가법 두 가지가 있다. 원가법이란 취득가격을 평가액으로 보는 방법이며 그 계산법으로는 다음과 같은 방법이 있다.

(1) 개별법

개개 상품(제품)의 취득가격, 즉 구입가격을 평가가격으로 보는 방법이다. 이 방법은 토지나 건물 또는 귀금속과 같이 개별로 평가하기가 쉽고, 수도 적고, 영업처수도 적은 것에는 적합하나 동종의 상품(제품)을 다량으로 구입하고 그 빈도가 많을 뿐 아니라 영업처수도 많은 것에는 적합하지 않은 평가법이다.

(2) 선입선출법

먼저 구입한 것은 먼저 팔리고 늦게 구입한 것은 팔리지 않고 남아 있다고 보고 평가하는 방법이다. 따라서 기말시가가 평가액이 된다. 이 방법을 쓰면 인플레의 경우에는 불리하나 디플레의 경우에는 유리하게 된다.

(3) 후입선출법

앞의 선입선출법과는 반대로 생각하는 것이다. 즉 먼저 구입한 것은 안 팔려 남아 있고 늦게 사들인 것이 팔렸다고 보고 평가하여 계산하는 방법이다. 이 방법은 인플레시에는 저평가를 할 수 있으므로 유리하다.

(4) 총평균법

가중평균법이라고도 부르는 방법이다. 평가액은 선입선출법과 후입선출법의 중간적인 것이다.

단위당 평가액 = (기초재고자산가격 + 기중판매가격) ÷ 재고자산의 총수량

(5) 이동평균법

재고자산을 취득할 때마다 1단위당의 평가액을 평균액으로 수정하여 최후에 취

득했을 때 수정한 평균단가로서 전부의 재고자산을 평가하는 방법이다.

(6) 단순평균법

구입단가가 각각 다른 것을 합계하여 그것을 취득단가가 다른 것의 수로 나눈 금액을 1단위당의 평가액으로 보고 전부를 평가하는 방법이다.

(7) 최종구입원가법

가장 늦게 기말에 가까와서 취득한 구입가격, 즉 취득단가로 전부를 평가하는 방법으로 엄밀히 말하면 원가평가라고는 볼 수 없다.

(8) 매가환원법

매매차익률도 기말의 재고자산 매매를 환원하여 계산되는 가격을 평가액으로 보는 방법으로 차익률을 구하는 방법은 다음과 같다.

$$1-\frac{\text{기초의 재고액}\times\text{기중의 구입액}}{\text{매출액}+\text{매매에 의한 기말의 재고액}}$$

이 방법은 매가에서 매매차익을 빼고 평가액을 계산하는 방법이며 소매상의 경우는 좋은 방법이다. 차익률이 거의 같은 것은 일괄하여 계산해도 좋으나 품질이나 형이 다른 것은 구분하여 매매차익을 계산해야 한다.

2) 저가에 의한 평가법

앞에서 다룬 원가법에 의한 평가액과 기말평가를 비교해 보고 그 두 가지 중 낮은 가격으로 평가하는 방법이다. 기말평가에는 그것을 취득하는데 쓰인 부대비용도 가산된다. 메이커의 경우에는 원재료 · 노무비 경비의 제조원가가 이에 해당된다(이것을 적상계산방식이라 한다). 이때 상품(제품)의 기말판매가격으로부터 일반관리비 및 이윤에 해당하는 부분을 추정하여 뺀 금액을 기말평가로 보아도 좋다(이것을 공제계산방식이라 한다).

3) 계산법 사례

이상의 각 방법에 의한 평가액을 〈표 12-4〉를 자료로 하여 실제로 계산해 본다.

〈표 12-4〉 재고와 평가액표

월일 \ 항목	구입액			매출액			잔액	비 고
	수량	단가	금액	수량	단가	금액		
기초이월							100	기초이월분은 단가 8원 평가액 800원 기말재고품의 기말의 구입평가는 단가 17원으로 한다. 기말재고품의 기말 판매 가격은 단가가 (3,750+6,600)÷(250+300) ≒18.80이 된다.
1월	200	10	2,000				300	
2월				250	15	3,750	50	
3월	300	15	4,500				350	
4월	200	20	4,000				550	
5월				300	22	6,600	250	
기말잔액							250	

	평가방법	평가액	평가액 계산방법
원가법	개별법	4,000	잔액의 250은 1월에 구입한 것 100과 4월에 구입한것 150원이라고 하면 평가액은 (100×10)+(150×2)=4,000원
	선입선출법	4,750	잔액의 250은 4월 구입의 200과 3월 구입의 50이다. 평가액은 (200 × 20) + (50 × 15) = 4,750원
	후입선출법	2,300	잔액의 250은 이월분의 100과 1월구입분 중 150이라고 본다. 평가액은 (100 × 8) + (150 × 10) = 2,300원
	총평균법	3,533	(800 + 2,000 + 4,500 + 4,000) ÷ (0 + 200 + 300 + 200) = 14.13 평가액은 14.13 × 250 = 3,533원
	이동평균법	4,075	평균단가 1월의 수정단가는 (800 + 2,000) ÷ (100 + 200) = 9.33 3월단가{(9.33 × 50) + 4,500} ÷ (50 + 300) = 14.19 4월단가{(350 × 14.19) + 4,000} ÷ (350 + 200) = 16.30 평가액은 16.30 × 250 = 4,075원
	단순평균법	3,313	평균단가(8 + 10 + 15 + 20) ÷ 4 = 13.25 평가액은 13.25 × 250 = 3,313원
	최종구입원가법	5,000	4월구입의 20원의 단가로 평가한다. 평가액 20 × 250 = 5,000원
	매가환원법	3,523	$1-\frac{800 + 10,500}{(3,750 + 6,600) + (18.80 \times 250)} \fallingdotseq 0.25$ 평가액 (8.80 × 250) × (1 − 0.25) = 3,523원
저가법			시가평가액 17 × 250 = 4,250원 이것과 원가법중 가장 낮은 금액을 평가액으로 한다. 또한 평가방법은 일단 선정하면 그것을 그대로 사용해야 한다.

제2절 재무제표 분석을 통한 유통점 진단

1. 재무제표 분석지표

1) 안정성

유통점이 부도나 파산 등으로 망할 가능성 정도를 측정하는 지표로서 계산결과 안정성이 낮으면 도산 가능성이 높다.

<table>
<tr><th colspan="2">평가항목별 계산식(%)</th><th>표준비율</th><th>소매업 평 균</th><th>A전자 유통점 평 균</th></tr>
<tr><td rowspan="4">부채비율 = $\frac{\text{총부채(유동부채 + 비유동부채)}}{\text{자기자본(개시자본금 + 이익잉여금)}} \times 100$</td><td rowspan="4">자금조달 안정성</td><td>100% 이하</td><td rowspan="4">692%</td><td rowspan="4">196%</td></tr>
<tr><td>양호</td></tr>
<tr><td>200% 이상</td></tr>
<tr><td>불량</td></tr>
<tr><td rowspan="4">유동비율 = $\frac{\text{유동자산}}{\text{유동부채}} \times 100$</td><td rowspan="4">지불능력 안정성</td><td>200% 이상</td><td rowspan="4">79%</td><td rowspan="4">148%</td></tr>
<tr><td>양호</td></tr>
<tr><td>100% 이하</td></tr>
<tr><td>불량</td></tr>
<tr><td rowspan="4">비유동비율 = $\frac{\text{비유동자산}}{\text{자기자본(개시자본금 + 이익잉여금)}} \times 100$</td><td rowspan="4">자금운용 안정성</td><td>100% 이하</td><td rowspan="4">320%</td><td rowspan="4">87%</td></tr>
<tr><td>양호</td></tr>
<tr><td>200% 이상</td></tr>
<tr><td>불량</td></tr>
</table>

2) 수익성

일정기간 동안 유통점 경영성과를 측정하는 지표로서 이익 창출 능력, 자산 이용의 효율성 평가 및 영업성과를 요인별로 분석·검토하기 위한 지표로 이용한다.

평가항목별 계산식(%)	표 준 비 율	소매업 평 균	A전자 유통점 평 균
세전이익률 = $\frac{\text{세전이익}}{\text{총매출액}} \times 100$	5%이상양호 1%미만불량	−0.4%	2.4%
경상활동BEP율 = $\frac{\text{경상활동 BEP매출액}}{(\text{매출액 + 영업외수익})} \times 100$	70%이하양호 100%이상불량	103%	78%
ROA(총자산이익율) = $\frac{\text{세전이익}}{\text{총자산}} \times 100$	6%이상양호 3%이하불량	−0.7%	1%

3) 활동성

유통점은 투입된 자본을 회전시켜 최종성과인 매출액을 생성한다. 활동성은 투입자본이 최종 성과를 위해 얼마나 활발히 운용되었는가를 나타내는 비율이다(매출액과 자산, 부채, 자본, 항목에 대한 회전 배수로 측정).

평가항목별 계산식(%)	소매업 평 균	A전자 유통점 평 균
매출채권 회전율 = $\frac{\text{매출액}}{\text{매출채권}} = \frac{\text{연간 유통점 매출누계}}{\text{월평균회사잔고}}$	8.5회	8.9회
재고자산 회전율 = $\frac{\text{매출액}}{\text{재고자산}} = \frac{\text{연간 유통점 매출누계}}{\text{월평균유통점재고}}$	9.4회	6.9회
영업순환주기 = 매출채권회전기간 + 재고자산보유일수		

4) 성장성

유통점의 경영규모 및 영업활동의 성과가 당해 연도 중 전년에 비하여 얼마나 증가하였는가를 나타내는 지표로서, 유통점의 경쟁력이나 미래의 수익 창출능력을 간접적으로 나타낸다.

평가항목별 계산식(%)	소매업 평 균	A전자 평 균
매출 성장률 = $\frac{\text{(당기말 매출액} - \text{전기말 매출액)}}{\text{전기말 매출액}}$	20%	1%
총자산 증가율 = $\frac{\text{(당기말 총자산} - \text{전기말 총자산)}}{\text{전기말 총자산}}$	22%	18.3%

5) 생산성

유통점활동의 성과 및 효율을 측정하고, 개별 생산요소의 기여도 및 성과배분의 합리성 여부를 규명하기 위한 지표이다(경영합리화의 척도이며 생산성 향상으로 얻은 성과에 대한 분배 기준).

- 유통점의 인적, 위치적 환경 및 투자 자본에 대한 부가가치 효율여부를 판단한다.

평가항목별 계산식(%)	소매업 평 균	A전자 평 균
종업원1인당 매출액(인당매출액) = $\frac{\text{평균 매출액}}{\text{종업원수}}$	–	22백만 원
매장1평당 매출액(평당매출액) = $\frac{\text{평균 매출액}}{\text{매장실평수}}$	–	2백만 원

2. 유통점 종합평가와 대책방향

1) 주요비율

성장성	매출액 증가율, 총자산 증가율, 세전이익 증가율
수익성	매출이익률, 총자산이익률(ROA), 세전이익률
생산성	종업원 1인당 매출액, 1인당 매출이익액, 평당 매출액
안정성	자기자본 비율, 유동비율, 비유동비율

2) 레이더 차트 활용

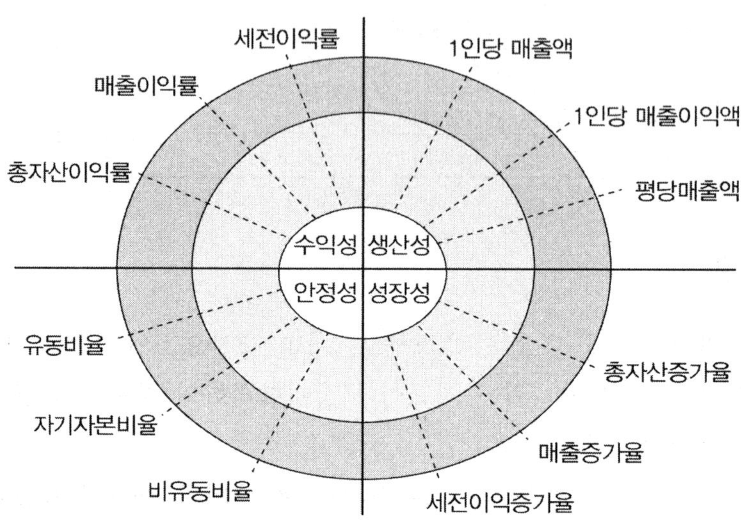

3) 각 유형별 대책 방향

(1) 이상형

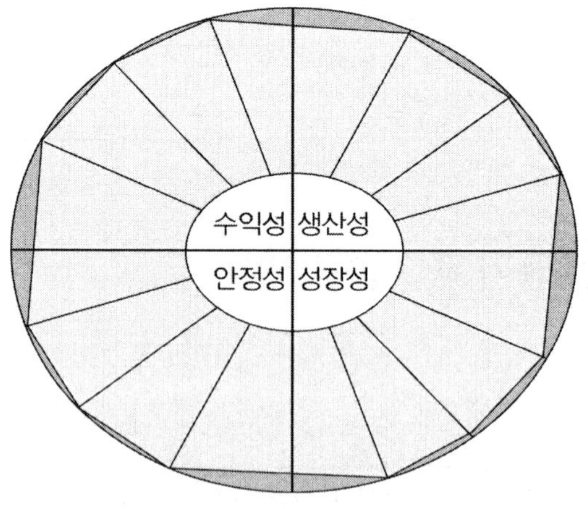

- 이상형은 문자 그대로 4가지 요소가 균형을 유지하며 충실하게 된 형태이다.
- 종업원 교육투자를 과감하게 하고 신상품(제품) 확대 영업을 위한 유통경로 개척과 시장·상권조사 등에 가일층 역점을 두어 지속적인 성장 발전을 도모해야 한다.

(2) 보수형

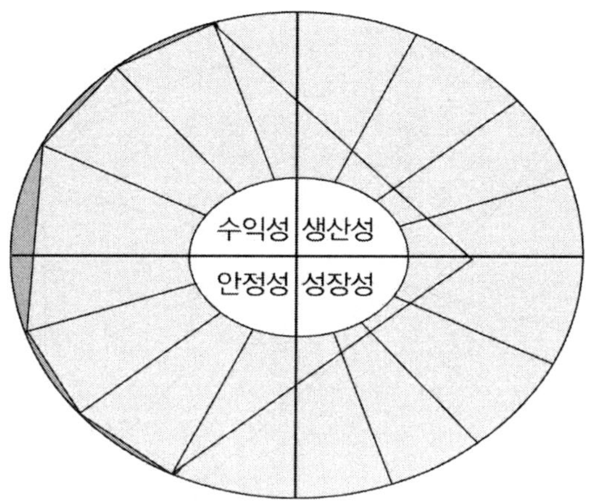

- 성장없이 안전제일주의 경영형태로써 보수안전형이며 오래된 유통점에 많은 형태이다.
- 이러한 유통점은 젊고 새로운 발상이 필요하며 고객관리강화, 광고・판촉활동 등에 의욕적인 활동이 요구된다.

(3) 성장형

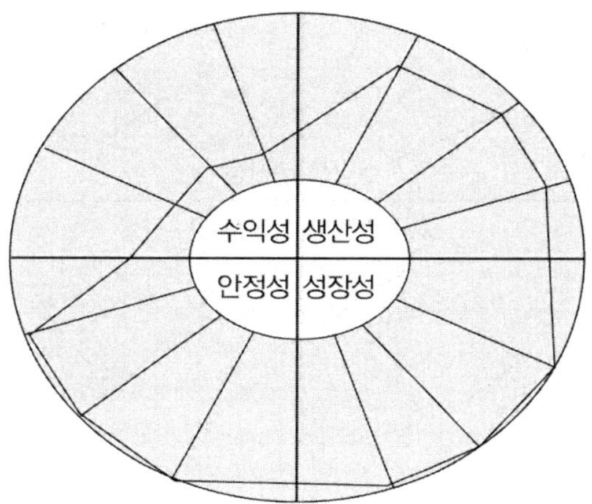

- 지역인구가 급격하게 증가하는 입지의 유통점에서 많이 볼 수 있으며 재무상태보다 업적 신장이 높은 형태로써 증자 등 재무면의 강화 등으로 무리 없는 성장이 요구된다.

(4) 확대지향 성장형

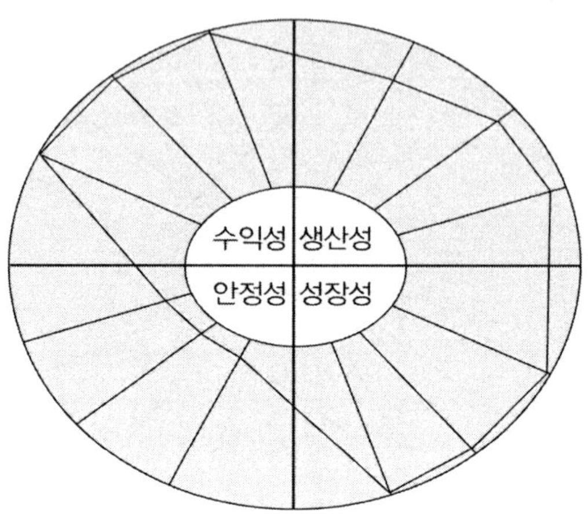

- 급격하게 매출규모를 확대하는 경우의 형태로써 이익률 저하, 재고 과다 등으로 경영상태가 어려워질 수 있다.
- 이익계획을 먼저 수립하고 이상형을 목표로 노력하여야 한다.

(5) 부실 성장형

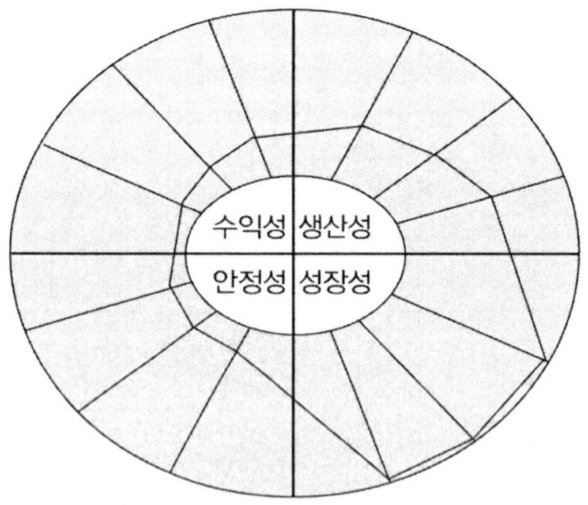

- 매출액을 급상승시킬 경우 나타나는 현상으로써 경영기반이 취약하여지고 안정성이 극도로 나빠지는 형태이다.
- 이 형태는 장기계획을 수립하여 내부에 자금을 축적하는 것이 바람직하며 먼저 성장형을 목표로 경영계획을 수정한다.

(6) 소극형

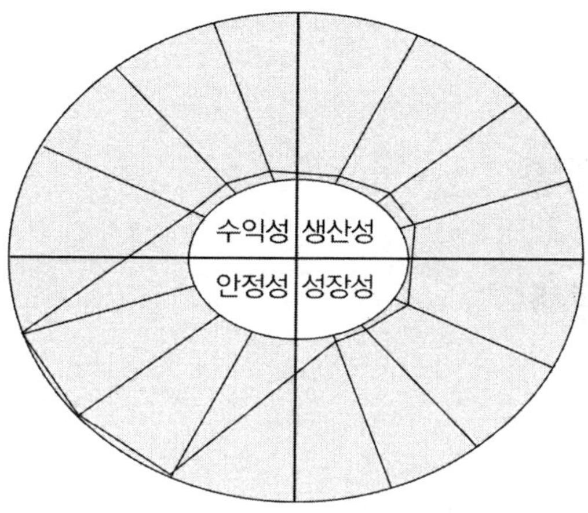

- 모든 것을 안정중시 형태로 경영하는 형태로써 재정력은 있으나 이것을 활용하는 의욕이 부족한 형태이다.
- 확대지향성장성을 지향하되 최종적으로 이상형을 목표로 계획을 수립한다.

제3절 영업세무

1. 조세 기본개념

1) 국세 vs 지방세

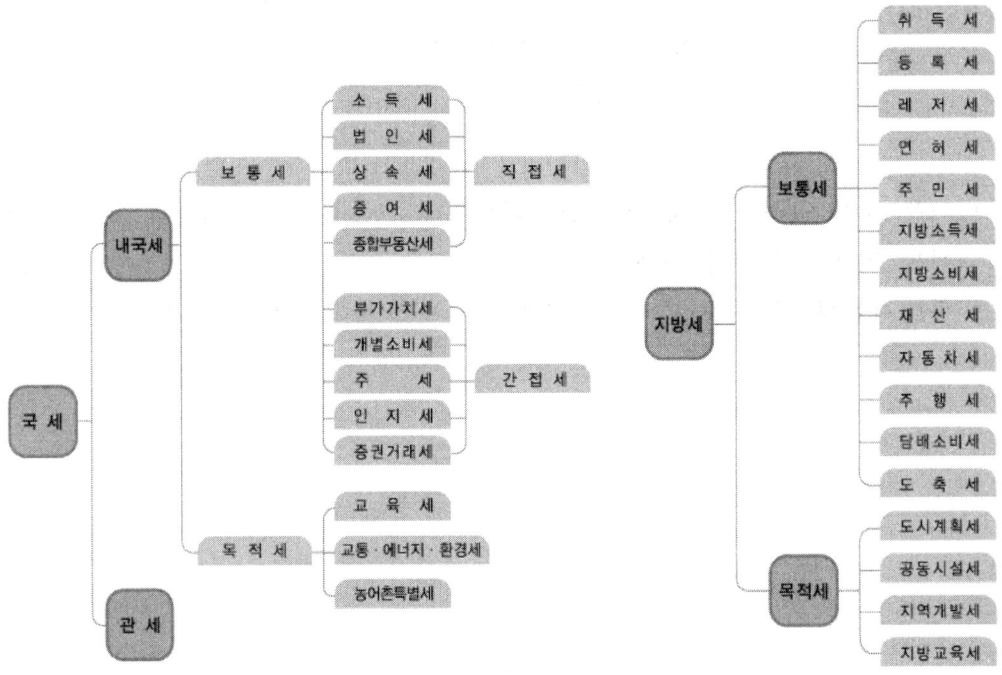

2) 절세, 탈세, 조세회피

절세, 탈세, 조세회피

- 절세 : 합법적으로 세금을 줄이려는 행위
- 탈세 : 불법적으로 세금을 줄이려는 행위
- 조세회피 : 법의 미비점을 이용하여 세금을 줄이려는 행위

3) 세무상담

(1) 국세청 법규과

- 세법해석 사전답변 신청 및 이용에 관한 사항은 국세청 홈페이지에서 안내 (전화 ☎(02)397-7536~7)
- 세법해석 사전답변 : 사업자가 특정한 거래의 과세여부 등 세무관련 의문사항에 대하여 실명으로 [구체적 사실관계]를 적시하여 사전(법정신고기한 이전)에 질의하면 답변을 제공

(2) 국세청 세목소관 담당과

- 질문할 내용을 우편이나 팩스(FAX)로 보내면 상담내용을 서면으로 회신 (※ 특정서식을 필요로 하지 않음)
- 접수 : 국세청 부가가치세과(소득 세목은 소득세과), 부동산거래관리과(양도), 재산세과(상속 · 증여), 원천세과(근로소득)

(3) 국세청고객만족센터

- 전화상담 (국세청 126 세미래콜센터)
  탈세신고 등은 24시간 이용 가능, 일반상담은 평일 오전 9시부터 오후 6시까지 운영
- 인터넷상담 (http://call.nts.go.kr)
  국세청고객만족센터 홈페이지의 세무상담 『질문하기』를 클릭하면 기존의 상담사례를 검색하거나 궁금한 사항을 문의할 수 있다.
- 방문상담 : 서울특별시 강남구 테헤란로 114번지(역삼동 824번지) 국세청고객만족센터 1층 방문상담실

(4) 세무서 납세자보호담당관실

세무서를 직접 방문하여 궁금한 사항을 물어 보고 싶거나, 고지된 세금의 내용이 잘못되었다고 생각되는 경우에는 전국의 모든 세무서에 설치되어 있는 「납세자보호담당관」을 찾아가 상담하면 된다.

(5) 해당 시청 · 군청 · 구청

지방세에 관하여는 해당 시청 · 군청 · 구청 세무과에 문의하거나, 해당기관의 홈페이지를 방문하여 인터넷으로 상담을 받을 수 있다.

4) 납세자 권리구제절차

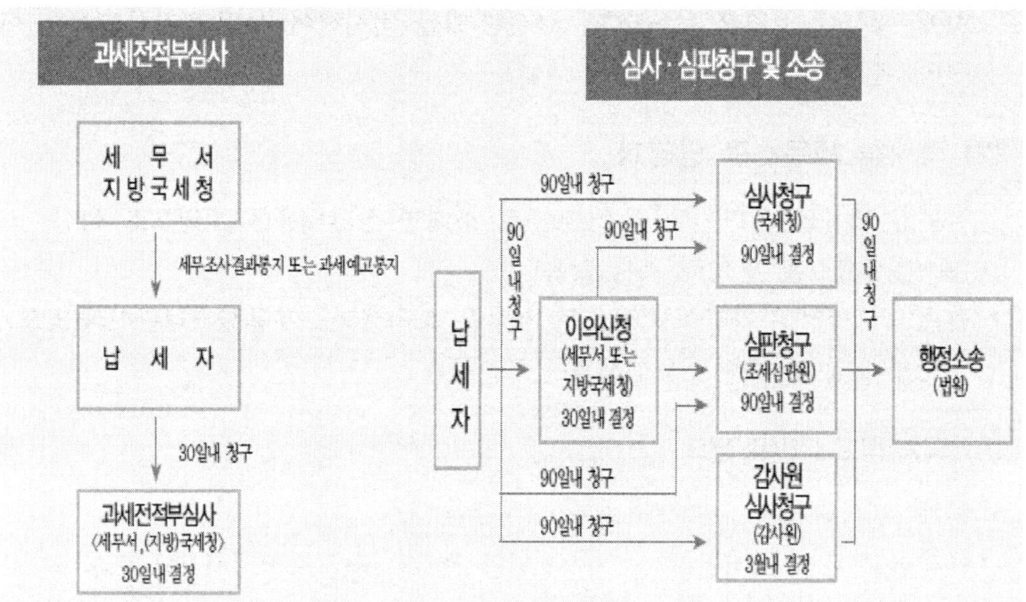

5) 제척기간과 소멸시효

(1) 국세부과의 제척기간

① 상속세와 증여세

- 다음에 해당하는 경우에는 신고기한의 다음날부터 15년간
  - 납세자가 사기 기타 부정한 행위로써 상증세를 포탈하거나 환급 · 공제 받는 경우
  - 상속세 또는 증여세를 신고하지 아니하였거나 허위신고 또는 누락신고한 경우
- 기타의 경우에는 상속세 또는 증여세를 부과할 수 있는 날부터 10년간

② 상속세 및 증여세 이외의 세금

- 사기 기타 부정한 행위로써 국세를 포탈하거나 환급 또는 공제받는 경우에는 신고기한의 다음날부터 10년간
- 납세자가 법정신고기한 내에 신고를 하지 아니한 경우에는 신고기한의 다음날부터 7년간
- 기타의 경우에는 신고기한의 다음날부터 5년간

※ 2011년부터 사기 기타 부정한 행위로 인해 다음의 가산세가 부과되는 경우 본 세액의 포탈이 없더라도 제척기간 10년 적용

○ 부가가치세법 제22조 제3항, 제4항, 제5항(세금계산서불성실가산세 등)

○ 소득세법 제81조 제3항(계산서불성실가산세 등)

○ 법인세법 제76조 제3항(계산서불성실가산세 등)

(2) 소멸시효 : 5년

국세징수권의 소멸시효는 다음의 날부터 시작한다.

① 과세표준과 세액의 신고에 의하여 납세의무가 확정되는 국세(소득세, 법인세, 부가가치세, 개별소비세, 주세, 증권거래세, 교육세)에 있어서 신고는 하였으나 납부하지 아니한 세액의 경우(법정신고 납부기한의 다음날)

② 위 ①의 국세로서 무신고 또는 과소신고한 부분의 세액 및 과세표준과 세액을 정부가 결정함으로써 납세의무가 확정되는 국세(상속세 및 증여세)의 경우(납세고지에 의한 납부기한의 다음날)

③ 원천징수의무자 또는 납세조합으로부터 징수하는 국세의 경우 납세고지한 원천징수세액 또는 납세조합 징수세액(납세고지에 의한 납부기한의 다음날)

④ 인지세의 경우 납세고지한 인지세액(납세고지에 의한 납부기한의 다음날)

⑤ 법정신고납부기한이 연장되는 경우(연장된 기한의 다음날)

6) 수정신고와 경정청구

(1) 수정신고

세법에서 정하고 있는 신고기한 내에 신고를 한 자가, 정당하게 신고하여야 할 금액에 미달하게 신고하였거나 정당하게 신고하여야 할 결손금액 또는 환급세액

을 초과하여 신고한 경우에는, 세무서에서 결정 또는 경정하여 통지를 하기 전까지 수정신고를 할 수 있다.

- 수정신고가산세의 감면 : 가산세편 참조

(2) 경정청구

수정신고와는 반대로 법정신고기한 내에 신고(수정신고 포함)를 한 자가, 정당하게 신고해야 할 금액보다 세액을 많이 신고하였거나 결손금액 또는 환급세액을 적게 신고한 경우에는, 법정신고기한 경과 후 3년 이내에 관할세무서장에게 정상적으로 정정하여 결정 또는 경정하여 줄 것을 청구할 수 있다. 다만, 다음의 경우에는 그 사유가 발생한 것을 안 날부터 2월 이내에 경정청구를 하여야 한다.

① 최초의 신고·결정 또는 경정에 있어서 과세표준 및 세액의 계산근거가 된 거래 또는 행위 등이 그에 관한 소송에 대한 판결에 의하여 다른 것으로 확정된 때
② 소득 기타 과세물건의 귀속을 제3자에게로 변경시키는 결정 또는 경정이 있은 때
③ 조세조약의 규정에 의한 상호합의가 최초의 신고·결정 또는 경정의 내용과 다르게 이루어진 때
④ 결정 또는 경정으로 인하여 당해 결정 또는 경정의 대상이 되는 과세 기간 외의 과세기간에 대하여 최초에 신고한 국세의 과세표준 및 세액이 세법에 의하여 신고하여야 할 과세표준 및 세액을 초과한 때
⑤ 위와 유사한 사유가 당해 국세의 법정신고기한 경과 후에 발생한 때 경정청구를 하고자 하는 자는 경정청구기한 내에 경정청구서를 제출하면 되며, 경정청구를 받은 세무서장이 청구를 받은 날부터 2개월 이내에 처리결과를 통지해 준다.

7) 국세부과 원칙

(1) 실질과세 원칙

과세의 대상이 되는 소득, 수익, 재산, 행위 또는 거래의 귀속이 명의(명의) 일 뿐이고 사실상 귀속되는 자가 따로 있을 때에는 사실상 귀속되는 자를 납세의무자로 하여 세법을 적용한다.

(2) 신의성실 원칙

납세자가 그 의무를 이행할 때에는 신의에 따라 성실하게 하여야 한다. 세무공무원이 직무를 수행할 때에도 또한 같다.

(3) 근거과세 원칙

납세의무자가 세법에 따라 장부를 갖추어 기록하고 있는 경우에는 해당 국세 과세표준의 조사와 결정은 그 장부와 이에 관계되는 증거자료에 의하여야 한다.

(4) 조세감면 사후관리

정부는 국세를 감면한 경우에 그 감면의 취지를 성취하거나 국가정책을 수행하기 위하여 필요하다고 인정하면 세법에서 정하는 바에 따라 감면한 세액에 상당하는 자금 또는 자산의 운용 범위를 정할 수 있다.

8) 세법적용 원칙

(1) 세법 해석의 기준 및 소급과세 금지

세법을 해석·적용할 때에는 과세의 형평(형평)과 해당 조항의 합목적성에 비추어 납세자의 재산권이 부당하게 침해되지 아니하도록 하여야 한다. 국세를 납부할 의무(세법에 징수의무자가 따로 규정되어 있는 국세의 경우에는 이를 징수하여 납부할 의무. 이하 같다)가 성립한 소득, 수익, 재산, 행위 또는 거래에 대해서는 그 성립 후의 새로운 세법에 따라 소급하여 과세하지 아니한다.

(2) 세무공무원의 재량 한계

세무공무원이 재량으로 직무를 수행할 때에는 과세의 형평과 해당 세법의 목적에 비추어 일반적으로 적당하다고 인정되는 한계를 엄수하여야 한다.

(3) 기업회계 존중

세무공무원이 국세의 과세표준을 조사·결정할 때에는 해당 납세의무자가 계속하여 적용하고 있는 기업회계의 기준 또는 관행으로서 일반적으로 공정·타당하다고 인정되는 것은 존중하여야 한다. 다만, 세법에 특별한 규정이 있는 것은 그러하지 아니하다.

2. 부가가치세

1) 총칙

(1) 부가가치세 과세대상

사업자가 공급하는 재화 또는 용역과 수입하는 자의 수입재화로 한다.

(2) 재화의 범위

재화란 재산적 가치가 있는 모든 유체물과 무체물

※ 과세대상이 되는 재화의 구체적 범위

구 분	구 체 적 범 위
• 유 체 물	• 원료, 상품, 제품, 비품, 기계장치, 건축물 등 모든 유형적 물건
• 무 체 물	• 전기, 열, 빛, 에너지 기타 관리할 수 있는 자연력
• 권 리	• 영업권, 산업재산권, 광업권 등 재산적 가치가 있는 권리
• 기 타	• 선하증권, 창고증권, 화물상환증 등

(3) 용역의 범위

재화 외의 재산적 가치가 있는 모든 역무(노동력에 의한 활동 또는 서비스) 및 기타 행위(재화·시설물 또는 권리를 사용하게 하는 것)

※ 과세대상이 되는 용역의 구체적 범위

1. 역무의 제공
   가. 물적 형태를 띠지 않는 역무를 제공하는 사업에는 건설업, 숙박 및 음식점업, 운수업, 통신업, 부동산업, 서비스업 등 (건설업 및 부동산업 중 재화의 공급으로 보는 부동산매매업 제외).
   나. 농산물·축산물·수산물·임산물 등의 면세재화를 운반·가공·판매대행하는 사업
2. 재화 또는 시설물의 대여
   가. 부동산 임대업 나. 운송장비 임대업 다. 개인 및 가정용품 임대업
3. 권리의 대여
   특허권, 상표권, 광물탐사권, 브랜드 등의 무형재산권을 소유한 자가 이를 제3자에게 사용할 수 있는 권한을 부여하고 로얄티 등의 사용료를 받는 사업

(4) 과세대상 여부 판정 사례

과세대상에 해당되는 것	과세대상에 해당되지 아니하는 것
• 사업자가 과세사업에 사용하다 매각하는 비영업용 소형승용자동차	• 소유재화의 파손·훼손·도난 등으로 인하여 가해자로부터 받는 손해배상금
• 골프장·테니스장 경영자가 동 장소 이용자로부터 받는 입회금으로서 일정기간이 지난 후 반환하지 아니하는 입회금	• 도급공사 및 납품계약서상 납품기일의 지연으로 인하여 발주자가 받는 지체상금
• 학원(면세사업)을 운영하는 자가 독립된 사업으로 다른 학원운영자에게 자기의 상호, 상표 등을 사용하게 하거나 자체개발한 교육프로그램, 학원경영 노하우를 제공하고 받는 대가	• 공급받을 자의 해약으로 인하여 공급자가 재화 또는 용역의 공급없이 받는 위약금 또는 이와 유사한 손해배상금
• 부동산임대업자가 임대차기간 만료 후 명도소송을 통하여 임차인으로부터 실질적인 임대용역의 대가로 받는 손해배상금 또는 부당이득금	• 협회 등 단체가 재화의 공급 또는 용역의 제공에 따른 대가관계없이 회원으로부터 받는 협회비·찬조비 및 특별회비
• 재산적 가치가 있는 물건으로 거래되는 화폐	• 대여한 재화의 망실에 따라 받는 변상금
• 공동사업자가 독립적으로 사업을 영위하기 위하여 공동사업용 건물의 분할등기(출자지분의 현물반환)로 소유권이 이전되는 건축물	• 수표·어음 등의 화폐대용증권, 유가증권 및 상품권
• 과세사업에 사용하던 건축물을 양도하고 받는 대가	• 재화 또는 용역에 대한 대가관계없이 받는 이주보상비 및 영업손실보상금
• 과세사업에 사용하던 전세권을 양도하고 받는 대가(당초 전세보증금을 초과하여 받는 금액)	•외상매출채권의 양도
• 과세사업과 관련하여 연구 중인 신제품 개발에 관한 권리를 양도하고 받는 대가	• 공동사업에 출자한 후 받게 되는 투자원금과 이익금

(5) 부수되는 재화 또는 용역

주된 거래인 재화 또는 용역의 공급에 부수되어 공급되는 재화 또는 용역은 주된 거래인 재화 또는 용역의 공급에 포함되는 것이므로 주된 재화 또는 용역의 공급을 기준으로 부수된 재화 또는 용역의 부가가치세 과세 여부, 공급시기, 공급장소 등을 결정한다.

※ 부수되는 재화 또는 용역의 범위

부수 재화 또는 용역의 범위	구 체 적 사 례
• 해당 대가가 주된 거래인 공급대가에 통상적으로 포함되어 공급되는 재화・용역	• 공급하는 재화의 포장용기 및 운반용역 • 조경공사용역을 공급하면서 제공하는 수목・화초
• 거래의 관행상 통상적으로 주된 거래에 부수되어 공급되는 것으로 인정되는 재화・용역	• 항공기 내에서 무상으로 제공되는 식사 • 가전제품 판매 후 일정기간 제공하는 사후무료서비스용역
• 주된 사업과 관련하여 일시적, 우발적으로 공급되는 재화・용역	• 금융업자가 면세사업에 사용하던 건축물 양도
• 주된 사업과 관련하여 주된 재화의 생산에 필수적으로 부수되어 생산되는 재화	• 복숭아 통조림을 제조하는 사업자가 판매하는 복숭아 씨 • 옥수수를 원료로 전분을 제조하는 과정에서 생산되는 옥피 등

(6) 사업장에 해당하지 않는 장소 예시

① 제품의 판매목적이나 보관・관리를 위한 별도의 시설을 갖추지 아니하고 단순히 견본품만을 전시할 목적으로 진열시설을 갖춘 장소

② 재화 또는 용역의 공급없이 주문만을 받는 장소

③ 물품을 판매하지 아니하고 단순히 본점의 지시에 따라 판매업무에 수반하는 상품의 수주나 대금의 영수, 신용조사 및 주문처와의 단순한 업무연락만 하는 장소

④ 사업자가 자기가 생산한 재화를 판매하지 아니하고 단순히 보관 또는 관리하는 장소

(7) 주사업장 총괄납부

① 2 이상의 사업장이 있는 사업자가 주사업장 관할세무서장에게 신청하여 그 승인을 얻은 때에는 부가가치세 납부세액 또는 환급세액을 각 사업장마다 납부하거나 환급받지 아니하고 주사업장에서 각 사업장의 납부세액 또는 환급세액을 총괄하여 납부하거나 환급받을 수 있는 것이다.

② 그 납부하고자 하는 과세기간 개시 20일 전에 신규로 사업을 개시하는 자는 주사업장의 사업자등록증을 받은 날부터 20일 이내에 주사업장총괄납부승인신청서를 주사업장의 관할세무서장에게 제출한다.

(8) 사업자단위과세제도

사업자단위과세제도란 2 이상의 사업장이 있는 사업자가 사업자단위로 본점 또는 주사무소 관할세무서장에게 등록한 경우 사업자등록, 세금계산서 발급, 부가가치세 신고·납부, 경정 등의 납세의무를 본점 또는 주사무소에서 이행하는 것이다.

(9) 총괄납부사업자 및 사업자단위과세사업자의 사업장

구 분	총괄납부사업자	사업자단위과세사업자
• 정기 신고(예정·확정·조기)	• 각 사업장	• 본점 또는 주사무소
• 정기 신고에 따른 납부·환급	• 주 사업장	• 본점 또는 주사무소
• 수정신고 및 경정청구	• 각 사업장	• 본점 또는 주사무소
• 결정·경정 관할기관 판정기준	• 각 사업장	• 본점 또는 주사무소

2) 과세거래

(1) 재화의 공급

① 실질적 공급

계약상 또는 법률상의 모든 원인에 의하여 재화를 사용 또는 소비할 수 있는 소유권(배타적 권리, 점유)을 이전

② 간주 공급

최종소비자의 지위에서 사업자 자신이 사용 또는 소비하거나 면세사업에 전용하는 등 일정한 사유에 해당하는 경우 재화의 공급으로 의제

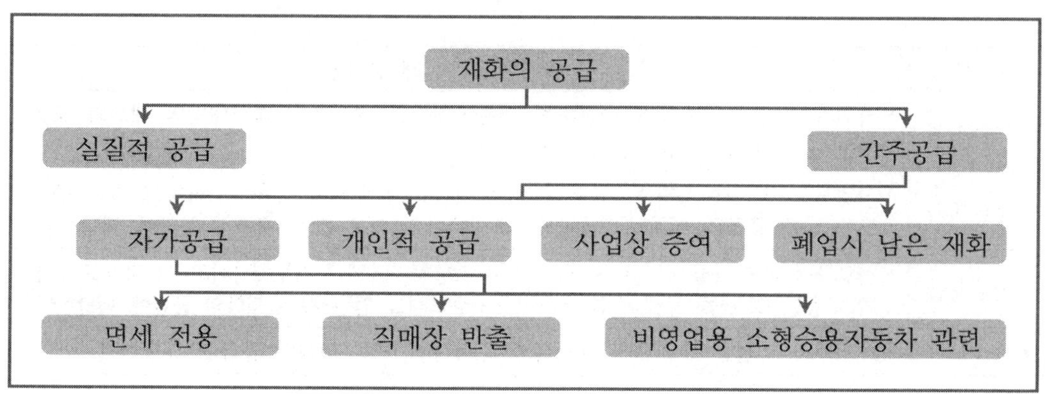

(2) 간주공급 재화의 과세 여부

취득시 매입세액이 공제되지 아니한 재화가 간주공급에 해당하는 경우 부가가치세의 과세 여부는 다음과 같다.

간주공급 유형	과세 여부	비 고
• 면세 전용	과세 안함	2008. 2. 22. 이후부터 적용
• 비영업용 소형승용자동차와 그 유지를 위한 재화	과세 안함	
• 직매장 반출(판매목적)	과세 대상	
• 개인적 공급·사업상 증여	과세 안함	
• 폐업시 남아있는 재화	과세 안함	2007. 1. 1. 이후부터 적용

(3) 폐업시 남아있는 재화로 보지 않는 사례

① 사업자가 사업의 종류를 변경한 경우 변경 전 사업과 관련된 재고재화

② 동일 사업장 내에서 2 이상의 사업을 겸영하는 사업자가 그 중 일부 사업을 폐지하는 경우 해당 폐지한 사업과 관련된 재고재화

③ 폐업일 현재 수입신고(통관)되지 아니한 재화

④ 사업자가 직매장을 폐지하고 자기의 다른 사업장으로 이전하는 경우 해당 직매장의 재고재화

(4) 과세되는 재화의 공급

부가가치세가 과세되는 재화의 공급에는 다음의 거래가 포함된다.

구 분	구 체 적 인 거 래 형 태
• 교환거래	• 사업자가 자기의 사업과 관련하여 생산·취득한 재화를 거래상대방의 재화와 교환하는 경우 각각 재화의 공급에 해당한다.
• 소비대차	• 사업자 간에 상품·제품·원재료 등의 재화를 차용하여 사용·소비하고 같은 종류 또는 다른 종류의 재화로 반환하는 소비대차의 경우 각각 재화의 공급에 해당한다.
• 기부채납	• 사업자가 건물 등을 신축하여 국가 또는 지방자치단체에 기부채납하고 그 대가로 일정기간 동안 그 건물 등에 대한 무상사용·수익권을 얻는 경우 재화의 공급에 해당한다.
• 증 여	• 사업자가 사업용 부동산을 타인에게 증여하는 경우 재화의 공급에 해당한다.

(5) 재화와 용역의 교환거래 사례

사업자가 타인 소유의 토지 위에 건물을 신축하여 일정기간 동안 사용하기로 약정하고 토지 소유자의 명의로 신축건물을 보존등기하는 경우 해당 건축물의 이전은 재화의 공급에 해당한다.

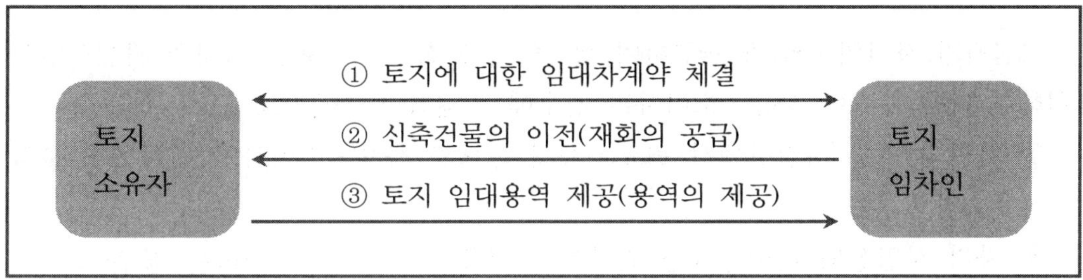

(6) 재화의 공급으로 보지 않는 사례

① 질권·저당권 또는 양도담보의 목적으로 동산·부동산 또는 부동산상의 권리를 제공

② 사업장별로 그 사업에 관한 모든 권리와 의무를 포괄적으로 승계시키는 사업양도

③「상속세 및 증여세법」,「지방세법」 및「종합부동산세법」에 따라 물납하는 사업용 자산

④「국세징수법」에 따른 공매,「민사집행법」에 따른 경매로 매각되는 재화

⑤「도시 및 주거환경정비법」 등에 따른 수용절차에 있어서 수용대상인 재화의 소유자가 철거하는 조건으로 대가를 받은 경우의 해당 재화

⑥ 사업자가 고정자산 또는 재고자산을 폐품처리하여 장부가액을 소멸시킨 경우의 해당 재화

⑦ 수재·화재·도난·파손·재고감모손 등으로 인하여 멸실 또는 망실된 재화

⑧ 건설업을 영위하는 사업자가 자기의 해외건설공사에 건설용 자재로 사용·소비할 목적으로 국외로 반출하는 재화

⑨ 사업자가 위탁가공을 위하여 국외의 수탁가공사업자에게 무환으로 반출하는 재화

⑩ 당초 공급된 재화 중 일부 부품의 불량으로 인하여 대가를 별도로 받지 않고 불량품을 보충하기 위하여 공급하는 재화
⑪ 공동사업을 영위하는 구성원이 다른 동업예정자에게 양도하는 공동사업 지분
⑫ 사업 폐지시 남아있는 재화로 과세된 후에 실제로 처분하는 재화

(7) 자가공급에 해당되지 않는 사례

사업자가 자기의 사업과 관련하여 생산하거나 취득한 재화를 자기의 과세사업을 위하여 다음과 같이 사용·소비하는 경우에는 재화의 공급으로 보지 아니한다.
① 자기의 다른 사업장에서 원료·자재 등으로 사용·소비하기 위하여 반출하는 경우
② 자기 사업상의 기술개발을 위하여 시험용으로 사용·소비하는 경우
③ 수선비 등에 대체하여 사용·소비하는 경우
④ 사후무료서비스를 제공하기 위하여 사용·소비하는 경우
⑤ 불량품 교환 또는 광고선전을 위한 상품진열 등의 목적으로 자기의 다른 사업장으로 반출하는 경우

(8) 사업상 증여 및 개인적 공급 유형

① 판매장려금 : 사업자가 자기 재화의 판매촉진을 위하여 거래상대방의 판매실적에 따라 일정률의 장려금품을 지급 또는 공급하는 경우 금전으로 지급하는 장려금은 과세표준에서 공제하지 않지만, 재화로 공급하는 경우에는 사업상 증여에 해당된다.
② 경품의 과세 : 사업자가 자기의 고객 중 추첨을 통하여 당첨된 자에게 재화를 경품으로 제공하는 경우에는 사업상 증여에 해당된다.
③ 사용인 등에게 지급하는 기념품 등 : 명절, 근로자의 날, 생일 등을 맞이하여 종업원 등에게 기념품을 무상으로 지급하는 경우에는 개인적 공급에 해당된다.

(9) 사업상 증여에 해당되지 않는 사례

① 사업자가 자기의 사업과 관련하여 취득한 재화를 자기의 사용인에게 복리후생을 위하여 실비변상적이거나 무상으로 공급하는 다음의 것에 대하여는 재

화의 공급으로 보지 아니한다.

㉠ 작업복 · 작업모 · 작업화

㉡ 직장체육비 · 직장연예비와 관련된 재화

② 광고선전물의 배포 : 사업자가 자기의 사업과 관련하여 생산하거나 취득한 재화를 광고선전 목적으로 불특정다수인에게 무상으로 배포하는 경우(직매장 · 대리점을 통하여 배포하는 경우를 포함한다)에는 재화의 공급으로 보지 아니한다.

③ 기증품(할증품)의 과세 : 사업자가 자기의 제품 또는 상품을 구입하는 자에게 구입당시 그 구입액의 비율에 따라 증여하는 기증품 등은 주된 재화의 공급에 포함되므로 재화의 공급으로 보지 아니한다.

(10) 용역의 공급

① 계약상 또는 법률상의 모든 원인에 의하여 역무(노동력에 의한 활동 또는 서비스) 또는 기타 행위(재화 · 시설물 및 권리를 사용하게 하는 것)를 유상으로 제공하는 경우에는 부가가치세 과세대상인 용역의 공급에 해당한다.

② 용역의 무상공급 · 자가공급(자기의 사업을 위하여 직접 용역을 공급하는 것) 및 고용관계에 의한 근로의 제공은 용역의 공급으로 보지 아니한다.

(11) 용역의 공급에 해당하여 과세되는 사례

① 건설업자가 건설자재의 전부 또는 일부를 부담하여 용역을 제공하고 대가를 받는 경우

② 사업자가 거래상대방으로부터 인도받은 재화에 주요 자재를 전혀 부담하지 아니하고 단순히 가공만 하여 주고 대가를 받는 경우

③ 사업자가 산업상 · 상업상 또는 과학상의 지식 · 경험 또는 숙련에 관한 정보를 제공하고 대가를 받는 경우

④ 사업자가 권리(저작권, 상표권, 특허권 등)를 대여하고 대가를 받는 경우

⑤ 사업자가 국가 또는 지방자치단체로부터 국유재산 관리 및 운영을 포괄적으로 위탁받아 자신의 명의와 계산으로 타인으로 하여금 국유재산을 사용하게 하고 대가를 받는 경우

⑥ 인터넷 등을 이용하여 반복적으로 특정 정보를 게재하고 그 정보를 이용하

는 자로부터 정보이용료를 받는 경우

⑦ 육류를 판매하는 사업자가 구내에 접객시설을 설치하고 음식 부재료 등을 별도로 판매하여 고객이 구입한 육류와 함께 소비하도록 하고 대가를 받는 경우

⑧ 공유수면 매립면허를 받은 자가 공유수면을 매립·준공한 후 그 대가로 매립지 일부의 소유권을 취득하는 경우

⑨ 사업자가 부동산임대용역을 공급하고 그 대가를 확정한 후 해당 대가의 전부 또는 일부를 면제하는 경우

⑩ 사격장, 탁구장 등 운동설비를 이용하게 하고 대가를 받는 경우

(12) 용역의 자가공급으로 보아 과세하지 않는 사례

① 사업자가 자기의 사업과 관련하여 사업장 내에서 그 사용인에게 음식용역을 무상으로 제공하는 경우

② 사업자가 사용인의 직무상 부상 또는 질병을 무상으로 치료하는 경우

③ 사업장이 각각 다른 수 개의 사업을 겸영하는 사업자가 그 중 한 사업장에 관련된 용역을 자기의 다른 사업장에 공급하는 경우

3) 재화와 용역 공급시기

구 분	공 급 시 기
• 현금·외상·할부판매	• 재화가 인도되거나 이용가능하게 되는 때
• 장기할부판매	• 재화를 공급하고 그 대가를 월부·연부 기타 부불방법에 따라 받는 경우로서 대가를 2회 이상 분할하여 받고 해당 재화를 인도한 날의 다음 날부터 최종 부불금 지급기일까지의 기간이 1년 이상인 장기할부판매 경우 대가의 각 부분을 받기로 한 때
• 중간지급조건부	• 재화가 인도되기 전 또는 이용가능하게 되기 전, 용역의 제공이 완료되기 전에 계약금 이외의 대가를 분할하여 지급하는 경우로서 계약금을 지급하기로 한 날로부터 잔금을 지급하기로 한 날까지의 기간이 6월 이상인 중간지급조건부의 경우 대가의 각 부분을 받기로 한 때
• 조건부판매 및 기한부판매	• 반환조건부판매·동의조건부판매 기타 조건부 및 기한부판매의 경우에는 그 조건이 성취되거나 기한이 경과되어 판매가 확정되는 때
• 완성도기준 지급조건부	• 공급자는 일의 완성도를 측정하여 기성금을 청구하고 공급받는 자가 완성도를 확인하여 대가를 확정하는 완성도기준지급조건부의 경우 대가의 각 부분을 받기로 한 때

구 분	공 급 시 기
• 재화의 공급으로 보는 가공	• 가공한 재화를 인도하는 때
• 자가 공급 개인적 공급 사업상 증여	• 재화를 사용 또는 소비하는 때
• 폐업시 남아있는 재화	• 폐업하는 때
• 무인자동판매기에 의한 공급	• 무인자동판매기에서 현금을 꺼낼 때
• 수출재화	• 내국물품의 외국 반출, 중계무역방식의 수출 : 수출재화의 선(기)적일 • 원양어업,위탁판매수출 : 수출재화의 공급가액 확정되는 때 • 위탁가공무역방식의 수출, 외국인도수출 : 외국에서 수출 재화가 인도되는 때
• 보세구역에서 수입하는 재화	• 사업자가 보세구역 내에서 보세구역 이외의 국내로 수입재화를 공급하는 경우 재화의 수입신고 수리일
• 계속적 공급	• 전력 기타 공급단위를 구획할 수 없는 재화 또는 용역을 계속적으로 공급하는 경우 대가의 각 부분을 받기로 한 때
• 위탁매매	• 수탁자 또는 대리인의 공급시기를 기준으로 공급시기 판정 • 위탁자 또는 본인을 알 수 없는 경우 위탁자와 수탁자 또는 본인과 대리인 사이에도 공급이 이루어진 것으로 보아 공급시기 판정
• 리스자산 공급	• 사업자가 등록된 시설대여업자로부터 리스자산을 임차하고, 해당 리스자산을 공급자 또는 세관장으로부터 직접 인도받는 경우 해당 사업자가 재화를 공급자로부터 직접 공급받거나 외국으로부터 직접 수입한 것으로 보아 공급시기 판정
• 임대보증금에 대한 간주임대료	• 부동산임대용역을 제공하고 전세금 또는 임대보증금을 받아 간주임대료를 계산하는 경우 예정신고기간 또는 과세기간의 종료일
• 완성도기준지급조건부와 중간지급조건부혼합	• 계약에 따라 대가의 각 부분을 받기로 한 때
• 공급시기 특례 (선발행세금계산서)	• 사업자가 공급시기 도래 전에 대가의 전부 또는 일부를 받고 받은 대가에 대하여 세금계산서를 발급한 경우 그 발급한 때 • 계속적으로 공급하는 재화 또는 용역으로서 공급시기 도래 전에 세금계산서(영수증)를 발급하는 경우 그 발급한 때 • 장기할부판매의 경우로서 그 공급시기 도래 전에 세금계산서(영수증)를 발급한 때
• 폐업일 이후 공급시기 도래	• 폐업일
• 재화 인도시 공급가액의 미확정	• 해당 재화를 인도하는 때를 공급시기로 보아 잠정가액으로 세금계산서를 발급하고, 그 후 대가가 확정되는 때에 수정세금계산서 발급

구 분	공 급 시 기
• 금전등록기 설치자	• 대가를 현금으로 받은 때
• 상품권에 의한 재화의 공급	• 상품권을 판매한 후 해당 상품권에 의하여 재화를 공급하는 경우 재화가 실제로 공급되는 때
• 내국신용장에 의한 재화의 공급	• 재화를 인도하는 때
• 현물출자 재화	• 현물출자의 목적물인 재화를 인도하는 때이나, 등기·등록 기타 권리의 설정 또는 이전이 필요한 경우에는 이에 관한 서류를 완비하여 발급하는 때
• 물품매도확약서 발행 용역	• 계약조건에 따라 역무의 제공이 완료되는 때. 다만, 해당 역무의 제공이 완료되는 때에 그 대가가 확정되지 아니한 경우에는 대가가 확정된 때
• 통상적인 용역의 공급	• 역무의 제공이 완료되는 때
• 기타 용역의 공급	• 위의 거래조건에 해당하지 아니하는 용역은 역무의 제공이 완료되고 그 공급가액이 확정되는 때

(2) 상품권 관련 부가가치세 납세의무

구 분	적 용 방 법
• 상품권의 판매	• 과세대상 거래가 아님
• 상품권의 판매대리 및 발행대행	• 대행수수료 과세(사업서비스업)
• 상품권 판매 관련 공급시기	• 상품권에 의하여 재화를 공급하는 때
• 상품권 판매시 세금계산서 등 발급	• 세금계산서·계산서 발급의무 없음

(3) 부동산 양도에 따른 공급시기

① 부동산을 양도하는 경우의 공급시기는 해당 부동산이 이용가능하게 되는 때이며, 이용가능하게 되는 때란 원칙적으로 소유권이전등기일을 말하지만, 당사자간 특약에 따라 소유권이전등기일 전에 실제 양도하여 사용·수익하거나 잔금 미지급 등으로 소유권이전등기일 이후에도 사용·수익할 수 없는 사실이 객관적으로 확인되는 때에는 실제로 사용·수익이 가능한 날을 말한다.

② 중간지급조건부로 부동산을 공급하기로 계약하였으나 소유권 이전 및 잔금 지급 전에 이를 이용가능하게 하는 경우 해당 부동산을 이용가능하게 한 때를 공급시기로 본다.

③ 사업자가 부동산임대사업에 사용하던 건물을 매각하는 계약을 체결하여 계약금과 중도금을 받고 잔금을 받지 않은 상태에서 폐업한 경우 그 폐업일을 해당 건물의 공급시기로 본다.

④ 건축 중인 건물을 양도하는 경우 양수인이 그 건축 중인 건물을 이용가능하게 된 때를 공급시기로 본다.

⑤ 부동산을 기부채납하기로 약정함에 따라 사회기반시설을 신축하여 일정기간 사용·수익한 후에 기부채납하는 경우 그 기부채납절차가 완료된 때를 공급시기로 본다.

(4) 계약금의 공급시기

완성도기준지급 또는 중간지급조건부로 재화를 공급하거나 용역을 제공함에 있어서 그 대가의 일부로 계약금을 거래상대방으로부터 받는 경우에는 해당 계약조건에 따라 계약금을 받기로 한 때를 그 공급시기로 본다. 이 경우 착수금 또는 선수금 등의 명칭으로 받는 경우에도 해당 착수금 또는 선수금이 계약금의 성질이 있는 때에는 계약금으로 본다.

(5) 임차토지에 설치한 시설물의 공급시기

사업자가 임차한 토지의 일부에 자기 부담으로 시설물을 설치하고 임차계약기간 동안 무상사용하는 경우 해당 시설물을 설치완료한 때를 공급시기로 본다.

(6) 부동산임대용역의 공급시기

① 부동산임대업자가 2 과세기간 이상에 걸쳐 부동산임대용역을 공급하고 그 대가를 선불 또는 후불로 받는 경우 예정신고기간 또는 과세기간의 종료일을 공급시기로 본다.

② 부동산임대업자가 부동산임대용역을 계속적으로 공급하고 그 대가를 월별, 분기별 또는 반기별로 기일을 정하여 받기로 한 경우 그 대가의 각 부분을 받기로 한 때를 공급시기로 본다.

③ 부동산임대업자가 공급시기가 도래하기 전에 선불로 받은 대가에 대하여 임차인에게 세금계산서 또는 영수증을 발급하는 때에는 그 발급한 때를 공급시기로 본다.

④ 부동산임대료를 임차인의 각 반기별 사업실적에 따라 확정하는 경우에는 임대료가 확정되는 해당 반기 말일(매년 6월 30일 및 12월 31일)을 공급시기로 본다.

4) 영세율 적용과 면세

(1) 영세율

영세율이란 특정한 재화 또는 용역의 공급에 대하여 영의 세율을 적용하고 그 전 단계에서 부담한 부가가치세를 공제 또는 환급함으로써 부가가치세 부담을 완전히 면제하는 제도를 말한다.

(2) 영세율의 적용 대상

① 수출하는 재화
② 국외제공용역
③ 선박 또는 항공기의 외국항행용역
④ 기타 외화획득 재화 또는 용역
⑤ 「조세특례제한법」, 기타 법령 및 조약에 따른 재화 또는 용역

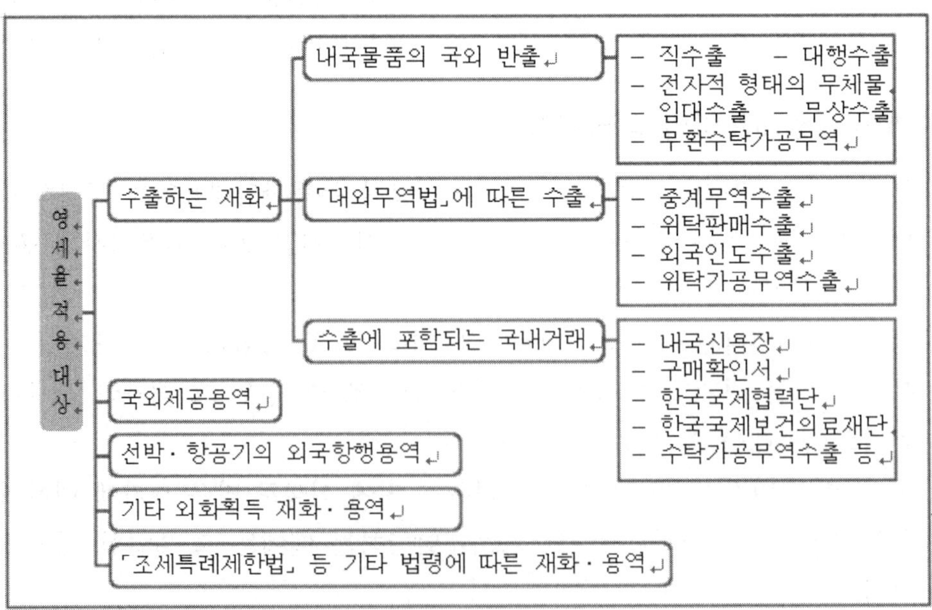

(3) 부가가치세 면제

부가가치세의 면제란 면세대상 재화 또는 용역의 공급에 대하여 납세의무가 면제되는 것을 말하므로 면세사업자는 「부가가치세법」에서 정하는 등록, 거래징수, 신고・납부 등 제반 의무가 없으나 재화 또는 용역을 공급받으면서 거래징수당한 매입세액은 부담하여야 한다.

(4) 부가가치세 면제 대상

구 분	부가가치세 면제 대상
• 기초생활 필수품	• 미가공식료품, 농・축・수・임산물・수돗물, 연탄 및 무연탄 • 여객운송용역・주택과 그 부수토지의 임대용역 • 여성용 생리처리 위생용품 등
• 국민후생	• 의료보건용역, 혈액・교육용역 등
• 문화	• 도서・신문・잡지・통신 및 방송 등(광고 제외) • 예술창작품・예술행사・문화행사・비직업운동경기 • 도서관・과학관・박물관・동물원 또는 식물원에의 입장 등
• 부가가치 생산요소	• 토지・금융・보험용역・인적용역
• 조세정책 공익목적	• 우표, 인지, 증지, 복권 및 공중전화, 담배 • 자선 등 공익단체가 무상 또는 실비로 공급하는 재화 • 국가 등이 공급하는 재화 또는 용역 • 국가 등에 무상으로 공급하는 재화 등
• 관세 면제(수입시)	• 미가공식료품・도서・신문・잡지 • 과학・교육・문화용 수입품・공익목적으로 기증되는 재화 • 여행자 휴대품, 외교관 물품 등 • 재수입재화 및 수출조건의 일시수입재화 • 기타 관세가 무세이거나 감면되는 재화 등
• 「조세특례 제한법」	• 특수용도 석유류・공장, 광산, 학교 등의 구내식당 음식용역 • 농・어업 대행용역・국민주택 및 국민주택 건설용역・리모델링용역 • 관리주체, 경비업자 또는 청소업자가 공동주택에 공급하는 일반관리용역・경비용역 및 청소용역 • 정부업무대행단체가 공급하는 재화 또는 용역 • 한국철도시설공단이 국가에 공급하는 철도시설 • 천연가스를 연료로 사용하는 시내버스 및 마을버스운송사업용으로 공급되는 버스・희귀병 치료제・영유아용 기저귀와 분유 등

※ 식용에 사용하지 않는 농·축·수·임산물의 면세 범위

① 우리나라에서 생산된 식용에 사용하지 아니하는 관상용의 새·열대어·금붕어 및 갯지렁이

② 우리나라에서 생산된 화초·수목 (조경공사용역의 공급가액에 포함된 화초·수목 등에 대하여는 주된 용역 공급 포함 부수재화로 과세)

③ 우리나라에서 생산되어 단순히 건조한 크로레라(이끼)의 공급 (크로레라에 벌꿀 등을 가미하거나 정제한 크로레라제품의 공급은 과세)

④ 우리나라에서 생산된 조개껍질(패각)의 공급에 대하여는 면세 (조개껍질(패각)을 분쇄한 패분의 공급은 과세)

⑤ 상묘·잠종·잠아·치잠 등 잠견류와 누에고치(생견)를 열처리하여 건조시킨 마른 누에고치(건견) 및 누에가루(식용에 적합한 것에 한한다)의 공급(제사공정에서 부산물로 산출되는 번데기의 공급에 대하여는 과세)

⑥ 우리나라에서 생산된 볏짚·왕골·청올치(갈저)의 공급 (이를 재료로 하여 제조한 돗자리·공예품 등의 공급에 대하여는 과세)

(5) 인적용역 등의 면세 범위

① 개인이 물적시설없이 근로자를 고용하지 아니하고 독립된 자격으로 제공하는 문화·예술·창작 및 연예활동, 학술용역 등의 인적용역

② 직업운동가·가수 등 스포츠·연예의 기능을 가진 자와 이들의 감독·매니저 등 해당 직업운동가 등의 기능발휘를 지도·주선하는 자가 개인의 독립된 자격으로 물적시설없이 근로자를 고용하지 않고 제공하는 용역

③ 개인·법인 등이 공급하는 국선변호와 법률구조용역, 학술연구 및 기술연구용역, 직업소개 및 상담용역, 장애인보조견 훈련용역

④ 독립된 사업으로 제공되는 학술 또는 기술연구용역은 새로운 학술이나 기술을 개발하기 위하여 새로운 이론·방법·공법 또는 공식 등을 연구하는 것이므로 신제품을 개발하거나 제품의 성능이나 질·용도 등을 개선시키는 연구용역

(6) 면세의 포기

① 면세포기란 부가가치세가 면제되는 재화 또는 용역을 공급하는 자가 면세적

용을 받지 아니하고 부가가치세 과세적용을 받는 것을 말한다.

② 부가가치세가 면제되는 재화 또는 용역의 공급이 다음에 해당하는 경우에는 사업자의 신고에 의하여 부가가치세의 면제를 아니할 수 있다.

㉠ 영세율이 적용되는 재화 또는 용역

㉡ 학술연구단체 또는 기술연구단체가 공급하는 재화 또는 용역

③ 영세율이 적용되는 재화 또는 용역의 공급이 「조세특례제한법」에 따라 면세되는 경우 해당 재화 또는 용역의 공급에 대하여 면세포기신고를 하는 때에는 영세율을 적용한다.

5) 과세표준과 세액

(1) 부가가치세 과세표준은 거래상대방으로부터 받은 대금·요금·수수료 기타 명목 여부에 관계없이 대가관계에 있는 모든 금전적 가치있는 것을 포함.

구 분	과 세 표 준
• 금전으로 대가를 받는 경우	• 그 대가
• 금전 이외의 대가로 받는 경우	• 자기가 공급한 재화 또는 용역의 시가
• 특수관계자와의 거래	• 재화 : 부당하게 낮은 대가를 받거나 대가를 받지 아니한 경우에는 자기가 공급한 재화의 시가 • 용역 : 부당하게 낮은 대가를 받은 경우에는 자기가 공급한 용역의 시가
• 폐업시 남아있는 재화	• 폐업시 남아있는 재고재화의 시가
• 봉사료	• 사업자가 자기의 수입금액으로 계상한 종업원 봉사료
• 수입재화	• 관세의 과세가격과 관세, 개별소비세, 주세, 교육세, 농어촌특별세 및 교통·에너지·환경세의 합계액
• 개별소비세, 교통세·에너지·환경세 및 주세가 과세되는 재화 또는 용역	• 개별소비세, 주세, 교육세, 농어촌특별세 및 교통·에너지·환경세 상당액이 포함된 재화 또는 용역의 대가

(2) 부가가치세 과세표준에서 빼지 아니하는 것과 과세표준에 더하지 아니하는 것에는 다음과 같은 사례가 있다.

과세표준에서 빼지 아니하는 금액	과세표준에 더하지 아니하는 금액
• 재화 또는 용역을 공급한 후의 그 공급가액에 대한 대손금	• 에누리액 • 환입된 재화의 가액
• 거래처와 사전약정에 따라 일정기간의 수금실적 및 판매실적에 따라 거래처에 지급하는 장려금	• 공급받는 자에게 도달하기 전에 파손·훼손 또는 멸실된 재화의 가액
• 수출대가의 일부로 받는 관세환급금	• 재화 또는 용역의 공급과 직접 관련되지 아니하는 국고보조금과 공공보조금
• 건설용역 대가의 일부인 하자보증금과 유보금	• 계약 등에 의하여 확정된 대가의 지급지연으로 인하여 받는 연체이자
	• 외상판매에 대한 공급대가의 미수금을 결제하거나 약정기일 전에 영수하여 할인하는 금액
	• 용역 등의 대가와 구분하여 수령하고 해당 종업원에게 지급한 사실이 확인되는 종업원 봉사료

(3) 특수한 거래의 과세표준

거 래 구 분	과 세 표 준
• 외상판매 및 할부판매	• 재화의 총가액(이자 상당액 포함)
• 장기할부판매	• 계약에 따라 받기로 한 대가의 각 부분(이자 상당액 포함)
• 자가공급(직매장 반출 제외)·개인적 공급·사업상 증여·폐업시 남아있는재화	• 재고자산(상품·원재료 등) : 시가 • 감가상각자산 : 간주시가
• 직매장 반출	• 취득가액 또는 공급가액(취득가액 + 일정 이윤)
• 기부채납	• 관련 법률에 따른 기부채납가액
• 공유수면매립 용역	• 「공유수면매립법」에 따른 총사업비
• 보상판매	• 신형 제품의 정상 판매가격
• 중계무역 수출	• 수출대금 전액
• 위탁가공무역 수출	• 완성된 제품의 인도가액

(4) 세액이 별도 표시되지 아니한 대가의 과세표준

사업자가 재화 또는 용역을 공급하고 그 대가로 받은 금액에 공급가액과 세액이 별도 표시되어 있지 아니한 경우와 부가가치세가 포함되어 있는지 불분명한 경우에는 거래금액 또는 영수할 금액의 110분의 100에 해당하는 금액이 과세표준이 된다.

(5) 부동산임대에 따른 공공요금의 과세표준

사업자가 부가가치세가 과세되는 부동산임대료와 해당 부동산을 관리해 주는 대가로 받는 관리비 등을 구분하지 아니하고 영수하는 때에는 전체 금액에 대하여 과세하나, 임차인이 부담하여야 할 보험료·수도료 및 공공요금 등을 별도로 구분·징수하여 납입을 대행하는 경우 해당 금액은 부동산임대관리에 따른 대가에 포함되지 아니한다.

(6) 마일리지 상당액의 과세표준

물품을 판매하는 사업자가 구매 고객에게 매출액의 일정비율에 상당하는 마일리지를 적립하여 주고 향후 해당 고객이 물품 구입시 구입대금의 일부 또는 전부를 적립된 마일리지에 의하여 결제하는 경우 해당 마일리지 상당액은 과세표준에 포함된다.

(7) 공통사용 재화에 대한 과세표준 안분계산

① 과세사업과 면세사업에 공통으로 사용되는 재화를 공급하는 경우 그 과세표준은 해당 재화의 공급일이 속하는 과세기간의 직전 과세기간의 공급가액비율을 적용하여 아래와 같이 계산한다.
다만, 납부세액이나 환급세액을 사용면적비율에 따라 재계산한 공통사용재화에 대하여는 공급가액비율 대신에 사용면적비율을 적용한다.

$$\text{해당 재화의 공급가액} \times \frac{\text{재화의 공급일이 속하는 과세기간의 직전 과세기관의 과세 공급가액}}{\text{재화의 공급일이 속하는 과세기간의 직전 과세기간의 총공급가액}}$$

② 공통사용재화에 대한 과세표준 안분계산을 생략할 수 있는 경우
   ㉠ 재화의 공급일이 속하는 과세기간의 직전 과세기간의 총공급가액 중 면세공급가액이 5% 미만인 경우
   ㉡ 재화의 공급가액이 20만원 미만인 경우
   ㉢ 재화의 공급일이 속하는 과세기간에 신규로 사업을 개시한 경우

(8) 토지와 함께 공급한 건물 등의 과세표준 안분계산 : 다음의 순서에 의한 가액

구 분	과세표준 계산방법
① 실거래가액이 모두 있는 경우	• 구분된 건물 등의 실지거래가액
② 감정평가액이 모두 있는 경우	• 감정평가법인이 평가한 감정평가액에 비례하여 안분계산
③ 기준시가가 모두 있는 경우	• 공급계약일 현재 기준시가에 비례하여 안분계산
④ 기준시가가 일부 있는 경우	• 먼저 장부가액(장부가액이 없는 경우 취득가액)에 비례하여 안분계산 • 기준시가가 있는 자산에 대하여는 그 합계액을 다시 기준시가에 비례하여 안분계산
⑤ 기준시가가 모두 없는 경우	• 장부가액(장부가액이 없는 경우 취득가액)에 비례하여 안분계산
⑥ 국세청장이 정한 과세표준 안분계산방법	• 토지와 건물 등의 가액을 일괄 산정·고시하는 오피스텔 등의 경우 ➔ 토지의 기준시가와 건물 등의 기준시가에 비례하여 안분계산
	• 건축 중에 있는 건물과 토지를 함께 양도하는 경우 ➔ 해당 건물을 완성하여 공급하기로 한 경우에는 토지의 기준시가와 완성될 건물의 기준시가에 비례하여 안분계산
	• 미완성 건물 등과 토지를 함께 공급하는 경우 ➔ 토지의 기준시가와 미완성 건물 등의 장부가액(장부가액이 없는 경우 취득가액)에 비례하여 안분계산

(9) 간주공급에 따른 과세표준 계산

① 과세사업에 사용한 감가상각자산이 간주공급(자가공급·개인적 공급·사업상증여·폐업시 남아있는 재화)에 해당되는 경우에는 다음 산식에 의하여 계산한 금액을 해당 재화의 시가(과세표준)로 본다. 다만, 건물 또는 구축물의 경과된 과세기간의 수가 20을 초과하는 때에는 20으로, 기타 감가상각자산의 경과된 과세기간의 수가 4를 초과하는 때에는 4로 한다.

㉠ 건물 또는 구축물

$$\text{해당 재화의 취득가액} \times \left(1 - \frac{5}{100} \times \text{경과된 과세기간 수}\right) = \text{시가(과세표준)}$$

㉡ 기타 감가상각자산

$$\text{해당 재화의 취득가액} \times (1 - \frac{25}{100} \times \text{경과된 과세기간 수}) = \text{시가(과세표준)}$$

② 과세사업에 사용한 감가상각자산을 일부 면세사업에 사용한 경우에는 상기의 산식에 해당 과세기간의 총공급가액에 대한 면세공급가액의 비율을 곱하여 과세표준을 계산한다. 다만, 그 비율이 100분의 5 미만인 경우 과세표준이 없는 것으로 본다.

③ 경과된 과세기간의 수를 계산함에 있어 재화의 취득일은 해당 재화가 실제로 사업에 사용된 날을 말한다.

④ 사업자가 사업양수도계약에 따라 양수한 감가상각자산이 간주공급에 해당하여 과세표준을 계산하는 경우 해당 재화의 경과된 과세기간의 수는 해당 사업의 양도자가 당초 취득하여 사업에 사용한 날을 기준으로 산정한다.

(10) 부동산임대용역에 대한 과세표준 계산

① 사업자가 부동산임대용역을 제공하고 전세금 또는 임대보증금을 받은 경우에는 금전 이외의 대가를 받은 것으로 보아 다음 산식에 의하여 계산한 금액(간주임대료)을 과세표준으로 한다.

$$\text{전세금 · 임대보증금} \times \text{과세대상 기간의 일수} \times \frac{\text{1년 정기예금이자율}}{\text{365(윤년 366)}} = \text{과세표준}$$

② 사업자가 2 과세기간 이상에 걸쳐 부동산임대용역을 공급하고 그 대가를 선불 또는 후불로 받은 경우에는 해당 금액을 계약기간의 월수로 나눈 금액의 각 과세대상기간의 합계액을 과세표준으로 한다.

③ 간주임대료에 대한 과세표준은 임차인이 해당 부동산을 사용하거나 사용하기로 한 때를 기준으로 계산한다.

(11) 부동산임대에 따른 전세금 등에 대한 세부담

과세되는 부동산을 임대하고 받은 전세금 또는 임대보증금의 이자상당액(이하 "간주임대료"라 한다)에 대한 부가가치세는 원칙적으로 임대인이 부담하나, 임대인과 임차인간의 약정에 의하여 임차인이 부담하는 것으로 할 수 있다. 이 경우 임차인이 부동산임차의 대가로서 월세 등의 형태로 지급하는 금액이 있는 때에는 임차인이 부담하는 간주임대료에 대한 부가가치세를 월세와 별도로 구분하여 지급하여야 한다.

(12) 임차인 부담 개량수선비용의 과세표준 계산

건물 임차인의 책임하에 건물을 개량수선(자본적 지출)하여 사용하는 경우 임대인은 해당 개량수선비용을 임대료에 포함하여 부가가치세 과세표준으로 신고하여야 하며, 임차인이 과세사업자인 경우에는 임대인에게 개량수선비 상당액의 재화를 공급한 것으로 보아 그 개량수선 종료일에 부가가치세를 징수하여야 한다.

6) 세금계산서

(1) 세금계산서의 기능

구 분	구 체 적 인 기 능
• 세금영수증	• 사업자가 과세대상 거래에 대한 부가가치세를 징수하였음을 증명
• 청구서 · 영수증	• 외상거래에 따른 청구서, 현금거래에 따른 영수증 역할
• 송장	• 사업자가 공급한 구체적인 재화 또는 용역을 표시
• 증빙서류	• 사업자가 공급받은 재화 또는 용역을 확인할 수 있는 증빙자료
• 과세자료	• 과세관청에 제출되어 근거과세 및 공평과세의 기초자료로 활용

(2) 세금계산서 발급의무자의 범위

① 재화 또는 용역을 공급하고 세금계산서를 공급받는 자에게 발급하여야 하는 자는 납세의무자로 등록한 일반사업자이므로 미등록사업자, 간이과세자, 면세사업자, 폐업자는 세금계산서를 발급할 수 없다.

② 공동매입 · 위탁판매 등 예외적인 경우에는 간이과세자, 면세사업자, 고유번호를 부여받은 자도 거래상대방의 매입세액공제를 위하여 자기가 발급받은 세금계산서의 공급가액 범위 안에서 세금계산서를 발급할 수 있다.

(3) 세금계산서 기재사항

필요적 기재사항	임의적 기재사항
• 공급자의 등록번호, 성명 또는 명칭	• 공급자의 주소
• 공급받는 자의 등록번호	• 공급받는 자의 상호·성명·주소
• 공급가액과 부가가치세액	• 공급자 및 공급받는 자의 업태·종목
• 작성연월일	• 거래종류, 공급품목, 단가와 수량
	• 공급연월일, 기타 등
	• 사업자단위과세자의 경우 실제로 거래되는 종사업장의 상호 또는 소재지

(4) 전자세금계산서 발급 방법

① 법인사업자는 세금계산서의 기재사항을 다음과 같은 방법으로 계산서의 작성자 신원 및 변경 여부 등을 확인할 수 있는 공인인증시스템을 거쳐 정보통신망으로 전자세금계산서를 발급하여야 한다.

㉠ 전사적 기업자원관리설비를 이용하는 방법

㉡ 실거래 사업자를 대신하여 전자세금계산서 발급업무를 대행하는 사업자의 전자세금계산서 발급 시스템을 이용하는 방법

㉢ 국세청장이 구축한 전자세금계산서 발급 시스템을 이용하는 방법

㉣ 기타 국세청장이 지정하는 전자세금계산서 발급시스템을 이용하는 방법

② 전자세금계산서를 발급한 때에는 그 발급일이 속하는 달의 다음 달 15일까지 세금계산서 발급명세를 국세청장에게 전송하여야 한다.

(5) 월합계 세금계산서의 발급 특례

① 사업자가 다음에 해당하는 경우에는 해당 재화 또는 용역의 공급일이 속하는 달의 다음 달 10일까지 월합계세금계산서를 발급할 수 있다.

㉠ 거래처별로 1역월의 공급가액을 합계하여 해당 월의 말일자를 발행일자로 하여 세금계산서를 발급하는 경우

㉡ 거래처별로 1역월 이내에서 사업자가 임의로 정한 기간의 공급가액을 합계하여 그 기간의 종료일자를 발행일자로 하여 세금계산서를 발급하는 경우

㉢ 관계증빙서류 등에 의하여 실제거래사실이 확인되는 경우로서 해당 거래일자를 발행일자로 하여 세금계산서를 발급하는 경우

② 사업자가 월합계 세금계산서를 발급함에 있어 해당 월 중 반품이 있는 경우 해당 월의 총공급가액에서 반품가액을 차감하여 발급할 수 있다.

③ 동일한 거래처에 품목별 또는 담당자별로 구분하여 2매 이상의 월합계세금계산서를 발급할 수 있다.

(6) 선발행 세금계산서의 발급 특례

① 사업자가 재화 또는 용역의 공급시기가 도래하기 전에 대가의 전부 또는 일부를 받고, 그 받은 대가에 대하여 그 대가를 받은 날부터 재화 또는 용역의 공급시기까지 세금계산서 또는 영수증을 발급할 수 있다.

② 사업자가 재화 또는 용역의 공급시기가 도래하기 전에 세금계산서를 발급하고 그 세금계산서의 발급일로부터 7일 이내에 대가를 받는 경우에는 정당한 세금계산서를 발급한 것으로 본다.

③ 제2항에 관계없이 세금계산서 발급일로부터 7일이 경과한 후에 대가를 받더라도 다음의 요건을 모두 충족하는 경우에는 정당한 세금계산서로 본다.

㉠ 거래 당사자간의 계약서・약정서 등에 대금청구시기와 지급시기가 별도로 기재될 것

㉡ 대금청구시기에 세금계산서를 발급받고 재화 또는 용역을 공급받는 자가 이를 전사적 자원관리시스템에 보관할 것

㉢ 대금청구시기와 지급시기 사이의 기간이 30일 이내일 것

④ 사업자가 받는 대가에는 현금 외에 수표, 어음, 신용카드, 전자화폐, 현물의 인도(양도) 등이 포함된다.

⑤ 사업자가 공급시기가 도래하기 전에 대가의 지급없이 세금계산서를 발급받아 관할세무서장으로부터 경정 등에 의해 사실과 다른 세금계산서로 매입세액이 불공제 된 후 정당한 공급시기에 세금계산서를 발급받은 때에는 이를 정당한 세금계산서로 본다.

(7) 세금계산서 발급의무 면제

① 택시운송, 노점 또는 행상을 하는 사업자가 공급하는 재화 또는 용역

② 무인자동판매기를 통하여 공급하는 재화 또는 용역
③ 전력 또는 도시가스를 실제로 소비하는 자(사업자가 아닌 자)를 위하여 전기사업자 또는 도시가스사업자로부터 전력 또는 가스를 공급받는 명의자
④ 도로 및 관련 시설 운영용역을 제공하는 사업자(세금계산서 발급 요구시 제외)
⑤ 소매업(세금계산서 요구시 제외) 또는 목욕·이발·미용업을 영위하는 자
⑥ 간주공급 재화(자가 공급, 개인적 공급, 사업상 증여, 폐업시 남아있는 재화)
⑦ 다음의 영세율이 적용되는 재화 또는 용역
  ㉠ 수출하는 재화(내국신용장·구매확인서에 의하여 공급하거나 한국국제협력단에 공급하는 재화는 제외)
  ㉡ 국외제공용역과 선박, 항공기의 외국항행용역 중 공급받는 자가 국내사업장이 없는 비거주자 또는 외국법인인 경우, 항공기에 의한 외국항행용역, 「항공법」에 따른 상업서류송달용역
  ㉢ 기타 외화획득사업
⑧ 기타 국내사업장이 없는 비거주자 또는 외국법인에게 공급하는 재화 또는 용역(사업자임을 증명하는 서류를 제시하고 세금계산서를 요구하는 경우 제외)
⑨ 부동산임대용역 중 간주임대료
⑩ 공급받는 자에게 신용카드매출전표 등을 발급한 경우 해당 재화 또는 용역
⑪ 부당하게 낮은 대가를 받거나 대가를 받지 아니하여 부가가치세 과세표준에 포함된 가액

(8) 주요 거래에 대한 세금계산서 발급방법

구 분	세 금 계 산 서 교 부 방 법
• 위·수탁 거래	• 위탁판매나 대리판매의 경우 수탁자나 대리인이 세금계산서를 발급하며, 위탁자 또는 본인이 직접 재화를 인도하는 경우에는 위탁자 또는 본인이 세금계산서를 발급할 수 있다. 이 경우 수탁자 또는 대리인의 등록번호를 함께 기재하여야 한다. • 지입회사가 지입차주의 위탁을 받아 지입차량을 매입하는 경우 지입회사는 차량공급자로부터 자기의 명의로 세금계산서를 발급받고 자기의 명의로 지입차주에게 세금계산서를 발급하여야 한다. • 사업자가 위탁 또는 대리에 의하여 재화를 공급하는 경우에는 수탁자 또는 대리인이 위탁자 또는 본인의 명의로 세금계산서를 발급하여야 한다. 다만, 위탁자 또는 본인을 알 수 없는 경우에는 위탁자(본인)는 수탁자(대리인)에게, 수탁자(대리인)는 거래상대방에게 공급한 것으로 보아 세금계산서를 발급한다.

구 분	세금계산서교부방법
• 2 이상의 사업장이 있는 경우	• 본점과 지점 등 2 이상의 사업장이 있는 법인사업자가 본점에서 계약을 체결하고 재화 또는 용역은 지점이 공급하는 경우 세금계산서는 재화나 용역을 실제 공급하는 사업장에서 발급한다. • 본점과 지점 등 2 이상의 사업장이 있는 법인사업자가 계약·발주·대금지급 등의 거래는 해당 본점에서 이루어지고, 재화 또는 용역은 지점에서 공급받는 경우 세금계산서는 본점 또는 지점 어느 쪽에서도 발급받을 수 있다. • 본점에서 일괄하여 계약체결 및 대금 결제하고 거래상대방으로부터 세금계산서를 발급받은 경우 해당 세금계산서의 공급가액 범위 내에서 용역을 실지로 사용·소비하는 지점으로 세금계산서를 발급할 수 있다. • 제조장과 직매장 등 2 이상의 사업장을 가진 사업자가 제조장에서 생산한 재화를 직매장 등에서 전담하여 판매함에 있어 수송 등의 편의를 위하여 제조장에서 거래처에 직접 재화를 인도하는 경우에는 공급자를 제조장으로 하는 세금계산서를 직접 거래처에 발급한다. 다만, 이미 제조장에서 직매장 등으로 세금계산서(총괄납부사업자의 경우에는 거래명세서)를 발급한 경우에는 직매장 등에서 거래처에 세금계산서를 발급하여야 한다.

※ 사업자가 하치장으로 반출한 재화를 해당 하치장에서 거래상대방에게 인도하는 경우 세금계산서는 그 재화를 하치장으로 반출한 사업장을 공급하는 자로 하여 발급하여야 한다.

(9) 수정세금계산서 발급 사유 및 사례

① 수정세금계산서를 발급 사유

㉠ 당초 공급한 재화가 환입된 경우

㉡ 계약의 해제로 인하여 재화 또는 용역이 공급되지 아니한 경우

㉢ 공급가액에 추가 또는 차감되는 금액이 발생한 경우

㉣ 재화 또는 용역을 공급한 후 공급시기가 속하는 과세기간 종료일 20일 이내에 내국신용장이 개설되거나 구매확인서가 발급된 경우

㉤ 필요적 기재사항 등이 착오로 잘못 기재된 경우

② 부가가치세가 면제되는 재화 또는 용역을 공급하고 착오로 세금계산서를 발급한 경우 수정세금계산서 및 계산서를 발급하고, 경정청구할 수 있다.

③ 부가가치세가 과세되는 재화 또는 용역을 공급하고 착오로 계산서를 발급한 경우 수정세금계산서를 발급할 수 없다.

④ 공급받는 자의 사업자등록 전에 주민등록번호를 기재하여 발급한 세금계산서에 대하여는 공급받는 자의 사업자등록번호로 수정한 세금계산서를 발급할 수 없다.

⑤ 공급받는 자의 수정은 기재사항 착오로 볼 수 없으므로 수정세금계산서를 발급할 수 없다.
⑥ 영세율이 적용되지 아니하는 용역을 공급하면서 영세율세금계산서를 발급한 경우 해당 용역의 공급시기 이후에는 수정세금계산서를 발급할 수 없다.

(10) 폐업한 자의 수정세금계산서 발급 방법

재화 또는 용역의 공급에 대하여 세금계산서를 발급하였으나 수정세금계산서 발급사유가 발생한 때에 공급받는 자 또는 공급자가 폐업한 경우에는 수정세금계산서를 발급할 수 없다. 이 경우 이미 공제받은 매입세액 또는 납부한 매출세액은 납부세액에서 차가감하여야 한다.

7) 매입세액 공제

(1) 일반적인 불공제 매입세액

① 매입처별세금계산서합계표를 제출하지 아니한 경우의 매입세액 또는 제출한 매입처별세금계산서합계표의 기재사항 중 거래처별 등록번호 또는 공급가액의 전부 또는 일부가 기재되지 아니하였거나 사실과 다르게 기재된 분의 매입세액
② 세금계산서를 발급받지 아니한 경우 또는 발급받은 세금계산서에 필요적 기재사항의 전부 또는 일부가 기재되지 아니하였거나 사실과 다르게 기재된 분의 매입세액
③ 사업과 직접 관련이 없는 지출에 대한 매입세액
④ 비영업용 소형승용자동차의 구입, 임차 및 유지에 관련된 매입세액
⑤ 접대비 및 이와 유사한 비용의 지출에 관련된 매입세액
⑥ 부가가치세가 면제되는 재화 또는 용역을 공급하는 사업에 관련된 매입세액(투자에 관련된 매입세액을 포함한다)
⑦ 토지의 조성 등을 위한 자본적 지출에 관련된 토지관련매입세액
⑧ 등록신청일로부터 역산하여 20일 이내의 것을 제외한 등록하기 전의 매입세액

(2) 공급시기 이후에 발급받은 세금계산서의 매입세액

공급시기가 속하는 과세기간 후에 발급받은 세금계산서의 매입세액은 매출세액에서 공제하지 아니한다.

(3) 월합계 세금계산서에 포함된 등록 전 매입세액

사업자가 재화 또는 용역을 공급한 자로부터 등록 전 매입분이 포함된 월합계 세금계산서를 발급받은 때에 해당 월합계세금계산서에 포함된 등록 전 매입세액은 공제하지 아니한다. 다만, 등록 전 매입세액이 등록신청일로부터 역산하여 20일 이내의 것은 그러하지 아니한다.

(4) 과세대상이 아닌 거래에 대한 매입세액

사업자가 면세되거나 비과세되는 재화 또는 용역을 공급받고 과세거래로 오인하여 부가가치세를 부담하고 발급받은 세금계산서의 매입세액은 매출세액에서 공제하지 아니한다.

(5) 지분 인수를 위한 매입세액

사업자가 다른 사업자의 지분을 인수하는 과정에서 지급한 중개수수료 관련 매입세액은 매출세액에서 공제하지 아니한다.

(6) 국가・공익단체 등에 무상으로 공급하는 재화의 매입세액 공제

자기의 사업과 관련하여 생산하거나 취득한 재화를 국가・지방자치단체 등에 무상으로 공급하는 경우 해당 재화의 매입세액은 매출세액에서 공제하나, 자기의 사업과 관련없이 취득한 재화를 국가・지방자치단체 등에 무상으로 공급하는 경우 해당 재화의 매입세액은 공제하지 아니한다.

(7) 비영업용 소형승용자동차의 구입・임차・유지 관련 매입세액 불공제 범위

① 비영업용의 범위 : 영업용이란 운수업, 자동차매매업, 렌트카업과 같이 승용자동차를 직접 영업에 사용하는 것을 말하므로 그러하지 아니한 것은 비영업용에 해당한다.

② 소형승용자동차의 범위 : 「개별소비세법 시행령」 제1조 별표 1에 열거되어

있는 주로 사람의 수송을 목적으로 제작된 차량을 말한다.

③ 소형승용자동차 관련 매입세액의 공제 여부 : 사업자가 타인 소유의 소형승용자동차를 임차하여 비영업용으로 사용하고 지불한 대가 및 해당 소형승용자동차의 구입·유지에 대한 매입세액은 공제하지 아니한다.

(8) 토지 관련 매입세액의 예시

① 건축물이 있는 토지를 취득하여 그 건축물을 철거하고 토지만을 사용하는 경우에는 철거한 건축물의 취득 및 철거비용에 관련된 매입세액

② 사업자가 토지 취득 전에 사업성 검토를 위한 토지적성평가용역, 생태계식생조사용역, 환경영향평가용역 등의 사전평가용역을 제공받은 경우 토지의 취득 여부에 관계없이 해당 사전평가용역비를 지급하면서 부담한 매입세액

③ 사업자가 금융자문용역을 공급받고 발급받은 세금계산서상의 매입세액 중 토지의 취득과 관련된 매입세액

④ 공장건물 신축을 위하여 임야에 대지조성공사를 하는 경우 해당 공사비용 관련 매입세액

⑤ 토지의 조성과 건물·구축물 등의 건설공사에 공통으로 관련되어 그 실지귀속을 구분할 수 없는 매입세액 중 총공사비(공통비용 제외)에 대한 토지의 조성 관련 공사비용의 비율에 따라 계산한 매입세액

⑥ 토지의 취득을 위하여 지급한 중개수수료, 감정평가비, 컨설팅비, 명의이전비용에 관련된 매입세액

(9) 공통매입세액 안분계산

① 과세사업과 면세사업을 겸영하는 사업자가 과세사업과 면세사업에 공통으로 사용되어 그 실지귀속을 구분할 수 없는 매입세액을 과세사업에 관련된 매입세액과 면세사업에 관련된 매입세액으로 안분계산하는 일련의 과정

② 공통매입세액 안분계산의 요건

공통매입세액의 안분계산규정을 적용하여야 할 사업자는 다음의 요건을 모두 충족하여야 한다.

㉠ 과세사업과 면세사업(비과세사업 포함)을 겸영하는 사업자일 것

㉡ 과세사업과 면세사업에 공통으로 사용되거나 사용될 것

㉢ 실지귀속이 불분명한 매입세액일 것

㉣ 공제 가능한 매입세액일 것

③ 공통매입세액 안분계산 방법

㉠ 각 신고기간별로 과세사업과 면세사업에 공통으로 사용되어 실지귀속을 확인할 수 없는 공통매입세액은 다음 산식과 같이 공급가액비율로 안분계산한다.

$$\text{불공제 매입세액} = \text{공통매입세액} \times \frac{\text{면세공급가액}}{\text{총공급가액}}$$

㉡ 해당 과세기간 중 과세사업과 면세사업에 대한 공급가액이 없거나 그 어느 한 사업의 공급가액이 없는 경우에는 다음 각 호의 순서에 따라 안분계산한다. 다만, 건물을 신축 또는 취득하여 과세사업과 면세사업에 제공할 예정면적을 구분할 수 있는 경우에는 제3호를 우선 적용한다.

- 총매입가액(공통매입가액 제외)에 대한 면세사업에 관련된 매입가액의 비율
- 총예정공급가액에 대한 면세사업에 관련된 예정공급가액의 비율
- 총예정사용면적에 대한 면세사업에 관련된 예정사용면적의 비율

㉢ 과세사업과 면세사업에 공통으로 사용될 건물을 신축하면서 공통매입세액을 공급가액의 비율에 따라 안분계산하였으나, 해당 과세기간 중에 계약의 해지 및 반품 등으로 인하여 과세사업 또는 면세사업의 공급가액이 음수인 경우에는 과세사업 또는 면세사업의 공급가액이 없는 것으로 보아 제2항에 따라 공통매입세액을 안분계산한다.

㉣ 납세자의 계산 편의, 안분계산의 경제성 등을 위하여 다음에 해당하는 경우에는 공통매입세액의 안분계산을 생략하고 전액 공제되는 매입세액으로 한다.

- 해당 과세기간의 총공급가액 중 면세공급가액이 100분의 5 미만인 경우(면세예정사용면적비율이 100분의 5 미만인 경우 제외)
- 해당 과세기간의 공통매입세액이 2만원 미만인 경우
- 신규사업자가 해당 과세기간에 구입한 재화를 양도하는 경우 그 재화에 대한 매입세액

④ 공통매입세액의 정산

㉠ 예정신고시 안분 계산한 공통매입세액

공통매입세액의 안분계산에 있어 예정신고를 하는 때에는 예정신고기간의 총공급가액에 대한 면세공급가액의 비율에 따라 안분계산한 후 확정신고하는 때에 과세기간(예정신고분과 확정신고분)의 총공급가액에 대한 면세공급가액비율에 따라 정산한다.

㉡ 매입가액비율 등으로 안분계산한 공통매입세액

총공급가액에 대한 면세공급가액의 비율을 계산할 수 없어 매입가액비율, 예정공급가액비율 또는 예정사용면적비율로 공통매입세액을 안분계산한 경우 과세사업과 면세사업의 공급가액 또는 사용면적이 확정되는 과세기간의 확정신고를 하는 때에 정산하여야 한다.

(10) 납부세액 또는 환급세액 재계산

과세사업과 면세사업에 공통으로 사용되는 감가상각자산의 취득과 관련하여 발생한 매입세액을 안분계산한 이후의 과세기간에 과세·면세비율이 증감한 경우 면세사업에 관련된 매입세액을 재계산하여 증감 사유가 발생된 과세기간의 납부세액 또는 환급세액에 공제하거나 가산하는 것

(11) 과세전환 감가상각자산의 매입세액 공제

당초 면세사업에 사용 또는 소비되어 매입세액이 공제되지 아니한 감가상각자산을 과세사업용으로 전환하여 사용 또는 소비하는 경우 당초 공제받지 못한 매입세액 중 일부를 매입세액으로 공제하는 것

(12) 매입자발행세금계산서에 의한 매입세액 공제 특례

① 납세의무자로 등록한 사업자가 재화 또는 용역을 공급하고 세금계산서를 발급하지 아니한 경우 그 재화 또는 용역을 공급받은 자가 관할세무서장의 확인을 받아 세금계산서를 발행할 수 있다.

② 매입자발행세금계산서를 발행할 수 있는 자는 면세사업자를 포함한 모든 사업자이며, 발행 대상 매출자는 납세의무자로 등록하고 세금계산서 발급의무가 있는 사업자이므로 미등록사업자·간이과세자 및 면세사업자는 제외된다.

③ 매입자발행세금계산서의 발행절차

㉠ 거래사실의 확인을 요청할 수 있는 대상거래는 건당 공급대가가 10만원 이상인 거래로 한다.

㉡ 신청인은 세금계산서 발급시기부터 3개월 이내에 거래사실의 확인을 신청하여야 하며, 관할세무서장은 다음에 해당하는 경우에는 거래사실의 확인을 거부하여야 한다.

- 신청기간을 넘긴 것이 명백한 경우
- 미등록사업자 및 휴·폐업자와 거래한 것이 명백한 경우
- 신청인이 신청일이 속하는 월에 2회를 초과하여 신청한 경우 그 초과된 거래
- 사업자가 재화의 공급에 따른 세금계산서를 발급받은 후 해당 재화의 일부를 반품하였으나 발급받지 못한 수정세금계산서

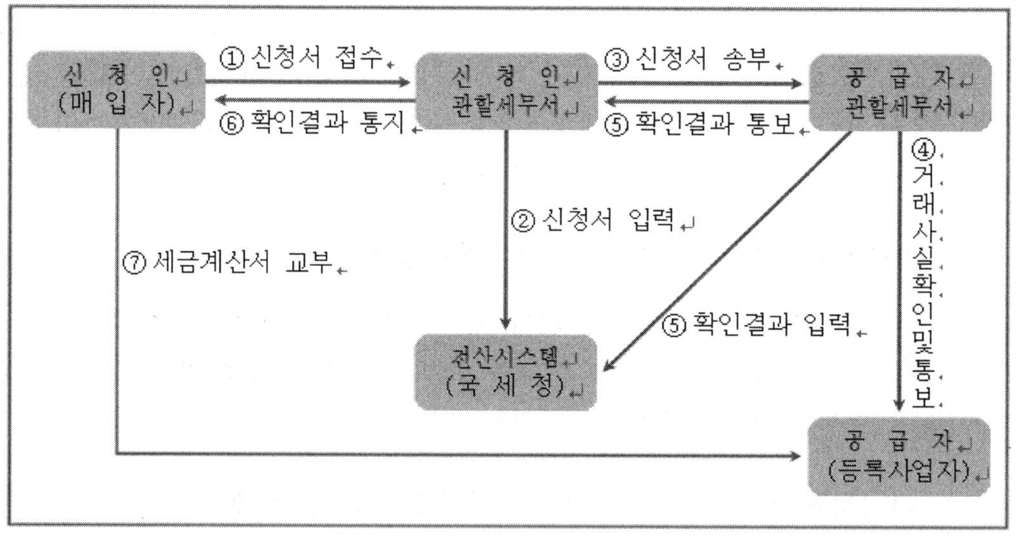

8) 대손세액 공제

(1) 대손세액 공제 사유

① 「상법」에 따른 소멸시효가 완성된 외상매출금 및 미수금

② 「어음법」에 따른 소멸시효가 완성된 어음

③ 「수표법」에 따른 소멸시효가 완성된 수표
④ 「민법」에 따른 소멸시효가 완성된 대여금 및 선급금
⑤ 「채무자 회생 및 파산에 관한 법률」에 따른 회생계획인가의 결정 또는 법원의 면책결정에 따라 회수불능으로 확정된 채권
⑥ 「민사집행법」 제102조에 따른 채무자의 재산에 대한 경매가 취소된 압류채권
⑦ 물품의 수출 또는 외국에서의 용역제공으로 발생한 채권으로서 외국환거래에 관한 법령에 따라 한국은행총재 또는 외국환은행의 장으로부터 채권회수의무를 면제받은 것
⑧ 채무자의 파산, 강제집행, 형의 집행, 사업의 폐지, 사망, 실종, 행방불명으로 인하여 회수할 수 없는 채권
⑨ 부도발생일부터 6개월 이상 경과한 수표 또는 어음상의 채권 및 외상매출금(중소기업의 외상매출금으로서 부도발생일 이전의 것에 한한다). 다만, 채무자의 재산에 대하여 저당권을 설정하고 있는 경우를 제외한다.
⑩ 「국세징수법」 제86조제1항에 따른 납세지 관할세무서장으로부터 국세결손처분을 받은 채무자에 대한 채권(저당권이 설정되어 있는 채권을 제외한다)
⑪ 회수기일이 6개월 이상 경과한 채권 중 10만원 이하 (채무자별 채권가액의 합계액을 기준으로 한다., 2011년 부터는 20만원)의 채권
⑫ 「법인세법 시행령」 제61조제2항 각 호 외의 부분 단서의 규정에 따른 금융기관의 채권(같은 법 시행령 제61조제2항제21호의 규정에 따른 여신전문금융회사 중 신기술사업금융업자의 경우에는 신기술사업자에 대한 것에 한한다) 중 다음에 해당하는 채권
  ㉠ 금융감독원장이 기획재정부장관과 협의하여 정한 대손처리기준에 따라 금융기관이 금융감독원장으로부터 대손금으로 승인받은 것
  ㉡ 금융감독원장이 가목의 기준에 해당한다고 인정하여 대손처리를 요구한 채권으로서 금융기관이 대손금으로 계상한 것
⑬ 「중소기업창업 지원법」에 따른 중소기업창업투자회사의 창업자에 대한 채권으로서 중소기업청장이 기획재정부장관과 협의하여 정한 기준에 해당한다고 인정한 것
⑭ 채무자와 「소득세법」 제41조에 따른 특수관계에 있는지 여부에 관계없이 채권의 일부를 조기 회수하기 위하여 해당 채권의 일부를 불가피하게 포기한

경우 그 포기한 채권

(2) 대손세액 공제 방법

① 사업자가 부가가치세가 과세되는 재화 또는 용역을 공급하고 파산·강제집행 등의 대손세액공제 사유로 외상매출금 기타 매출채권의 전부 또는 일부가 대손되어 회수할 수 없는 경우에는 다음 산식에 의한 대손세액을 그 대손이 확정된 날이 속하는 과세기간의 매출세액에서 차감할 수 있다.

$$대손세액 = 대손금액 \times \frac{10}{110}$$

② 사업자가 대손금액의 전부 또는 일부를 회수한 경우에는 그 대손금액에 관련된 대손세액을 회수한 날이 속하는 과세기간의 매출세액에 가산한다.

(3) 대손세액 공제에 따른 가산세 적용

① 대손세액공제는 대손사유별로 그 대손이 확정되는 날이 속하는 과세기간에 대한 확정신고를 하는 때에 적용되므로 예정신고시 대손세액공제를 한 경우에는 과소신고가산세 또는 초과환급신고가산세가 적용된다.
② 관할세무서장이 공급받은 자에 대하여 대손세액상당액을 대손확정일이 속하는 과세기간의 매입세액에서 차감하는 경정을 하는 경우 과소(초과환급)신고가산세 또는 납부·환급불성실가산세를 적용하지 아니한다.

(4) 대손세액 공제가 가능한 매출채권의 범위

① 대손세액공제의 대상이 되는 외상매출금 기타 매출채권은 부가가치세가 과세되는 재화 또는 용역에 대한 것으로서 각 과세기간의 과세표준에 계상되어 있는 것을 말한다.
② 대손세액의 공제는 사업자가 부가가치세가 과세되는 재화 또는 용역을 공급한 후 공급일로부터 5년이 경과된 날이 속하는 과세기간에 대한 확정신고기한까지 확정되는 대손세액으로 하는 것이므로 재화 또는 용역의 공급일로부터 5년이 경과한 날이 속하는 과세기간의 확정신고기한까지 소멸시효 중단으로 대손이 확정되지 않는 경우에는 대손세액공제를 받을 수 없다.

③ 부도수표 또는 부도어음의 범위에는 재화 또는 용역을 공급받은 자가 배서한 수표 또는 어음이 포함된다.

※ 근저당채권 최고액을 초과하는 부도수표·어음의 범위

부도수표·어음에 대한 대손세액공제 적용시 채무자의 재산에 근저당이 설정되어 있는 경우 설정된 채권최고금액을 초과하는 부도수표·어음금액에 대하여는 대손세액공제가 가능하다.

※ 금융기관에서 할인한 부도어음 등의 대손세액 공제

부도수표·어음에 대한 대손세액공제 적용시 재화나 용역의 대가로 받은 어음을 금융기관에서 할인한 후 해당 어음이 부도발생하여 대출금으로 전환하였으나 해당 부도어음을 금융기관이 소지하고 있는 때에도 수표 또는 어음의 부도발생일로부터 6월이 경과한 경우에는 대손세액공제가 가능하다.

※ 대손세액 공제 대상 부도수표·어음의 부도발생일

수표 또는 어음의 부도발생일은 소지하고 있는 부도수표나 부도어음의 지급기일을 말한다. 다만, 지급기일 전에 해당 수표나 어음을 제시하여 금융기관으로부터 부도확인을 받은 경우에는 그 부도 확인일을 말한다.

(5) 각 사례별 대손세액 공제

① 사업 폐지와 관련된 대손금의 공제 여부

㉠ 부동산임대업과 제조업을 동일 사업장에서 겸영하는 사업자가 제조업을 폐지하고 부동산임대업을 계속하여 영위하면서 제조업을 폐지하기 전에 재화를 공급하고 수령한 어음이 제조업의 폐지일 이후에 부도발생하여 해당 재화의 공급에 대한 대손이 확정된 경우 대손세액공제를 받을 수 있다.

㉡ 2 이상의 사업장이 있는 법인사업자가 지점에서 부가가치세가 과세되는 재화 또는 용역을 공급한 후 매출채권을 회수하지 못하고 해당 지점을 폐지한 후 해당 매출채권에 대한 대손이 확정된 경우에는 본점에서 대손세액공제를 받을 수 있다.

㉢ 사업자가 부가가치세가 과세되는 재화 또는 용역을 공급하고 그 대가를 어음으로 받았으나, 공급받는 자의 부도로 인하여 대금을 회수할 수 없

는 경우 공급자가 부도발생일로부터 6개월이 경과하기 전에 폐업한 때에는 대손세액공제를 받을 수 없다.

② 융통어음의 공제 여부
사업자가 거래처로부터 재화 또는 용역의 공급대가가 아닌 단순히 자금결제 및 융통 목적으로 받은 어음이 부도발생한 경우 해당 어음의 부도에 대하여는 대손세액공제를 받을 수 없다.

(6) 채무면제에 따른 대손세액 공제

① 매출채권의 일부를 면제해 준 경우
사업자가 과세재화 또는 용역을 공급하고 공급받는 자로부터 외상매출금 기타 매출채권의 일부만 회수하고 나머지 채무는 면제하여 준 경우 해당 채무를 면제하는 금액은 대손세액 공제사유에 해당되지 아니한다.

② 대손세액공제 후 매출채권의 일부를 회수하고 잔액은 면제해 준 경우
정당하게 대손세액공제를 받은 이후 해당 매출채권 중 일부만 회수하고 잔액은 회수할 수 없어 면제하기로 한 경우 해당 회수한 채권금액에 대한 대손세액만을 회수한 날이 속하는 과세기간의 매출세액에 가산한다.

(7) 경정청구에 따른 대손세액 공제

사업자가 착오 등의 사유로 대손이 확정된 날이 속하는 과세기간에 대한 부가가치세 확정신고시 대손세액공제를 받지 못하여 경정청구하는 경우에는 대손세액공제가 가능하다.

9) 신고와 납부

(1) 예정신고 · 납부

① 사업자는 예정신고기간 종료 후 25일(외국법인은 50일) 이내에 예정신고기간에 대한 과세표준과 납부세액 또는 환급세액을 사업장 관할세무서장에게 신고 · 납부하여야 한다.

② 신규사업자는 사업개시일 또는 사업개시전 등록일로부터 그 날이 속하는 예정신고기간의 종료일까지를 최초의 예정신고기간으로 하여 예정신고 · 납부

의무를 이행하여야 한다.

③ 예정신고서를 작성함에 있어 해당 예정신고기간의 과세표준과 납부세액 또는 환급세액에서 영세율 등 조기환급신고시 이미 신고한 내용을 제외한다.

④ 예정신고기간 및 신고기한

구 분		신 고 기 간	신고기한
제1기 예정신고	계속사업자	1. 1. ~ 3. 31.	4. 25.
	신 규 자	개시일(등록일) ~ 3. 31.	
제2기 예정신고	계속사업자	7. 1. ~ 9. 30.	10. 25.
	신 규 자	개시일(등록일) ~ 9. 30.	

(2) 예정 납세고지서의 발부 및 징수기한

① 개인사업자에 대하여는 각 예정신고기간마다 직전 과세기간에 대한 납부세액의 2분의 1에 상당하는 금액을 결정하여 해당 예정신고기한까지 징수한다.

구 분	고지서 발부기간	징 수 기 한
제1기 예정신고기간	4. 1. ~ 4. 10.	4. 25.
제2기 예정신고기간	10. 1. ~ 10. 10.	10. 25.

② 징수하여야 할 금액이 20만원 이하인 경우에는 이를 징수하지 아니한다.

③ 예정고지대상자가 조기환급 등으로 예정신고대상에 해당되어 예정신고를 이행한 경우 관할세무서장은 예정고지세액을 취소하여야 한다.

(3) 확정신고 · 납부

① 사업자는 각 과세기간에 대한 과세표준과 납부세액 또는 환급세액을 그 과세기간 종료 후 25일(외국법인은 50일) 이내에 사업장 관할세무서장에게 신고 · 납부하여야 한다.

② 확정신고서를 작성함에 있어 해당 과세기간의 과세표준과 납부세액 또는 환급세액에서 예정신고 및 영세율 등 조기환급신고시 이미 신고한 내용을 제외한다.

③ 확정신고기간 및 신고기한

구 분		신 고 기 간	신 고 기 한
제1기 확정신고	계속사업자	1. 1. ~ 6. 30.	7. 25.
	신 규 자	개시일(등록일) ~ 6. 30.	
	폐 업 자	1. 1. ~ 폐업일	폐업일로부터 다음달 25일
제2기 확정신고	계속사업자	7. 1. ~ 12. 31.	다음해 1. 25.
	신 규 자	개시일(등록일) ~ 12. 31.	
	폐 업 자	7. 1. ~ 폐업일	폐업일로부터 다음달 25일

(4) 관할을 위반하여 제출한 신고서의 효력

2 이상의 사업장을 가진 사업자가 확정신고를 함에 있어 부가가치세신고서는 각 사업장별로 작성하였으나 사업장 관할세무서장 이외의 세무서장에게 신고서를 제출한 경우 무신고로 보지 아니한다.

(5) 세금계산서합계표의 제출

① 사업자가 세금계산서를 발급하였거나 발급받은 때에는 매출처별세금계산서합계표와 매입처별세금계산서합계표를 해당 예정신고 또는 확정신고와 함께 제출하여야 한다. 다만, 국세청장에게 세금계산서 발급명세를 전송한 경우에는 세금계산서합계표 제출의무를 면제한다.

② 부가가치세 신고·납부의무가 없는 국가·지방자치단체·지방자치단체조합·면세사업자 기타 비영리법인, 기타 단체 등이 세금계산서를 발급받은 때에는 매입처별세금계산서합계표를 해당 과세기간 종료 후 25일 이내에 사업장 관할세무서장에게 제출하여야 한다.

(6) 명의위장사업자와 거래한 선의의 사업자에 대한 경정

사업자가 거래상대방의 사업자등록증 등을 확인하고 거래에 따른 세금계산서를 발급하거나 발급받은 경우 거래상대방이 관계기관의 조사로 인하여 명의위장사업자로 판정되었더라도 해당 사업자를 선의의 거래당사자로 볼 수 있는 때에는 경정 또는 「조세범처벌법」에 따른 처벌 등 불이익한 처분을 받지 아니한다.

3. 가산세

1) 의의

세법에 규정하는 의무의 성실한 이행을 확보하기 위하여 세법에 따라 산출한 세액에 가산하여 징수하는 금액으로 과세권의 행사 및 조세채권의 실현을 용이하게 하기 위하여 납세자가 정당한 이유없이 세법에 규정된 신고, 납세 등 각종 의무를 위반한 경우 「국세기본법」 및 각 세법이 정하는 바에 따라 부과되는 행정상의 제재로서 납세자의 고의 또는 과실은 고려되지 아니한다. 납세의무자가 그 의무를 알지 못한 것이 무리가 아니었다고 할 수 있어서 그를 정당화할 수 있는 사정이 있거나 그 의무의 이행을 당사자에게 기대하는 것이 무리라고 하는 사정이 있을 때 등 그 의무해태를 탓할 수 없는 정당한 사유가 있는 경우에는 해당 가산세를 부과할 수 없다.

2) 부가가치세 가산세

<table>
<tr><th colspan="2">종류</th><th>주요내용</th><th colspan="2">가산세액</th></tr>
<tr><td rowspan="2">① 사업자등록관련</td><td>사업자 미등록</td><td>사업자가 기한 (사업개시일부터 20일)내에 사업자등록 미신청시
* 명의위장사업자인 경우에도 미등록가산세는 적용하지 아니한다</td><td>사업개시일 ~ 등록일 전일 공급가액 × 1%
예정신고기간 경과 후 등록 신청시는 사업개시일 ~ 당해 과세기간까지의 공급가액 × 1%</td><td rowspan="2">과세기간별 1억 한도</td></tr>
<tr><td>허위등록 가산세</td><td>사업자가 타인명의로 사업자등록을 하고 실제 사업을 영위하는 것으로 확인되는 경우</td><td>사업개시일 ~ 실제사업 확인일이 속하는 예정신고기간 (과세기간) 공급가액 × 1%</td></tr>
<tr><td rowspan="5">② 미발급, 가공, 위장</td><td>세금계산서 미발급</td><td>사업자가 세금계산서를 미발급
수정세금계산서를 미발급</td><td colspan="2">공급가액 × 2%</td></tr>
<tr><td>가공세금계산서 발급</td><td>사업자가 재화와 용역을 미공급하고 세금계산서 발급</td><td colspan="2">공급가액 × 2%</td></tr>
<tr><td>위장세금계산서 발급</td><td>사업자가 재화와 용역을 공급하고 실제공급자 이외의 자 명의로 세금계산서 발급</td><td colspan="2">공급가액 × 2%</td></tr>
<tr><td>가공세금계산서수령</td><td>가공으로 세금계산서 수령</td><td colspan="2">공급가액 × 2%</td></tr>
<tr><td>위장세금계산서수령</td><td>위장으로 세금계산서 수령</td><td colspan="2">공급가액 × 2%</td></tr>
</table>

종류		주요내용	가산세액	
③ 매출세금계산서합계표	미제출	매출처별세금계산서합계표 미제출	공급가액 × 1%	과세기간별 1억 한도
	부실기재	매출처별세금계산서합계표 등록번호, 공급가액 부실기재, 단 착오는 제외	공급가액 × 1%	
	지연제출	예정신고분을 확정신고시 지연 제출	공급가액 × 0.5%	
④ 세금계산서 부실기재		세금계산서 필요적 기재사항 기재 부실	공급가액 × 1%	과세기간별 1억 한도
⑤ 매입세금계산서합계표	부실기재 등	공급가액을 과다하게 기재 부실 발급시기 이후 발급받은 분 경정시 경정기관의 확인에 의한 공제시 (단, 부실기재 사실을 알고 수정신고 등을 통하여 보정하는 경우에는 가산세 적용안함)	공급가액 × 1%	과세기간별 1억 한도
영세율 과세표준		영세율과세표준의 무신고, 과소신고, 첨부서류 미제출	공급가액 × 1% (간이과세자는 공급대가 1%)	
무신고, 신고·납부불성실, 초과환급관련		법인세 및 소득세편 참조	법인세 및 소득세편 참조	
중복적용배제		① 사업자등록관련 가산세 vs ③ 매출세금계산서합계표 가산세, ④ 세금계산서부실기재 가산세 ② 미발급 등 가산세 vs ① 사업자등록관련 가산세, ② 미발급 등 가산세 vs ③ 매출세금계산서합계표 가산세 ② 미발급 등 가산세 vs ⑤ 매입세금계산서합계표 가산세 ③ 매출세금계산서합계표 가산세 vs ④ 세금계산서부실기재 가산세		

※ 예정신고분에 대하여 적용된 다음의 가산세가 확정신고분과 경합되는 경우 예정신고와 관련하여 가산세가 부과되는 부분에 대하여는 확정신고와 관련한 가산세를 부과하지 아니한다.

① 납부·환급불성실가산세

② 초과환급신고가산세

③ 무신고·과소신고가산세

④ 영세율과세표준신고불성실가산세

3) 가산세 감면

(1) 가산세 부과배제

다음의 기한연장 사유에 해당하거나 납세자 의무불이행 관련하여 정당한 사유가 있는 때에는 해당 가산세를 미부과

① 납세자가 화재·전화 기타 재해를 입거나 도난을 당한 때
② 납세자 또는 그 동거가족이 질병으로 위중하거나 사망하여 상중인 때
③ 납세자가 그 사업에 심한 손해를 입거나, 그 사업이 중대한 위기에 처한 때(납부의 경우에 한한다)
④ 정전, 프로그램의 오류 기타 부득이한 사유로 한국은행 및 체신관서의 정보통신망의 정상적인 가동이 불가능한 때
⑤ 금융기관 또는 체신관서의 휴무 그 밖에 부득이한 사유로 인하여 정상적인 세금납부가 곤란하다고 국세청장이 인정하는 때
⑥ 권한 있는 기관에 장부·서류가 압수 또는 영치된 때
⑦ ①②⑥에 준하는 사유가 있는 때

(2) 가산세 감면

① 다음의 경우 과소신고가산세, 초과환급신고가산세, 영세율과세표준불성실가산세의 해당 가산세액에서 다음의 금액을 감면

법정신고기한 경과 후	가산세 감면 비율
6개월 이내	50%
6개월 초과 - 1년 이내	20%
1년 초과 - 2년 이내	10%

② 법정신고기한 경과 후 1개월 이내에 기한후 신고를 한 경우 무신고가산세의 50% 감면 1개월 ~ 6개월 이내의 경우 20% 감면 (2011년부터)
③ 세법에 따른 제출·신고·가입·등록·개설의 기한이 경과한 후 1개월 이내에 제출 등의 의무를 이행하는 경우 가산세의 50% 감면
- 법인세 : 주식등변동상황명세서제출불성실가산세, 지급명세서제출불성실가산세, 계산서 관련 가산세

- 소득세 : 지급명세서제출불성실가산세, 계산서 관련 가산세
- 부가가치세 : 사업자미등록가산세, 매출처별세금계산서합계표제출불성실가산세

④ 수정신고와 함께 추가납부하여야 할 세액을 납부하지 아니한 때에는 과소신고가산세를 경감하지 아니한다.

4) 사례

① 수정신고시 제출한 매출처별세금계산서합계표에 대한 가산세

사업자가 매출처별세금계산서합계표를 예정신고 또는 확정신고와 함께 제출하지 아니하고 수정신고·경정 등의 청구·기한후신고 기한내에 제출한 경우에는 매출처별세금계산서합계표미제출가산세를 적용한다.

② 수정세금계산서에 대한 미발급 가산세

사업자가 세금계산서를 발급한 후 당초의 공급가액에 추가 또는 차감되는 금액이 발생한 경우 수정세금계산서를 발급하지 아니하거나 발급한 분에 대한 매출처별세금계산서합계표를 제출하지 아니한 때에는 세금계산서미발급가산세 또는 매출처별세금계산서합계표미제출가산세를 적용한다.

③ 착오 발급한 영세율세금계산서의 가산세

사업자가 영세율이 적용되지 아니하는 과세거래분에 대하여 영세율세금계산서를 발급하고 부가가치세신고시 그 매출세금계산서를 근거로 매출처별세금계산서합계표에 기재하여 제출한 경우에는 부가가치세액이 사실과 다른 세금계산서에 해당하여 세금계산서불성실가산세를 적용한다.

④ 과다 기재한 영세율과세표준에 대한 가산세

영세율이 적용되는 사업자가 영세율 붙임서류를 정상적으로 제출하였으나 그 신고한 과세표준이 신고하여야 할 과세표준보다 과다하게 신고한 경우에는 영세율과세표준신고불성실가산세를 적용하지 아니한다.

⑤ 월별조기환급신고시 사실과 다르게 제출한 세금계산서합계표의 가산세

월별조기환급신고한 사업자의 영세율 등 조기환급신고서에 첨부된 매입처별세금계산서합계표의 기재사항이 사실과 다르게 기재된 경우에는 해당 예정

신고 또는 확정신고기한이 지난 후에 매입처별세금계산서합계표불성실가산세, 초과환급신고불성실가산세를 부과할 수 있다.

⑥ 상품권 거래에 따른 세금계산서 수수시 가산세

사업자가 상품권을 판매(구입)하면서 세금계산서를 발급(수령)하고 매출(매입)처별세금계산서합계표를 제출한 경우 매출(매입)처별세금계산서합계표에 대한 가산세를 적용하지 아니한다.

⑦ 매출거래 및 반품거래 세금계산서 동시 누락에 따른 가산세

사업자가 매출거래와 반품거래에 대하여 각각 세금계산서를 발급하였으나 부가가치세 신고시 제출하는 매출처별세금계산서합계표에 모두 기재하지 아니한 경우에는 각각의 세금계산서 공급가액 합계액(절대값의 합계액)에 대하여 매출처별세금계산서합계표불성실가산세를 적용한다.

⑧ 반품 매입세금계산서의 신고누락에 따른 가산세

사업자가 공급자에게 재화를 반품하고 발급받은 수정세금계산서를 신고누락한 후 수정신고와 함께 매입처별세금계산서합계표를 수정하여 제출하는 경우 매입처별세금계산서합계표불성실가산세를 적용한다.

⑨ 계약의 해제에 따른 수정신고시 가산세

계약의 해제 사유로 수정세금계산서를 발급받은 사업자가 수정신고시 이에 대한 제반 의무를 이행한 경우 매입처별세금계산서합계표불성실가산세, 초과환급신고 및 과소신고에 따른 가산세를 적용하지 아니한다.

⑩ 영세율 붙임서류 미제출에 따른 가산세

영세율 붙임서류 없이 영세율 과세표준을 신고한 경우 해당 과세표준이 영세율 적용대상임이 확인되는 때에는 영세율을 적용하나, 영세율과세표준신고불성실가산세를 적용한다.

⑪ 환급의 의의 및 환급금의 지급기한

부가가치세의 환급이란 납부세액을 계산함에 있어 매출세액을 초과하는 매입세액이 발생하게 되면 그 초과하는 금액을 납세자에게 돌려주는 것을 말한다. 이 경우 일반환급은 각 과세기간별로 그 확정신고기한 경과 후 30일 내에 사업자에게 환급하여야 하며, 영세율이 적용되거나 사업설비의 신설·

취득 등 조기환급대상에 해당하는 경우에는 예정신고기한, 확정신고기한, 영세율 등 조기환급 신고기한 경과 후 15일 이내에 환급하여야 한다.

⑫ 2 이상인 사업장의 조기환급신고

- 사업자(총괄납부사업자 제외)가 어느 한 사업장에서 조기환급사유가 발생하는 경우 해당 사업장의 거래분만을 조기환급신고할 수 있다.
- 총괄납부사업자는 영세율 등 조기환급신고기간에 각 사업장의 납부세액과 환급세액을 차가감하여 계산한 환급세액에 대하여 신고할 수 있다.

⑬ 조기환급신고시의 환급세액 계산

조기환급세액은 영세율이 적용되는 공급분에 관련된 매입세액 또는 시설투자에 관련된 매입세액이 있는 경우 그 외의 매입세액을 구분하지 아니하고 사업장별로 해당 매출세액에서 매입세액을 공제하여 계산한다.

예제

다음의 경우 적용할 가산세는? (×10.07.25 신고기한, ×10.08.16 수정 신고한 것으로 전제)

문) 신고내용

매출 : 110,000,000원 (세액 11,000,000 원)

매입 : 80,000,000원 (세액 8,000,000 원)

위의 신고내용에 매출세금계산서 10,000,000원(세액 1,000,000원)이 누락되었으며(일반과소로 간주), 가공매입세금계산서 5,000,000원(세액 500,000원)이 발견되었다. 따라서 신고기한으로부터 25일이 되는 날에 수정신고를 하였다.

답 ① 경정 과세표준 산정
매출세액 (11,000,000원 + 1,000,000원) - 매입세액 (8,000,000원 - 500,000원)
= 3,500,000원

② 과소신고과세표준
1,000,000원 (매출누락, 일반과소) + 500,000원 (가공매입, 부당과소)

③ 과소신고가산세
부당과소신고가산세 3,500,000원 × (500,000원/3,500,000원) × 40% = 200,000원
일반과소신고가산세 3,500,000원 × (1,000,000원/3,500,000원) × 10% = 100,000원
⁂ 300,000원 × 50% = 150,000원

④ 납부불성실가산세 : 1,500,000원 × 3/10,000 × 25일 = 11,250원

⑤ 매출처별세금계산서합계표지연제출가산세 : 10,000,000원 × 0.5% = 50,000원

⑥ 매입처별세금계산서합계표과다기재가산세 : 5,000,000원 × 2% = 100,000원

[보론 : 법인세 vs 소득세]

종류	주요내용	가산세액	법인세	소득세
① 무신고	**부당한 경우** ① 이중장부의 작성 등 장부의 허위기장 ② 허위증빙 또는 허위문서의 작성 ③ 허위증빙등의 수령 (허위임을 알고 수령한 경우에 한한다) ④ 장부와 기록의 파기 ⑤ 재산을 은닉하거나 소득·수익·행위·거래의 조작 또는 은폐 ⑥ 그 밖에 국세를 포탈하거나 환급·공제받기 위한 사기 그 밖에 부정한 행위	**일반** : 부당무신고 산출세액 40% + 일반무신고 산출세액 20% **복식부기의무자** : Max (부당무신고 산출세액 40%, 부당무신고 수입금액 0.14%) + Max (일반무신고 산출세액 20%, 일반무신고 수입금액 0.07%)	0	0
② 과소신고	과소신고, 미달신고한 경우	**일반:** 부당과소신고 산출세액 40% + 일반과소신고 산출세액 10% **복식부기의무자** : Max(①, ②) + 일반과소신고 산출세액 10% ①부당과소신고 산출세액 40% ②부당과소신고 수입금액 0.14%	0	0
③ 초과환급 신고	초과환급신고한 경우	부당초과환급신고세액 40%, 일반초과환급신고세액 10%	0	0
납부 불성실	납부 안했을 경우	미납세액 × 경과일수 × 0.03%	0	0
환급 불성실	초과 환급 받았을 경우	초과환급세액 × 경과일수 × 0.03%	0	0
무기장	① ② ③ 가산세 vs 무기장가산세 ☞ 큰 금액으로 가산세액 같은 경우 ☞ ①②③ 가산세 만소득세는 소규모사업자(연48백만원) 제외	법인세 : MAX (무기장·미달기장 산출세액 20%, 수입금액 0.07%) 소득세 : 무기장·미달기장 산출세액 20%	0	0
원천징수 불성실	원천징수의무자가 원천징수하였거나 원천징수하여야 할 세액을 납부기한 내 미납, 또는 미달납부	Max(미납부 과소납부세액 5%, Min(①, ②)) ① 미납세액×미납일수×0.03% ② 미납세액 10%	0	0

종류	주요내용	가산세액		법인세	소득세
지출증빙 미수령 or 증빙불비	법정증빙서류 : 부가세 포함 3만원 이상 신용카드등 영수증, 세금계산서, 계산서	지출증빙 미수령 금액 2% 접대비가 필요경비불산입 되는 경우는 제외 소규모사업자 및 소득금액 추계자* 제외 * 단순경비율 적용대상자 외의 자는 주요경비를 제외한 지출에 한함	종류별로 1억 한도	0	0
지급명세서보고불성실	지급명세서를 제출하여야 할 내국법인이 기한내에 미제출, 불분명	미제출·불분명 지급금액 2% (1개월 이내는 1%)		0	0
계산서보고불성실	계산서를 미발급, 발급분에 대한 필요적 기재사항이 불분명, 합계표 미제출, 불분명, (2011년 : 위장, 가공)	계산서미발급(불분명)·합계표미제출(불분명)분 공급가액 1% (1개월 이내는 0.5%) (2011년 : 계산서 미발급, 가공, 위장은 2%)		0	0
신용카드매출전표미발급	신용카드가맹점이 신용카드매출전표의 발급 거부 또는 사실과 다르게 발급	발급거부·허위발급 금액 5% (건별 최하 5천원)		0	0
현금영수증미발급	현금영수증 미가맹, 현금영수증 발급을 거부 또는 사실과 다르게 발급한 경우	미가맹 해당 과세기간 총수입금액 0.5% 발급거부 · 허위발급 금액 5% (건별 최하 5천원)		0	0
결합재무제표 미제출	기업집단재무제표를 제출해야할 외감법상 내국법인이 기한 내에 제출하지 아니한 경우	MAX (신고 산출세액 × 2%, 수입금액 × 0.08%)	종류별로 1억 한도	0	
주식등변동상황명세서제출불성실	주식등변동상황명세서 미제출, 변동상황을 누락 제출 또는 불분명	미제출,누락제출,불분명주식등 액면금액(출자금액) × 2%		0	
영수증수령명세서미제출	소규모사업자 및 소득금액 추계자 제외 * 단순경비율 적용대상자 외의 자는 주요경비를 제외한 지출에 한함	미제출(불분명)금액 1%			0
사업장현황신고	사업자(의료업, 수의업, 약사업)가 사업장현황신고 미신고 또는 수입금액 미달신고시	미신고 · 미달신고 수입금액 0.5% 의료업, 수의업, 약사에 관한 업을 행하는 사업자에 한함			0

※ 밑줄 친 가산세는 산출세액이 없는 경우에도 적용한다.

01. 영업비용 효율분석 지표에 대해 논하시오.

02. 재고자산 평가법에 대해 논하시오.

03. 재무제표분석 지표에 대해 논하시오.

04. 유통점 종합평가와 대책 방향에 대해 논하시오.

05. 부가가치세에 대해 논하시오.

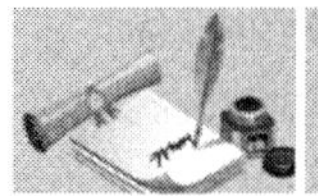

참고문헌

Alexander, N., & Myers, H. (2000), "The retail internationalization process", *International Marketing Review*, Vol.17, No.4/5.

Anderson, E., and Gatignon, H. (1986), "Modes of foreign entry: A transaction cost analysis and propositions," *Journal of international business studies*, Vol.17, No.3.

Anderson, J. C. & Narus, J. A. (1990), A model of distributor firm and manufacturer firm working partnerships, *Journal of Marketing*, 54(1).

Avlonitis, G. J., & Panagopoulos, N. G. (2006), Role stress, attitudes, and job outcomes in business-to-business selling: does the type of selling situation matter?. *Journal of Personal Selling & Sales Management*, 26(1).

Bendapudi, N., & Berry, L. L. (1997), Customers' motivations for maintaining relationships with service providers, *Journal of Retailing*, 73(l).

Brown, James R. & Ralph L. D. (1981), Measure of manifest conflict in distribution channels. *Journal of Marketing Research* , 18 (August).

Carman, J. M. (1990), Consumer perceptions of service quality: An assessment of the SERVQUAL dimensions, Journal of Retailing, 66(1).

Clarke Ian, Horita Masahide and Mackaness William(2000), "The spatial knowledge of retail decision makers: capturing and interpreting group insight using a composite cognitive map," *Int. Rev. of Retail, Distribution and Consumer Research*, Vol.10, No.3, July.

Coughlan, Anne T, Erin Anderson, Louis W. Stern, and Adel I. El-Ansary (2001), *Marketing Channels*, Prentice Hall.

Dant, R. P. & P. L. Schull (1992), Conflict Resolution Processes in Contractual Channels of Distribution. *Journal of Marketing,* 56.

Davies, R.L. and Rogers, D.S.(1984), *Store location and store assessment research*, John Wiley and Sons Ltd.

Dawson, John A. (2001), "Toward a model of impacts of retail internationalization", *Discussion Paper of Asian Retail and Distribution Workshop at University of Marketing and Distribution Sciences.*

Evans, J., Treadgold, A., & Mavondo, F. T. (2000), "Psychic distance and the performance of international retailers", *International Marketing Review*, Vol.17, No.4/5.

Flint, D. J., Woodruff R. B., & Gardial S. F. (2002), Exploring the phenomenon of customers' desired value change in a business-to-business conte, *Journal of Marketing*, 66.

Ganesan, S. (1994), Determinants of long-term orientation in buyer-seller relationships, *Journal of Marketing*, 58(2).

Ghosh, A., and McLafferty, Sara L.(1987), *Location strategies for retail and service firms*, Leyington Books D.C. Heath and Company.

Gil-Saura, I., M. Frasquet-Deltoro, & A. Cervera-Taulet (2009), The value of B2B relationships, *Industrial Management and Data Systems*, 109(5).

Gundlach, G. T.,& E. R. Cadotte (1994), Exchange interdependence and interfirm interaction: Research in a simulated channel setting, *Journal of Marketing Research*, 31.

Hollander S. C. (2000), "Distinguished retrospective viewpoint : Study retailing and see the world", *International Marketing Review*, Vol.17, No.4/5.

Keaveney, Susan M. (1995). Customer Switching Behavior in Service Industries: An Exploratory Study, *Journal of Marketing,* 59 (April)

Kingshott, R. P. (2006), The impact of psychological contracts upon trust and commitment within supplier-buyer relationship: a social exchange view, Industrial Marketing Management, 35 (6).

Kotler, Philip (1994), *Marketing management: Analysis, Planig, Implementation, Control*. Ed. & New jersey: Prentice Hall, Inc.

Lee, Sang-youn (2015), "A survey of the infrastructure development of domestic distribution marketing, fostering customers, small and medium sized distribution companies.", Seoul, Seoul Business Agency.

Manus & MOHR (1997), *Sales competencies for the twenty-first century*, Report published using research conducted by Manus and MOHR, Stamford/Ridgefield, CT:Manus and MOHR.

McClelland, D. C. (1973), Testing for competence rather than for "intelligence", *American psychologist,* 28(1).

Morgan, R. M., & Hunt, S. D. (1994), The commitment-trust theory of relationship marketing, *Journal of Marketing*, 58(3).

Jui-Min, Hsiao (2012), Exploring the effects of salesperson competencies on performance: Case study of a Ford car dealer in Taiwan, *Pakistan Journal of Statistics*, 28(5).

Peter T.L. Popkowski Leszczyc, Ashish Sinha, and Anna Sahgal(2004), "The effect of multipurpose shopping on pricing and location strategy for grocery stores," *Journal of retailing*, Vol.80.

Ping, R. A. (1993), The Effects of satisfaction and structural constraints on retailer exiting, voice, loyalty, opportunism and neglect, *Journal of Retailing*, 69(3).

Ping, R. A. (2007), Salesperson-Employer Relationships: Salesperson Responses to Relationship Problems and their Antecedents, the Journal of Personal Selling and Sales Management, 27 (1) (Winter)

Porter, M.E. (1994), "The role of location in competition, "*Journal of the economics of business*, Vol.1, No.1.

Rackham, Neil & John De Vincentis (1999), *Rethinking the Sales Force: Refining Selling to Create and Capture Customer Value*, New York, McGraw-Hill, Summary Version provided by Altfeldinc.com.

Redman, T., & Snape, E. (2005), Unpacking commitment: multiple loyalties and employee behaviour, *Journal of Management Studies*, 42(2).

Smith J.B. & Barclay D.W. (1997), The effects of organizational differences and trust on the effectiveness of selling partner relationship, Journal of Marketing, 61(1).

Spencer, Lyle M., David C. McClelland & Sign M. Spencer (1994). *Competency assessment methods: History and state of the art,* Boston: Hay-McBer Research Press.

Ulaga, W., & Eggert, A. (2006), Relationship value and relationship quality: Broadening the nomological network of business-to-business relationships, European Journal of Marketing, 40(3/4).

Ulaga, W. (2003), Capturing value creation in business relationships: A customer perspective, Industrial Marketing Management, 32(8).

Zoltners, A. A., Sinha, P., & Lorimer, S. E. (2009). *Building a winning sales force*. Powerful Strategies for Driving High Performance, Amacom, New York.

Wilhelm C. C. A. M., Heard & D. D. Steiner (1993), Attributional Conflict between Managers and Subordinates: An Investigation of Leader-Member Exchange Effects. *Journal of Organizational Behavior,* 14.

Yang, Jeong-Seok, Lee, Sang-Youn, & Han, Kyu-Chul (2013), The Effects of Trust and Dependence on Long Term Orientation in Food Service Franchiser-Franchisee Relationships, *Journal of Convergence Information Technology*, 8(12).

Zoltners, A. A., Sinha, P., & Lorimer, S. E. (2009), *Building a winning sales force*. Powerful Strategies for Driving High Performance, Amacom, New York.

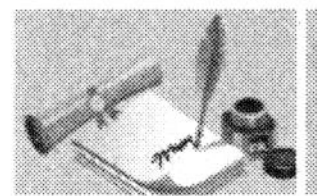

찾아보기

아

자

차

카

타

파

하

A

B

저자 약력

■ **해항(海沆) 이상윤(李相允)**

• 포상 경력

- 2008년도 미국 훼이스신학대학원 최우수 박사졸업논문상 수상
- 2010년도 서울신문 VISION 2010 경영혁신 대상 수상(유통산업)
- 2011년도 세종사이버대 강의제작부문 최우수상(BTA)-매장관리론-수상
- 2011년도 (사)한국유통과학회 공로상 수상 (2004 공로상, 2005 최우수논문상 수상)
- 2012년도 국제하계통합학술대회 준비위원장 공로-감사패 수상
- 2012/3년 (사)한국프랜차이즈경영학회 최우수논문상, 우수논문상 수상
- 2014년도 (사)한국유통과학회 하계 및 동계 국제학술대회 최우수논문상, 우수논문상 수상
- 2014년도 동아일보 스포츠동아 선정 대한민국 대표 아름다운 교육인 대상 수상
- 2016년도 (사)한국유통과학회 하계 및 중국 국제동계학술대회 최우수 및 우수논문상 수상 외

• 학 력

- 연세대학교 졸업(사회복지학 전공, 행정학 부전공)(1986)
- 명지대학교 유통대학원 유통학과 졸업(경영학석사-MBA-소매점관리전공)(2000)
- 일본 유통과학대학교 대학원 일본유통세미나과정, 일본프랜차이즈세미나과정 수료(2003)
- 명지대학교 일반대학원 무역학 박사과정 졸업(경영학박사-Ph.D-국제유통전공)(2005)
- 미국 훼이스신학대학원(뉴욕캠퍼스) 신학 박사과정 졸업(철학박사-Ph.D-셀조직학)(2008)

• 경 력

- 태인샤니그룹(SPC) 과장/진로그룹 팀장 겸 그룹 유통부문 사내교수(1986-1997-12년)
- 한국능률협회그룹(KMA) 수석전문위원 /경영 컨설턴트(1995-2007)
- 한국능률협회컨설팅 프랜차이즈 최고경영자과정 주임교수(2001-2007)
- (사)한국체인스토어협회 한국유통연수원 교수(1995-2008)
- (사)한국유통과학회 명예회장(2011), 회장(2009), 고문(2010), 학술위원장, 산학연구위원장, 유통인조찬포럼위원장, 한국유통사편찬위원장, 프랜차이즈연구회 회장(2003-2011)
- 중소기업청 시장경영진흥원 자문위원/교수(2009/2011)
- 명지대 유통경영대학원 유통학과 주임교수(2002-2011)
- 세종대 경영대학 경영학과/경영전문대학원 교수(2011-2014)
- 세종사이버대 유통물류학과 외래교수(2011-2017)
- (사)한국프랜차이즈경영학회 부회장/운영위원장(2011-2014)
- 명지대 경영대학원 유통물류학과 객원교수(2014-2015)
- 가천대 경영대학원 경영학과 교수(2014-2017)
- 미국 훼이스신학대학교 뉴욕캠퍼스 신학과 교수(2008-2017) 외 다수

• 현 재

미국 캐럴라인대학교 경영대학 학장/경영학과장 교수(2016.12-현재, 캘리포니아주)
겸 RMI 컨설팅그룹/대표, 연구소 유통21/소장(1997-)
겸 한국세일즈협회 회장(2014-)
겸 (사)한국유통과학회 전 회장/고문/유통학정의위원장/유통과학대상위원장(2003-)
겸 동아시아경상학회 회장(2016-)
겸 국제융합경영학회 고문(2014-)
겸 중소기업유통센터 전문위원(2014-)

겸 한국생산성본부 경영지도위원/유통, 영업, 마케팅, CEO, 경영컨설팅 부문 교수(1995-)
겸 한국경제신문사 한경아카데미 전문위원/교수(1997-)
겸 중소기업진흥공단 중소기업연수원 마케팅/유통/영업/CEO부문 교수(2007-)
겸 성남시 상권활성화재단 전문위원(2014-)
겸 하늘비전종합복지센터(송파구) 기관장 및 총괄 본부장(2015-)
겸 한국기술교육대학교 국가직무능력표준(NCS) 자문위원(2016-)

〈저서〉
-[상권분석론](2009), 도서출판 두남
-[유통학개론](2009), 도서출판 두남
-[물류관리론](2009), 도서출판 경록
-[유통영업관리론](2010), 도서출판 두남
-[매장관리론](2010), 도서출판 두남
-[최신유통관리론](2013), 도서출판 두남
-[종합물류관리론](2014), 도서출판 두남
-[판매관리론](2015), 도서출판 두남
-[최신유통관리론](2015) 개정판, 도서출판 두남
-[경영자를 위한 잠언](2015), RMI컨설팅그룹
-[청년을 위한 전도서](2015), RMI컨설팅그룹
-[청년을 위한 욥기](2016), RMI컨설팅그룹
-[Veritas vos Liberabit(Ⅰ)권-창조타락 인류번성](2016), 로고스바이블아카데미
-[Veritas vos Liberabit(Ⅱ)권-종교분열 인류분쟁](2016), 로고스바이블아카데미
-[Veritas vos Liberabit(Ⅲ)권-영적세계 예수복음](2016), 로고스바이블아카데미
-[Veritas vos Liberabit(Ⅳ)권-과학문명 사회윤리 심판종말](2016), 로고스바이블아카데미
-[이상윤 박사와 함께 떠나는 과거로의 여행-성서와 문명](2016), 로고스바이블아카데미
-[무화과나무의 비밀-이스라엘 역사](2016), 로고스바이블아카데미
-[소매점창업론](2016), 도서출판 두남
-[유통시장조사론](2016), 도서출판 두남
-[경영학원론](2017), 도서출판 두남
-[영업관리론](2017), 도서출판 두남 외 다수

〈국가 공공기관 학술용역프로젝트〉
-국립국어원-유통분야 전문용어 관리실태현황조사, 책임연구원(총괄), (2013. 5-12)
-서울신용보증재단-서울시 소기업 소상공인 창업성공실패요인 조사분석, 책임연구원(총괄), (2014.11-2015.1)
-서울산업진흥원-국내 유통마케팅 기반조성 육성 고객 '중소유통(벤더)사'현황조사, 책임연구원(총괄)(2015.7-9) 외 다수

〈발표논문 기타 저작물〉
아래 홈페이지에서 검색

■ e-mail : rmi21lee@hanmail.net ■ Homepage: www.rmi21.co.kr

영업관리론

초 판 1쇄 발행 —— 2017년 3월 15일
초 판 2쇄 발행 —— 2018년 7월 30일
지은이 —— 이 상 윤
펴낸이 —— 전 두 표
펴낸곳 —— 도서출판 **두남**
서울시 강동구 성내로6길 34-16 두남빌딩
신 고 : 제25100-1988-9호
TEL : 02) 478-2065~7, 2311
FAX : 02) 478-2068
E-mail : dunam1@unitel.co.kr
http://www.dunam.co.kr

정가 33,000원

ISBN 978-89-6414-734-4 93320